中国开放战略与中美关系

ZHONGGUO KAIFANG ZHANLÜE
YU ZHONGMEI GUANXI

杨值珍 著

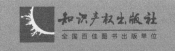

知识产权出版社
全国百佳图书出版单位

图书在版编目(CIP)数据

中国开放战略与中美关系 / 杨值珍著.—北京:知识产权出版社,2014.11
ISBN 978-7-5130-3136-3

Ⅰ.①中… Ⅱ.①杨… Ⅲ.①对外开放—开放战略—研究—中国 ②中美关系—研究
Ⅳ.①F125②D822.371.2

中国版本图书馆CIP数据核字(2014)第257864号

内容提要

人类历史是一部从封闭走向开放的历史。在人类从区域走向全球的过程中,尽管摩擦和矛盾在所难免,但和谐和双赢始终是人类历史演进的主题。中国和美国都是具有全球性影响的大国,中国属于新兴大国,美国是既有大国。在中国开放战略的实施过程中,两国发生利益冲突是很正常的,关键是彼此如何应对、如何管控。对此,中美双方都要有冷静的认识,积极妥善地加以处置。这样,中美关系就能够稳定健康地发展,世界就会越来越和谐、越来越美好。

责任编辑:唐学贵   执行编辑:牛 闯

中国开放战略与中美关系
ZHONGGUO KAIFANG ZHANLÜE YU ZHONGMEI GUANXI
杨值珍 著

出版发行:	知识产权出版社有限责任公司	网　址:	http://www.ipph.cn
			http://www.laichushu.com
电　话:	010-82004826		
社　址:	北京市海淀区马甸南村1号	邮　编:	100088
责编电话:	010-82000860转8571	责编邮箱:	21183407@qq.com
发行电话:	010-82000860转8101/8029	发行传真:	010-82000893/82003279
印　刷:	北京中献拓方科技发展有限公司	经　销:	各大网上书店、新华书店及相关专业书店
开　本:	720mm×1000mm　1/16	印　张:	20
版　次:	2014年11月第1版	印　次:	2014年11月第1次印刷
字　数:	357千字	定　价:	49.00元

ISBN 978-7-5130-3136-3

前　言

　　我们处在开放的时代，我们共享开放的成果。

　　在加入世界贸易组织以后，中国全面融入国际社会，逐渐成为这个开放社会中最活跃、最积极、最开放的成员之一。作为我国长期的基本国策，对外开放战略是在20世纪70年代形成的，这一时期正是中美关系发生转折性变化的重要时期。中美关系是当今世界最重要的双边关系之一，美国国务卿克里："中美关系很大程度上决定21世纪的世界格局。"正如美国总统国家安全顾问汤姆·多尼伦指出的，没有中国的建设性参与，没有一个广泛、富有成效和建设性的中美关系，世界就难以应对外交、经济和安全的挑战。❶显然，中国开放战略的实施是一件改变中国历史进程的大事，也是一件推动中美关系历史进程的大事，还是一件影响世界历史进程的大事。事实上，中美关系的历史进程与中国近代开放紧密相联，美国因素自始就是影响中国近现代开放进程的重要外部因素。因此，研究中国开放战略与中美关系的双向互动具有十分重要的历史和时代意义。

　　研究中美关系、研究中国对外开放在国内外学术界俨然一门显学，研究队伍力量雄厚，研究成果颇为丰硕，但令人遗憾的是，将中国开放战略与中美关系这两大课题结合起来进行研究的成果并不很多。就笔者视野所及，到目前为止，尚未发现一部以中国开放战略为视角来对中美关系进行宏观研究的专著，以中美关系为视角来研究中国开放战略之国际环境的专著也付之阙如，相关论文也比较少。但就这一研究领域的现有积累来看，也留下了一定的学术研究空间。所以，笔者打算在前人研究的基础上，再就中国开放战略与中美关系这一课题做进一步的研究。

　　需要说明的是，本书不打算对中国开放战略、中美关系的方方面面进行微观

---

❶ Tom Donilon, The United States and the Asia-Pacific in 2013, March 11, 2013. http://www.whitehouse.gov/the-press-office/2013/03/11/remarks-tom-donilon-national-security-advisory-president-united-states-a.

研究，而是着眼于总体全貌，通过梳理尼克松访华以来中美关系与中国开放战略的总体发展脉络，从宏观上研究中国开放战略与中美关系的互动关系，以此来探寻中美关系发展演变的一般规律和基本趋势。研究的基本思路大体围绕两个层面展开：一个是中国开放战略循着起源—形成—发展—转型的发展轨迹，不断得到完善和提升；另一个是中美关系循着对抗—合作—争吵—协调—和谐的演进方向，逐渐走向成熟和稳定。具体研究拟分四大块进行：第一大块从理论上分析开放对国家间关系的影响；第二大块从总体上分析中美关系与中国近现代开放的互动；第三大块从四个方面具体分析中国开放战略与中美关系的互动：中国开放战略的形成与中美关系正常化、政策性开放与中美关系的迅速发展、制度性开放与中美关系曲折发展、战略性开放与中美关系走向成熟；第四大块主要是根据第三大块的具体研究得出一些初步的结论。

　　人类历史是一部从封闭走向开放的历史。在人类从区域走向全球的过程中，尽管摩擦和矛盾在所难免，但和谐和双赢始终是人类历史演进的主题。中国和美国都是具有全球性影响的大国，中国属于新兴大国，美国是既有大国。在中国开放战略的实施过程中，两国发生利益冲突是很正常的，关键是彼此如何应对、如何管控。对此，中美双方都要有冷静的认识，积极妥善地加以处置。这样，中美关系才能够稳定健康地发展，世界才会越来越和谐、越来越美好。

目　录

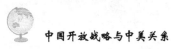

第一章　开放对国际关系的影响

人类历史是一部从区域走向全球的开放史。"各个相互影响的活动范围在这个发展进程中愈来愈扩大，各民族的原始闭关自守状态则由于日益完善的生产方式、交往以及因此自发地发展起来的各民族之间的分工而消灭得愈来愈彻底，历史也就在愈来愈大的程度上成为全世界的历史。"[1]正是人类从区域走向全球、从封闭走向开放，为国际关系的形成与发展提供了前提，奠定了基础，演出了一幕幕国际关系的话剧。

第一节　国际关系语境下的开放

从更普遍的意义上讲，"开放"主要是一个通俗用词，不是一个学术术语。在《现代汉语词典》中，开放一词包含三方面意义：①（花）展开；②解除封锁、禁令、限制等；③性格开朗。[2]在1989年修订版《辞海》中，开放也有三种含义：①展开；②不关闭；③同"封闭"相对。开放指"同外界有联系的"；封闭指"同外界不发生联系的"。[3]显然，在中国开放战略中，开放一词首先是同封闭相对的，包含"同外界有联系的""解除封锁、禁令、限制"等内涵，但远不止此。因此，在研究开放对国际关系的影响时，有必要从国际关系的语境对开放进行初步的但比较严格的界定。

一、国际关系语境下开放的概念

关系是事物之间的相互联系、相互影响、相互制约。国际关系是国家与国家

---

[1] 马克思恩格斯选集(第1卷)[M]. 北京：人民出版社，1972：51.
[2] 中国社会科学院语言研究所词典编辑室. 现代汉语词典[M]. 北京：商务印书馆，2002：698.
[3] 辞海编辑委员会. 辞海[M]. 上海：上海辞书出版社，1990：703.

之间因相互交往而形成的各种各样的关系，是国家与国家之间的相互联系、相互影响与相互制约，包括国家之间的政治关系、经济关系、军事关系、文化关系等。本书在界定国际关系语境下的开放概念时，就是以此为逻辑起点的。

列宁曾经指出，所有的定义都只有有条件的、相对的意义，永远也不能包括充分发展的现象的各方面的联系。[1]在界定一个概念时，关键是要把握概念所反映对象的本质和特征，从纷繁复杂的现象中抽象出最一般、最普遍的东西，并用简明精练的话语严密准确地表达出来，不可能也没有必要去顾及概念的每一个具体方面。因此，在界定国际关系语境中的开放时，首先要弄清楚两个方面的内容，即开放的主体与本质特征。抓住主体，是为了使之与其他语境下的开放区别开来，抓住本质特征则可以揭示它与其他语境下的开放之联系。

在国际关系语境下，开放的主体与国际关系行为体具有一致性，开放的主体首先必须是国际关系行为体。所谓国际关系行为体，就是活跃于国际舞台上的诸角色，包括国家、政党、民族解放组织、国际组织、跨国公司、重要国际人物等。但是，不是所有国际关系行为体都可以成为国际关系语境下开放的主体的，只有国家和不受国家约束的组织如民族解放组织、国际恐怖组织可以成为国际关系语境下开放的主体。

之所以如此判断，是因为在威斯特伐利亚体制下，主权国家是国际关系的最基本单元，具有对内和对外的制约性。作为国际关系最重要、最基本的行为体，主权国家具有主权，能够以其他行为体所不具备的强大能力和组织手段合法地参与和决定国际事务。正如梁守德指出的，"主权国家之所以能在国际政治中发挥最重要、最活跃的作用，充当基本的行为体，关键在于它是稳定的政治经济实体，拥有主权，并能以其他行为体所不具备的强大能力和组织手段平等参与和决定世界事务"[2]。事实上，其他国际关系行为体是受主权国家制约的。在国家内部，各种组织及个人在国际舞台上的活动都取决于国家与国际社会的关系。一般来说，如果国家实行封闭政策，孤立于国际社会，那么国家内部各组成部分就难以与国际社会接触，更难以在国际舞台上扮演重要角色。在国家外部，各种国际组织的出现首先是国家开放的结果。没有国家的开放，就不可能形成国际组织。同时，政府间国际组织也是由国家构成的，国家是国际组织的行为主体，国际组

---

[1] 列宁选集(第2卷)[M]. 北京：人民出版社，1972：808.

[2] 梁守德，洪银娴. 国际政治学概论[M]. 北京：中央编译出版社，1994：74.

织是国家作用的对象，国际组织行为能力的强弱取决于国家支持与否。此外，非政府间国际组织的行为主体也是受到具体国家制约的，绝对独立于国家之外的世界公民是少见的。

从开放一词的释义可以看出，开放既表示一种行为也表示一种状态，既表示一个过程也表示一个结果。作为一种现象，国际关系语境下的开放与其他语境下的开放具有一致性。但是，作为特定语境下的现象，开放也具有其自身固有的内涵。

首先，开放是国家的基本属性。国际社会是一个大系统，国家是国际社会这个大系统中的一个子系统。作为国际社会系统的一个要素，国家不是孤立地存在的，而是处在系统内部某一个特定的位置上，发挥着特殊的作用。国家与国家之间发生相互作用，从而构成一个整体。要素是整体中的要素，国家也是国际社会系统中的国家。如果将国家要素从国际社会系统整体中分割开来，它就会失去要素的作用。作为国际社会的一员，国家生存与发展离不开国际社会。同时，国家自身也是一个系统。为了维持系统的存在与发展，国家这个子系统不仅需要与国际社会这个大系统进行能量交换，而且要受到内部要素的制约。作为国家系统的关键要素，人与人之间也是相互联系的。而且，人是具有社会性的。"人的本质在其现实性上是社会关系的总和，从这个意义上说，人的本质是交往的系统质，人交往故人在。交往的发展是历史发展的前提，也是历史最终转变为世界历史的前提。"❶事实上，人的社会性不仅推动了国际社会和世界历史的形成，而且推动了国家的形成。人的社会性赋予了国家以开放性、国际性，并且随着全球化的发展越来越突出。作为国际社会的一员，国家必然要融入世界市场体系和国际大家庭，接受国际社会的监督和制约，同时在国家之间形成监督和制约，从而构成国家生存与发展的基本条件和保障。

其次，开放是一种世界历史进程。世界历史不是原始存在的，只有生产力的"巨大增长和高度发达"，"各个单独的个人才能真正摆脱各种不同的民族局限和地域局限"，"最后，狭隘地域性的个人为世界历史性的、真正普遍的个人所替代"。❷由于生产力水平极端低下，地球上不同民族最初处于彼此隔绝状态。只是随着生产力不断提高，人类逐步突破地域的限制、拓展自身活动范围，人类历史

---

❶ 程光泉. 全球化理论谱系[M]. 长沙:湖南人民出版社,2002:63.

❷ 马克思恩格斯选集(第1卷)[M]. 北京:人民出版社,1972:40-42.

才逐渐从国别史向区域史、从区域史向世界史演进，开始形成国家，然后形成地区国际社会，最后形成全球性国际社会，从而诞生了世界历史。在全球性国际社会形成的历史进程中，东亚、西亚以及欧洲等地区国际社会发挥了重要作用。正是这些地区国际社会之间的相互作用、相互影响，加速了全球性国际社会发展的历史进程。正是在东亚、西亚和欧洲地区国际社会互动的过程中，欧洲各国掀起了开辟新航路的热潮，从而彻底打破了各地区彼此孤立的藩篱，将世界联结成一个整体。达·伽马"开辟了从葡萄牙到印度，从西欧经大西洋、印度洋到东方的新航路，把基督教文明中心与印度教文明中心直接地联系起来……把旧大陆几乎所有的重要文明区域通过海上都联系起来"❶。到美洲大陆的航线开辟后，"世界一下子大了差不多10倍，现在展现在西欧人眼前的，已不是一个半球的四分之一，而是整个地球了"❷。从此，人类历史开始真正具备了全球性意义，世界各国彼此开放的时代逐渐来临了。

最后，开放是全球国际社会的形成。作为一种结果，国家开放的终极状态是全球性国际社会的最终形成，国家全面地融入了国际社会。地理大发现的完成只是将世界各地从地理上联结起来，世界各国并没有真正融入国际社会。但是，地理大发现开启了全球性国际分工的过程，也开启了世界市场形成的过程，更开启了殖民大扩张的过程。19世纪末20世纪初，国际分工完成、世界市场出现、殖民体系建立，全球性的国际政治体系终于形成了。"资产阶级，由于开拓了世界市场，使一切国家的生产和消费都成为世界性的了……过去那种地方的和民族的自给自足和闭关自守状态，被各民族的各方面的相互往来和各方面的相互依赖所替代了。"❸从此，以资本主义生产方式为基础，世界各国均被卷入全球市场经济体系，殖民地经济也"变成了世界金融资本活动的一些环节"❹。随着全球市场经济体系的形成，开放成为国家生存和发展的必要条件。资产阶级"迫使一切民族——如果它们不想灭亡的话——采用资产阶级生产方式；它迫使它们在自己那里推行所谓文明制度，即变成资产者"❺。在一些国家竞相开放的过程中，利益争夺日益激烈，最终引发了人类历史上的两次世界大战，世界各国均被卷入了国

❶ 张箭.地理大发现研究(15—17世纪)[M].北京:商务印书馆,2002:104.

❷ 马克思恩格斯选集(第4卷)[M].北京:人民出版社,1972:77.

❸ 马克思恩格斯选集(第1卷)[M].北京:人民出版社,1972:254.

❹ 列宁选集(第2卷)[M].北京:人民出版社1972:806.

❺ 马克思恩格斯选集(第1卷)[M].北京:人民出版社,1972:255.

际政治生活。1945年10月24日，基于各成员国主权平等的联合国成立，这标志着全球性国际社会的最终形成。《联合国宪章》成为各成员国共同遵守的行为准则，世界各国都成为国际社会平等之一员。

综上所述，在国际关系语境下，开放的主体是主权国家，开放的过程是世界各国构建国际社会的历史进程，开放的结果是世界上各主权国家成为全球性国际社会平等之一员。基于此，我们可以将国际关系语境下的开放简单地界定为：主权国家构建并融入国际社会的过程和状态。

二、国际关系语境下开放的类型

国际关系语境下的开放既是一个自然的历史过程，也是一个有目的有意识的活动过程。因此，在不同的背景下，开放的方式可能是不一样的；在相同的背景下，开放的侧重点也不一定是相同的。为了进一步研究的需要，本书分别根据主体的意愿、开放的对象及开放的内容，对国际关系语境下的开放进行概略分类。

首先，从主体的开放意愿来看，开放可以分为主动性开放和被动性开放。所谓主动性开放，就是指主权国家顺应历史发展潮流，积极融入国际社会形成的历史进程并成为国际社会平等之一员的现象。在这种开放中，由于主权国家抢占了开放的先机，能够采取有效的措施积极应对开放过程中出现的问题，因而开放效果一般是正相关的，即国家越开放就越富裕。例如，美国在独立后积极融入国际社会，成为世界上最为开放的国家，取得了明显的开放效果。以1990年美元的价值计算，1820年，美国的国民生产总值仅12432百万美元，占世界国民生产总值的1.8%。到1992年，美国的国民生产总值为5675617百万美元，占世界总量的20.3%。[1]

所谓被动性开放，就是指主权国家尚没有开放意愿而被迫打开国门，接受不平等的国际规则、成为国际社会不平等之一员的现象。在这种开放中，由于国家一开始就丧失了开放的主动权，失去了积极主动地应对开放过程中出现的问题的能力，因而开放效果一般是负相关的，即国家越开放就越贫弱。在近代中国历史上，清王朝被西方列强用炮舰打开了大门。但是，当时中国统治阶级根本没有开放的意愿。由于列强将一系列不平等条约强加在中国身上，中国失去了积极应对开放问题的能

---

[1] Angus Maddison. Monitoring the World Economy（1820—1992）[M]. Paris：Development Centre of the Organisation for Economic Cooperation and Development，1995：30.

力，导致国家越来越贫弱。直到新中国实施主动性开放以后，中国才开始迅速发展，表1-1的数据鲜明地反映了这一点。以1990年的美元价值计算，1820年，中国的国民生产总值为199212百万美元，占世界国民生产总值的28.7%。到1950年下降到仅6.2%。新中国成立后，由于各种原因，中国处于片面开放状态，国家经济实力增长缓慢。1978年，中国国民生产总值仅占世界的6.8%。开放战略实施后，中国经济逐渐步入正常发展轨道，国民生产总值开始以较快的速度增长。1992年，国内生产总值达到3615603百万美元，占世界总量的12.9%。

表1-1 1820—1992年中国GDP总量及占世界GDP总量的比重 　　　　单位：百万美元

年份	1820	1870	1900	1913	1950	1978	1992
中国	199212	187175	260600	300924	335530	1292770	3615603
世界	694772	1127876	1976876	2726065	5372330	18970175	27994920
百分比	28.7%	16.6%	13.2%	11.0%	6.2%	6.8%	12.9%

资料来源：Angus Maddison, Monitoring the World Economy(1820—1992), Development Centre of the Organisation for Economic Cooperation and Development, 1995, pp.190-191, 227-228.

　　值得指出的是，被动性开放与主动性开放是可以相互转化的。被迫开放的国家如果能够迅速转变对开放的态度，采取积极的应对措施，就可能变被动为主动。日本就是一个典型例子。在被列强打开国门后，日本果断地实施明治维新，积极主动地融入国际社会，结果成为东亚乃至世界强国。

　　其次，从开放的地域范围来看，开放可以分为全面性开放和局部性开放。所谓全面性开放，是指一个国家对国际社会所有成员开放，全面融入国际社会。自开放政策实施以来，中国实行的就是这种全方位开放政策，既对社会主义国家开放，也对资本主义国家开放；既对发展中国家开放，也对发达国家开放。正如邓小平同志指出的，"开放是对世界所有国家开放，对各种类型的国家开放"❶。但是，中国全方位开放格局的形成是在20世纪80年代末90年代初。一方面，中苏关系实现正常化，东欧剧变，中国形成了既对社会主义国家开放也对资本主义国家开放的状态。另一方面，从建立经济特区开始，中国已经形成了"经济特区—沿海开放城市—沿海开放区—沿江及内陆省会城市—沿边开放城市"这样一个从

❶ 邓小平. 邓小平文选(第3卷)[M]. 北京：人民出版社，1993：237.

沿海到内地的对外开放新格局，出现了全国开放的局面。

所谓局部性开放，是指一个国家只对国际社会部分成员开放，或者一个国家只有部分地区对国际社会开放的状态。部分开放状态的出现，可能是主体方面的主观意志决定的，也可能是外部环境决定的。新中国成立之初，中国实行的就是一种对部分国家开放的局部开放政策，主要面向社会主义国家和新兴民族主义国家。这种开放状态的出现主要是美国对华封锁、禁运政策造成的。正如尼克松指出的，中国的影响处于国际结构之外。这部分是由于它自己的态度以及它忙于解决内部问题，部分是由于外部世界的政策，最重要的是美国的政策。[1]中国确立开放战略之初，实行的则是部分地区对国际社会开放的局部开放政策。为了摸索开放经验以便为全面开放做准备，中国最初在深圳、珠海、厦门、汕头设立了4个经济特区。通过特区的实践，中国逐步走上了全面开放之路。诚如邓小平所言："我们现在的路子走对了，人民高兴，我们也有信心。我们的政策是不会变的。要变的话，只会变得更好。对外开放政策只会变得更加开放。"[2]事实上，此种背景下的局部开放不过是全面开放的一个步骤、一个阶段。

最后，从开放的主要内容来看，存在经济开放、政治开放、军事开放和文化开放等既相独立又相交织的开放形式。所谓经济开放，是指发展对外贸易和经济合作，发展开放型经济。经济是社会存在与发展的基础。正是经济利益的驱动，使得人们的交往范围不断扩大，使得人类从一个个狭小区域走向世界。正如吉尔平指出的，贸易是各国之间最古老、最重要的经济联系。实际上，贸易连同战争一直是国际关系演进的关键。[3]在国家开放中，经济开放是最基本的物质内容，是开放最主要的原动力。

所谓政治开放，就是指学习其他国家政治模式和政治体制的优点，积极开展政治交流与对话，促进国家治理效率的提高。政府质量是软实力的重要组成部分，不仅在国内治理方面具有十分重要的作用，在国际关系中也具有非常重要的意义。摩根索认为，"外交政策的精巧设计和熟练执行虽然需要充足的资源和人

---

[1] Richard Nixon, Fourth Annual Report to the Congress on United States Foreign Policy, May 3, 1973. http://www.presidency.ucsb.edu/ws/index.php?pid=3832&st=&st1=.

[2] 邓小平. 邓小平文选(第3卷)[M]. 北京:人民出版社,1993:29.

[3] 罗伯特·吉尔平. 国际关系政治经济学[M]. 北京:经济科学出版社,1994:195.

力，但是如果没有一个高质量的政府就必然等于零"❶。诚然，学习国外先进政治模式和政治体制是提高政府质量的一个有效途径。但是，引进国外先进的治理模式和政治体制可能引起国内政权的变革。所以，有些国家，特别是处于弱势地位的后发达国家，对政治开放一般比较谨慎甚至保守。在中国近代史上，封建统治阶级为了维护自己的封建统治，顽固坚持"中学为体，西学为用"，结果使中国丧失了一次政治现代化的机会。

所谓军事开放，就是指开展军事交流与合作，引进国外先进的军事技术、军事设施以及军事管理经验，促进军队建设现代化。军事力量是国家的硬实力，在国家安全和国际关系中具有决定性影响。正如摩根索指出的，"军事准备是赋予地理因素、自然资源和工业能力真正国家力量重要意义的因素"❷。因此，一般而言，军事技术落后的国家处于军事开放的矛盾之中。一方面，它们希望引进先进军事技术和现代军事装备，提高自身国防能力；另一方面，它们担心开展军事交流泄露国防机密，影响国家安全。事实上，军事技术先进的国家也有同样的困境。一方面，它们需要通过转让军事技术和军事装备获取经济利益，通过军事交流获取他国军事情报；另一方面，它们也担心先进军事技术的转移会导致国际社会不稳定，特别是担心其他国家军事实力增强后挑战其国家安全利益。因此，发达国家对军事技术转让非常谨慎，一般不轻易将核心军事技术转让给军事技术落后的国家。

所谓文化开放，就是指开展对外文化交流与合作，广泛吸收其他文化的优点和长处，促进本国文化发展与繁荣，增强本国文化的凝聚力和影响力，增进文化之间的互相沟通和了解，促进各国文化和谐共存。作为一种存在物，文化也是有生命的，其生存与发展也是需要养分的。一种文化越能够吸收其他文化的优点和长处，就越能够生存与发展；一种文化越能够开放兼容，就越能够持久承续。历史上曾经存在过一些辉煌的文明，现在大多数已经消亡了。正如梅尔科考察文献后得出的结论：合理的共识是至少存在过12个主要文明，其中7个文明已不复存

---

❶ Hans J. Morgenthau. Politics among Nations: the Struggle for Power and Peace[M]. Beijing: Peking University Press, 2005: 162.

❷ Hans J. Morgenthau. Politics among Nations: the Struggle for Power and Peace[M]. Beijing: Peking University Press, 2005: 139.

在，5个仍然存在。❶诚然，那些文明的消亡有多种原因。但是，不可否认，这与其不能正确应对外部文明的挑战也具有非常密切甚至是主要的关系。值得指出的是，与过去的野蛮征服不同，今天文化开放的主要途径是文化交流。但是，在开放过程中同样存在着激烈的较量与冲突。因此，文化开放也是一个充满矛盾的潜移默化过程，各国都比较谨慎。

第二节　开放与国际关系紧张

开放就是不同国家间的相互作用，就是不同国家间的利益重组。正是不同国家间这种相互作用和利益重组，构成了国际关系。在这个过程中，由于利益的有限性和国际社会的无政府状态，各国竞逐利益的行为可能引起国与国之间关系的紧张。诚如保罗·肯尼迪所言，由于国家间的无政府状态和竞争性，过去五百年的国际关系史往往就是一部战争史，或者至少是一部备战史。❷

一、开放与权力转移

所谓权力转移，在权力转移理论的创立者奥根斯基看来，就是指国际关系权力等级体系中最强的权力拥有者和它之后的次强权力拥有者的易位，也即权力等级地位的变化。❸简而言之，权力转移实际上就是大国的兴衰更替。历史上，大国兴衰的过程就是权力转移的过程。

根据权力转移理论，国际社会不是处于无政府状态，而是处于等级结构状态。全球社会是一个金字塔式的等级结构，各个地区也存在金字塔式的等级结构。在每个等级结构中，都有一个处于塔尖的主导国，处于其下的是大国，再下面是中等国，处在最底层的则是小国。在这些等级结构中，由于发展不平衡规律的作用，不同国家的力量朝着两个方向发展：崛起与衰落。崛起与衰落到了一定的程度，最后就会引起主导国与崛起国之间权力的重新分配，从而导致权力转移。在1958年出版的《世界政治》一书中，奥根斯基认为，虽然大国权力分配

---

❶ Samuel P. Huntington. The Clash of Civilizations and the Remaking of World Order[M]. London：Simon & Schuster UK Ltd，1997：45.

❷ Paul Kennedy. The Rise and Fall of the Great Powers[M]. New York：Vintage Books，1987：536.

❸ 朱峰. 权力转移理论：霸权性现实主义？[J]. 国际政治研究，2006(3).

有差异，但是由于工业化和现代政府效率的影响，后起大国非常有可能和以前的大国出现权力持平，从而引发权力转移。

关于霸权兴衰的原因，一些学者进行了探究。在《大国的兴衰：1500—2000年的经济变化与军事冲突》一书中，保罗·肯尼迪从历史的视角分析了霸权兴衰更替的原因，认为技术进步、人口变化和经济增长是历史发展的推动力量，并且提出霸权过度扩张导致霸权衰落的观点。在《国际政治中的战争与变革》一书中，罗伯特·吉尔平也从经济政治的角度分析了国际体系变革的原因。他指出，一个社会一旦达到了扩张的极限，在维持自己的地位和阻止最终的衰落方面就会面临巨大的困难。此外，它开始遭遇农业或工业生产的边际效益。内部和外部的变化增加了消耗及保护和生产的存本，它开始遭遇严重的财政危机。它的经济、技术和组织技巧的扩散，削弱了它对其他社会的比较优势，尤其是对处于体系边缘的社会。另外，那些崛起国享受较低的成本、上升的资源回报率和后发优势。体系内衰落国家与崛起国家的不同增长率迟早会产生关键性的权力再分配，从而导致体系的不平衡。❶

毫无疑问，国家力量变化的关键在于国家内部的发展。但是，外部因素对国家发展也具有重大影响。吉尔平指出，霸权国家的经济、技术和组织技巧扩散也会对后发展国家的发展产生重要的推动作用。不仅如此，国家之间的联合对于国际战略力量的消长变化也会产生重要影响。权力转移理论强调国家内部发展的作用显然没有错。但是，它忽视了外部联系的影响。在权力转移理论中，内部增长如此重要，以致"权力转移"概念最初就是指国家内部发展的过程，即经历从不发达到发达的转变。❷

权力转移理论是解释和预测大国间战争与和平的理论，其"兴趣在于解释重大战争"❸。与均势理论相反，权力转移理论不赞成国家之间权力的均衡分配有助于保持和平，而是认为政治、经济和军事能力在竞争性国家集团之间均衡分布加大了战争的可能性。为了分析权力转移与战争的关系，权力转移理论家提出了"权力持平"的概念。他们认为，权力持平是指潜在挑战国的发展达到了主导国力量的80%以上的一个阶段，当挑战国的力量超过了主导国的20%时，持平阶段

---

❶ Robert Gilpin. War and Change in World Politics[M]. Cambridge：Cambridge University Press，1981：185.

❷ Zhiqun Zhu. US-China Relations in the 21st Century：Power Transition and Peace[M]. London：Routledge，2006：14.

❸ A. F. K. Organski，Jacek Kugler. The War Ledger[M]. Chicago：The University of Chicago Press，1980：13.

就结束。❶权力转移理论认为，持平阶段大国间发生战争的可能性增加，特别是当出现力量超越时，冲突最有可能发生。如果在竞争者之间发生冲突，那么只有当竞争者之一处在超过另一竞争者的过程中，他们才会发生冲突。但是，这也并不意味着冲突一定会发生。显然，这个过程是冲突的必要条件，不是充分条件，因为它也可能在没有冲突的过程中发生。❷因此，权力转移理论还引入了一对概念：满意和不满意，认为"权力持平"和"对现状不满"是发生体系转换战争危险的决定性因素。对现状满意的国家没有挑战既有国际权力结构的欲望和动机，对现状不满的国家则想改变既有的国际权力结构。可见，在权力转移理论家看来，当权力持平与对现状满意相结合时不会发生战争，当权力持平与对现状不满意同时出现的时候，最有可能发生大国间的战争。

摩根索指出，像所有政治一样，国际政治就是权力的斗争。无论国际政治的终极目标是什么，权力总是它的直接目标。❸在国际政治中，追求权力是一种比较正常的状态。在追求权力的斗争中，出现冲突是难以避免的。但是，冲突是否上升为战争特别是大国间的战争，存在很多制约因素。虽然权力转移不是大国战争的充分条件，但是它仍然存在着引起大国战争的可能性。有学者指出，权力转移以及由此产生的"不满"和"挑战"，至少是导致国际关系中难以避免的冲突和战争的基本原因之一。❹问题不在于权力转移是否会引起战争，而在于如何避免权力转移引起大国间战争。均势模式是防止战争的途径之一。但是，历史上也出现了均势失灵的情况，两次世界大战就是沉痛的教训。对此，权力转移理论开出了自己的药方。该理论认为，当处于劣势的国家与处于优势的国家之间的国家能力不平衡时，和平保持得最好。❺这样，对于主导国来说，尽可能延缓其他国家发展不失为明智的选择。显然，这并没有跳出霸权稳定论的窠臼，不过，它反映了国际关系的部分现实。

诚然，任何一种国际关系理论都不可能解释所有纷繁复杂的国际现象。权力转移理论也是如此。修昔底德在分析伯罗奔尼撒战争的原因时指出，"使战争不

❶ Ronald L. Tammen, Jacek Kugler, Douglas Lemke, et al. Power Transitions: Strategies for the 21st Century [M]. New York: Seven Bridges Press, 2000: 21.

❷ A. F. K. Organski, Jacek Kugler. The War Ledger[M]. Chicago: The University of Chicago Press, 1980: 51.

❸ Hans J. Morgenthau. Politics among Nations: the Struggle for Power and Peace[M]. Beijing: Peking University Press, 2005: 31.

❹ 朱峰. 权力转移理论: 霸权性现实主义? [J]. 国际政治研究, 2006(3).

❺ A. F. K. Organski, Jacek Kugler. The War Ledger[M]. Chicago: The University of Chicago Press, 1980: 19.

可避免的真正原因是雅典势力的增长和因而引起的斯巴达的恐惧。"❶这对于认识今天的国际关系仍然是很有意义的。吉尔平指出，每一次权力转移都是通过霸权战争解决的，霸权战争重建了国际系统中的平衡。❷国家力量的兴衰确实会引起有关国家的紧张，但并不意味着崛起国就是战争发动者。在权力转移过程中，主导国和崛起国都有可能成为战争发动者。即使崛起国满足现状，即使它不挑战主导国的任何既有利益，主导国也有可能通过各种方式阻止崛起国的崛起进程，以保持主导国与崛起国的力量差距。

权力转移理论强调国内增长对权力转移的意义，认为内部增长是国家权力最重要的来源。但是，权力转移理论假定主导国不能阻止其他国家的内部发展，认为如果国际现状不能帮助一个国家发展，它仍然能够在孤立中发展。❸事实上，在经济全球化不断发展的背景下，国际社会对国内发展的影响是非常重要的。从长远来看，世界市场经济鼓励通过国际体系来扩大经济增长。通过贸易、海外投资和技术转让，财富和经济活动趋于从旧的经济增长中心向新的中心扩散。由于享有后发优势，这些新的中心往往取代并超过原生中心。❹从这个意义上说，开放可能推动权力转移。因此，主导国可能会在其他国家开放的过程中设置障碍，从而引起国家间的矛盾和冲突。

二、开放与文明冲突

文明冲突论是冷战结束以后最富争议的国际政治理论之一，是哈佛大学教授塞缪尔·亨廷顿提出来的。1993年，他在《外交》季刊夏季号上发表了一篇题为《文明的冲突？》的文章，对冷战结束以后国际政治斗争的范式进行探讨。1996年，他又出版了《文明的冲突与世界秩序的重建》一书，系统阐述了文明冲突理论。根据亨廷顿的理论，在冷战后的世界中，全球政治在历史上第一次变成了多极和多文明的。文化和文化认同——在最广泛的层面上是文明的认同，正在变成冷战后世界上结合、分裂和冲突的模式。❺文明冲突论甫一出笼，就引起

❶ 修昔底德. 伯罗奔尼撒战争史[M]. 北京:商务印书馆,1960:19.

❷ Zhiqun Zhu. US-China Relations in the 21st Century: Power Transition and Peace[M]. London: Routledge, 2006:11.

❸ Zhiqun Zhu. US-China Relations in the 21st Century: Power Transition and Peace[M]. London: Routledge, 2006:14.

❹ Robert Gilpin. War and Change in World Politics[M]. Cambridge: Cambridge University Press, 1981:178.

❺ Samuel P. Huntington. The Clash of Civilizations and the Remaking of World Order[M]. London: Simon & Schuster UK Ltd, 1997:21, 20.

了国际政治学界的广泛争论，批评者有之，赞誉者也不少。这充分表明了文明冲突论的影响。

事实上，不管文明冲突论是否符合冷战结束后国际政治的现实，文明间存在冲突仍然是人类历史的不争事实。从人类历史的发展过程来看，"世界史不是过去一直存在的；作为世界史的历史是结果"❶。在世界历史的形成过程中，世界上存在过的各种文明都做出了自己的贡献。正是不同文明相互交往和相互作用，推动了世界历史的最终形成。但是，世界历史的形成过程既是一个不同文明交流与融合的过程，也是一个充满矛盾和斗争的过程。在人类文明史上，文明内部和文明之间的冲突屡有发生。从1096年到1291年，西欧基督教国家为了夺回圣城耶路撒冷，先后对地中海东岸国家（主要是伊斯兰教国家）发动了8次征战，时间持续了将近两个世纪。从1618年到1648年的三十年战争也是由宗教意识形态的分歧引起的。1946年，印巴分治也打上了印度教和伊斯兰教争端的鲜明烙印。马克思在论述资本原始积累的残酷性时指出，"资本来到世间，从头到脚，每个毛孔都滴着血和肮脏的东西"❷。新航路的开辟，开启了西方资本主义原始积累的历史进程，也开启了全球范围文明冲突的历史进程。"文明之间断断续续的或有限的多方向碰撞，已经让位于西方对所有其他文明持续的、压倒的和单方向的冲击。"❸随着美洲印第安人村庄被消灭，随着欧洲移民的大量输出，殖民主义犯下的绝不仅仅是政治罪行，而且还是文化罪行。"在欧洲扩张的过程中，安第斯文明和中美洲文明被有效地消灭了，印度文明和伊斯兰文明连同非洲文明一起被征服，中国受到渗透并且从属于西方的影响。"❹资本主义文明是建立在对其他文明血腥征服的基础之上的，资本主义文明史是用血与火的文字载入人类编年史的。从1492年哥伦布在海地建立第一个殖民据点到1511年迭戈·贝拉斯克斯占领古巴，西班牙殖民者在加勒比地区进行了长达19年火与剑的征服历史。在对加勒比地区进行征服的几十年内，有1200万～1500万印第安人被杀害。❺可

❶ 马克思恩格斯全集[M]. 第46卷,上. 北京:人民出版社,1979:48.

❷ 马克思. 资本论(第1卷)[M]. 北京:人民出版社,1975:829.

❸ Samuel P. Huntington. The Clash of Civilizations and the Remaking of World Order[M]. London:Simon & Schuster UK Ltd,1997:50.

❹ Samuel P. Huntington. The Clash of Civilizations and the Remaking of World Order[M]. London:Simon & Schuster UK Ltd,1997:51.

❺ 黄邦和. 通向现代世界500年——哥伦布以来东西两半球汇合的世界影响[M]. 北京:北京大学出版社,1994:87.

见，随着人类活动地域的不断拓展，文明之间及文明内部的冲突时有发生。

文明冲突的原因是多方面的。在《文明的冲突？》一文中，亨廷顿从6个方面进行了概略的分析：①文明之间的差异不仅是真实的而且是基本的；②世界正变得越来越小；③世界各地的经济现代化和社会变革过程正在将人们从长期的本土认同中分离出来；④西方的双重作用促进了文明意识的增长；⑤文化的特征和差异比政治和经济的具有更少的易变性，因而也更不容易妥协和解决；⑥经济地区主义正在增长。❶值得指出的是，文明冲突论的逻辑起点是冷战结束后出现的"多文明的世界"，亨廷顿提出的这些理由是在解释冷战结束后文明之间发生冲突的原因。因此，即便这些理由充分正确，它也不能完全解释文明之间冲突的原因，更何况这些理由还显得不是那么充分。正如倪世雄教授指出的，有些理由从根本上讲并非文化事项，这些原因是暂时性的而不是永久性的，它们所指向的是统一的全球主义而不是狭隘的文化主义。❷

亨廷顿指出，在很大程度上，不同文明国家和集团间冲突的根源是那些总是产生集团间冲突的东西：控制人民、领土、财富、资源和相对权力，也就是相对于另一个集团对自己所能做的而言，将自己的价值、文化和体制强加于另一个集团的能力。❸文明冲突的原因是非常复杂的，既与历史、宗教、文化、习惯等抽象事物相联系，又与人口、领土、资源、财富等现实利益相交融。1857年，英国殖民者发给印度士兵涂有牛油和猪油的子弹，引发了印度民族大起义。19世纪中叶，外国公使进驻北京给中外关系横生了许多枝节。20世纪90年代，以美国为首的西方国家在联合国人权委员会对华人权提案问题上屡败屡战，等等。这些既为文明冲突论提供了注脚，也为国家利益争端提供了解释。事实上，文明不同于国家。它不是一个政治实体，不具备国际和国内行为能力。诚如亨廷顿所言，"由于文明是文化而非政治的实体，因此它们本身并不维持秩序，建立公正，征收赋税，进行战争，商定条约或者做政府做的其他任何事情"❹。所以，文明冲突只能以国家或民族为载体，将文明冲突与国家冲突截然分开是困难的，

❶ Samuel P. Huntington. The Clash of Civilizations[J]. Foreign Affairs，Summer 1993.

❷ 倪世雄. 当代西方国家关系理论[M]. 上海：复旦大学出版社，2005：421.

❸ Samuel P. Huntington. The Clash of Civilizations and the Remaking of World Order[M]. London：Simon & Schuster UK Ltd，1997：129.

❹ Samuel P. Huntington. The Clash of Civilizations and the Remaking of World Order[M]. London：Simon & Schuster UK Ltd，1997：44.

国家之间发生冲突的原因大都有可能引起文明冲突。

矛盾是同一性中的斗争性，没有同一性就不可能有斗争性。文明冲突的发生必须有一个大前提，这就是文明的相遇。在不同文明彼此孤立的环境中，文明冲突是不容易发生的。只有在不同文明相互交往的过程中，才有可能产生矛盾和发生争斗。事实上，文明之间可能冲突的范围是随着文明间交往范围的扩大而扩大的。最初是文明内部的争斗，后来才是文明之间的争斗。亨廷顿将文明间关系的演变分为三个时期：遭遇、冲击和相互作用。遭遇是指公元1500年前的文明关系。在这个阶段，不同文明由于时间和空间的限制，彼此之间的交往基本不存在或非常有限，文明间冲突的范围大多数局限于文明内部，不同文明之间有限的交往与冲突是交织在一起的。冲击是指公元1500年开始西方文明对世界上其他文明的影响。西方文明崛起后，由于科学技术革命的发生，自然条件对人类交往的限制减弱了，文明间的交往迅速增多。西方国家凭借先进科学技术将自己的足迹踏遍全球，通过征服和渗透控制了整个西半球以及亚洲、非洲的重要文明。相互作用是指1990年以后国际社会形成了6个以上的世界。随着西方文明的衰落和亚非拉地区的发展，不同文明间相互作用取代了西方对亚非拉的控制，每个文明都将自己视为世界中心，文明间冲突将主宰全球政治。❶从文明间关系发展的三个阶段可以看出，文明间关系演变的历史与世界历史的演进是同一个过程，文明间关系演进的历史就是各文明超越自身疆域限制走向全球的历史，就是文明间互相开放的历史。随着文明交往范围的扩大，随着文明开放程度的加深，文明间的关系发生了变化，文明冲突的方式也在发生变化。从这个意义上可以说，开放是文明之间发生冲突的重要背景。

三、开放与经济纷争

物质资料的生产是人类社会生产的基础。人类要生存，首先就必须吃饭穿衣住房子，然后才能进行其他活动。由于自然因素的制约，任何地方都不一定能够提供附着于其上的人们所需要的全部生活资料。为了生存，人们必须在更广阔的范围内寻求财富，获取资源。这就可能引起资源、资金、知识、市场和贸易争端。

---

❶ Samuel P. Huntington. The Clash of Civilizations and the Remaking of World Order[M]. London：Simon & Schuster UK Ltd, 1997：48-55.

马克思指出："劳动并不是它所生产的使用价值即物质财富的唯一源泉。正像威廉·配第所说，劳动是财富之父，土地是财富之母。"❶可见，资源是创造财富的必要前提。丰富而良好的资源状况是国家富强的基本条件，一个资源不能自足的国家是难以发展成为综合国力大国的。德龙和威廉森认为，在高昂的运输成本条件下，自然资源的可得性是新产业或者新技术得以引入的基本前提。尤其是对19世纪后期的本土钢铁工业而言，煤和铁矿石的储量是国家经济发展壮大的必要因素。资源丰裕的英国和德国在此阶段实现了钢铁产业的迅速成长，从而奠定了工业强国的坚实基础。相比之下，第一次世界大战之前的意大利由于国内煤矿储量的缺乏导致落后的产业结构，经济发展水平也大大逊色于其他欧洲强国。❷然而，地球上资源的分布是不均衡的。石油是现代社会一种非常重要的战略资源。但是，超过1/3的可采石油储量集中在中东地区。事实上，其他资源的分布状况也大体如此。这就势必引起各国对资源的争夺。诚如吉尔平所言，"具有讽刺意味的是，如果一个不太能自给自足的苏联在世界市场上向美国挑战，争夺有限的资源，这就将（且肯定将）变成一种不稳定因素。如果苏联的石油生产下降或苏联进入世界市场，可能会改变目前的形势并提高经济紧张的程度"❸。

在分析资本对于经济增长的意义时，刘易斯指出，经济增长是与人均资本的增加相关的；在人均国民收入没有增长的社会中，每年的投资不到其国民收入的4%或5%，而进步经济的投资每年都在12%以上。❹在传统农业社会，发展生产对资金的要求相对不高。在近现代工业社会，经济增长与资金投入有着十分密切的联系，资金投入是经济增长的重要因素。根据罗斯托的"起飞"理论，资本积累率的提高是经济发展的先决条件和重要前提，一个国家要实现"起飞"就必须有足够的资本积累。没有一定的资金投入，就难以扩大生产规模，也难以改进生产技术，更难以实现工业化。事实上，大多数国家在发展的初期面临资金困境，资金投入难以切实保障。钱纳里和斯特劳斯的"双缺口模型"表明，发展中国家普遍存在储蓄缺口和外汇缺口，从而形成投资约束和外汇约束，影响经济发展。❺对于绝大多数国家来说，从国际市场引进资金成为经济发展的必然选择。

❶ 马克思. 资本论(第1卷)[M]. 北京：人民出版社，1975:57.

❷ 高波，张志鹏. 发展经济学——要素、路径与战略[M]. 南京：南京大学出版社，2008:86.

❸ Robert Gilpin. War and Change in World Politics[M]. Cambridge:Cambridge University Press,1981:238-239.

❹ 阿瑟·刘易斯. 经济增长理论[M]. 上海：上海三联书店、上海人民出版社，1994:252,283.

❺ 高波，张志鹏. 发展经济学——要素、路径与战略[M]. 南京：南京大学出版社，2008:95.

历史上，几乎所有发达国家在其发展的早期阶段也都是以国外资金来补充国内储蓄不足的。在17和18世纪，英国向荷兰借债；在19和20世纪，英国几乎向世界上其他每个国家贷款。现在世界上最富有的国家美国在19世纪时也曾大量借款，以后又成为20世纪的主要债权国。[1]但是，相对于发展中国家发展资金普遍不足的现实，国际市场上的资金也不一定能够满足其发展需求。因此，发展中国家在引进外资时可能会形成竞资现象，发达国家也可能利用自己的优势地位附带种种不合理的条件，从而引起国家间的摩擦和争端。

随着科学技术的发展，社会分工越来越细，社会生产越来越复杂，知识对经济发展的意义越来越大。知识是推动经济发展的决定力量，包括技术知识和社会知识。其中，科学技术是第一生产力，对经济发展的意义尤为重大。自从工业革命以来，经济发展的主要原因，始终在于一系列为投资和经济扩张提供新机会的技术创新。[2]据美国《商业周刊》报道，1948年到1982年34年间，在促进国民生产总值增长的诸因素中，技术革新和工人的技术素质大约占一半，对劳动力的教育占1/3，资本设备占15%。[3]进入21世纪，随着知识经济的迅猛发展，技术已经成为一种核心权力，对创新性的价值生产模式和新知识的领先拥有，已经变得甚至比钢铁、煤炭和水泥等传统经济权力基础更为关键，技术创新是先进工业化国家实力增长最重要的来源和主要动力。[4]同时，社会知识对经济发展的意义也进一步显现，生产要素的组织方式和配置模式成为影响经济增长的重要因素。刘易斯指出，经济增长既取决于关于事物与生物的技术知识，又取决于关于人以及人与其同胞的关系的社会知识。在这方面一般都强调了前者，但是后者也同样重要，因为增长对学会如何管理大型组织或创造有利于经济努力的制度的依赖，和对培育新种子或学会如何建造大坝的依赖是同样的。[5]

然而，知识研发是一项十分艰巨的任务。对于国家发展来说，学习国外先进知识是实现现代化和迎头赶上的捷径和必由之路。历史上，几乎所有发展中国家在工业化过程中都首先经历了大量引进国外先进技术的阶段，并通过技术引进获

❶ 阿瑟·刘易斯. 经济增长理论[M]. 上海:上海三联书店、上海人民出版社,1994:307.

❷ 罗伯特·吉尔平. 国际关系政治经济学[M]. 北京:经济科学出版社,1994:116.

❸ 李琮. 第三世界论[M]. 北京:世界知识出版社,1993:351.

❹ 门洪华. 开放与国家战略体系[M]. 北京:人民出版社,2008:54–55.

❺ 阿瑟·刘易斯. 经济增长理论[M]. 上海:上海三联书店、上海人民出版社,1994:204.

得经济发展的最初动力。❶发达国家也普遍经历了一个学习和引进先进知识的过程，即使当今世界上科学技术最发达的美国也不例外。在建国初的100年里主要是依靠大量引进先进的欧洲技术和设备完成其工业化进程的。❷其他发达国家的现代化历程也大体如此。英国在欧洲的技术领先地位，首先主要不是依靠自己的大量发明，而是依靠率先利用其他国家的发明；日本则是依靠有选择地采用其他国家创造的思想和技术迅速进入现代世界的。❸但是，发展中国家引进发达国家的先进知识也不是一帆风顺的。基于对知识重要性和自身发展经验的认识，发达国家经常在知识转让过程中设置障碍，以实现其技术控制。此外，知识产权争端也日益成为有关国家争论的一个重要话题。

社会再生产包括生产、分配、交换和消费四个环节。对于商品生产者来说，一种商品生产出来以后，必须拿到市场上去销售以实现其价值。如果销售不了，价值就不能实现，商品生产的循环就会受到影响甚至中断，扩大再生产就更加困难。因此，商品销售是确保社会再生产顺利进行的重要环节，贸易是实现财富的主要渠道。对于发展中国家来说，一方面，随着生产力的提高，商品的供给能力增强；另一方面，由于经济不发达，人们的购买力有限，商品有效需求不足，从而形成供过于求的局面，导致商品价值不能实现，社会再生产难以顺利进行。对于发达国家来说，由于生产能力强，人口相对较少，也存在商品有效需求不足现象，从而影响了商品价值的实现，制约了社会再生产的扩大。可见，无论发达国家还是发展中国家，都需要到国外拓展销售市场，从而可能引起市场争夺。

重商主义的重要代表托马斯·曼认为，国内贸易仅是财富的相互转让，对外贸易才有助于财富的增加。因此，对外贸易才是国家致富的手段。❹就财富增加而言，国内贸易只是社会财富在国内不同利益体之间的分配，国家财富的总量并没有增加。而国际贸易不仅能够实现财富，而且能够增加财富，赚取外汇。刘易斯指出，在经济活动水平较低时，为国外市场生产往往是使一个国家走上经济增长之路的转折点。❺对于经济发展面临"双缺口"困境的国家来说，发展对外贸

❶ 高波，张志鹏. 发展经济学——要素、路径与战略[M]. 南京:南京大学出版社,2008:145.

❷ 门洪华. 开放与国家战略体系[M]. 北京:人民出版社,2008:57.

❸ 西里尔·布莱克. 比较现代化[M].上海:上海译文出版社,1996:327,332.

❹ 方齐云，王皓，等. 增长经济学[M].武汉:湖北人民出版社,2002:15.

❺ 阿瑟·刘易斯. 经济增长理论[M]. 上海:上海三联书店、上海人民出版社,1994:345.

易的意义更加重大。然而,"虽然从绝对意义上讲,当一个人通过市场经济获取财富的时候,其他人也都会相应有所受益,但总有一些人得到的东西要略多些。起码在开始的时候,市场的趋势是将财富聚集在某些群体、阶级或国家地区"❶。正是国际贸易的这种财富转移功能,使有些国家想方设法限制进口、鼓励出口,从而可能引发有关国家的贸易战,导致国家间关系紧张。正如托马斯·曼所言,贸易双方的利益远非和谐。在国际贸易中,一国之所得为另一国之所失。因此,各国都利用政策手段来保护本国利益。❷

第三节 开放与国际关系和谐

马克思指出,历史不断前进,经过许多阶段才把陈旧的生活形式送进坟墓。世界历史形式的最后一个阶段就是喜剧。❸历史是人民创造的。"鸡犬之声相闻,老死不相往来"的状态固然可能减少国与国之间的矛盾与冲突,但也会造成人与人之间的隔膜和偏见,难以促进国际关系和谐,难以形成历史的喜剧。人民之间的交流是真正的和平途径之一。❹开放虽然可能引起国际关系紧张,但随着人民间交流的不断增加,人民间的理解和相互依赖也会不断加深,从而最终促进国与国之间的关系走向和谐。

一、开放与认知调整

国际关系是国家之间的相互作用,是不同国家对外政策相互影响的产物。人民群众是国际关系的主体。但是,不同人物在历史舞台上扮演的角色是不一样的。在充分肯定人民群众历史主体地位的同时,我们不应该忽视历史人物的关键作用。在国家对外政策的制定和实施过程中,杰出人物具有十分重要的作用。"任何一个国家对外政策选择范围所受到的许多限制,起源于该政府内的个人的感觉和观念。"❺事实上,在历史上一些关键时刻,伟大人物的核心作用都产生了

---

❶ 罗伯特·吉尔平. 国际关系政治经济学[M]. 北京:经济科学出版社,1994:27-28.

❷ 方齐云,王皓,李卫兵,等. 增长经济学[M]. 武汉:湖北人民出版社,2002:15.

❸ 马克思恩格斯选集(第1卷)[M]. 北京:人民出版社,1972:5.

❹ Richard Nixon, Remarks at a Ceremony Commemorating the Establishment of the People-to-People Program, October 14, 1969. http://www.presidency.ucsb.edu/ws/index.php?pid=2264&st=&st1=.

❺ 拉西特,斯塔尔. 世界政治[M]. 北京:华夏出版社,2001:214.

重要的影响。丘吉尔的坚强不屈精神，鼓舞了英国人民抵抗法西斯德国的士气；周恩来的高超外交技巧与充分和解态度，奠定了万隆会议成功的基础；毛泽东和尼克松的睿智与魄力，打破了中美关系对抗的坚冰；邓小平和卡特的远见与果断，实现了中美关系的正常化。因此，很多著名国际政治学者认同杰出人物对国际关系的决定性意义。基辛格认为，个人是外交事务和历史事件的重要决定因素。如果回顾一下历史，就会发现个人特质的重要性。如果没有周恩来，美国对中国的和平表示就不会奏效；如果没有萨达特和梅厄或达扬，就不会有中东地区争端的解决。克雷格等也指出，个人不仅能够对外交政策的制定产生影响，而且能够对国家之间的关系，甚至国际体系的结构产生影响。对此表示怀疑的人，只需回顾一下1985年戈尔巴乔夫执政以来的所作所为，便会心服口服。❶

然而，人是社会中的人，人的行动不可能脱离其所处的社会环境。历史人物对重大事件的决策，虽然要受到很多客观因素制约，但也会受到决策者个人主观因素的影响。韦伯认为，直接影响人们行为的不是观念，而是现实的和想象的利益。但是，经由"观念"所造就的"世界影像"却往往像扳道工一样，决定被利益驱动的行动的运行轨道。❷无论多么好的事物，如果不能被人感知到，也就失去了好的意义。在外交决策过程中，客观事物本身不能自动跃入决策者的眼帘，而是需要决策者去知觉，去感受。即使客观事物对外交决策具有重要的制约作用，如果决策者没有感受到该客观事物，或者即使感受到了却认识不到其重要意义，该事物对决策的影响也就等于零。"一个实体，此处指个人，与环境发生联系的一种途径就是通过个人对环境的认知。个人对世界的认知会对决策产生影响。真正的实际存在并不重要，重要的是决策者对它的看法。国内和国际环境提供的可能性和或然性，只有被决策者感觉并理解到时，才会影响计划和决策。"❸因此，真正影响外交决策的不是客观环境，而是被决策者认知了的"主观环境"。这种"主观环境"可能与客观环境非常吻合，也可能与客观环境相去甚远。现实主义的一个基本假定是，人是理性的行为者。但是，理性行为的意义来源于对外部世界的客观认知。然而，在纷繁复杂的世界里，即便一个完全不受情绪左右、十分小心谨慎的人也会根据极端模棱两可的证据做出判断。❹"主观环

❶ 拉西特,斯塔尔. 世界政治[M]. 北京:华夏出版社,2001:238.

❷ Robert Jervis. Perception and Misperception in International Politics[M]. Princeton: Princeton University Press,1976:9.

❸ 拉西特,斯塔尔. 世界政治[M]. 北京:华夏出版社,2001:213–214.

❹ Robert Jervis. Perception and Misperception in International Politics[M]. Princeton: Princeton University Press,1976:3.

境"与客观环境相吻合的程度，是受到外界环境与认知者的认知过程的双重制约的。能否正确分辨这些模棱两可的信息，取决于认知者认知的过程、态度和能力。

社会认知是个体主动地创造自己行动框架的过程，是主观反映客观的活动。在这个活动过程中，存在一些影响认知的主观因素。在《国际政治的知觉与错误知觉》一书中，罗伯特·杰维斯从认知相符、诱发定势、历史学习等方面进行了系统分析。他认为，相符性在很大程度上可以被理解为一种强烈的认知倾向，即人们倾向于看见他们预见到的事物，倾向于将接受到的信息纳入自己原有的影像中去。[1]认知者接受信息是有取舍的。这种取舍不是以客观事物的真实状况为依据，而是根据认知者的既有认知体系。认知者有意无意地疏忽与既有认知不一致的信息，接受与既有认知相一致的信息，以避免既有认知出现整体性和根本性变化，从而产生"认知固化"现象。在国际关系中，这样的现象经常出现。一旦政治家形成了对另一个国家的某种看法，即使面对大量与此不相符的信息，他也会坚持这种看法。[2]同时，认知者倾向于将接触到的信息附着到自己的既有影像之中去，主动寻找证据来证明自己影像的正确性，从而形成所谓的"预言自证"。杰维斯指出，无论什么导致了知觉倾向，都会出现如下结果：如果一个行为体预期某种现象出现，他就可能把一些模棱两可的刺激物视为这种现象。如果一个行为体确信某个物体会存在，那么只要很少一点信息，或者是与这个物体多少有点相似的信息，他就会相信自己看见了这个物体。[3]此外，认知者还会将外在现象与自己当前正在处理的事物联系起来，以当前直接关注的事物去感知和解读外在的刺激因素，这就是所谓的"诱发定势"。诱发定势可能使认知者将完全不相干的事物联系起来，使重要的信息被疏忽，从而导致认知错误。因此，要预测一个人从某些证据中得出的结论，我们往往需要知道这个人正在关注什么问题，需要知道他最近接收到了什么信息。[4]最后，认知者还会从自己的亲身经历中汲取养分，根据历史上发生过的类似事件判断客观现实中的问题，从而对认知产生一定

[1] Robert Jervis. Perception and Misperception in International Politics[M]. Princeton：Princeton University Press，1976：117.

[2] Robert Jervis. Perception and Misperception in International Politics[M]. Princeton：Princeton University Press，1976：146.

[3] Robert Jervis. Perception and Misperception in International Politics[M]. Princeton：Princeton University Press，1976：153.

[4] Robert Jervis. Perception and Misperception in International Politics[M]. Princeton：Princeton University Press，1976：203.

的影响。

社会认知过程中的种种现象表明，认知形成后是不容易改变的。但是，这并不是说认知是完全无法改变的。认知的拒变力不仅与认知者的观念体系有关，而且与认知者的认知结构有关。观念体系越严密，认知解释力和吸纳力就越强，认知拒变力就越大。对于具有开放意象的人来讲，新信息、矛盾的信息或者不断变化的信息都与现存的意象发生关系，并且能把这些信息变得适应现实。❶认知过程越闭合，接收的新信息、矛盾的信息就越少，认知失调的可能性就越小，认知就越不容易改变。相反，认知过程越开放，接收的新信息、矛盾的信息就越多，认知失调的可能性就越大，认知就越容易改变。在国际关系史中，有些错误认知导致的国际冲突就是由于认知者彼此缺乏有效的沟通渠道造成的。当中国通过印度将自己的警告转达给美国政府时，美国政府错误地认为这只是中国的虚声恫吓，从而在两国关系中增添了极不愉快的一页。过早地关闭了两国谈判的大门，所以两国的边界战争最终变得不可避免。可见，极度或过早的认知闭合是导致错误认知的一个重要原因。正如罗伯特·杰维斯指出的，行为体如果不了解对方对国际关系的认知，也不了解对方，就无法认知对方从自己的行为中会得出什么结论。如果行为体不能正确地判断对方的认知，或者认为人的知觉只是受到直接刺激因素的影响，那么这个行为体就会认定自己知道对方怎样看待自己，而这样的认定会是错误的。❷

事实表明，国家间的交流与沟通是减少错误知觉、形成正确认知的有效途径。新中国建立后，由于种种原因，美国对中国的认知存在很大的误区。尼克松访华开启两国交流的大门后，这种现象逐渐发生了变化。1972年4月，在中美巴黎渠道的安排下，美国参议院两党领袖率团访华。访华回国后，民主党领袖曼斯菲尔德在报告中说道：百闻不如一见。过去25年来，美国人民没有看到中国多少东西，而那百闻的东西所常常包含的巨大歪曲逐渐变成了美中两国间20年来的隔离局面，这是美国历史上最不幸的篇章之一。❸可见，国家之间加强交流对于纠正错误知觉、形成正确认知非常重要。正是从这个意义上我们可以说，开放打开了国家间、民族间相互认知的大门，是促进国际关系和谐必然的、有效的路径。

❶ 拉西特，斯塔尔. 世界政治[M]. 北京：华夏出版社，2001：240.

❷ Robert Jervis. Perception and Misperception in International Politics[M]. Princeton：Princeton University Press，1976：187.

❸ 陶文钊. 中美关系史（1972—2000)[M]. 北京：中国社会科学出版社，2007：1.

二、开放与文明并荣

人类历史是多文明的历史。在人类历史发展的长河中，由于大多数古老文明已经湮没在历史的流沙中，因此历史上究竟存在过多少文明仍然是一个有争议的问题。但是，世界是由多元文明构成的却是一个不争的事实。根据亨廷顿的说法，目前世界上存在的主要文明有中国文明、日本文明、印度文明、伊斯兰文明、西方文明，除了这5个文明之外，或许还应加上拉丁美洲文明，可能还有非洲文明。此外，有些学者还将东正教文明从西方文明中区别开来。❶这是亨廷顿为了研究的需要而划分的8个主要文明。事实上，世界上还存在过和存在着众多大大小小的非主要文明。在人类文明史中，各种文明潮起潮落，兴衰荣枯，共同推动着人类文明史的演进。可以说，当今世界各种文明都是在历史上各种文明的滋养下成长起来的，都包含了历史上各种文明的积极因子，是不同文明相互作用的产物。因此，不管是已经消失还是仍在承续，这些文明都为人类文明的发展做出了贡献，都应该得到人类的共同尊重。"文明终有终结。"❷不错，文明兴衰荣枯是自然的规律。但是，文明的终结是文明向一个更高的阶段发展，是一个自然的历史过程，而不是一种文明对另一种文明的强力取代。在世界上推广所谓的"普世文明"，只能导致文明的冲突和国际关系的紧张，是必然要失败的。近现代文明发展史已经证明了这一点。

事实上，人类文明发展到今天，世界上并没有发展出什么普世的文明。所谓的"普世文明"不过是西方工业文明的独特产物，其基本理论假设无非是非西方文明对现代化存在消极作用，非西方社会要想实现现代化就必须全盘接受西方的文明。因此，这实际上是西方文明优越论的表现。然而，现代化道路并不是单一的，西方的现代化模式也并非完美无缺。非西方国家的现代化要吸收西方文明的优秀成果，但绝不是全盘照搬。事实上，正如亨廷顿指出的，在全球迈向现代化的历史进程中，非西方社会在没有放弃它们自己的文化和全盘采用西方价值、制度和实践的前提下，能够实现并已经实现了现代化。实际上，西方化几乎是不可能的：非西方文化对现代化造成的任何障碍在其对西方化造成的障碍面前都显得

---

❶ Samuel P. Huntington. The Clash of Civilizations and the Remaking of World Order[M]. London：Simon & Schuster UK Ltd，1997：45.

❷ Samuel P. Huntington. The Clash of Civilizations and the Remaking of World Order[M]. London：Simon & Schuster UK Ltd，1997：43.

苍白无力。从根本上说，世界正在变得更多现代化，更少西方化。❶可见，多文明共生并荣是实现人类文明大同的必然选择。

文明偏见是文明和谐共存的严重威胁。作为一种普遍存在的历史现象，文明偏见在各种文明中都存在，只不过程度有轻有重。在很大程度上可以说，在中华文明中曾经形成的"夷""狄"观念，就有文化偏见的影子。子曰："夷狄之有君，不如诸夏之亡也。"❷中国封建统治者将文明程度较低的民族视为"夷""狄"，在礼仪规制上将其置于末等位次。"圣王之制，施德行礼，先京师而后诸夏，先诸夏而后夷狄。"❸甚至在中国已经落后于西方的清朝后期，封建统治者仍然将西方国家视为夷狄。在西方，文明偏见更加严重。赛义德在《东方主义》一书中写道：在西方人头脑中，"语言和种族密不可分，'好的'东方只属于印度久逝的古典时期，而'坏的'东方则徘徊于当今的亚洲、北非的某些地方和整个伊斯兰地区"❹。美国人认为自己是"上帝的选民"，美国的自由、民主、人权是最完美的，其他文明则存在很多缺点。在美国总统的观念中，各民族、各种族都处于不同等级之中。在艾森豪威尔总统的心目中，希腊人是倔强的人民；印度人是可笑的人民，不值得信任；越南人落后；中国人什么事情都满不在乎，愚昧无知，对人命损失毫不动心。❺冷战结束以后，文明偏见仍然非常严重，特别是在西方文明与穆斯林文明之间存在着深深的偏见。亨廷顿认为，在移民问题上，欧洲人最为关切的是穆斯林移民。他还引用一位美国记者的评论写道：在法国，很少有人担心来自东方的入侵——毕竟波兰人是欧洲人和天主教徒。绝大部分人既不惧怕也不轻视非阿拉伯的非洲移民，敌意大部分是针对穆斯林的。❻具有讽刺意味的是，《文明的冲突与世界秩序的重建》一书在西方世界引起的巨大轰动，又何尝没有表露亨廷顿们对儒家文明和伊斯兰文明所抱的深深成见呢？

历史上，由于文明沟通和交流比较困难，产生文明偏见是正常的事情。但是，西方国家特别是美国，将文明偏见与使命观念结合起来，以自己的观念和制

❶ Samuel P. Huntington. The Clash of Civilizations and the Remaking of World Order[M]. London：Simon & Schuster UK Ltd，1997：78.

❷ 钱穆. 论语新解[M]. 上海：生活·读书·新知三联书店，2002：56.

❸ 班固. 汉书[M].长沙：岳麓书社，1993：1424.

❹ Edward W. Said. Orientalism[M]. London：Routledge & Kegan Paul Ltd，1978：99.

❺ 迈克尔·H·亨特. 意识形态与美国外交政策[M]. 北京：世界知识出版社，1999：175.

❻ Samuel P. Huntington. The Clash of Civilizations and the Remaking of World Order[M]. London：Simon & Schuster UK Ltd，1997：200.

度为标准来判断其他文明的行为，甚至想以之改造其他文明，从而引起了文明间关系的紧张和冲突。斯特林·约翰逊指出，"从历史上讲，美国人拥有这种信念，即美国过去是、现在还是世界上最好的国家。"他们认为，"不仅美国理想的信念过去是、现在对美国还是正确的，而且对其他国家也是正确的。因此，为了使美国的命运得到传播，要么是劝告，要么是强迫弱国接受这些信条，文明由此带给了非文明国家。"●

封闭容易引起文明的误读和偏见。文明偏见的根源，不在于文明的优劣，而在于文明的误读。汤因比指出，文明包含着不被其他文明所理解的东西。●文明是个非常复杂的综合体，涉及文化、语言、宗教、习俗等多方面内容。不管人们怎样界定和感知文明，文明比我们想象的要复杂得多。因此，对文明的认知并不是很容易的，即使身在一个文明内部也难以领悟该文明之奥秘和精髓。亚历山大·温特指出，在非语言交流的情况下，信任只有在长期的合作行为之后才可能建立起来。●在沟通交流不畅的情况下，文明之间形成理解与信任是困难的，而产生隔阂和偏见则是容易的。在彼此孤立隔绝的状态下，文明之间形成理解与信任是不可能的。对此，尼克松指出，虽然美国与中国人民具有历史性的友好关系，我们很多根本利益不存在冲突，但是我们必须认识到猜疑和意识形态方面深深的鸿沟。●

开放可以架起文明对话的桥梁。亨廷顿在《文明的冲突与世界秩序的重建》中文版序言中说，我所期望的是，我唤起人们对文明冲突的危险性的注意，将有助于促进整个世界上"文明的对话"●。根据传播学的观点，信息传递过程中处理的环节越多，信息失真的可能性就越大，产生误解的可能性也越大。直接对话与交流有助于克服"信息过滤"现象，是消除误解与偏见的主要途径。1955年在印度尼西亚万隆召开的亚非会议，可以称得上不同文明间的集体对话。参加会

● 王晓德. 美国文化与外交[M]. 北京:世界知识出版社,2000:48-49.

● Samuel P. Huntington. The Clash of Civilizations and the Remaking of World Order[M]. London:Simon & Schuster UK Ltd,1997:42.

● Alexander Wendt. Social Theory of International Politics[M],Cambridge:Cambridge University Press,1999:347.

● Richard Nixon,First Annual Report to the Congress on United States Foreign Policy for the 1970's,February 18,1970. http://www.presidency.ucsb.edu/ws/index.php?pid=2835&st=&st1=.

● 塞缪尔·亨廷顿. 文明的冲突与世界秩序的重建[M]. 北京:新华出版社,2002:3.

议的29个国家至少涉及亨廷顿宣称的当代主要文明中的4个。会议最初火药味非常浓，特别是一些南亚、东南亚国家对中国的意识形态、社会制度、宗教信仰和民族政策存有怀疑和误解。锡兰总理科特拉瓦拉连台湾在哪里都不知道，却大谈台湾问题，说台湾和大陆的语言不同，就像英语和法语一样，荒谬地建议托管台湾四五年。最后，通过有关国家会上会下的沟通和交流，怀疑和误解得到消除，会议取得了圆满成功。中美关系解冻后，通过交流和沟通，一些美国政界要人也改变了对中国的误解和偏见。1972年4月，美国参议院共和党领袖斯科特访华。通过在中国的耳闻目睹，他回国后特别表示，他已退出了院外援华集团，因为中国"不是一个侵略的民族"❶。

　　开放打开了文明互相学习的窗口。人类文明的兴衰史表明，一种文明的学习能力越强，应付挑战的能力就越强，生存能力也就越强。事实上，世界上各种文明都有自己的长处，也都有自己的不足。通过交流和学习，取长补短、扬长避短，是文明承续和繁荣的必要途径。正如罗素在《中西文化比较》中指出的，不同文明的交流过去已经多次证实是人类文明发展的里程碑。希腊学习埃及，罗马借鉴希腊，阿拉伯参照罗马帝国，中世纪的欧洲模仿阿拉伯，而文艺复兴时期的欧洲则效仿拜占庭帝国。❷中华文明和印度文明之所以绵延不绝，就是因为这两大文明具有强大的学习功能，能够海纳百川，广泛吸收其他文明的优秀成果。可见，文明不是在封闭的状态下发展起来的，文明的繁荣也不可能在封闭中实现。此外，文明间的开放不仅可以为开展学习和交流提供渠道，而且可以为消除对立和怀疑提供途径。正如德国学者哈拉尔德·米勒在谈到中印文明时指出的，如果这两个国家都进一步开放和加强交流，那么印度和中国的对立就会不断减弱，甚至逐渐转向相互间富有成果的、不受安全困境方面的因素损害的合作关系。❸因此，文明要想承续、发展、繁荣，就必须主动开放，在积极应对外部环境的挑战中相互学习、求同存异，以推进文明的共存和并荣。

三、开放与相互依存

　　相互依存是人类存在的基本方式，就是指彼此之间的依靠。它虽然古已有

❶ 熊志勇.百年中美关系[M].北京:世界知识出版社,2006:262.
❷ 王缉思.文明与国际政治:中国学者评亨廷顿的文明冲突论[M].上海:上海人民出版社,1995:251.
❸ 哈拉尔德·米勒.文明的共存:对亨廷顿"文明冲突论"的批判[M].北京:新华出版社,2002:260.

之，但是范围狭小、程度不高，不易为人们所觉察，更没有引起人们重视。随着生产力的发展，相互依存的程度和范围不断加深和拓展。资本主义生产方式产生以后，随着世界市场的逐步形成，相互依存的范围逐渐拓展到全球。正如马克思和恩格斯在《共产党宣言》中指出的："资产阶级，由于开拓了世界市场，使一切国家的生产和消费都成为世界性的了……过去那种地方的和民族的自给自足和闭关自守状态，被各民族的各方面的相互往来和各方面的相互依赖所代替了。物质的生产是如此，精神的生产也是如此。"此后，全球范围内的相互依存程度日益加深。第二次世界大战结束后，随着跨国公司的迅速发展，世界各国间的经济联系更加密切。20世纪80年代末90年代初，苏联解体，冷战结束，将世界分裂成两大阵营的局面结束了。在新技术革命的推动下，世界正在变成"地球村"，不同国家人们的相互依存程度空前加深。特别是核恐怖均势的形成、环境问题等全球性问题的出现，使人类在很大程度上真正结成了一个生死与共的利益共同体。

相互依存是多层面的。相互依存理论提出之初，主要是从经济角度论述国际社会相互依存现象的。库珀等人认为，第二次世界大战后20多年来，在贸易、资本和技术作用下，发达国家的经济已经形成了"你中有我，我中有你"的局面。经济问题的重要性不断上升，传统的高级政治和低级政治的界线已经被打破。随着跨国公司、国际组织等的发展，国家不再是国际社会唯一的行为体。经济相互依存推动全球政治经济一体化，形成一个无国界的地球共同体。库珀等人的思想虽然反映了国际社会的新变化，但从经济自由主义出发得出的有些结论偏离了国际政治的现实。在此基础上，罗伯特·基欧汉和约瑟夫·奈提出了"复合相互依存"的思想，从联系渠道、议事日程和军事作用三个方面建构了一个复合相互依赖的分析模式。他们提出"脆弱性"和"敏感性"两个概念，认为相互依存有对称性相互依存和不对称性相互依存。因此，相互依存不仅仅是相互交往，而是需要涉及重大利害关系；相互依存不总是互利的，也会出现相害的现象；相互依存不仅会导致合作，也会产生冲突。复合相互依存理论将相互依存从经济领域拓展到政治等其他领域、从发达国家之间的相互依存拓展到发达国家与发展中国家之间的相互依存，从而大大拓宽了相互依存理论的分析层面。格哈特·马利指出，相互依存是一种复杂的跨国现象，包含国家之间多层次、多方面的互动模式，并产生明显的敏感性和脆弱性。●基辛格也曾从通货膨胀、饥荒、失业和能源危机等方面强调大西洋两岸相互依存的意义。可见，相互依存不仅仅是经济层面的，而且是安全、政治、环境和文化等众多层面的；不仅仅是发达国家之间的，而且是发展中国家之间、发达国家与发展中国家之间的。

相互依存有利于世界和平。对于世界和平来说，相互依存是一把"双刃剑"。一方面，它可能引起国家利益争端，增加冲突和战争的可能性。20世纪60年代以来各国之间贸易摩擦的增多充分说明了这一点。然而，相互依存之所以可能引起冲突和战争，主要是因为相互依存的不均等性。在不对称相互依存中，一些国家利用其他国家相互依存的敏感性和脆弱性增加自己的权力，维护不公正、不合理的国际政治经济旧秩序，甚至践踏公认的国际关系基本行为准则。另一方面，它又将各国紧密联系在一起，为各国互利共赢地实现权益提供了条件，减少了战争的可能。

首先，核恐怖均衡下的相互依存抑制了世界大战的爆发，维护了全球和平。核恐怖下的相互依存不是互利相互依存，而是生死相互依存。这就是说，一方的生存以另一方的生存为条件，一方的死亡以另一方的死亡为代价。为了自己的生存，有关国家必须尊重别国的生存。冷战期间，美国和苏联虽然在全球各地激烈争夺霸权，但是终究没有发展成为一场新的世界大战，核恐怖均衡下的相互依存就是重要原因之一。其次，生态问题下的相互依存将各国命运紧密地联系在一起，可以抑制国家之间的利益争端。随着地球温度升高、生物物种减少、自然灾害增多等，生态环境问题成为世界各国越来越关注的问题。生态环境的共享性，使世界各国无论是发达国家还是欠发达国家都不可能在环境问题上独善其身，也使任何国家都无力单独解决生态环境问题。为了人类的生存，更是为了自身的生存，各国必须合作应对，从而对国家间的利益争端产生一定的抑制作用。最后，经济全球化下的相互依存增加了战争的成本，也增加了实现利益的可能选择，有利于抑制战争。由于各国经济形成了"你中有我，我中有你"的局面，战争变成了一种既损人又害己的行为。战争不仅会打击敌对方的经济，而且会打击自己的经济。在经济重要性日益上升的背景下，以战争方式解决争端可能变得无利可图，甚至得不偿失。同时，各国可以通过贸易手段在国际市场上获取原料、销售

① Gerherd Mally. Interdependence: the European-American Connection in the Global Context[M]. Lexington: Lexington Books, 1976:5.

商品、传播文化，战争作为获取利益的工具的重要性已经下降。这些都使国家选择用战争解决争端的可能性减小，从而有利于实现和平。此外，在全球化的时代背景下，各国的政治联系更加密切，相互影响更加明显。一个国家政治不稳定会给周边国家政治稳定带来压力，一个国家内部的民族问题会在其他有类似民族问题的国家引起连锁反应，一个国家内外政策的变化会对其他国家产生影响。为了维护本国社会政治稳定，各国会更加相互支持彼此维护社会政治稳定，从而有利于世界和平稳定。

开放推动相互依存均衡发展。霍夫曼指出，相互依存就是社会的相互渗透，它既是一种条件，也是一个过程。❶相互依存的范围和程度是随着人类活动范围的拓展而不断扩大和加深的。相互依存形成的过程，实际上就是全球化的过程。温特认为，分工会加大行为体之间的相互依存程度，会加强它们的共同命运。❷当前的相互依存就是以发达国家与发展中国家的不平等分工为基础的，是不平等、不公正、不合理、不对称的。但是，不均衡的相互依存是历史形成的。在人类历史的发展过程中，各国融入世界经济的方式和程度是不一样的，发达国家占了优势。20世纪60年代以来，一批发展中国家通过主动融入国际经济体系获得了初步发展，给不平等、不公正、不合理的国际经济旧秩序造成了一定的冲击，发展中国家在原料价格的确定上基本赢得了主动。事实表明，不对称的相互依存是在发展中国家被动开放的过程中形成的，是在发展中国家主动开放的过程中被逐步修正的。因此，面对经济全球化的新浪潮，发展中国家只有主动融入进去，积极开放，联合应对发展过程中出现的问题，改革国际政治经济旧秩序，才能推动相互依存朝均衡、普惠、共赢的方向发展，从而促进世界共同发展与繁荣，进而促进世界走向安定与和谐。

---

❶ 倪世雄. 当代西方国家关系理论[M]. 上海:复旦大学出版社,2001:337.

❷ Alexander Wendt. Social Theory of International Politics[M]. Cambridge:Cambridge University Press,1999:356.

小 结

开放是国际关系形成的前提和基础，没有各国各民族的竞相开放，就不可能形成国际社会，也就不可能形成国际关系。开放是主权国家构建国际社会的过程。在这个过程中，不同民族和国家不断突破地域限制，从一个较小、较封闭的地方走向一个更大、更开放的地方，直到成为国际社会平等的一员。其间，既有野蛮的征服，也有和平的交往。各个国家相互作用、相互影响，形成了国际关系，也建构了国际社会。开放是主权国家融入全球性国际社会的过程，也是形成全球性国际社会的终极状态。在这种终极状态中，各国按照公认的国际关系行为准则行事，相互尊重，和谐相处。因此，开放也是一把"双刃剑"，它虽然对国际关系产生了一定的消极影响，但主导方面是积极的。

一方面，它可能引起国际关系紧张。"只有开放兼容，国家才能富强。"在各国竞相开放的过程中，国家力量消长变化，引起大国兴衰更替，导致权力转移的可能。同时，由于不同文明间初步接触，相互之间的理解缺乏，在开放过程中难免出现误解和偏见，从而引起文明之间出现冲突。此外，由于各国经济交往加深，彼此之间为经济利益发生争夺的可能性也会相应增多等。这些都可能引起国际关系的紧张和冲突，甚至引发战争。另一方面，它可以促进国际关系走向和谐。只有开放兼容，世界才能和谐。虽然开放的过程充满了矛盾和斗争，但是它也为国与国之间的交往提供了条件，为不同文明之间的对话提供了渠道。这为减少不同国家之间的错误认知以及文明偏见提供了可能。同时，随着世界的进一步开放，各国之间的相互依存程度也会进一步加深。这使各国合作应对人类发展面临的问题成为必然，也为各国合作应对人类发展面临的问题提供了基础。

实际上，事物是在对立统一的过程中不断发展的。在国际关系中，紧张与和谐是一个问题的两个方面。开放引起国际关系紧张是过程中的现象，开放促进国际关系和谐是一种终极结果。在各国竞相开放的过程中，国际关系紧张是不可避免的，但也是暂时性的，是可以管控的。我们应该将过程和结果统一起来，充分认识到开放过程中矛盾和斗争的长期性和复杂性，认识到管控开放过程中矛盾和冲突的紧迫性，加强开放过程中冲突和矛盾的管控。同时，我们要看到开放是朝着人类历史"喜剧"的方向演进的。随着开放程度的不断加深，各国必然会逐步进入和谐相处的状态。

第二章　中美关系与中国开放战略

作为世界上最发达的资本主义国家，美国在很大程度上代表了世界上最先进的生产力，掌握了世界上最主要的物质和技术财富。作为资本主义发达国家的领头羊，美国在很大程度上左右着西方发达国家的对华政策。

第一节　中国开放战略的确立与实施

中华文明具有开放的特质。正是这种开放性特质，使得中华文明几千年以来从未中断过，也使得中华文明在饱受外族入侵后愈发显示出其旺盛的生命力。但是，中国开放战略与中国历史上的开放是有区别的，它是中国现代历史发展的产物，是十一届三中全会形成的一项强国富民战略。在20世纪70年代末启动以后，随着对外开放的不断深入，中国开放战略也得到了不断调整、充实和完善。

一、中国开放战略的基本内涵

中国是一个具有开放传统的国家。形成于西汉时期的丝绸之路将欧亚大陆连接起来，成为中外经济文化交流的桥梁。唐都长安是世界闻名的国际性大都会，城内专门设立了外国和少数民族商人交易的西市。宋朝大力发展对外贸易，在广州、杭州、明州、泉州等地设立了专门管理海外贸易的市舶司。明朝郑和七下西洋，最远到达非洲西海岸和红海沿岸。然而，由于种种原因，明清两朝一度实行"禁海"政策，致使近代中国在全球化潮流中逐渐落伍了，从而形成了中国对外开放的特定话题。

1. 中国近现代史上的两次开放

中国近现代史上有过两次开放。第一次是在19世纪中期启动的，是在西方列强武力攻击下进行的，是被迫的而不是主动的开放。第二次是在20世纪70年代末启动的，是中国主动打开国门，是中国独立自主地走向世界，是积极主动的开放。

明朝中后期为了孤立退居海岛的元朝残余势力、防止倭寇袭击以及防范西方殖民者入侵，统治者实行"禁海"政策，禁止私人出海贸易，禁止海外船只进入珠江口内。清朝初期，为了封锁郑成功领导的抗清武装力量，清政府不仅继续实行"禁海"政策，而且采取了"迁界"措施。康熙皇帝收复台湾后，清政府解除海禁，设立广州等四口通商。但是，到了康熙晚期，清政府担心汉族人与外人联合反清，开始实行闭关政策。雍正时期，闭关政策进一步发展。到19世纪初，以封建自给自足自然经济为基础的中国，在闭关政策的影响下自闭于世界经济全球化的进程之外，综合国力日益衰弱。1840年，英国发动鸦片战争，清朝政府战败，被迫于1842年签订中外关系史上第一个丧权辱国的不平等条约《中英南京条约》，开放广州、厦门、福州、宁波和上海五个口岸通商。此后，在列强一次又一次的武力胁迫下，中国的国门便越开越大了。1900年，英、法、日、俄、德、美、意、奥联合侵华，清政府再次战败，被迫于1901年签订了丧权辱国的《辛丑条约》，清政府设立外务部，班列六部之首，这标志着中国半殖民地半封建社会的基本形成，中国最终被纳入世界资本主义经济体系。但是，由于中国是被迫纳入世界经济体系的，在经济全球化和对外开放过程中处于极端不利的地位，加之晚清政府实行卖国求荣的保守政策，中国第一次对外开放不仅没有富国强兵，反而使自己成为列强剥削和掠夺的对象，直到中国半殖民地半封建社会彻底结束。

1949年，中华人民共和国成立，中国彻底结束了半殖民地半封建社会。通过近代一百多年来的被迫开放，中国已经融入了世界经济体系，融入了国际社会。因此，新中国已经做好了开放的心理准备，打算积极融入国际社会，借助国际条件发展自己。正如毛泽东1938年在《论新阶段》一文中指出的："中国已紧密地与世界联成一体，中日战争是世界战争的一部分，中国抗日战争的胜利不能离开世界而孤立起来。新的抗战形势中可能暂时地减少一部分外国的援助，加重了中国自力更生的意义，中国无论何时也应该以自力更生为基本立足点。但中国不是孤立也不能孤立，中国与世界紧密联系的事实，也是我们的立足点，而且必须成为我们的立足点。我们不是也不能是闭关主义者，中国早已不能闭关。"❶但是，国际形势的变化严重地制约了新中国的开放意愿。1947年杜鲁门主义出台以后，中国很快被纳入了美苏冷战的轨道。由于意识形态等因素的影响，美国不愿意支持中国共产党领导下的新中国，以美国为首的资本主义阵营对新中国采取孤立、封锁、禁运政策，新中国被孤立于世界资本主义大门之外。因此，新中国成立之初的开放主要是面向以苏联为首的社会主义国家以及部分民族主义国家的开放。20世纪60年代，中苏关系恶化，加上中国内部政治局势动荡，中国基本上被孤立于国际社会之外。正如邓小平指出的："我们建国以来长期处于同世界隔绝的状态。这在相当长一个时期不是我们自己的原因，国际上反对中国的势力，反对中国社会主义的势力，迫使我们处于隔绝、孤立状态。"❷1972年尼克松访华启动了中美关系正常化的进程，为中国对外开放创造了国际条件。随着中美关系正常化的完成，1978年12月召开的十一届三中全会确立了对外开放的基本国策，中国走上了对外开放的光辉历程。

可见，第二次开放与第一次开放在本质上是不同的。与清政府在西方炮舰的威逼下被迫开放不同，第二次开放是党的主张和人民意志共同作用的结果，是积极主动的开放而不是消极被动的开放。在第一次开放中，中国以一个不平等的角色被纳入国际社会，成为列强奴役和宰割的对象；在第二次开放中，中国以平等的一员重新回归国际社会，利用国际上有利的条件独立自主地发展自己。因此，中国开放战略不是泛指中国历史上的所有开放，更不是指19世纪中叶启动的开放，而是特指20世纪70年代启动的第二次开放。这次开放不仅具有丰富的思想特质，而且具有鲜明的时代内涵。

2. 中国开放战略的基本内涵

开放战略是中国主动打开面向以美国为首的发达资本主义国家的大门，借助国际条件实现现代化的历史进程。随着现代化的不断推进，开放战略的侧重点和主要内涵是变化的。从开放的背景来看，开放战略的内涵最初主要包括如下几个方面。

第一，从开放的目的来看，主要是借助国际条件实现社会主义现代化。开放战略的确立是立足于对时代发展潮流的深刻把握之上的，也是立足于对中国历史

❶ 毛泽东外交文选[M].北京：中央文献出版社、世界知识出版社，1994：16.

❷ 邓小平. 邓小平文选(第2卷)[M].北京：人民出版社，1994：232.

经验教训的深刻分析之上的。邓小平指出："现在的世界是开放的世界。中国在西方国家产业革命以后变得落后了，一个重要原因就是闭关自守"，"经验证明，关起门来搞建设是不能成功的，中国的发展离不开世界"。❶工业革命后，世界经济全球化速度加快，世界各国均被卷入了全球资本主义经济体系。在这样的时代背景下，任何国家要实现现代化都必须主动开启国门，加入快速发展的全球化潮流。中国虽然是一个具有开放性特质的国家，但是在明朝中叶以后逐渐走上了闭关锁国的道路，致使中国逐渐落在西方国家的后面。邓小平指出："现在任何国家要发达起来，闭关自守都不可能。我们吃过这个苦头，我们的老祖宗吃过这个苦头。恐怕明朝明成祖时候，郑和下西洋还算是开放的。明成祖死后，明朝逐渐衰落。以后清朝康乾时代，不能说是开放。如果从明朝中叶算起，到鸦片战争，有三百多年的闭关自守，如果从康熙算起，也有近二百年。长期闭关自守，把中国搞得贫穷落后，愚昧无知。"❷新中国建立以后，现代化建设虽然取得了一定的成就，但离发达国家的水平仍相距甚远。因此，为了赶上发达国家的水平，1978年召开的十一届三中全会决定将党和国家的工作重心转移到社会主义现代化建设上来，做出了对外开放的战略决策。

第二，从开放的内容来看，主要是引进发达国家的资金与先进知识。资金投入是经济增长的基本前提。然而，由于长期战争破坏，新中国的现代化是在一穷二白的基础上起步的。加之新中国成立初期的天灾人祸，中国经济濒临崩溃的边缘，建设资金严重缺乏。要重新启动现代化，就必须从国外引进大量的资金。因此，引进外资成为开放的基本内容。邓小平认为，利用外资是一个大政策，要正确评价利用外资的意义，充分利用外资发展自己。他说："对外开放是在坚持社会主义原则下开展的……吸收外国的资金和技术，欢迎中外合资合作，甚至欢迎外国独资到中国办工厂，这些都是对社会主义经济的补充……这样做不会也不可能破坏社会主义经济。我们倒是觉得现在外国投资太少，还不能满足我们的需要。"❸

引进国外先进知识是开放战略的重要内容。科学技术是生产力中的关键因素，是第一生产力。新中国成立初期，中国从苏联引进了156个技术项目，加上

❶ 邓小平. 邓小平文选(第3卷)[M]. 北京:人民出版社,1993:64,78.

❷ 邓小平. 邓小平文选(第3卷)[M]. 北京:人民出版社,1993:90.

❸ 邓小平. 邓小平文选(第3卷)[M]. 北京:人民出版社,1993:138-139.

自主研发，中国建成了独立完整的工业体系。但是，这不能满足社会主义现代化建设的需要。邓小平指出："新中国成立以来，我们的科学技术事业有了很大的发展，在经济建设和国防建设中发挥了重大作用……但是，必须清醒地看到，我们的科学技术水平同世界先进水平的差距还很大，科学技术力量还很薄弱，远不能适应现代化建设的需要。"●特别是中苏关系破裂后，中国从国外引进先进技术设备的可能性基本消失，不得不寻找新的出路。因此，引进先进技术和设备成为开放战略的主要内容。我们要有计划、有选择地引进资本主义国家的先进技术和其他对我们有益的东西。●不仅如此，由于长期革命战争，中国共产党管理经济建设的经验不足。加之新中国成立后一些过"左"的做法，经济工作政治化，国内经济管理经验陈旧过时，明显脱离经济工作的实际。引进先进经济管理经验也成为开放战略的重要内容。正如邓小平指出的："我们要学会用经济方法管理经济。自己不懂就要向懂行的人学习，向外国的先进管理方法学习。不仅新引进的企业要按人家的先进方法去办，原有企业的改造也要采用先进的方法。"●此外，当今的国际竞争是以经济和科技为基础的综合国力的竞争，归根结底则是人才的竞争，人才培养是振兴科技的关键。由于"文化大革命"导致的长期混乱，我国的教育受到了严重的影响，教材内容脱离实际。因此，学习和引进国外的教学内容成为引进国外先进知识的重要组成部分。邓小平强调指出："要进口一批外国的自然科学教材，结合我们自己的实际编出新的教材，以后就拿新教材上课，编写教材，一定要吸收世界先进的东西，洋为中用，特别是自然科学方面。从最先进的东西教起，一开始就启发学生向着更广更深的方向发展，这就有希望了"。●

　　第三，从开放的方式来看，在引进外资方面主要采取中外合营的方式。在总结国际社会利用外资经验的基础上，邓小平提出了利用外资的基本原则：适度借债原则和主要用于生产原则。他说："我们要借鉴两条，一是学习他们勇于借外债的精神，二是借外债要适度，不要借得太多。要注意这两方面的经验。借外债不可怕，但主要要用于发展生产，如果用于解决财政赤字，那就不好。"●因此，中

❶ 邓小平.邓小平文选(第2卷)[M].北京:人民出版社,1994:90.

❷ 邓小平.邓小平文选(第2卷)[M].北京:人民出版社,1994:168.

❸ 邓小平.邓小平文选(第2卷)[M].北京:人民出版社,1994:150.

❹ 邓小平思想年谱(1975—1997)[M].北京:中央文献出版社,1998.

❺ 邓小平.邓小平文选(第3卷)[M].北京:人民出版社,1993:193.

国利用外资的主要方式不是国外贷款，而是国外直接投资。对此，邓小平指出，"至于用的办法，主要的方式是合营，某些方面采取补偿贸易的方式，包括外资设厂的方式，我们都采取。我们要下这么个决心，权衡利弊、算清账，略微吃点亏也干，总归是在中国形成了生产能力，还会带动我们一些企业。现在研究财经问题，有一个立足点要放在充分利用、善于利用外资上，不利用太可惜了。人家来做生意，就是要赚钱，我们应该使得他们比到别的地方投资得利多，这样才有竞争力。"❶

在引进国外先进知识方面，除了直接购买先进技术和成套设备以外，还注重以多种方式引智引才。一是利用情感纽带引进海外智力。由于种种原因，在海外分布着几千万华人华侨，他们当中不乏著名学者和实业界人士。在中国革命和建设过程中，华人华侨心系祖国，做出了不可磨灭的贡献。因此，吸引海外华人华侨投身祖国现代化建设是开放之初的基本考量之一。"现在搞建设，门路要多一点，可以利用外国的资金和技术，华侨、华裔也可以回来办工厂"，"接收华裔学者回国是我们发展科学技术的一项具体措施"。❷同时，世界上拥有一批关心中国革命和建设、对中国持友好态度的专家和学者。他们希望中国发展得更好，乐意为中国现代化建设贡献聪明才智，成为引进国外智力的重要来源。"同中国友好的学者中著名的学者多得很，请人家来讲学，这是一种很好的办法。"❸二是高薪聘请外国专家和学者参与中国现代化建设。邓小平指出，"要利用外国智力，请一些外国人来参加我们的重点建设以及各方面的建设。对这个问题，我们认识不足，决心不大。搞现代化建设，我们既缺少经验，又缺少知识。不要怕请外国人多花了几个钱。他们长期来也好，短期来也好，专门为一个题目来也好。请来之后，应该很好地发挥他们的作用。"❹事实上，聘请国外专家、学者参与本国现代化建设是市场经济的客观现象，也是发达国家现代化建设的基本经验之一。中国现代化建设摊子大、任务重，要在几十年、上百年时间内走完发达国家几百年的现代化之路，更加不可避免大规模引进国外智力。

在对外贸易上，主要是鼓励产品出口，发展外向型产业。为了积累外汇、购买国外先进技术和设备，中国开放之初主要实行鼓励出口的贸易政策，特区

❶ 邓小平. 邓小平文选(第2卷)[M]. 北京：人民出版社，1994:198-199.

❷ 邓小平. 邓小平文选(第2卷)[M]. 北京：人民出版社，1994:156,57.

❸ 邓小平. 邓小平文选(第2卷)[M]. 北京：人民出版社，1994:57.

❹ 邓小平. 邓小平文选(第3卷)[M]. 北京：人民出版社，1993:32.

主要发展外向型经济，外资企业的产品主要在国际市场上销售，外向型经济的规模和质量是检验特区成功与否的基本指标。邓小平说道："我们特区的经济从内向转到外向，现在还是刚起步，所以能出口的好的产品还不多。只要深圳没有做到这一步，它的关就还没有过，还不能证明它的发展是很健康的。"❶当然，贸易总是有进有出的，鼓励出口并不是否定进口。但是，当时的贸易政策是很清楚的。进口主要是高精尖技术，以及少数国内缺乏的原料。早在1975年8月，邓小平就明确指出，"有一些原材料，我们一时解决不了、必须进口的，还是要进口一些。如化纤厂搞起来了，缺少某些化工原料就不能生产，不进口怎么行？要进口，就要多出口点东西。这里有一个出口政策问题。出口什么？要大力开采石油，尽可能出口一些。工艺美术品等传统出口产品，要千方百计地增加出口。化工产品要考虑出口。煤炭也要考虑出口，还可以考虑同外国签订长期合同，引进他们的技术装备开采煤矿，用煤炭偿付……总之，要争取多出口一点东西，换点高、精、尖的技术和设备回来，加速工业技术改造，提高劳动生产率。"❷

第四，从开放的方位来看，最初主要面向以美国为首的发达资本主义国家。中国开放战略的形成是与中美关系正常化紧密相连的。在很大程度上甚至可以说，中国第二次开放最初实际上是着眼于向美国开放。据记载，1979年陪同邓小平访美的一位资深国际问题专家问邓小平：中国为何要开放，又为什么主要向美欧开放？邓小平回答说：跟着美国的那些国家都富强了。❸然而，进入20世纪80年代，中国与社会主义国家的关系出现了新变化，中苏关系由长期对抗转为缓和，中国与东欧国家的关系也得到了发展。这为中国拓宽对外开放的空间范围提供了条件，苏联和东欧国家再次被纳入中国对外开放的视野。事实上，这也推动了中国与发展中国家关系的发展，第三世界国家成为中国开放的对象之一。对此，邓小平指出："对外开放，我们还有一些人没有弄清楚，以为只是对西方开放，其实我们是三个方面的开放。一个是对西方发达国家的开放，我们吸收外资、引进技术等等主要从那里来。一个是对苏联和东欧国家的开放，这也是一个方面。国家关系即使不能够正常化，但是可以交往，如做生意呀，搞技术合作

---

❶ 邓小平. 邓小平文选(第3卷)[M]. 北京：人民出版社，1993:133.

❷ 邓小平. 邓小平文选(第2卷)[M]. 北京：人民出版社，1994:29.

❸ 童桐. 改革开放中的美国因素[J]. 世界知识，2009(2).

呀，甚至于合资经营呀，技术改造呀，一百五十六个项目的技术改造，他们可以出力嘛。还有一个是对第三世界发展中国家的开放，这些国家都有自己的特点和长处，这里有很多文章可以做。所以，对外开放是三个方面，不是一个方面。"❶可见，中国开放战略是全方位、宽领域的，既对发达国家开放，也对发展中国家开放；既对社会主义国家开放，也对资本主义国家开放。

二、中国开放战略的确立过程

中国开放战略肇始于美国对中国的封锁政策。如果没有以美国为首的西方国家对新中国采取封锁政策，就不存在当代中国对外开放的议题了。正如邓小平指出的，"毛泽东同志在世的时候，我们也想扩大中外经济技术交流，包括同一些资本主义国家发展经济贸易关系，甚至引进外资、合资经营等。但是那时候没有条件，人家封锁我们。"❷

1. 中国开放战略的发端

20世纪60年代末70年代初，随着国际及美国国内形势的变化，美国对华政策出现了松动的端倪，中国的国内形势也发生了巨大的变化。这为中国调整对外经济政策、开展对外经济技术交流与合作提供了机会。1972年2月，中央批准了国家计委等部门进口43亿美元外国成套工业设备的《关于进口成套化纤、化肥技术设备的报告》。虽然由于"四人帮"的干扰，引进计划没有全部完成，但是作为引进国外先进技术设备的重要尝试，它对中国开放战略的意义不可小视。

1972年2月，尼克松访华，启动了中美关系正常化的历史进程。当时，促使毛泽东和尼克松握手的是战略问题而不是经济问题。用毛泽东的话说，美国是踩着中国的肩膀去接近苏联。加之中美经济往来微不足道，经济议题差不多被忽视了。在21日与尼克松的谈话中，毛泽东仅含蓄表达了对美开放的想法。他说："我们办事也有官僚主义。你们要搞人员往来这些事，要搞点小生意，我们就死也不肯。十几年，说是不解决大问题，小问题就不干，包括我在内。后来发现还是你们对，所以就打乒乓球。"❸在23日姬鹏飞外长与罗杰斯国务卿的会谈中，两国也没有就最惠国待遇问题取得共识，甚至可以说美国根本没把最惠国待遇问

❶ 邓小平. 邓小平文选(第3卷)[M]. 北京：人民出版社，1993:98-99.
❷ 邓小平. 邓小平文选(第2卷)[M]. 北京：人民出版社，1994:127.
❸ 毛泽东外交文选[M]. 北京：中央文献出版社、世界知识出版社，1994:595.

题当成一回事。罗杰斯说，就目前情况看，最惠国待遇对中华人民共和国有兴趣出口到美国的有限商品没什么影响。不过，随着贸易的扩大和出口种类的增多，非最惠国地位的影响将扩大。然后，他以重申美国关于贸易的立场结束了双方关于最惠国待遇问题的议题。❶在两国达成的《上海公报》中，双方对于两国间的人员交流与贸易问题也是寥寥数语：各自承诺对进一步发展两国人民间科学、技术、文化、体育和新闻等方面的联系和交流提供便利，同意为逐步发展两国间的贸易提供便利。

然而，尼克松访华对中国开放战略的形成所具有的意义是不可忽视的。不仅《上海公报》为中美之间互相开放提供了一定的依据，而且尼克松访华后中美关系的迅速发展为中国实施对美开放奠定了一定的基础。在政治方面，1972年4至6月，美国国会参众两院议员代表团先后访华。在经济方面，1971年美国从中国进口仅490万美元，1972年增加到3230万美元，增长了559%。在科学文化体育方面，1972年4月，中国乒乓球代表团在美国进行了18天访问，并受到尼克松总统接见。5至6月，哈佛大学费正清教授、美国科学家协会代表团团员杰里米·斯通博士和麦罗姆·科恩博士等访问了中国。在新闻传媒方面，1972年6月，《纽约时报》联合主编哈里森·索尔兹伯里、《圣路易斯邮报》记者理查德·达德曼等访问了中国。7月29日，美联社还与新华社、中国新闻图片社达成了一项交换新闻和图片的协议。❷但是，由于美国国内发生了水门事件、中国国内出现了"左"倾思想的回潮，两国之间的经济贸易和人员交流受到了很大的影响。

此外，尼克松访华还对其他发达国家产生了重大影响。在美国"越顶外交"的冲击下，1972年9月，中日正式建立外交关系，结束了中华人民共和国与日本之间长期存在的不正常状态。这为中国从日本引进资金、技术和设备奠定了基础。在《中日联合声明》中，"中华人民共和国政府和日本国政府为进一步发展两国间的关系和扩大人员往来，根据需要并考虑到已有的民间协定，同意进行以缔结贸易、航海、航空、渔业等协定为目的的谈判"。事实上，在开放战略实施期间，中国获得的第一笔外国政府长期低息贷款就是1978年底跟日本谈妥的。

---

❶ Foreign Relations of the United States, 1969—1976, Volume XVII, China, 1969—1972, Document 198.

❷ 陶文钊. 中美关系史(1972—2000)[M]. 北京：中国社会科学出版社, 2007：2-3.

2.中国开放战略的酝酿

1973年3月，邓小平恢复了国务院副总理的职务。1974年，邓小平主持起草四届人大一次会议《政府工作报告》，重申三届人大一次会议提出的四个现代化。1975年1月，邓小平任中共中央副主席、国务院副总理、中央军委副主席和中国人民解放军总参谋长，开始主持党中央和国务院日常工作，积极酝酿对外开放。

第一，明确现代化的意义，强调这是现在的大局。在"文化大革命"的长期冲击下，国内各项工作处于混乱状态。为了使国内工作走上正轨，邓小平重视现代化建设的意义，将其上升到当时工作大局的高度，以此来凝聚全国涣散了的人心。1975年3月5日，邓小平在省、市、自治区党委主管工业的书记会议上指出："现在有一个大局，全党要多讲。大局是什么？到二十世纪末，把我国建设成为具有现代农业、现代工业、现代国防和现代科学技术的社会主义强国。全党全国都要为实现这个伟大目标而奋斗。这就是大局。"针对"政治挂帅"、忽视生产的现状，邓小平大力强调提高劳动生产率的重要性，纠正国内有些人在发展生产问题上的错误认识。5月21日，他在主持召开国务院办公会议讨论钢铁工业座谈会文件时指出，"我们反对'唯生产力论'，但是搞社会主义建设，不能不搞生产，不能不搞科学技术。我们强调劳动生产率，强调科学技术，不能算作'唯生产力论'。如果不讲这些，还能谈得上社会主义总路线吗？我们总是要把革命和生产都搞得好才行。"不仅如此，邓小平还对批判"唯生产力论"持否定态度，肯定多劳多得的意义。6月10日，他在上海同马天水谈话时指出："中国这么多人口，国民经济搞不上去怎么行？我们一定要搞上去。批'唯生产力论'，谁还敢抓生产？现在把什么都说成是资产阶级法权，多劳多得是应该的嘛，也叫资产阶级法权吗？搞生产究竟应当用什么东西作为动力？"❶

第二，强调发展对外经济关系，引进国外资金与技术。在匡正人们在发展生产上的认识误区的同时，邓小平着手探索提高劳动生产率、发展生产的路径，在国内外多次谈论发展对外经济关系、引进国外资金和先进技术的必要性和可能性。1975年5月12日至17日，邓小平访问法国。在与希拉克总理会谈时，他说："随着中法两国政治关系的发展，应当进一步发展两国的经济关系。中国现在还是一个发展中国家，受经济发展水平的限制，有些问题现在还不可能一下解

---

❶ 邓小平思想年谱(1975—1997)[M]. 北京：中央文献出版社，1998.

决，如贸易平衡问题。就我们经济建设的需要来说，我们希望从一些发达国家购买更多的技术和产品，但受到支付能力和条件的限制。当然，随着我们经济建设的发展，这个情况将逐步得到改善，所以我们说这是暂时现象。从长远来说，我们在这方面有着广阔的前景。"8月18日，在国务院讨论国家计委起草的《关于加快工业发展的若干问题》时，邓小平提出了7点意见，"引进新技术、新设备，扩大进出口"位列第二。23日，他在会见美国国会议员团时指出："我们立足于自力更生，自力更生不意味着闭关自守，不意味着是一种保守主义。我们要学习、吸收世界上一切先进技术。随着我们国家经济的发展，对外贸易的前景会更广阔一些。"9月20日，在会见英国前首相希思时，他又指出："我们的方针还是自力更生，但不排除吸收世界先进科学技术的成果。我们现在的国际贸易额很小，但随着国民经济的发展，贸易额肯定会扩大。"在回答希思提出的中国是否仍然不向外国贷款的问题时，他说："还是这样，但可以采取延期付款的方式，我们可以接受这种方式。"❶

邓小平的这些讲话和谈话拨开了笼罩在全国人民头脑中的思想迷雾，不仅为当时的工作指明了方向，而且为开放战略的形成做了思想准备。但是，由于"四人帮"的陷害，1976年4月，邓小平被撤销党内外一切职务，经济整顿工作停顿下来。

3. 中国开放战略的确立

1976年10月，"四人帮"被粉碎。1977年7月，中共十届三中全会恢复了邓小平党政军领导职务。8月，邓小平当选为中共中央副主席。在彻底清除"四人帮"帮派势力的同时，邓小平提出将党的工作重点转移到经济建设上来，从而推动了中国开放战略的确立。

第一，彻底清除"四人帮"帮派势力。中国在20世纪60年代后期走向自我封闭固然与国际环境有极大的关系，但是"四人帮"的祸害也是一个重要甚至主要原因。他们将学习和引进国外东西视为"崇洋媚外"，声称"宁要社会主义的草，不要资本主义的苗"，严重地阻碍了中国实施对外开放。同时，他们阻挠发展生产，将国内工作搞得乌烟瘴气，社会秩序混乱，使中国缺乏对外开放、搞现代化建设所必需的基本国内环境。"所以，'四人帮'不粉碎，我们

---

❶ 邓小平思想年谱(1975—1997)[M]. 北京：中央文献出版社,1998.

就没有这个条件，国际条件有了，国内条件没有。"为了顺利启动对外开放，将国家工作重心转到经济建设上来，邓小平主张彻底清除"四人帮"帮派势力。他说道："揭批'四人帮'，是当前和今后一个时期各项工作的纲，要放手发动群众，揭露矛盾，搞清是非，整掉林彪、'四人帮'的帮派体系。还必须把派性整掉、搞臭"。❶

第二，全面阐述引进国外先进知识的思想。①自力更生不等于不利用国外先进知识。自力更生不是不要国外资金和先进知识。引进国外资金和先进知识可以增强自力更生的能力，闭关主义只能导致贫弱落后。"我们历来提倡自力更生，但并不是像'四人帮'解释的那样，什么东西都要自己搞，连世界上先进的东西都不接受。""自力更生，要先靠自己的努力，靠自己的资源，但决不能排除世界上一切先进的成果。"②利用国外先进知识是可能的。科学知识是人类的共同财富，资本主义国家可以用，社会主义国家也可以用。"一切先进成果都是全人类共同努力的结果，就是资产阶级也懂得这个起码的常识，世界上先进的东西它都引进。"因此，"凡是我们需要的先进的东西，条件适合的，我们都愿意吸收，包括军事技术上某些先进的东西"。③引进国外先进技术是现代化的必然要求。中国经济落后，科学不发达。要实现现代化就必须在高起点的基础上起步，只有这样才能基本赶上发达国家水平。"搞现代化，理所当然不是拿落后的技术作出发点，而是用世界的先进成果作出发点。""如果不拿现在世界最新的科研成果作为我们的起点，创造条件，努力奋斗，恐怕就没有希望。"④要正确对待国外先进知识。对于国外先进知识，我们要实行"拿来主义"。然而，我们不是简单地"拿来"，而是还要消化、吸收和创新，做到洋为中用。"所以现在我们学习外国先进的东西，实行'拿来主义'。"但是，"中国人是聪明的，再加上不搞关门主义，不搞闭关自守，把世界上最先进的科研成果作为我们的起点，洋为中用，吸收外国好的东西，先学会它们，再在这个基础上创新，那末，我们就是有希望的。"❷

第三，亲身感受日新月异的外部世界。20世纪70年代，科学技术日新月异，外部世界已经发生了翻天覆地的变化。然而，由于长期自我封闭，中国对世界的现实状况缺乏真切了解。"过去'四人帮'干扰，就是关起门来搞建设，连

❶ 邓小平思想年谱(1975—1997)[M]. 北京:中央文献出版社,1998.
❷ 邓小平思想年谱(1975—1997)[M]. 北京:中央文献出版社,1998.

世界是个什么样子都不清楚。"[1]这种状况严重地妨碍了人们解放思想。因此，从1977年底开始，党中央、国务院派出了大批考察团，不仅对周边国家和东欧社会主义国家而且对发达资本主义国家进行考察访问。仅1978年，中国就有12位副总理、副委员长以上级别的领导人先后20次出访51个国家。[2]其中，5月2日至6月6日，谷牧副总理率经济代表团对法国、联邦德国、瑞士、丹麦和比利时等西欧国家的考察具有重大意义。6月下旬，党中央、国务院专门召开了考察团汇报会。7月上旬，国务院召开关于加速四化建设的务虚会，谷牧又做了考察西欧国家的汇报。通过20多天讨论，会议在一些重要问题上达成了共识。不仅如此，邓小平还在国内事务相当繁忙的情况下，出访日本、新加坡等周边7国，释放中国对外政策调整的重大信号，了解日本的现代化实况，学习新加坡的开放经验。这一切都坚定了中国对外开放的信念。

第四，彻底打破思想观念的桎梏。毛泽东逝世后，"两个凡是"的错误思想，严重地阻碍了思想领域的拨乱反正，不利于中国开放战略的形成。1978年5月11日，《光明日报》发表《实践是检验真理的唯一标准》文章，在全国上下引起了一场关于真理标准问题的热烈讨论。1978年11月10日至12月15日，中央工作会议召开。会议冲破了"两个凡是"的束缚，对新中国成立以来党内国内一些重大问题进行了妥善处理，决定将党的工作重心转移到社会主义现代化建设上来，统一了中央领导集体内部的思想，为开放战略的形成奠定了思想基础。

正是在这样的历史背景下，1978年12月18日至22日，中共十一届三中全会胜利召开。经过短短几天的讨论，会议做出了将党和国家的工作重点转移到社会主义现代化建设上来、实行改革开放的战略决策，标志着中国开放战略的确立。

三、中国开放战略的实施过程

1978年十一届三中全会确立开放战略以来，在30多年的光辉历程中，中国开放战略已经由最初经济特区的尝试，发展到今天全面融入国际社会、实施互利共赢的开放战略，大致经历了政策性开放、制度性开放和战略性开放3个不断深

---

[1] 邓小平思想年谱(1975—1997)[M]. 北京:中央文献出版社,1998.
[2] 山旭. 1978:邓小平和他触摸的世界[J]. 党史文苑,2009(2).

化的发展阶段。

1. 政策性开放阶段

从十一届三中全会形成对外开放战略到十四大确立社会主义市场经济体制目标模式，中国开放战略主要处于政策性开放阶段。党中央从政治高度思考经济工作，把经济工作当作最大的政治，以此来统领对外开放的全局，以特殊的经济政策和经济管理制度以及灵活的经济措施作为经济增长的生成点，激励对外开放。1979年，邓小平对广东省提请兴办出口加工区表示赞同，并将其命名为"特区"。他说："还是叫特区好，陕甘宁开始就叫特区嘛！中央没有钱，可以给些政策，你们自己去搞，杀出一条血路来。"[1]此时的开放基本是尝试性的，没有形成制度机制，没有制度的保障。正如邓小平指出的，"现在我要肯定两句话：第一句话是，建立经济特区的政策是正确的；第二句话是，经济特区还是一个试验。这两句话不矛盾。我们的整个开放政策也是一个试验，从世界的角度来讲，也是一个大试验"[2]。

1979年7月，中共中央、国务院正式批准兴办深圳、珠海、汕头、厦门4个经济特区，实行特殊的经济政策与经济管理制度。1983年，又将经济特区的优惠政策推及海南岛。1984年，开放大连、秦皇岛、天津、烟台、青岛、连云港、南通、上海、宁波、温州、福州、广州、湛江和北海14个沿海港口城市。1985年，又将长江三角洲、珠江三角洲和闽南三角地区划为沿海经济开放区。1988年，设立环渤海开放区。1990年，开放浦东。1992年，开放芜湖、九江、岳阳、武汉和重庆5个沿江城市以及合肥、南昌、长沙、成都、郑州、太原、西安、兰州、银川、西宁、乌鲁木齐、贵阳、昆明、南宁、哈尔滨、长春、呼和浩特17个内陆省会城市，还陆续开放了东北、西北、西南等地70多个边境市、县，实行对外开放的特殊政策。至此，通过实行特殊政策，初步形成了"经济特区—沿海开放城市—沿海开放区—沿江及内陆省会城市—沿边开放城市"这样一个全方位、多层面、宽领域的对外开放格局。

2. 制度性开放阶段

从社会主义市场经济体制目标模式的确立到中国加入世界贸易组织，中国开

---

[1] 邓小平思想年谱(1975—1997)[M]. 北京：中央文献出版社，1998.

[2] 邓小平. 邓小平文选(第3卷)[M]. 北京：人民出版社，1993:133.

放战略主要处于制度性开放阶段。在对外开放推动下，中国国内经济改革不断深化，与社会主义市场经济相适应的各项配套改革深入发展，复关/入世步伐不断加快，最终全面加入了既有国际经济机制，逐渐形成了开放型经济体系。

随着开放战略逐步实施，1986年，中国正式申请恢复在关税及贸易总协定中的缔约国地位。同时，中国对计划经济和市场经济的认识也不断突破。1992年初，邓小平发表南方谈话，彻底打破了在计划经济与市场经济上的认识误区，为建立社会主义市场经济体制奠定了思想基础。同年10月，中国共产党召开具有历史意义的第十四次全国代表大会，创造性地提出建立社会主义市场经济体制的目标模式。不久，全国人大将其写进宪法。同时，会议还提出实施多层次、多渠道、全方位开放的新要求。为进一步健全开放战略的制度体系，十四届三中全会又制定了建立社会主义市场经济体制的总体规划。1997年，十五大进一步将对外开放与经济全球化联系起来，提出发展开放型经济的新目标。中国加入世界贸易组织后，为适应制度性开放的新要求，十六大又提出了"走出去"战略，要求充分利用国际国内两个市场，从更大范围、更广领域和更高层次上参与国际经济技术合作和竞争。

在国内建立健全社会主义市场经济体制的同时，中国谋求加入世界贸易体系的努力也取得了积极的成果。通过15年的艰辛谈判，2001年11月10日，世界贸易组织第四次部长级会议审议并通过了中国加入世贸组织的决定。到2004年底，中国根据入世承诺及世界贸易组织的规则，全面修改或增订了有关贸易的法律和法规，实现了国内经济制度与国际经济制度的全面接轨，标志着中国制度性开放基本完成。

3.战略性开放阶段

中国加入世贸组织后，随着对世界经济体系融入的不断加深，开放过程中既有的矛盾逐渐暴露出来，新矛盾也不断产生。面对新的形势，以胡锦涛为总书记的党中央进一步深化对开放战略的认识，从落实科学发展观与构建和谐世界的高度将对外开放提升到战略性层面，形成了互利共赢的开放战略。这标志着我国的开放战略已经进入了战略性开放的新阶段。

2003年，十六届三中全会提出了科学发展观的命题，标志着中国的发展理念出现根本性转变，统筹国内发展与对外开放成为科学发展观的重要内容。2004

年，十六届四中全会正式提出构建社会主义和谐社会，形成了建设社会主义和谐社会的宏伟蓝图。和谐社会是科学发展观命题下的正常社会状态。因此，2005年4月，胡锦涛在雅加达参加亚非峰会时，又将和谐社会的蓝图上升到和谐世界的理念，提出共同构建一个和谐世界。这为开放战略的调整和升级指明了新方向，提出了新要求。正如2005年5月31日胡锦涛在中央政治局第22次集体学习会上指出的，要从树立和落实科学发展观的战略高度，立足国情，扬长避短，趋利避害，坚持用全球战略眼光观察和谋划国内发展和对外开放，努力实现我国经济社会又快又好地发展。❶

贫富差距的鸿沟中孕育不出和平的绿洲，世界和谐不可能也不应该建立在小部分国家少数人富、大部分国家多数人穷的基础上。因此，在和谐世界理念下，中国开放战略不仅仅要着眼于自身发展，而且要着眼于全世界的共同发展；不仅仅要着眼于国内和谐，而且要着眼于地区和谐与世界和谐。有鉴于此，2005年10月，十六届五中全会明确提出了互利共赢的开放战略。2007年，十七大进一步对互利共赢的开放战略进行了完善，并庄严宣告：中国将始终不渝奉行互利共赢的开放战略。这标志着中国开放战略的重大调整，中国开放战略进入了更高层面的战略性开放新阶段。2012年，十八大再次强调互利共赢的开放战略，要求"实行更加积极主动的开放战略，完善互利共赢、多元平衡、安全高效的开放型经济体系"，提出"推动同周边国家互联互通"，"通过深化合作促进世界经济强劲、可持续、平衡增长"。❷

可见，中国对外开放战略确立以来，依次经历了政策性开放、制度性开放和战略性开放三个阶段。当然，这三个阶段不是截然分开的，只不过是在不同时期开放战略的重点和价值取向有所侧重而已。通过开放战略的全面实施，中国在国内形成了以社会主义市场经济为基础的开放型经济体系，在国际上全面融入了以互利共赢为取向的世界经济政治体系，已经成为国际社会最开放、最负责任的成员之一。

---

❶ 始终坚持对外开放的基本国策 全面提高我国对外开放的水平[N]. 人民日报,2005-06-02.

❷ 胡锦涛. 坚定不移沿着中国特色社会主义道路前进 为全面建成小康社会而奋斗[J]. 求是,2012(22).

第二节 美国与近代中国的开放

美国是一个年轻的帝国主义国家,在中国被列强武力打开大门之前,与中国政府没有正式外交来往。中美关系的发端是与中国被迫开放联系在一起的。正是在中国被迫开放的过程中,世界上最年轻的大国与最古老的大国建立了外交关系。然而,列强对近代中国开放的影响,是与其实力地位呈正比的。作为一个新兴资本主义大国,随着综合国力不断增强、国际地位不断加重,美国影响近代中国开放的能力不断提升。

一、追随欧洲列强迫使中国开放

在列强武力打开中国大门的过程中,英国扮演了急先锋的角色,法国和俄国成为主要的侵略者。由于国内国际条件的制约,美国在武力迫使中国开放的过程中扮演了帮凶和协助者的角色,以相对温和的方式配合欧洲列强打开了中国的大门。

1.中美《望厦条约》的签订

1840年,英国发动侵略中国的鸦片战争,最终迫使中国把国门打开了一条缝隙。在战争的酝酿和实施过程中,虽然英国政府有意邀请美国政府联合出兵,美国在中国广东的商人以及国内部分资产阶级政客也为英国武力侵华呐喊助威,甚至要求政府出兵协助英国武力征华,但是美国政府并不是直接协助英国武力侵华,而是派遣其东印度舰队侵入中国海疆,密切关注战争进展,伺机获取侵略利益。在英国迫使清政府签订中英《南京条约》、清政府允诺开放五口通商后,美国国会和政府便迅速采取了行动。1843年3月3日,国会通过决议,授权总统建立中美商务关系。

1844年2月,泰勒总统的专使顾盛率军舰抵达澳门,致书中国政府要求订约通商。由于清政府不愿按照美国政府的要求订约,顾盛便采取武力威胁,先后致信两广总督程矞采:"我们只有把这种行径,看作中国企图再与一个大国战争的证据,除了原定绕好望角来华的美国舰队正在途中外,构成太平洋舰队的炮舰,也已受命前来中国"。❶在顾盛的战争恫吓下,刚刚被英国侵略军吓破了胆的清政

---

❶ 赵佳楹.中国近代外交史[M].太原:山西高校联合出版社,1994:102.

府屈从美国侵略者的意志，于1844年7月与美国签订了丧权辱国的《望厦条约》。条约不仅根据所谓"利益均沾"原则为美国获取了中英条约除战费赔偿、割地以外的全部特权，而且为列强攫取了片面最惠国待遇和治外法权等一系列新特权。值得指出的是，条约首次提出了臭名昭著的"利益均沾"原则，"为列强在后来瓜分中国大开方便之门"。❶同时，条约还载入了12年后修约的条款："至各口情形不一，所有贸易及海面各款恐不无稍有变通之处，应俟十二年后，两国派员公平酌办。"❷这就为此后列强进一步勒索中国提供了依据。这样，美国利用英国发动的鸦片战争，一方面迫使清政府将国门开得更大；另一方面与中国清政府建立了不平等的外交关系，从而实现了世界上最年轻的大国与最古老的大国之间的正式交往。

2. 中美《天津条约》的签订

中国的国门被武力撬开以后，英法美殖民者不满足于第一次鸦片战争中夺得的侵略利益，不满足于中国仅仅开放几个口岸通商，伺机进一步向中国政府勒索，以彻底打开中国的大门。因此，洪秀全发动太平天国起义以后，英法美殖民者便利用中国陷入大规模内战之机，以中美《望厦条约》中"不无稍有变通"之规定为依据，发起了一场全面的修约活动，继而发动了侵略中国的第二次鸦片战争。

1854年4月，英国公使包令利用五口通商章程中"一体均沾"的条款，以《望厦条约》中12年为依据，向两广总督、清政府负责筹办夷务的钦差大臣叶名琛提出修约要求。6月，美国专使麦莲向两江总督怡良提出修约要求。麦莲讹诈怡良道："美国政府有可能承认太平天国政权，除非清政府同意修约，满足开放长江口岸，开放内地贸易，传教自由，外国使节进驻北京等要求。"❸当然，英美法的修约要求都遭到了拒绝。于是，三国代表决定拒绝与叶名琛谈判，于是年10月乘军舰北抵大沽。清政府担心三国支持太平军与朝廷做对，便对其修约要求做出了微小让步，派直隶总督桂良前往天津交涉。但是，对于侵略者来说，这些让步完全不能满足其侵略胃口，武力侵华成为三国代表的共识。然而，当时欧洲局势云谲波诡，英法两国正在克里米亚半岛与沙俄鏖战，无力在东亚另辟战

❶ 张友伦. 美国通史(第2卷)[M]. 北京:人民出版社,2002:150.
❷ 王铁涯. 中外旧约章汇编(第1卷)[G]. 上海:三联书店,1957:56.
❸ 杨生茂. 美国外交政策史[M]. 北京:人民出版社,1991:155.

场；美国不仅国内对于武力侵华意见不一，而且自身实力难以单独对华开战。因此，以英国为首的修约活动无果而终。

1856年，《望厦条约》签订12年届满，美国政府要求全面修订条约，从而展开了以美国为首的新一轮修约活动。新任美国专使伯驾在英法支持下向叶名琛提出了全面修约的要求：准许公使入驻北京；无限制扩大通商范围；废止一切对美国人在华活动自由的限制。[1]对于三国新一轮修约要求，清政府依然故我，继续采取所谓的"羁縻"战略。然而，此时的国际形势并不有利于中国。克里米亚战争已经结束，英法打败了沙俄，有力量发起对中国的新一轮远征。同时，沙俄战败后，重新将侵略目光转向远东地区，准备与英法美侵略者协同行动，以瓜分侵华战果。

在美国提出的修约要求没有获得满足后，1856年10月，英法联军悍然发动新的侵华战争。对于英法这场极端不正义的战争，虽然美国没有直接出兵参与其中，但是它不仅自始就一直与英法侵略者一起谋划战争，而且与俄国一道配合英法侵略军的军事行动，对清政府施以武力威胁。1858年4月，美国公使列威廉与英法俄三国公使率领军舰兵陈大沽口示威。5月20日，英法联军进攻大沽炮台，美国舰船也伙同俄国驶入白河助威。6月18日，在英法联军进攻天津时，美国迫使清政府签订了《天津条约》。通过条约，美国以狡诈伎俩不仅骗得了清政府的友谊和信任，而且获得了其他国家已经获得及将来可能获得的不平等利益。条约规定：中美和平友好，"若他国有何不公轻藐之事，一经照知，必须相助，从中善为调处，以示友谊关切"，"嗣后大清朝有何惠政恩典施及他国"，"亦当准合众国民人一体均沾，一若在本国条约内，曾经订明一般"。[2]这为美国后来以调停为借口帮助欧亚列强从中国获取不平等利益提供了便利，为美国诱导中国走向国际社会提供了条件。其他侵略者也分别与清政府签订了不平等的《天津条约》，除要求增开汉口、九江、镇江、牛庄、登州、台南、淡水等通商口岸外，还提出了赔偿兵费、内江通商、内地游行以及外国公使进驻北京等侵略条款。中国开放的广度和深度进一步扩大了。

---

❶ 赵佳楹. 中国近代外交史[M]. 太原:山西高校联合出版社,1994:133-134.
❷ 赵佳楹. 中国近代外交史[M]. 太原:山西高校联合出版社,1994:157.

3. 美国公使进驻北京

在列强迫使清政府签订《天津条约》后，双方又围绕换约地点问题展开了激烈的交锋并最终再起兵端。清廷担心外国公使进驻北京对其统治造成威胁，认为此举有碍国体，极力要求取消该款并阻止外国公使进京换约。咸丰皇帝说道："驻京一节，为患最巨，断难允行。至进京换约，如能尽力阻止，更为妥善。"❶但是，在清政府付出巨大代价勉强换得取消公使驻京条款后，双方最终还是因为进京换约问题发生了战争。1859年6月，英国公使普鲁斯、法国公使布尔布隆先后赶到上海，与先期到达的美国公使华约翰一起，准备前往北京互换《天津条约》的批准书。英法公使不顾清政府的反复要求和劝告，企图武力打开前往北京换约的道路，遭到大沽守军的顽强抵抗和沉重打击。美国再次扮演了帮凶角色，华约翰随同普鲁斯、布尔布隆到达大沽，为英法侵略军助威出力。在战斗最紧张的时刻，他批准达底拿乘快艇冲向英军危急存亡之地呼喊"血浓于水"，号召士兵紧急救援英军。虽然达底拿的舵手被炮弹打掉脑袋，快艇被炸得粉碎，但他还是将自己的水兵留在英舰上代为英军施放枪炮。❷英法舰队败走后，华约翰又装出友善的面孔，乘民船从北塘登陆进京，并与恒福互换了中美《天津条约》。

英法战败后决定再次发动侵华战争。此时，美国已经处于南北战争前夕，根本无暇顾及远东战事。同时，美国深知，根据既有不平等条约，美国即使不参加侵华活动也会取得英法联军同等的不平等利益。因此，美国公使华约翰在英法联军开始侵华军事行动后返回了美国。不久，中国再次战败，清政府被迫与英法俄分别签订了丧权辱国的《北京条约》。根据"利益均沾"原则和《天津条约》，美国分享了清政府在《北京条约》中施及英法俄等国的相关"惠政恩典"。1861年6月，美国新任总统林肯任命蒲安臣为新一任美国驻华公使。1862年7月，蒲安臣抵达北京，成为首批入驻北京的外国公使之一。

外国公使进驻北京，清政府"天朝大国"的尊严扫地。为了处理外交事务，1861年1月，成立总理各国事务衙门，主管外交及通商等事务。至此，清政府中央政权机构发生了适应近代开放的重大变化，中国成了一个向西方列强开放的国家。

---

❶ 赵佳楹. 中国近代外交史[M]. 太原：山西高校联合出版社，1994：162.

❷ 赵佳楹. 中国近代外交史[M]. 太原：山西高校联合出版社，1994：164.

二、与欧亚列强合作推进中国开放

中国被迫打开国门之时，对既有的国际规则非常陌生，为使中国忠实履行不平等条约，列强决定继续改造其内政与外交，以将中国融入西方主导的国际秩序。在此过程中，美国扮演了积极的合作者角色。

1. 美国提出合作政策

蒲安臣新任美国驻华公使之际，美国正陷于南北战争之中，无力与列强竞逐在华侵略利益，因而采取了与英法合作维持中国开放状态、维护美国既得利益的政策，即协商与合作政策。1862年3月6日，美国国务卿西沃德训令蒲安臣，要他在对中国的一切重大问题上同英法等列强合作，以维护美国在华利益，进一步扩大美国在华的各项特权。❶

为了维护美国在华条约利益，蒲安臣采取了更加积极的措施。1862年，法国驻上海领事要求在宁波建立一个租界，引起了蒲安臣的不安和抗议，并提出"不割让主义"予以阻止，以确保中国各通商口岸对美国开放。蒲安臣述说其理由道："任何中国土地的让与，就是缩小了美国的条约权利。依据条约，美国在所有条约商埠内，有权自由买卖及居住。故让与任何一部分土地为一国租界地，必然妨碍美侨享有之自由买卖及居住的权利。"❷此后，蒲安臣又秉承西沃德的意旨对"不割让主义"进行了补充完善，从而形成了比较完整的合作政策的具体内容。根据1864年6月15日蒲安臣致美国上海总领事的信，合作政策之主要内容为：在中国，对于一切重大问题要协商合作；在维护我们的条约权利所必需的范围内保卫条约口岸；在纯粹的行政方面，并在世界性的基础之上，支持在外国人管理下的那个海关；赞助中国政府在维持秩序方面的努力；在条约口岸内，既不要求，也不占用租界，不用任何方式干涉中国政府对于它自己的人民的管辖，也永不威胁中华帝国的领土完整。❸在致函该总领事前，蒲安臣还将该信致送英法俄三国公使，并获得了他们的一致赞同。

可见，"合作"包括两个方面，即列强与清廷合作、列强之间合作。在与清

---

❶ 王先亭. 蒲安臣与"合作政策"[J]. 安徽师大学报,1991(3).

❷ 赵佳楹. 中国近代外交史[M]. 太原:山西高校联合出版社,1994:242.

❸ 马士. 中华帝国对外关系史(第2卷)[M]. 北京:商务印书馆,1963:470.

廷的合作方面就是支持清政府镇压国内人民的反抗，维持清政府的统治，维持中国的领土完整；在列强之间的合作方面主要是各国联合向清政府施压，迫使清政府成为列强的忠实奴仆，切实履行不平等条约，同时相互抑制彼此对中国领土的独占和瓜分，维护各自的条约利益，当然首先是维护美国的条约利益。对此，各国虽然心存异志，但是为了迫使清政府履行不平等条约，为了共同镇压中国人民的反抗，它们之间的相互合作还是暂时得以实现，从而维持了中国领土的完整和开放状态。

2. 联合镇压太平天国运动

在"合作政策"指导下，美国首先伙同其他侵略者帮助清政府镇压了太平天国起义，稳定了清廷统治。祺祥政变后，清政府决定借助列强镇压太平天国运动。1862年初，英法领事在上海与上海道吴煦会商上海防务，成立"中外会防局"，并派遣英法军队伙同俄军对太平军展开了军事攻势。美国流氓华尔也率领洋枪队加入其中，给太平军造成了重大损失。蒲安臣不仅在太平军进军上海时致信西沃德，要求向上海派遣舰队以保护美国人的安全，而且拒绝给予帮助太平军的美国人以"外交保护"，将一度加入太平军的美国人白齐文交由清政府处理。正是在列强与清政府的合作下，在列强之间的相互合作下，太平军起义被联合镇压下去了。

3. 诱导中国遵守国际秩序

作为资本主义国际秩序的新来者，中国对列强主导的国际规则知之甚少，难以满足列强维护其对华侵略、掠夺和剥削秩序之需要。因此，外国公使进驻北京后，首要任务就是诱导清政府接受国际规则，使之忠实履行不平等条约。诚如马士所言，"这些代表们并没有忽视他们的首要责任——要约束中国人适当地履行条约条款，并且要保护交托给他们的那些国家利益；不过他们也认为他们还有责任去教导在崭新的国际关系中并无经验的那些中华帝国大臣，并且给以意思诚恳而且实际为了中国最大利益的劝告。"[1]为此，总税务司赫德向总理衙门提交了自撰的《局外旁观论》，英国使馆参赞威妥玛通过驻华公使阿礼国提交了其所撰写的《新议略论》，以威胁的方式训导清政府履行不平等条约并听从英国建议。在赫德、威妥玛以殖民嘴脸威胁清政府守约的时候，美国公使蒲安臣则向总理衙门

---

❶ 马士. 中华帝国对外关系史(第2卷)[M]. 北京：商务印书馆，1963：125.

送上了一册《万国公法》，诱导中国遵守不平等条约、接受列强主导的国际规则。该书有助于中国正确认识当时的国际社会，有利于中国维护自己的利益，受到了奕䜣等人的重视并被准予刊行。这也表明以奕䜣为代表的清廷官员思想观念的改变，正由中国中心观转向世界中心观，由封闭转向开放。

4. 蒲安臣使团出访美欧

中国被列强武力打开国门后，统治者的思想仍然处于保守、封闭和落后状态。在接纳外国公使进驻北京时，清政府并没有及时对等地向对方派出使节。这种状况妨碍了列强强迫中国履行不平等条约，不利于推进中国开放。因此，列强多次要求中国向西方国家派出使节。对此，美国也有非常强烈的要求。1865年12月15日，西沃德训令蒲安臣道："本国政府甚愿接待中国皇帝派来一个与你职位相等的外交代表"，"如果他们接受这一建议，美国大总统将感觉莫大的欣慰"，"由于中国人民侨居美国，特别是侨居加利福尼亚州的，非常众多，他们尤其有遣使来此的必要"。❶

然而，随着开放的扩大和深入，清政府内部中央和地方大员中要求遣使欧美的愿望也日益强烈，但苦于出使人才缺乏。1867年11月，深得清政府好感的驻华公使蒲安臣任期届满。在赫德帮助下，他获得了清政府钦派办理中外交涉事务大臣的职位。1868年2月25日，蒲安臣、志刚、孙家谷率中国第一个赴欧美正式外交代表团从上海出发，首站便是蒲安臣的祖国。在美国，蒲安臣秘密听取了美国国务卿西沃德的训令，并僭越职权与之签订了完全由西沃德起草的"蒲安臣条约"。使团在美国活动了3个多月才启程前往英国，此后遍历英法普俄等10国，于1870年10月回到上海。蒲安臣在出使过程中确实做出过一些有违清政府初衷、损害中国利益的事，但是使团遍历欧美11国也使中国人对世界的了解更加客观、更加全面了。毫无疑问，这对中国人改变观念、革新开放、自强求富是有所裨益的。

5. 帮助其他欧亚国家侵华

在英法美俄武力打开中国大门的鼓舞下，在不平等条约利益的吸引下，欧洲其他一些资本主义国家也纷纷向中国谋取条约利益，亚洲个别走上殖民主义道路的国家也武力迫使中国给予其欧美国家所享有的不平等条约利益。从1861年到

---

❶ 赵佳楹. 中国近代外交史[M]. 太原:山西高校联合出版社,1994:242.

1869年，先后有普鲁士、葡萄牙、荷兰、丹麦、西班牙、比利时、意大利和奥匈帝国等与中国清政府签订了不平等条约，获得了英美法俄四国在两次鸦片战争中获得的特权。在其他资本主义国家向中国索取条约利权的过程中，美国与欧洲强国合作扮演了极不光彩的角色。丹麦公使洼地玛·拉斯勒福来华索约时得到了英美两国公使以及赫德的极大帮助。诚如马士所言，丹麦公使洼地玛·拉斯勒福大佐从外交团的合作政策中获得很大的援助。他曾经对于他所处的被排斥在天津的地位表示不满，贸然前往北京，使恭亲王颇为不快；但是这桩事为蒲安臣和卜鲁士的友谊调处所解决了，因为拉斯勒福本人曾经分别由这两位公使的本国政府介绍给他们的，因此，拉斯勒福大佐对于"热诚地一齐支持他的各外国使团"和"中国人托付安排新条款工作的那位海关里的赫德先生"所给他的协助深表感谢。●

英美两国还多次为日本谋取侵华利益。明治维新后，日本政府确立了脱亚入欧的政策，迅速走上了侵略中国的殖民道路，得到了欧美强国的大力支持。在日本侵略台湾、吞并琉球、侵略朝鲜的战争以及甲午战争中，美国都曾从军事上或外交上给予大力援助。英国也在甲午战争中从军事和外交上大力支持日本，利用日本侵华来进一步打开中国的大门，以拓展自己的侵略利益。

6. 联合镇压义和团运动

义和团运动是一场反对帝国主义的民族运动。在运动过程中，义和团沉重地打击了列强的侵略气焰，也出现了一些有违基本国际惯例的情况，引起了列强的仇视和嫉恨。以慈禧为首的清统治者不仅难以满足列强镇压义和团的要求，而且利用义和团打击侵略者以泄私愤。在此情况下，各国在抛弃合作、各自为政20来年后，再次进行了合作。1900年4月，美英法德四国公使联合照会清政府，要求两个月内将义和团镇压下去，否则将代为剿平。6月，英法日俄德美意奥八国联军2000多人从天津向北京进犯，开始屠杀中国人民。清政府在利用义和团运动一段时间后，再次"借师助剿"。这样，在列强之间相互合作下，在列强与清政府的合作下，义和团运动最终失败。1901年，清政府与八国联军签订丧权辱国的《辛丑条约》。除了巨额赔款、列强军事控制京津地区、在东交民巷设立使馆区、镇压反帝运动以及签订新商约外，条约特别规定将总理衙门改为外务部，

● 马士. 中华帝国对外关系史(第2卷)[M]. 北京:商务印书馆,1963:128.

班列六部之首。这样，列强通过对清政府中枢机构的进一步改革，强化了中国对列强被动开放的状态。

三、敦促欧亚列强维持中国开放

强盗联盟，貌合神离。由于各国对华心存异志，合作政策很快被列强瓜分中国的图谋葬送了。各国在中国掀起了强租港湾和划分势力范围的狂潮，中国面临被瓜分的危险。然而，从美国当时所处的内外环境来看，中国此时被欧亚列强瓜分对其显然是没有好处的，因为它自己难以分得一杯羹。因此，美国极力敦促列强维持中国的领土完整，确保中国全境对美国开放，维护美国的条约利益。

1. 门户开放政策的提出

正当列强在中国强租港湾和划分势力范围的时候，美国与西班牙的矛盾不断激化并最终爆发了美西战争。美国无暇与其他列强竞逐在中国的势力范围，当它打败西班牙后将目光重新转向中国时，除了直隶以外，几乎没有什么地方没有在其他国家的势力范围之内了。同时，在南北战争后，美国进入了镀金时代，生产迅速发展，经济实力显著增强。到19世纪末，美国成为名副其实的世界头号经济强国。然而，美国的军事力量，无论是陆军还是海军，都落在英、德、俄、法等国家后面，特别是美军的远洋投放能力不足。因此，美国打算扬长避短，利用自己的经济实力来与列强竞逐在中国的利益。正是在这样的背景下，美国国务卿海约翰提出了门户开放政策。

1899年9月到11月，海约翰训令美国驻英、俄、德、法、意、日六国公使向驻在国政府递交了一份内容一致的照会：在中国任何所谓利益范围，或租借地内的任何通商口岸或任何既得利益，不得以任何方式加以干涉；对于上述利益范围内（除自由港外）一切口岸装卸的一切货物，无论属于何国，均适用中国现行的关税率，其税款应由中国政府征收；任何这样"范围"内的任何口岸，对进出港的他国船舶不得课以高于本国船舶的港务费；任何此种"范围"内所敷设、管理或经营的铁路运输他国人民的货物通过此种"范围"，运费不得高于本国人民同样距离所运输的同类货物。❶这就是所谓的"门户开放"照会。对于美国这个"门户开放"照会，各国反应不一，言辞闪烁。在中国没有势力范围的意大利欣

---

❶ 余志森. 美国通史(第4卷)[M]. 北京：人民出版社，2002:117.

然赞同，迫切希望获得美国支持的日本表示同意，英、法、德基本上表示肯定，俄国表示除了辽东半岛外赞同在中国一切港埠实行门户开放，实际上拒绝了门户开放政策。但是，海约翰还是以此宣布各国都已经明确表示接受美国提出的"门户开放"原则。

义和团运动爆发后，为了防止列强利用帮助镇压义和团的机会瓜分中国，1900年7月3日，海约翰再次向各国发出照会，重申"门户开放"原则："值此中国情势危急之际，美国宜在目前环境许可之范围内阐明态度"，"美国政府的政策乃是寻求一种解决办法，使中国获得永久安全与和平，保全中国的领土和行政完整，维护各友邦受条约与国际法所保障的一切权利，并保护全世界在中华帝国境内平等公正贸易的原则"。❶随着第二次"门户开放"照会的发布，美国"门户开放，机会均等"的对华政策已经定型。此后，美国在处理与中国有关的问题时，门户开放政策成了一个基本准则，影响深远。毫无疑问，美国提出门户开放政策的基本出发点是为了维护美国在华条约利益，但在客观上也有利于抑制中国免于被列强瓜分，特别是被日本所独占。

值得指出的是，门户开放政策的提出，可以看作美国在对华政策上摆脱继续追随英国、拒绝继续做英国的"狗腿子"、宣示美国强国地位的一个重大外交政策行动。1880年，美国国务卿威廉·埃瓦茨明确告诉安吉立："我们应该有一个独立的'对华'政策，不应单纯地依附英国。"❷事实上，"门户开放"不是美国独创的一个全新概念，"门户开放主义——这个主义如此陈旧，因而英国议会在1898年提到它时说：'这个著名的用语一再地被重复引用，令人厌烦得几乎作呕'"。❸同时，1898年3月，英国政府还向美国总统建议共同维护中国开放。英国政府在指出了其他强国可能吞并中国领土的一些地区或建立租借地的危险后询问美国："他们是否能指望同美国合作来一起反对外国的这类行动，美国是否准备在一旦发生意外事故时同英国一起反对这类措施。"❹由于此时离美西战争爆发仅有大约一个月，所以美国以战争为由没有做出积极回应。1899年，美国以同样的借口再次拒绝了英国的提议。显然，正如海约翰的远东政策顾问柔克义指出的，在中国问题上，美国政府并没有采纳英国的政策。如果美国的门户开放政策

❶ 余志森. 美国通史(第4卷)[M]. 北京：人民出版社,2002:117–118.
❷ 杨生茂. 美国外交政策史[M]. 北京：人民出版社,1991:216.
❸ 乔治·凯南. 美国外交[M]. 北京：世界知识出版社,1989:20.
❹ 乔治·凯南. 美国外交[M]. 北京：世界知识出版社,1989:21.

与英国宣布的政策偶然相似，这只是一个幸运的一致而已。❶

2. 门户开放政策的维护

对于门户开放政策，列强并不想真心接受，美国自身也没有真正维护门户开放政策的决心与打算。诚如海约翰所言，"我们不想采取任何可能与其他国家为敌的示威行动来实现我们在中国的意图。"❷这就决定了各国维护门户开放政策的力度，也决定了美国维护门户开放政策的行动。

第一，以武力摧毁俄国对东北的独占。早在美国第一次提出门户开放照会时，俄国就将辽东半岛作为例外项勉强接受美国的门户开放原则。义和团运动爆发后，俄国又利用清政府困于内乱的时机对中国东北地区大举入侵，妄图将中国东三省变为俄国的独占殖民地。1900年11月，俄军司令武力胁迫清盛京将军签订了《奉天交地暂且条约》，实际上独占了中国东北地区。显然，这是与门户开放政策相违背的，影响了其他列强对中国东北的侵略。因此，在其他列强的阻止下，清政府不仅没有与俄国签订出卖此地区的正式条约，而且于1902年签署了《交收东三省条约》，俄国表示分三个阶段从中国东北撤军。然而，在完成第一阶段撤军后，俄国不仅违约不肯撤兵，而且向清政府提出了一些排他性要求，从而与其他侵略者产生了严重冲突，英国和美国便支持日本以武力摧毁俄国独占中国东北的图谋。

1904年2月7日夜，日本不宣而战发动对俄军的进攻。日本打着门户开放的幌子，获得了英国和美国的大力支持。战前，英国就与日本签订了同盟条约。在得到日俄开战的消息后，美国总统罗斯福异常高兴，认为日本是在为美国打仗，还警告德法不要重演三国干涉还辽的闹剧，否则他将迅速站到日本一边。战争期间，美国还向日本提供了巨额的财力物力支持，仅对日低息贷款一项就高达4.5亿美元。❸在英美两国支持下，日本打败了俄国，从而以武力改变了俄国独占中国东北的局面。

第二，以妥协诱使日本遵守门户开放。日本侵略东北后，采取了比俄国更加封闭的政策，严格限制美国的商业和贸易活动，反对美国在东北修建铁路和投资，而且妄图独霸全中国。对此，美国采取妥协退让方式诱使日本遵守门户开

---

❶ 杨生茂. 美国外交政策史[M]. 北京:人民出版社,1991:221.

❷ 乔治·凯南. 美国外交[M]. 北京:世界知识出版社,1989:29.

❸ 杨生茂. 美国外交政策史[M]. 北京:人民出版社,1991:248.

放。1908年，日本驻美大使高平和美国国务卿罗脱签署协定，两国同意用和平手段维持中国之独立及领土完整及该国内列强工商业之机会均等主义。❶但是，这并未从根本上解决日美矛盾，日本拒绝了美国国务卿诺克斯的满洲铁路中立化计划。而且，美国的妥协还助长了日本的侵略气焰。1915年，日本趁第一次世界大战之机向中国袁世凯政府提出了臭名昭著的"二十一条"。这是一个灭亡中国的计划，充分表露了日本独霸中国的野心，对门户开放政策构成了根本威胁。对此，美国虽然对部分内容提出了抗议，但是总体上还是采取了妥协退让政策。它劝袁世凯接受日本的有关侵略要求，并以对中日两国分送一份内容相同的"不承认"照会了事。美国国务卿布赖恩甚至说："日本不应该要求太多，中国也不应该让与太少。"❷然而，不断退让换得的只是步步进逼。为缓和两国在侵华问题上的矛盾，日美再次展开谈判。1917年，美国国务卿兰辛与日本前外相石井交换关于中国的换文，日本表示尊重门户开放和机会均等，美国承认日本基于"领土接近"在中国产生的"特殊利益"。这是美国对日本的又一重大让步。

第三，以国际公法维护门户开放原则。1921年底，美国发起召开关于远东和太平洋问题的华盛顿会议。中国问题是会议的重要议题。经过3个月的讨论，与会9国签订了《关于中国事件应适用各原则及政策之条约》，规定：尊重中国的主权、独立和领土与行政之完整；施用各种之权势，以期切实设立并维持各国在中国全境之商务实业机会均等之原则。这样，美国的门户开放政策就被以多边国际条约的形式肯定下来，成了国际法的一项具体内容。这为维持中国开放提供了法律依据，无疑有利于维护门户开放原则。正如美国国务卿休斯所言，"我们认为，由于有了这个公约，'门户开放'才在中国终于成为现实。"❸但是，公约是软弱无力的。它不仅没有任何实质性的保证，而且对日本在满蒙、英国在西藏的利益加以了肯定。"按照美国代表、公约起草人伊莱休·鲁特的解释，这些原则是用来维持'现状'，而不是改变它。"❹

第四，以抗议反对日本破坏门户开放。20世纪30年代，日本不断发动侵略中国的战争，恣意侵犯中国的领土完整和行政独立，挑战九国公约。对此，英、美、法等国对日本采取纵容政策，仅以软弱无力的抗议反对日本破坏门户开放，

❶ 王绳祖. 国际关系史[M]. 北京：法律出版社，1986：232.

❷ 余志森. 美国通史（第4卷）[M]. 北京：人民出版社，2002：131.

❸ 王绳祖. 国际关系史[M]. 北京：法律出版社，1986：344.

❹ 杨生茂. 美国外交政策史[M]. 北京：人民出版社，1991：313.

英法控制下的国联也不分是非将中日同等对待。九一八事变后，针对国务卿史汀生的制裁建议，美国总统胡佛认为美国犯不着去摸老虎屁股，建议史汀生捡起1915年布赖恩的"不承认"政策。❶1932年1月，史汀生向中日两国发出内容相同的"不承认"照会，重申美国在中国推行门户开放原则，不承认任何损害门户开放政策的新情况。国务院甚至声明，"美国根本不想干涉日本在满洲的以条约为根据的合法权益"，"不想干涉日本对任何事件的解决，只要这些事件不损害合众国的利益"。❷日军进攻上海后，英美再次向日本发出抗议声明，甚至向上海增加军事力量。但是，这只是一种姿态。在英美法意促使下，中日停战协定接受了日军驻留上海的事实。显然，这样的抗议只会纵容日本扩大侵略。此后，在日本成立伪"满洲国"、发动卢沟桥事变等破坏中国领土完整和行政独立的重大事变中，美英等国仍然采取这种软弱抗议的形式，没有也没打算采取任何实质性步骤制约日本的侵略行为，甚至筹划远东"慕尼黑阴谋"。直到太平洋战争爆发后，美英这种软弱状况才得以改变。

四、排斥欧亚列强左右中国开放

美国成为世界头号经济强国后，为了取得与自己经济实力相称的国际地位，大力发展军事力量，不仅通过第一次世界大战增强了陆军的实战能力，而且通过华盛顿会议确定了与英国平起平坐的海上强国地位。第二次世界大战爆发后，美国的国际地位更加突出。作为资本主义世界的"准霸主"，美国在中国问题上的发言权与其在世界其他问题上的发言权迅速上升。美国基本上摆脱了欧亚列强的羁绊，左右了中国开放的进程。这在一定意义上为美国独霸中国，变门户开放为对美开放提供了前提。

1. 力主中国以强国身份加入国际机制

太平洋战争爆发后，世界主要大国均卷入了大战，建立国际反法西斯统一战线的时机成熟。1942年1月1日，26个国家在华盛顿签署《联合国家宣言》。在安排签署顺序时，美国有意提高中国的国际地位，将中国的位置安排在前面。"在赫尔和罗斯福讨论签字国的排列顺序时，总统认为中国和苏联不应当列入按

❶ 杨生茂. 美国外交政策史[M]. 北京：人民出版社，1991：344.

❷ 王绳祖. 国际关系史[M]. 北京：法律出版社，1986：413.

字母排列的国家的名单之中，而应当与美国和英国一起领衔签署，而且在美国的最初稿本中，中国紧跟美国之后排在第二位，而不是后来的第四位。"❶这既是对中国悠久历史和灿烂文化的肯定，更是对中国在反法西斯战争中地位的肯定。但是，欧洲老牌大国不顾客观事实的巨变，继续以殖民主义眼光看待中国，企图将中国置于低人一等的位置。罗斯福力主中国以强国身份加入战时国际机制，从而为中国以平等地位走向世界奠定了基础。

1943年10月，美英苏三国外长会议在莫斯科召开，通过了一项涉及战后建立一个普遍性国际组织的《普遍安全宣言》。虽然中国外长没有参加会议，但是美国认为中国应该作为签字国之一签署该宣言。国务卿赫尔说道："中国已经在世界范围内作为四大国之一进行战争。对中国来说，现在如果俄国、大不列颠和美国在宣言中把它抛到一边，那在太平洋地区很可能要造成可怕的政治和军事反响。"❷但是，苏联外长莫洛托夫对此表示坚决反对。最后，"赫尔不惜以减少'租借'援助为威胁，促使苏联同意中国也加入到宣言的签字国之列"❸。显然，这为中国日后成为联合国安全理事会常任理事国奠定了基础。

1943年11月22至26日，中美英三国首脑在开罗召开会议。这是战时中国首脑参加的唯一一次大国首脑会议。会上，罗斯福向蒋介石保证，支持中国作为四强之一参加战后国际组织。"中国应取得它作为四强之一的地位，并以平等的地位参加四强小组机构并参加制订该机构的一切决定"，"在战后对日军事占领的问题上，中国应担任主要角色"。❹事实上，撇开美国的这种保证不谈，首脑会议本身就是对中国大国地位的一种肯定。正因如此，苏联拒绝中国参加首脑会议。罗斯福原本打算将拟议中的美英苏三国德黑兰首脑会议扩大成四大国首脑会议，邀请蒋介石参加。但是，斯大林表示，除了苏美英三国之外，所有其他盟国的代表必须"绝对地被排除在外"❺。正是在这种迫不得已的情况下，罗斯福邀请丘吉尔一道在美英苏首脑会议之前召开美英中首脑会议。然而，丘吉尔也非常反对美国将中国的地位抬得太高。

1943年11月27日，罗斯福、丘吉尔在结束开罗会议后立即飞赴德黑兰参加

❶ 陶文钊. 中美关系史(1911—1949)[M]. 上海:上海人民出版社,2004:143.

❷ 方连庆. 现代国际关系史[M]. 北京:北京大学出版社,1990:553.

❸ 杨生茂. 美国外交政策史[M]. 北京:人民出版社,1991:406.

❹ 王绳祖. 国际关系史[M]. 北京:法律出版社,1986:548.

❺ 方连庆. 现代国际关系史[M]. 北京:北京大学出版社,1990:555.

美英苏三国首脑会议。会议除了讨论对德作战的战略问题外，还就战后国际组织、德国处置、波兰疆界、远东问题等进行了讨论。在讨论战后国际组织问题时，罗斯福再次提出自己的"四警察"设想，支持中国作为四大国之一参与战后世界性国际组织的建设。但是，斯大林和丘吉尔反对建立世界性组织，尤其反对"四大警察"的提议。"当罗斯福在德黑兰会议上讨论四大警察的构想时，斯大林就提出了一个合理的问题：如果中国试图出面解决欧洲的争端，欧洲人将如何反应？他又说道，在他看来，中国没有强大到足以担负此一世界警察角色，因此建议创立一个地区委员会来代替，以维持和平。"但是，罗斯福拒绝了他的建议，"他认定他在德黑兰会议的主要目标是建立四大警察的共识。"❶最后，在罗斯福坚持下，会议按照他的意见通过了相关决议。

1944年7月，美国发起在华盛顿召开敦巴顿橡树园会议，讨论和拟订新的国际组织的章程。在这个筹建战后国际组织、安排战后世界和平的关键时刻，"苏联以自己未参加对日作战为理由，反对中国参加会议"❷。为解决这个问题，美国不得不将会议分成两个阶段，从而保证了中国参加这一历史性会议。这进一步奠定了中国成为联合国安全理事会常任理事国的基础，基本确立了中国在战后国际舞台上的大国地位。

当然，美国力挺中国参加战时国际机制是从其自身利益出发的，是为了拉拢中国作为自己战后称霸世界的小伙伴和战略盟友。但是，其客观意义也是不容忽视的。环视当前国际形势，美国战时力挺中国的意义对于中国走向世界更是不言而喻。

2. 改变中国开放的空间方位

中国是一个巨大的市场，长期引发美国人的遐想。立国以来，美国一直寻求在中国建立自己的影响。正如亨利·洛奇所言，"整个欧洲都在中国扩张，如果我们不在东方建立自己的地位的话，那么，未来可以给我们带来财富的巨大贸易，以及有希望找到对我们至关重要的新市场的广大地区，都会实际上对我们永远关闭。"❸但是，由于力量相对弱小，美国一直未圆自己的中国梦。第二次世界大战爆发后，随着欧洲和中国对美国需求的增加，历史的机遇似乎降

---

❶ Henry Kissinger. Diplomacy[M]. New York：Simon & Schuster，1994：421，412.

❷ 方连庆. 现代国际关系史[M]. 北京：北京大学出版社，1990：573.

❸ 杨生茂. 美国外交政策史[M]. 北京：人民出版社，1991：216.

临到了美国头上。

就当时的中国局势而言，在大战作用下，真正对中国有影响的只有四个国家：日本、美国、苏联和英国。日本是法西斯同盟的重要成员，失败是历史的必然，其对中国的影响将随着反法西斯战争的胜利而结束。英国是打开近代中国大门的急先锋。随着近代中国的逐渐开放，英国以侵略手段在中国取得了巨大的条约利益。1943年1月，国民政府与英美两国分别签署了取消两国在华治外法权及处理有关问题的条约，除了香港问题被搁置外，英国在华的条约利益从法律上被废止。虽然罗斯福在开罗会议上要求英国归还香港的提议遭到了丘吉尔的断然拒绝，但是英国在中国的势力显然已经不足以对美国构成大的威胁。在美国看来，只要将苏联的势力从中国排除出去，美国就可以单独控制中国，实现中国市场对美国的排他性开放。因此，随着第二次世界大战的结束，美国采取了双管齐下的战略，确保中国对美的排他性开放。

一方面，美国不断诱使中国国民政府出卖民族利权，以实现中国市场对美国单独开放。1943年，中美新约签订时，两国约定在战争结束后6个月内进行谈判，以签订一项新的友好通商航海设领条约。1946年2月5日，两国开始在重庆谈判新的通商条约。经过长时间谈判，《中美通商航海条约》于11月4日在南京签订。虽然条约是在国民政府自愿之基础上签订的，也充满了平等互惠之说词，但是考虑到当时国民政府对美援依赖之深重、中美经济社会发展差距之巨大，条约仍是不平等的。事实也是如此。正如艾奇逊在给杜鲁门总统的报告中说的，"与早先的商务条约相比，这一条约包括了一些更宽广、更现代化的规定，以便使公司享有的权利和特权规定得更具体、更详尽" ❶。同时，国民政府还与美国签订了中美30年船坞秘密协定、中美警宪联合勤务议定书、中美空中运输协定等一系列条约，从而确定了美国在中国市场的排他性地位，从法律层面实现了美国独霸中国开放之利益的梦想。

另一方面，美国大力消除苏联在中国的影响，以从事实上实现自己对中国市场的独霸。俄国是在中国获得侵略利益最多的国家。苏维埃政权成立后，苏联并没有完全放弃在华利益。时任苏联领导人斯大林不仅继承了沙皇俄国的扩张主义传统，而且利用共产主义扩展苏联的势力范围。这就增加了美国对中国的担心，

---

❶ 陶文钊. 中美关系史(1911—1949)[M]. 上海：上海人民出版社，2004：214.

因为它希望战后在东亚出现一个统一而亲美的中国。中国共产党由于"共产"二字而遭美国怀疑。在美国战略家看来，只有将中共吃掉才可以彻底消除苏联在中国扩张的危险。因此，随着世界反法西斯战争走向胜利，美国开始逐渐放弃联共抗日的政策，扶蒋反共，以将苏联影响从中国排挤出去，避免中国在战后倒向苏联一边对付美国。赫尔利声称，美国的政策是"承认中国的国民政府，而不是中国任何武装的军阀和武装的政党"❶，将中国共产党与封建军阀相提并论。此后，美国又不断给国民政府提供经济、军事和外交援助。然而，虽然美国对国民政府提供了巨大支持，但是由于国民政府代表帝国主义和国内大地主、大资产阶级的利益，以及本身的腐朽，最终还是被中国共产党打垮了。

新中国成立以后，由于西方国家的封锁，中国开放的方位发生了巨大变化，由一个面向全球的全面开放国家变成了一个主要面向以苏联为首的社会主义国家的局部开放国家。

第三节　中美关系与中国开放战略互动

新中国成立后，美国对中国实行封锁政策，致使两国处于隔绝、对立状态。20世纪70年代初，美国开始调整对华政策。1978年，中美关系实现了正常化，中国对外开放战略正式形成。从此，中美关系与中国对外开放战略相互影响，彼此制约，共同发展。

一、中美关系影响中国开放战略

中国开放战略一开始就是与中美关系紧密联系在一起的。作为世界上最大的发达国家，作为资本主义世界的领头羊，美国是中国开放战略最初的主要对象。虽然随着中苏（俄）关系的改善，中国开放战略的范围得到了拓展，但中美关系对中国开放战略的影响仍然占重要地位。

1. 美国将中国堵在发达国家大门之外

在第二次世界大战中，美国是中国的重要盟国，为打败日本法西斯侵略做出了重大的贡献。同时，中国抗战使美国减轻了太平洋战场的压力，保障了盟国

---

❶ 陶文钊. 中美关系史(1911—1949)[M]. 上海:上海人民出版社,2004:175.

"先欧后亚"大战略的实施。事实证明，中美两国的合作是世界反法西斯战争取得胜利的关键因素之一，对于稳定东亚秩序、维护世界和平具有重大的意义。美国领导人设想使中国成为战后维护东亚和平的主要国家，在一定程度上对中国实行扶持政策。"罗斯福总统希望中美两国在战时结成的同盟关系在战后继续下去，希望一个统一的、稳定的、亲美的中国成为美国在亚洲的主要盟国，成为亚洲的主要稳定因素。"❶为了实现工业化，中国共产党也非常希望与美国开展政治经济合作。1944年8月23日，毛泽东、周恩来和美军观察组成员谢韦思进行长谈。在这次长谈中，毛泽东首次谈到了中美两国间的经济合作问题。他说："中国必须实现工业化，通过中国自由实业家和外资的援助，这个目的是能够达到的。中美利益是相互联系的，有共同的地方。我们能够而且应当在政治上、经济上合作共事。"❷但是，美国意识形态中强烈的反共主义使美国对中国共产党采取了极其敌视的态度。美国要支持的中国是国民党统治下的中国，不是共产党领导下的中国。美国大力实施扶蒋反共政策，阻止共产党取得政权。

1949年12月，毛泽东访苏。经过长时间谈判，1950年初签订了《中苏友好同盟互助条约》。事实上，早在1949年初，美国就打算"通过威胁或严格的经济控制，迫使中国共产党人抵制来自克里姆林宫的压力，采取美国认可的内外政策；或者将中国彻底孤立于日本和西方世界之外，以便导致中国的共产主义政权被推翻或崩溃"❸。中国加入以苏联为首的社会主义阵营后，美国离间中苏关系的努力失败，中美关系的回旋余地大大减小。1950年6月25日，朝鲜战争爆发。29日，"美国要加德士公司和斯坦瓦克公司暂时停止运送任何石油产品去中国的港口，停止与中国的货主讨论任何合同或其他供货，并提议英国对壳牌公司采取同样的措施"。中国人民志愿军入朝参战后，美国对中国实行禁运。"12月16日午夜，美国政府冻结了新中国在美国境内的所有资产，还禁止所有在美国注册的船舶和飞机在新中国的港口靠岸和降落。"❹在美国影响下，联合国1951年2月通过了污蔑中国为"侵略者"的议案。美国国家安全委员会第104号文件

❶ 陶文钊. 中美关系史(1949—1972)[M]. 上海：上海人民出版社，2004：1.

❷ 北京泛亚太经济研究所. 大洋季风：两个世界大国的博弈规则[M]. 北京：中国社会科学出版社，1996：208.

❸ United States Department of State, Foreign Relations of the United States, 1949, Volume IX, p.828.

❹ United States Department of State, Foreign Relations of the United States, 1950, Volume VI, pp.640, 682–683.

提出："继续禁止对共产主义中国、满洲和朝鲜的所有出口"，"鉴于共产党对韩国的侵略，美国政府应该敦促对中国出口采取有效的控制。通过联合国在最大多数成员间直接达成经济制裁的协议"。❶5月，联合国通过了对中国和朝鲜禁运战略物资的议案。1952年，巴统中国委员会成立，专门负责对中国的禁运。到1953年春，有45个国家参加了对中国禁运。《朝鲜停战协定》签字后，7月29日，国务卿杜勒斯在发给美国部分驻外使领官员的电报中说，"直到结束美国对中国和朝鲜政策的重新审查，继续对中国实行全面的贸易禁运，禁止美国船只前往中国，继续目前对中国的金融控制。"❷其他西方国家虽然对朝鲜战争结束后继续禁运持有异议，不像美国那样严格实行对华禁运，但在美国的压力下也不可能有太大的动作。

20世纪50年代中期，国际形势开始缓和。1955年5月，苏、美、英、法四国与奥地利缔结了对奥和约，消除了欧洲局势紧张的一个根源。7月，苏、美、英、法在日内瓦举行第二次世界大战结束以来的第一次四大国首脑会议。虽然会议没有取得什么具体成果，但是会议的召开本身就是一个重要的成果。正是在国际形势总体缓和的大背景下，随着朝鲜战场硝烟的逐渐消散，1955年8月1日，中美两国在华沙开始了大使级会谈。直到1972年，这是中美双方交往的唯一正常渠道。其间，美国虽然表示希望促进两国之间的人员交往、发展中美经济关系，但是在台湾问题上仍然坚持顽固的立场，非法剥夺中华人民共和国在联合国的合法席位。而中国认为台湾问题是中美关系的核心问题，坚持"大问题不解决，小问题就不干"。正如毛主席所言，"美国人想跟我们做生意，我们就是不做。他们想派新闻记者来，这也不成。我们认为大问题没有解决以前，这些小问题、个别问题可以不忙着去解决。"❸1966年，中国开始了"文化大革命"，国内政治气氛极度"左"转。在"四人帮"影响下，中美之间的外交回旋余地基本上不存在，对美开放的时机尚未成熟。

2. 尼克松启动中国对发达国家开放之门

两次世界大战造就了美国的世界霸主地位，美国的综合国力空前强盛。"到1945年第二次世界大战结束时，美国是如此强大（在全世界的经济总产值中，

---

❶ United States Department of State, Foreign Relations of the United States, 1951, Volume I, pp.1030, 1031.

❷ United States Department of State, Foreign Relations of the United States, 1952—1954, Volume XIV, p.239.

❸ 毛泽东外交文选[M]. 北京：中央文献出版社、世界知识出版社，1994：533.

美国一度占了35%），以至好像注定要按照她的偏好来塑造世界。"●特别是在资本主义世界，美国通过马歇尔计划、北大西洋公约组织和日美安全条约等将发达资本主义国家牢牢绑在一起。然而，由于这些国家跟美国在军事和经济上形成了严重的不对称相互依赖关系，所以各国在对华政策方面基本上唯美国马首是瞻。

新中国成立后，由于美国的阻止，发达资本主义大国基本上没有与新中国建立正常的外交关系。在承认新中国的问题上，美国国务卿艾奇逊1949年5月就通过美国驻外使领官员对有关西方国家强调：采取任何承认的行动，或者通过官方声明造成欢迎共产党人谋取承认的任何行动的印象，都是有害的。对此，有关西方大国应该保持统一阵线。●因此，英国和荷兰虽然于1950年承认了新中国，但是追随美国损害中国的利益，长期与中国只保持代办级外交关系。直到1964年，法国与新中国实现关系正常化，中国才与发达资本主义国家有了大使级外交关系。

20世纪60年代，国际形势发生了巨大的变化。1969年，尼克松入主白宫，面对的是极其严峻的国内国际形势。在国内，美国陷入了危险的分裂状态。越南战争引起了人们对政府的强烈批评，甚至上升到道德层面，形成了对美国社会本身的批判。加之女权运动、种族平等运动以及学生运动等，美国陷入了深深的社会危机之中，国家出现了痛苦的分裂。正如基辛格在《大外交》一书中所言，"20世纪60年代末，学生激烈的抗议风潮已经变成了一种全球性的现象，在法国、荷兰和德国都有发生。但是，没有哪一个国家涉及像越南那样复杂的形势，也没有哪一个国家有美国那样敏感的种族问题。"●在国外，美国的霸权地位遭到巨大的挑战。随着西欧和日本经济的发展，美国经济地位下降，对盟国控制力减弱，国际社会呈现出美国、苏联、欧洲、中国和日本五大力量中心。苏联勃列日涅夫上台后，国内社会政治比较稳定，经济得到了较大发展，特别是军事力量与美国的差距大大缩小。苏联还抛出"勃列日涅夫主义"以加强对东欧国家的控制，在亚非拉大肆扩张，对美国构成了严重的挑战。

面对这种状况，尼克松决定在中国"为自己找个可以依靠的有利地位"●，

❶ Henry Kissinger. Diplomacy[M]. New York：Simon & Schuster, 1994:19.

❷ United States Department of State, Foreign Relations of the United States, 1949, Volume IX, p.17.

❸ Henry Kissinger. Diplomacy[M]. New York：Simon & Schuster, 1994:677.

❹ 理查德·尼克松. 尼克松回忆录[M]. 中. 北京：商务印书馆, 1979:13.

与基辛格一道借助均势战略挽救美国衰落的霸权。1969年2月1日，尼克松上任伊始就指示基辛格研究与中国接触的可能性。3月，中苏发生了珍宝岛事件。尼克松认为改善中美关系的时机已经来临，多次向中国发出改善关系的信号。通过罗马尼亚渠道和巴基斯坦渠道反复沟通，1971年7月，基辛格秘密访华达成尼克松访华的共识。1972年2月，尼克松访华，双方发表《上海公报》，从而打开了中美关系的大门。

对于中国开放战略的形成和确立来说，中美关系解冻不仅打开了中美相互开放的大门，而且打开了中国与世界上绝大多数发达资本主义国家甚至一些发展中国家相互开放的大门。从1968年到1972年2月，同中国建交的国家有25个。其中，1971年4月中美关系出现转机以前建交的有10国。这可以说是在中国外交逐步恢复正常轨道影响下建交的国家。其余15国则在相当大的程度上可以说是受中美关系出现转机的影响。[1]在西方资本主义大国中，1970年以前与中国正式建立外交关系的国家仅法国一家。然而，在尼克松改善对华关系的影响下，这种状况立即得到根本性改变。1970年到1972年2月，有6个西方国家与中国建交；1972年2月到1973年，又有7个西方国家与中国建交。中国与这些发达的资本主义国家建交后，经济贸易关系迅速发展。从1972年到1978年，中国与欧共体间的贸易额从近24亿美元增加到32.84亿美元；从1972年到1979年，中日贸易额从11亿美元增加到67亿美元。[2]

不仅如此，尼克松改善对华关系对中国恢复在联合国等政府间国际组织的合法席位也产生了巨大的影响。这在很大程度上为中国融入既有国际机制、实现制度性开放奠定了基础。1971年10月20日到26日，基辛格公开访华，为尼克松总统访华做准备。1971年10月25日，联合国大会通过了恢复中华人民共和国在联合国合法席位的第2758号决议。显然，这绝不可能仅仅是巧合。"基辛格两度访华，对远在纽约的联合国起了重大作用，这是基辛格始料不及的，中国领导人也没想到这么快联合国内的力量对比就发生有利于中国的质的变化。"[3]

3. 卡特最终打开中国对美国开放的大门

尼克松打开中美关系的大门以后，由于各种原因，中美关系正常化的进程逐

---

❶ 谢益显. 折冲与共处[M]. 郑州:河南人民出版社,1990:158.

❷ 刘自强. 中美关系正常化与中国对外开放的启动[J]. 理论月刊,2008(5).

❸ 王泰平. 新中国外交50年[M]. 北京:北京出版社,1999:1342.

渐停滞下来了，中美互相开放的大门还只启开了一条窄窄的缝隙。因此，正当中国与其他西方国家的经济开放迅速发展时，中美经济关系陷入了困境，中美之间其他交流也受到了一定的影响。1978年，中美双边贸易额仅114770万美元，大大低于中国与日本以及中国与西欧的双边贸易额。

1977年1月，卡特入主白宫。在对华政策上，国务卿万斯和总统国家安全事务助理布热津斯基存在着很大的分歧。卡特最初倾向于支持万斯的看法，中美关系正常化迟迟没有被提上议事日程。经过长期犹豫和徘徊，7月下旬，卡特在对华政策方面积极起来。但是，在极右议员高华德的搅和下很快又冷却了。进入1978年，美苏关系严重恶化，中美关系正常化才被真正纳入了议事日程，美国政府采取了一些改善对华关系的措施。5月，布热津斯基访华，经过与邓小平等中国领导人的多次会谈，双方就关系正常化问题取得了重大突破。此后，经过驻华联络处主任伍德科克与中国政府长期谈判，北京时间12月16日，中美双方同时发表了《中美建交公报》，宣布自1979年1月1日起，中美正式建立大使级外交关系。3月1日，中美互派大使，建立大使馆。从此，中美两国结束了近30年没有正常外交关系的局面。

中美建交为中美相互开放奠定了坚实的基础。邓小平访美期间指出："中美建交是两国关系中具有历史意义的重大转折，中美关系从此进入了一个新阶段；联系两国的纽带的恢复，为促进中美人民的了解和接近，为进一步发展两国政治、经济、文化、科学、科技等领域的交流和合作，开辟了新的广阔前景。"❶1979年1月28日，邓小平开始对美国为期8天的正式访问。访问期间，中美签订了高能物理协定、关于建立领事关系和互设总领馆的协定、科技合作协定以及文化合作协定等文件，进一步推动了中美相互开放的历史进程。此后，中美关系迅速发展，经济、技术、军事和文化等方面的交流与合作全面展开。

4.中美关系对中国全面融入国际社会的影响

随着中美关系的全面发展，中国从开放中的收益迅速增长。这推动着中国的对外开放不断深化。随着对计划经济和商品经济认识误区的不断消除，1986年，中国正式提交了恢复在关税及贸易总协定中缔约国地位的申请，从而启动了中国制度性开放的历史进程。经过十几年艰辛努力，中国最后加入了世界贸易组

---

❶ 韩念龙. 当代中国外交[M]. 北京：中国社会科学出版社，1988:230.

织。在这期间，中美关系经历了一个长期曲折的过程。

中美建交以后，由于战略因素的作用，中美关系迅速发展。除了在台湾问题上有过一些波折外，中美关系总体上是比较平稳的。这为中国对外开放提供了良好的国际条件。美国等西方国家与中国不仅开展了广泛的经济、科技与文化合作，而且在军事领域也有一定交流与合作。1982年，中国在关贸总协定中获得观察员身份，从而能够出席缔约方年度会议。1986年7月10日，中国提出恢复在关贸总协定中缔约国地位，得到包括美国在内的发达国家广泛支持。1989年5月，中美在北京举行的第5轮复关问题双边磋商取得了实质性进展，中国的复关谈判可望在1989年底结束。

然而，1989年，受东欧剧变等一系列政治因素的影响，西方国家迅速改变了对中国复关的态度。1989年12月，关贸总协定中国工作组在日内瓦召开第8次会议，事实上对中国的外贸制度开始了重新审议。克林顿就任美国总统后，中美关系继续起伏波动，摩擦不断，纠纷不止。由于种种原因，中国恢复关贸总协定缔约国地位的努力没有成功。世界贸易组织取代关税及贸易总协定后，1995年6月，中国成为世界贸易组织观察员。在中国加入世界贸易组织的问题上，中美双方又开始了折冲樽俎。经过反复、艰难的谈判，1999年11月15日，中美双边谈判最终结束，从而扫除了中国加入世界贸易组织的最大障碍。但是，"中方要求享受发展中国家的待遇，但有些国家，特别是美国坚持要中国遵守发达国家的规定。由于这些分歧，中国未能在2000年加入世界贸易组织"❶。

进入21世纪，中美关系迎来了新机遇，也面临新挑战。2001年1月，小布什入主白宫，新保守主义思想主导了美国的对外政策，从而对中美关系带来了极大的消极影响。他宣称中美不是战略伙伴而是战略竞争对手，故意冷落中国。4月1日，中美战机在南海上空相撞，中美关系的紧张氛围进一步加重。随着撞机事件的逐步解决，6月，两国在中国加入世界贸易组织多边谈判中就农业补贴及其他遗留问题达成协议。9月11日，美国发生了国际恐怖主义组织袭击事件，中国国家主席江泽民适时与布什总统通电话，对美国表示慰问。这为中美关系的改善找到了新的利益契合点。17日，中国加入世界贸易组织的谈判最后结束。11月10日，中国加入世界贸易组织的决定正式通过。12月11日，中国正式加入世界贸易组织。27

---

❶ 陶文钊. 冷战后的美国对华政策[M]. 重庆：重庆出版社，2006:162.

日，布什签署命令，中国的永久性正常贸易待遇地位于2002年1月1日生效。此后，随着加入世贸组织过渡期的逐渐结束，中国逐步真正融入国际社会。作为对国际社会担心中国发展的回应，也作为中国的国际责任之一，中国提出了互利共赢的开放战略，倡导构建和谐世界，更加积极主动地参与全球经济事务，成为国际社会最开放的成员之一。

二、中国开放战略推进中美关系

开放是一把"双刃剑"。一方面，开放既是不同民族间互相交往的过程，也是不同国家间利益分配的过程。在这个过程中，由于利益不均、文明差异等原因，各国各民族之间容易产生矛盾和冲突。在彼此隔绝、对立了20多年后，中美两国互相敞开国门，不可避免地会产生一些矛盾和冲突。另一方面，开放是人类生存和发展的基本条件，是世界经济发展的必然要求。中国开放战略既惠己又利人，受到了美国各界的普遍欢迎。在中国开放战略的推动下，中美关系不断改善，逐步走向成熟和稳定。

1. 开放战略促进了中美关系的发展

开放战略对中美关系的促进作用是多方面的。从中美关系改善，到中美关系正常化，再到今天中美关系稳定发展，中国开放战略都发挥了巨大的促进作用。这种促进作用主要表现在经济依赖增强、文化交流和政治军事对话渠道增多等几个方面。

第一，经贸关系促进政治关系发展。1949年新中国成立后，由于美国对中国实行封锁禁运政策，中美关系处于隔绝状态。随着朝鲜战争的结束，不管是在发达国家阵营内部还是在美国国内，都对禁运政策提出了异议。在国外，日本跟中国大陆经济联系密切，英国担心香港利益受损，在对中国进行经济禁运方面与美国存在分歧。这从日本加入巴黎统筹委员会的事情可以看出来。当时，美国打算成立新机构，以对中国采取更加严厉的制裁措施，不主张日本加入巴统。英国则支持日本加入巴统，主张对中国采取与其他社会主义国家同等管制水平。随着朝鲜战争的结束，这种分歧变得更加明显。"朝鲜停战后，在保持对中国的政治、经济压力方面，美国的主要盟国更加不愿意支持美国。"❶

---

❶ United States Department of State, Foreign Relations of the United States, 1952—1954, Volume XIV, p.238.

在国内，商业部主张改变对华禁运政策，"将禁运放松到国际议定的中国委员会的控制水平"。他们认为，"美国控制的这种有限改变，与美国避免促进中国工业化的目标是一致的。同时，它还可以消除当前对美国商人不必要的歧视，证实政府控制只用于关键性和建设性目标的观点。当谈判值得向往的时候，这种有限的放松不是敌对地影响谈判的进程，相反，它可以当作美国良好信誉的具体表现，从而形成一个好的谈判框架"。不仅如此，"放松禁运还可以加强美国政策的灵活性和在多边协商一致基础上的行动意愿，从而有益于加强自由世界的团结"❶。

进入20世纪60年代，部分国家进一步冲破对华贸易限制，发展与中国的经济关系。池田勇人内阁成立后，朝鲜战争期间开始的中日民间贸易进一步发展到了备忘录贸易。"池田政府不仅在口头上而且在行动上有限地调整了对华政策，在改善、发展中日关系方面采取了一些积极的步骤。"❷1961年，英国也不顾美国的反对，向中国出售了6架飞机。❸法国走得更远，于1964年与新中国建立了完全的外交关系。这些新情况引起了美国内部对禁运政策的反思和重新评估。肯尼迪入主白宫后，在对华禁运问题上开始表示松动的立场。在回答记者关于美国是否向中国提供食物时，肯尼迪说："我们没有从中国得到任何欢迎我们提供粮食的迹象。如果仅仅将它看作是美国宣传的努力，我不急于提供食物。如果有对食物的渴望和需求，美国将乐意考虑这种需求，不管这种需求来自何方。"❹然而，中国拒绝了美国提供粮食的表示。外交部长陈毅说："美国商人、赖斯和肯尼迪总统说，只要中国做出姿态，他们将为中国提供食物，但是我们永远也不会对此做出任何姿态。"❺事实上，在对美关系问题上，中国坚持先解决大问题然后讨论小问题，打算以此来推动中美关系的改善和发展。因此，20世纪60年代，中美在经济贸易关系上没有取得进展。

---

❶ United States Department of State, Foreign Relations of the United States, 1952—1954, Volume XIV, pp.373-374.

❷ 王泰平. 新中国外交50年[M]. 北京：北京出版社，1999:405.

❸ 肖虹. 中美经贸关系史论[M]. 北京：世界知识出版社，2001:5.

❹ The President's News Conference, January 25, 1961. http://www.presidency.ucsb.edu/ws/index.php?pid= 8533&st=&st1=.

❺ 肖虹. 中美经贸关系史论[M]. 北京：世界知识出版社，2001:6.

从表2-1可以看出，尼克松开始改善对华关系以后，中美经贸关系迅速出现了零的突破并逐步发展起来。很明显，中美经贸关系的水平与两国关系的发展状况呈正相关关系。1973年和1974年，两国经贸水平达到了当时的峰值。而随着中美关系正常化步伐的停滞，两国的经贸关系在1975年又迅速降温，而且美国由贸易顺差转为贸易逆差。1978年中美关系正常化以后，两国的经济关系又迅速发展起来。当然，中美贸易关系的波动是受多种因素影响的。但是，这显然与中国以经济推动两国关系改善的策略分不开。中国希望借助经济关系促使美国早日实现中美关系正常化。1978年5月，在与布热津斯基会谈后不久，邓小平就对意大利交通海运部长维·科隆博说："中美两国贸易方面、人员往来方面还是要发展的。我们明白地告诉他们，关系正常化与不正常化不同。我们不排除美国愿意给我们而我们也需要的先进技术。但是，在同等条件下，我们优先考虑同我们关系正常化的国家。"❶这在一定程度上为中美关系正常化注入了动力，推动了两国关系正常化的历史进程。

表2-1　1970—1978年美国对华贸易状况的变化　　　　　单位:百万美元

年份	1970	1971	1972	1973	1974	1975	1976	1977	1978
总额	—	4.9	95.9	805.1	933.8	461.9	336.4	374.0	1147.7
出口	—	—	63.5	740.2	819.1	303.6	135.4	171.3	823.6
进口	—	4.9	32.4	64.9	114.7	158.3	201.0	202.7	324.1
差额	—	-4.9	31.1	675.3	704.4	145.3	-65.6	-31.4	499.5

资料来源:肖虹.中美经贸关系史论[M].北京:世界知识出版社,2001:10-11.

中美关系正常化以后，经济关系迅速发展，成为两国关系的重要内容。经过多年对外开放，冷战结束后，特别是进入21世纪以来，中国的经济实力显著增强，中美经济关系更加密切，相互依存不断加深。

从美国方面来看，20世纪90年代以来，美国对中国的出口一直迅速增长。按美方统计数据，从1990年48亿美元增加到了2000年162亿美元。进入21世纪后，中国在美国出口市场中的地位越来越重要。2001年，美国对华出口192亿美元。2007年，增加到652亿美元，中国超过日本成为美国第三大出口市场。2008

❶ 石丁.往事千年——历史长河中的精彩瞬间[M]. 北京:世界知识出版社,2005:282.

年，美国对华出口715亿美元，比2000年增加了341%，大大高于同期美国对世界其他地方60%的出口增长率。❶2013年，美国对华出口1200亿美元，比2004年增加了255%，增幅大于美国其他任何贸易伙伴。❷中国不仅继续保持了美国第三大出口市场地位，而且是2004—2013年间美国前十大出口市场中年均增速最快的市场（见表2-2）。

表2-2　2013年美国前十大出口市场情况：出口额（10亿美元）与增长率（%）

国家或地区	加拿大	墨西哥	中国*	日本	德国	巴西	英国	香港	韩国	荷兰
2013年出口额	270.6	218.2	120.0	62.6	45.2	42.9	41.7	40.7	40.7	39.3
2012—2013年增长率	2.0	4.9	10.4	−6.4	−2.4	0.6	−15.0	13.6	−1.5	5.1
2004—2013年均增长率	5.3	8.5	15.1	2.3	4.9	13.9	2.9	11.6	5.4	6.9

资料来源：The US-China business council, US Exports to China by State: 2004-13, 2014.

*不包括香港、澳门和台湾。

　　不仅如此，对中国的出口为美国创造了大量就业机会。根据《幸福》杂志列举500家公司经理随身携带的数字估计，20世纪90年代初，有15.7万名美国工人为中国生产商品。❸据不完全统计，从2001年到2010年，美国对华出口为美国增加了300多万个就业机会。❹中国对美投资不仅促进了美国经济发展，而且给美国创造了大量就业机会。根据亚洲协会新近发布的研究报告，到2013年末，中国企业对美15类高新技术企业的投资累计达到91亿美元，约占同期中国对美直接投资的四分之一，而2014年第一季度的协议投资金额已经超过了60亿美元。对中美间518个高技术交易样本的分析表明，2000年以来，这些投资为美国创造或维持了25000个全职工作岗位；对中国收购的150家美国技术和创新密集型公司的分析表明，这些收购对美国就业的积极影响是绝对的。通过提供资金，中国企业使美国的科技公司免于破产。❺中国还大量购买美国国债，2013年突破

---

❶ USCBC. US Exports to China by State: 2000—2008[R]. The US-China Business Council, 2009.

❷ USCBC. US Exports to China by State: 2004—2013[R]. The US-China Business Council, 2014.

❸ 肖虹. 中美经贸关系史论[M]. 北京：世界知识出版社，2001:6.

❹ 罗兰. 美对华贸易"吃亏论"很搞笑[N]. 人民日报：海外版，2012-10-20.

❺ Thilo Hanemann, Daniel H. Rosen. High Tech: The Next Wave of Chinese Investment in American[R]. The Asia Society, 2014:10, 56-57.

了1.3万亿美元，对美国经济也起到了非常重要的稳定作用。即使颇受美国非议的中国对美出口，也为美国创造了就业机会，提高了居民消费水平。根据传统基金会提供的一份报告，2010年仅美国从中国进口服装和玩具两项就为美国提供了57.6万个工作岗位。[1]据不完全统计，过去10年，物美价廉的中国商品为美国消费者节省了6000多亿美元。"[2]

从中国方面来看，20世纪90年代以来，中国对美出口也迅速增加。根据中方统计数据，中国对美出口1990年为51.9亿美元，2000年增加到223.6亿美元，增加了330.8%。中国加入世界贸易组织后，对美出口继续快速增长。2003年到2013年，中国对美出口由924.7亿美元增加到3684.3亿美元，增加了298.4%（见表2-3）。在2013年中国大陆十大出口市场中，对美出口占中国对外出口总额22100.4亿美元的16.7%，居第二位。同时，美国对中国的投资是中国引进外资的重要来源之一，对中国经济发展做出了一定贡献。1990年，中国实际利用外资34.87亿美元。其中，美国直接投资为4.56亿美元，占13.08%。此后，虽然出现了波动，但总体上保持了一定的增长势头。2000年，中国实际利用外资407.15亿美元，其中美国投资43.84亿美元，占10.77%。[3]然而，进入21世纪以后，美国对华实际直接投资总体上呈下降趋势。据中国国家统计局发布的数据，2012年，美国对华实际直接投资26亿美元，仅占中国同年实际利用外商直接投资1117亿美元的2.3%。

表2-3　2003—2012年中国大陆对美出口及2013年前十大出口市场情况

年份	2003	2004	2005	2006	2007	2008	2009	2010	2011	2012
数额/亿美元	924.7	1249.4	1628.9	2034.5	2326.8	2523.8	2208.0	2832.9	3244.5	3517.8
市场	香港地区	美国	欧盟	东盟	日本	韩国	俄罗斯	印度	台湾省	澳大利亚
数额/亿美元	3847.9	3684.3	3390.1	2440.7	1502.8	911.8	495.9	484.4	406.4	375.6
份额/%	17.4	16.7	15.3	11.0	6.8	4.1	2.2	2.2	1.8	1.7

数据来源：国家统计局，国家数据；中国对外经济贸易统计学会，2013年1-12月进出口简要统计。

---

[1] 戴晓铮. 中国进口正为美国创造就业[N]. 文汇报，2012-09-20.

[2] 胡锦涛. 建设相互尊重互利共赢的中美合作伙伴关系[N]. 人民日报，2011-01-21.

[3] 陶文钊. 冷战后的美国对华政策[M]. 重庆：重庆出版社，2006：124.

此外，作为世界上技术最发达的国家，美国对中国的技术出口一定程度上也推动了中国现代化。特别是20世纪80年代，里根政府允许向中国转让美国全部215类高新技术中的32类高新技术。2001年，在中国进口的高科技产品中，有18.3%来自美国。❶从2002年至2014年3月，美国对华高新技术产品出口金额2105亿多美元，涉及生物科技、生命科学、光电子、信息与通讯、电子器件、柔性制造、高端材料、航空航天、武器、核技术10类高新技术（见表2-4）。

表2-4　2002年以来美国对华高新技术出口情况　　　　　　单位:百万美元

年份	2002	2003	2004	2005	2006	2007	2008
金额	8289	8280	9423	12289	17633	20342	17363
年份	2009	2010	2011	2012	2013	2014	合计
金额	17202	21445	20141	22131	29076	6918	210532

类别	生物科技	生命科学	光电子	信息与通讯	电子器件	柔性制造	高端材料	航空航天	武器	核技术
金额	1548	18464	3252	39910	56497	17010	1996	71107	139	610

资料来源:U.S. Census Bureau, Advanced Technology Product Data – Imports and Exports – ATP Group by Country.

显然，促进中美建交的战略因素淡出两国关系后，中美间日益密切的经济关系为中美关系的稳定发展奠定了基础，成为中美关系的润滑剂和稳定器。正如有学者指出的，"一旦台海危机可能引发中美兵戎相见的图像，开始出现在华尔街投资者的雷达屏，只要全球金融市场察觉到中国可能抛出美国政府债券，只要跨国企业领导人意识到，一旦美国经贸制裁中国大陆将导致全球供应链严重瘫痪，并从而引发全球股、债市的全面崩盘，届时世界各国领导人、大企业家都将要求白宫采取断然措施，拆除引爆战争的引信"❷。事实上，在中美关系几次出现重大困难的关键时刻，密切的经济联系总是促使两国最后理智地坐下来解决问题的积极因素之一。因此，在一定程度上可以说，两国经济关系已经逐渐成为两国政治关系的减震器、压舱石，在中美关系遇到重大挫折时发挥了黏合剂和减压阀的作用。

---

❶ 熊敏,邓丽. 美国松绑对华技术出口,众名企积极接棒[OL]. http://finance.qq.com/a/20091118/000160.htm.

❷ 傅梦孜. 中美关系中的经济政治学[J]. 世界知识,2005(2).

第二，多层面交流促进相互了解。中美社会制度不同，意识形态各异，价值观念有别，文明背景悬殊。在长期隔绝状态下，两国人民之间互不了解，难免产生一些偏见和隔阂。基辛格曾经对中国领导人谈起自己访华的感受说："第一次很紧张，第二次也还有点紧张，第三次不紧张了。"❶这表明不同文明之间的人进行交往、增进了解非常重要。中国开放战略为两国人民之间的交往打开了大门。尼克松访华之后，两国在经济、文化、科技、体育等方面的交流迅速发展。1972年春季，中国政府邀请了42名美国商人参加了广州春季出口商品交易会，参加秋季广交会的美国商人有100多人。❷中美关系正常化以后，1978年12月26日，中国向美国派出的第一批50多名访问学者踏上赴美访学的征程。1979年1月，邓小平访美，两国正式签定了科技合作、互派留学生等一系列协议，推动了两国间多层次、多形式科技合作与人文交流关系的发展。美国20世纪80年代中期出版的《关系的恢复：美中教育交流动向》指出："目前，两国教育和科学交流远远超过了70年代预料的速度。中国已成为美国最大的、发展速度最快的学术关系之一。"❸

在两国科技合作、人文交流的推动下，美国逐渐成为中国人海外求学的主要对象国。1989年，中国大陆赴美留学生人数首次超过台湾地区，成为美国最大的留学生来源地。❹从表2-5可以看出，中美关系正常化后，中国前往美国留学的人数迅速增加。特别是进入21世纪以后，中国留美学生人数占世界各国留美学生总数的比例都在10%以上。从1980年到2008年，在美留学的外国留学生总数从311880人增加到623805人，增长100.01%，中国赴美留学生人数则从2770人增加到81, 127人，增长了2828.77%。据美国2013年底发布的最新报告，2011到2012学年，各国在美留学生总数764495人。其中，中国大陆学生194029人，占25.4%。2012—2013学年，各国在美留学生819644人，比上一学年增加了7%。其中，中国大陆学生235597人，占28.7%，比上一学年增长21.4%，中国继续保持美国第一大留学生来源地。❺美国到中国来求学的人数也开始增多。1979年到1988年，美国来中国留学的人数达到了7000多人。❻目前，

---

❶ 毛泽东外交文选[M]. 北京：中央文献出版社、世界知识出版社，1994：606.

❷ 陶文钊. 中美关系史（1972—2000）[M]. 北京：中国社会科学出版社，2007：2.

❸ 中国社会科学院美国研究所. 中美关系十年[M]. 北京：商务印书馆，1989：243.

❹ 梁志明. 当代留学大潮与中外文化交流[J]. 公共外交季刊，2012.

❺ IIE，The 2013 Open Doors Report on International Educational Exchange，the Institute of International Education，November 2013.

❻ 熊志勇. 百年中美关系[M]. 北京：世界知识出版社，2006：323.

中国是美国学生第五大留学目的地。2010到2011学年，美国在华留学人数14596人，占美国在外留学人数273996人的5.3%；2011到2012学年，增加到14887人，增长2.0%，仍占美国在外留学人数273996人的5.3%。[1]

表2-5 1980—2008年在美国的中国留学生数

年份	总数/人	中国*/人	占比/%
1980—1981	311880	2770	0.9
1985—1986	343780	13980	4.1
1990—1991	407272	39597	9.7
1995—1996	453787	39613	8.7
2000—2001	547873	59939	10.9
2003—2004	572509	61765	10.8
2004—2005	563308	62523	11.1
2005—2006	564766	62582	11.1
2006—2007	582984	67723	11.6
2007—2008	623805	81127	13.0

资料来源：The National Center for Education Statistics, Foreign students enrolled in institutions of higher education in the United States, by continent, region, and selected countries of origin: Selected years, 1980–1981 through 2007–2008.

*中国：不包括香港、澳门和台湾。

同时，中美政治、军事交流与对话为两国关系的稳定奠定了基础。新中国成立之初，美国对中国采取敌视政策，彼此之间缺乏有效的沟通和交流机制。1955年，中美建立大使级会谈机制以后，两国之间虽然经常出现严重的对立状态，但是总体上避免了"朝鲜交流"方式。这充分表明：对于国际关系稳定发展来说，国家之间建立正常有效的交流与沟通机制是非常必要的。中国开放战略为中美之间相互政治军事交流提供了条件。1979年1月1日中美刚刚建立外交关系，29日，邓小平就踏上了访美征程，开了新中国领导人访美之先河。

---

[1] IIE, The 2013 Open Doors Report on International Educational Exchange, the Institute of International Education, November 2013.

1980年年初，美国国防部长布朗访华，打开了两国军事交流与合作的大门。此后，两国各个层面的政治和军事交流与对话不断发展。特别是两国领导人互访和会晤逐渐增多，成为解决中美之间战略性问题的重要机制。目前，随着中国对国际社会融入程度不断加深，中美之间基本上形成了首脑热线、首脑会晤、议会交流、军事安全互信、经济战略对话等多层面的交流对话机制，为稳定中美关系奠定了基础。

此外，中国古老的文明和灿烂的文化引起了很多美国人的向往，而美国发达的现代文明和独特的风光也吸引了一些中国人的眼球，不仅两国的电影、电视和图书等在一定程度上受到了彼此的欢迎，而且前往对方旅游的人数也逐渐增多。目前，美国是中国第四大客源市场，仅次于韩国、日本和俄罗斯，在中国入境旅游中占有重要的地位。表2-6的数据显示，2003年到2012年，在前来中国旅游的外国游客中，美国游客稳定在7%到8%的水平。中国前往美国旅游的人数也逐渐增加。2008年，中国大陆公民自费组团赴美旅游正式启动。6月17日，近80人的中国大陆公民赴美旅游首发团正式启程。此后，赴美旅游人数迅速增加。2011年超过100万人，增加了36%，进入美国十大客源国之列，成为美国第九大旅游客源国。2012年，赴美旅游人数增加35%，中国成为美国第七大旅游客源国。为吸引中国游客，2013年，美国国家旅游局在中国设立了代表处，并且简化了旅游签证程序，办证平均等待时间由2012年的2个月缩短到了现在的1周以内。当年，中国赴美旅游人数达到181万人，增加23%，仍然是美国十大旅游客源市场中增幅最大的。可以肯定，随着中美关系的稳步推进、中美旅游合作的不断深入，中国赴美旅游的人数会有更大地增加。

表2-6　2003—2012年美国来华旅游人数与外国来华旅游总人数
对比及中国大陆旅美人数

年份	2003	2004	2005	2006	2007	2008	2009	2010	2011	2012
总数	1140.29	1693.25	2025.51	2221.03	2610.97	2432.53	2193.75	2612.69	2711.20	2719.15
美国/人	82.25	130.86	155.55	171.03	190.12	178.64	170.98	200.96	211.61	211.81
占比/%	7.2	7.7	7.7	7.7	7.3	7.3	7.8	7.7	7.8	7.8
年份		2005	2006	2007	2008	2009	2010	2011	2012	2013
赴美旅游人数/人		27.0	32.0	39.7	49.3	52.5	80.2	108.9	147.4	181.0
赴美旅游增长率/%		33	19	24	24	6	53	36	35	23

资料来源：National Bureau of Statistics of China；U.S. Department of Commerce.

中美各个层面的交流和交往架起了两国政府和两国人民之间相互了解的桥梁，有利于消除彼此间的隔阂和偏见、增加两国的相互信任，成为稳定中美关系的积极因素之一。正如中国现代国际关系研究院袁鹏研究员指出的，对美国而言，"中国威胁论"尽管在保守阵营仍有市场，但越来越难以激起全国性反响。取而代之的，更多是一种现实主义色彩浓厚的"中国担心论"。对中国而言，至少在学术界，人们对美国国家的性质有了更全面、更理性的把握，那种简单地把美国定性为"霸权主义国家"进而将"反霸"视为中国对美政策主轴的认知已有明显改观。❶这种相互认知状况，为中美双方处理彼此间的冲突和矛盾起了缓冲器和减压阀的作用。

2. 开放战略增加了中美之间的摩擦

中国开放战略虽然给中美关系的稳定发展奠定了基础，但是也给中美关系带来了新的矛盾和冲突。冷战结束以后，两国在战略层面上的关系发生了变化，在政治制度和意识形态等方面的差异凸显出来。特别是随着中国对外开放的不断拓展，两国在经济领域的摩擦日益显现，从而对两国关系的稳定发展带来了消极的影响。

第一，中国开放战略的成功，给两国关系带来了不稳定因素。在20世纪70年代初，尼克松和毛泽东握手是与苏联的霸权主义紧密相连的。在很大程度上可以说，中美关系的改善是建立在战略合作的基础之上的。在苏联霸权主义威胁下，美国不仅不担心中国发展强大，而且在一定程度上希望中国通过开放战略发展壮大，以增强美国与苏联讨价还价的筹码。因此，美国在处理彼此之间的分歧方面表现得比较克制和忍耐。然而，苏联解体以后，中美之间这种合作的战略基础消失了，美国不仅不担心苏联挑战其霸权，而且开始将中国视为对美国霸权的主要威胁。在美国战略家看来，随着中国开放战略的成功，美苏之间权力转移的可能性逐渐被美中之间权力转移的可能性取代了。在美国国内持续了近十年的关于"中国经济力量增长是否威胁美国"的争论中，无论是"蓝队"还是"红队"，都认为中国经济力量的发展会导致中国军事能力的大大增强，只不过是在"这是否必然构成对美国的威胁"方面存在分歧。

---

❶ 袁鹏. 论中美关系未来发展的空间[J]. 现代国际关系, 2005(4).

在"强权即公理"和"冷战思维"影响下，美国决策圈和学术圈有些人认为，中国开放战略的成功会为中国挑战美国在东亚的霸权提供力量支撑。1993年，亨廷顿在《外交》杂志上发表《文明的冲突?》一文，认为文明之间的冲突是冷战结束以后国际冲突的主要形式，非西方文明会联合起来对付西方文明，这种联合的最突出的形式是儒家文明和伊斯兰文明的联合出现，挑战西方的利益、价值观和权力。❶1997年，伯恩斯坦和芒罗又在《外交》杂志上发表《即将到来的美中冲突》一文，认为中国正在成为太平洋地区一个与美国对抗的大国，自80年代末期以来，北京开始不再把美国看作自己的战略伙伴，而是看作实现其地区和全球抱负的主要障碍。美国在亚洲的第一号目标必须是破坏中国成为21世纪霸主的追求。❷米尔斯海默也非常担忧中国的发展，认为快速发展的经济将导致中国对美国霸权的挑战。"今天，美国对中国越来越感到担忧，不是因为它还相对弱小的军事，而是因为中国有12亿多人口以及快速现代化的经济。一旦中国变得特别富裕，它很容易成为一个军事超级大国，并挑战美国。"❸这种认知导致美国在中美关系中不断制造麻烦，引起了中美关系的波动。

中美两国在政治制度、价值观念等方面本来存在着巨大的差异，中国开放战略实施以来的快速发展又产生了中美之间的结构性矛盾。面对20世纪70年代以后苏联咄咄逼人的态势，美国需要借助中国遏制苏联对其霸权的挑战，对中国的态度表现得比较温和与克制。冷战结束以后，美国认为中国在对付苏联威胁上的战略价值已经消失了，开始对中国表现得比较草率和冲动。克林顿入主白宫以后，对华傲慢态度进一步发展。1996年5月20日，他在太平洋盆地经济理事会演讲时宣称："接触政策意味着使用我们拥有的最好工具，包括鼓励性与惩罚性工具，来增进美国的核心利益。接触并不意味着我们对中国采取而为我们反对的那些政策视而不见。对人权、不扩散和贸易等领域，我们将继续保持严重的关切。当我们与中国意见相左时，我们将继续保卫我们的利益并坚持我们的价值

❶ Samuel P. Huntington. The Clash of Civilizations[J]. Foreign Affairs , Summer 1993.

❷ Richard Bernstein, Ross H. Munro. The Coming Conflict with America[J]. Foreign Affairs , March/April, 1997.

❸ John J. Mearsheimer. The Tragedy of Great Power Politics[M]. New York : W.W.Norton & Company , 2001:56.

观。"❶显然，美国这种态度是20世纪90年代中美关系持续波动的主要原因。20世纪90年代，中美两国围绕人权问题的持久斗争鲜明地说明了这一点。

乔治·W.布什入主白宫以后，在新保守主义影响下，中美关系被罩上了重重的阴影。在2000年竞选期间，布什声称中国是竞争者而不是战略伙伴。后来担任他的国家安全事务助理的赖斯宣称：即使有与北京经济互动的理由，中国也是亚太地区稳定的一个潜在威胁。虽然中国现在的军事力量不能与美国匹敌，但是这种状况不是绝对恒久的。我们应该知道，中国是一个有着核心利益尚待解决的大国，特别是在台湾和南中国海。中国怨恨美国在亚太地区的作用。这意味着中国不是一个维持现状的国家，而是一个想根据自己的利益改变亚洲力量平衡的国家。仅仅这一点，就使它成为一个战略竞争对手，而不是克林顿政府曾经称之的战略伙伴。❷事实上，小布什就任美国总统后，中美关系开始冷却，甚至发生了南海撞机事件。直到2001年9月，国际恐怖主义袭击美国才从根本上为中美关系的改善和稳定提供了契机。"9·11"事件是珍珠港事件以来外部力量对美国本土的第一次打击，在美国国内引起了震动。美国逐渐认识到，挑战美国霸权的既不是中国也不是俄罗斯，而是国际恐怖组织，是恐怖主义组织与大规模杀伤性武器的结合，中国的繁荣与稳定有利于抑制国际恐怖主义、有利于防扩散。这为中美合作找到了新的战略基础。从此，中美关系逐渐稳定下来。

第二，中国对外开放的拓展，导致中美两国经济摩擦不断增多。充分利用国际国内两个市场、充分利用国际国内两种资源，推进中国的现代化建设，是中国实行开放战略的基本目的。因此，随着中国对外开放的不断深入，中美两国之间的经济纠纷逐渐显现并且不断增多，从而导致两国经济纠纷不断、争斗不止。

根据美国《1974年贸易法》的规定，非市场经济国家只有在满足了美国有关自由移民的条件后，才可以在美国享受最惠国待遇。为了促进两国的经济贸易关系，1980年，美国给予了中国最惠国待遇地位，为期一年。此后，是否给予中国最惠国待遇地位成了美国逐年审议的问题。在中美苏大三角时期，这种审议只是例行公事，一般在国会都能够顺利通过。冷战结束以后，随着中美矛盾变得

❶ William J. Clinton, Remarks to the Pacific Basin Economic Council, May 20, 1996. http://www.presidency.ucsb.edu/ws/index.php?pid=52835&st=&st1=.

❷ Condoleezza Rice. Promoting the National Interest[J]. Foreign Affairs, January/February, 2000.

突出，中国的最惠国待遇地位成了美国对华施压的一种工具，也成了美国国内政治争斗的一个载体。

克林顿上台后，将对华最惠国待遇与所谓人权问题挂钩，而且范围非常广泛。他责成国务卿在1994年6月3日以前就1994年7月3日以后是否给予中国未来12个月内的最惠国待遇提出建议。他说，如果国务卿裁定给予最惠国待遇有利于充分促进中国自由移民、中国正在履行1992年中美关于监狱劳动的双边协议，那么就建议延长中国的最惠国待遇。在建议延长中国的最惠国待遇时，国务卿还要裁定中国是否在如下方面取得了全面而显著的进展：采取措施遵守《世界人权宣言》、释放非暴力表达政治和宗教信仰而被监禁或拘留的中国公民并提供可以接受的解释、确保犯人的人道待遇诸如允许国际人道主义和人权组织探访监狱、保护西藏独特的宗教和文化遗产、允许国际广播电台和电视节目进入中国。❶虽然克林顿的最惠国待遇与人权问题挂钩以失败而告终，但是中美在最惠国待遇问题上的争论直到2001年才最后结束。

随着对外开放的不断深化，中国在1986年正式提出恢复在关税及贸易总协定中的缔约国地位。由于美国支持，复关谈判最初进展顺利。随着冷战逐渐结束，美国在中国复关问题上的态度发生变化。中国恢复在关税及贸易总协定中缔约国地位的谈判，成为中美争吵的又一重要场所。可以说，整个20世纪90年代，中美关系就是在中国复关/入世的争斗中度过的。直到1999年中美两国在此问题上才取得重大突破。其间，中美两国就市场准入和知识产权等问题进行了激烈争吵。事实上，由于中国的"非市场经济地位"及中国开放过程中两国经济利益快速交汇，中国"复关入世"的争斗是与中美两国的实际经济贸易争端纠缠在一起的。

随着两国贸易的不断发展，贸易不平衡问题逐渐显露出来，两国围绕贸易逆差问题发生了长期而激烈的争吵。由于统计方法不同，两国贸易统计数据差距非常大。表2-7显示出，根据美方统计数据，美国从1990年到2000年一直处于逆差状态，而且逆差额非常大。而根据中方统计数据，中国从1990年到1991年处于逆差状态，贸易顺差是从1993年开始的，而且贸易顺差额也远没有美国统计的那么大。

---

❶ William J. Clinton, Conditions for Renewal of Most-Favored-Nation Status for the Peoples Republic of China in 1994, May 28, 1993. http://www.presidency.ucsb.edu/ws/index.php?pid=61546&st=&st1=.

表2-7　1990—2000年中美在贸易统计上的差异　　　　　　单位:亿美元

年份	进口	出口	出口	进口	总额		平衡	
	中国	美国	中国	美国	中国	美国	中国	美国
1990	65.8	48	51.9	152	117.7	200	−13.9	−104
1991	80.08	62	61.9	190	141.98	252	−18.1	−128
1992	89	75	85.9	257	174.9	332	−3.1	−182
1993	106.8	88	169.6	315	276.4	403	62.8	−227
1994	139.7	93	214.6	388	354.3	481	74.9	−295
1995	161.2	118	247.1	456	408.3	574	85.9	−338
1996	161.5	120	266.8	515	428.3	635	105.3	−395
1997	162.9	128	326.9	625	489.8	753	164	−497
1998	169.6	143	379.9	712	549.5	855	210.3	−569
1999	194.7	131	419.4	818	614.1	949	224.7	−687
2000	223.6	162	521	1000	744.6	1162	297.4	−838

资料来源:陶文钊主编《冷战后的美国对华政策》,重庆出版社2006年版,第122-123页。

　　对于中美产生贸易逆差的原因,两国看法根本不同。中国认为,技术出口控制是导致美国贸易逆差的根本原因,根本出路在于美国放松出口限制。美国认为,美国产生贸易逆差的根本原因是中国的市场经济体制不健全,根本出路在于解决中国的市场准入问题。美国还认为,人民币汇率低估也是导致中美贸易不平衡的重要原因,要求人民币升值。为了解决贸易和经济纠纷,1991年,中美开始就市场准入问题进行谈判。经过艰苦谈判,双方于1992年达成了关于市场准入问题的备忘录。同时,知识产权保护也是中美发生争端的主要问题。1992年,两国达成了第一个关于知识产权的协定。这虽然暂时避免了中美之间的贸易战,但是并没有从根本上解决问题,两国之间的贸易纠纷时有出现。从表2-8可以看出,2002年到2014年,在中国与世界贸易组织成员间的双边贸易争端中,总共有45起被提交到世界贸易组织内部解决。其中,中美争端总共有24起,占争端总数的53.3%,居第一位。在这24起争端中,大部分是美国对中国提起的申诉,高达62.5%。在中国对其他国家的申诉中,美国也居第一位,高达64%。显然,这还仅是双方提到世界贸易组织内部解决的争端,两国之间没有提交到世界贸易组织解决的贸易摩擦和争端远不止于此。

表2-8　2002—2014年中国与世贸成员间在世界贸易组织内解决的争端　　单位:件

中国		美国		欧盟		墨西哥		加拿大		危地马拉		日本	
申诉	被诉	申诉	被诉	申诉	被诉	申诉	被诉	申诉	被诉	申诉	被诉	申诉	被诉
14	31	15	9	7	5	4	—	2	—	1	—	2	—

资料来源:The World Trade Organization.

　　此外,随着中国经济长期持续高速增长,中美两国在资源市场上的矛盾也逐渐显现出来。众所周知,中国虽然是一个资源比较丰富的国家,但是人均资源占有量居于世界后列。以石油为例,表2-9显示出,美国是世界上石油消费量最大的国家,2002年一度占全球石油消费量的25.2%,此后呈逐渐下降态势。2012年,美国日石油消费量占世界日石油消费总量的20.7%,较2002年下降了4.5个百分点。2003年,中国超过日本成为世界第二大石油消费国。此后,中国石油消费量持续增加,2012年占全球石油消费的11.4%,比2002年增加了4.7个百分点。虽然包括原油、油页岩、油砂和天然气液体产品在内的中国石油产量增加了24.0%,但中国石油消费量上升了94.2%。2012年,美国石油生产量与消费量的差额是9650千桶/日,中国的差额是6066千桶/日。这说明两国对世界石油市场的依赖性都非常强。

表2-9　2002—2012年中美石油生产与消费对比　　单位:千桶/日

年份		2002	2003	2004	2005	2006	2007	2008	2009	2010	2011	2012
美国	生产	7626	7362	7244	6903	6828	6862	6783	7263	7552	7868	8905
	消费	19761	20033	20732	20802	20687	20680	19490	18769	19134	18949	18555
中国	生产	3351	3406	3486	3642	3711	3742	3814	3805	4077	4074	4155
	消费	5262	5771	6738	6944	7439	7823	7947	8229	9272	9750	10221
世界	生产	74948	77568	80968	82014	82482	82285	82932	81261	83272	84210	86152
	消费	78470	80085	82996	84228	85138	86575	86052	85064	87833	88879	89774

资料来源:BP Statistical Review of World Energy, June 2013.

　　石油是工业经济的命脉。为了保障经济持续稳定高速发展，中美两国都需要从国际市场上进口石油。这为两国合作维护能源安全、促进互利共赢提供了一个议题。但是，作为一个后现代化国家，中国是世界能源市场上的迟到者。等中国进入世界能源市场的时候，世界能源市场已经基本上被美国为首的发达国家所控制，形成了有利于发达国家的世界能源分配格局。能源需求巨大的中国进入世界能源市场，在一定程度上增加了世界能源分配格局的变动性因素。因此，中美两国都对世界石油市场严重依赖也有可能引起两国石油利益的冲突。

　　从进口量来看，美国是最大的石油进口国。2005年，美国石油净进口量达到峰值12396千桶/日，此后便逐年下降。2012年，每日进口7907千桶，比2005年下降36.2%，比2011年下降10.6%（见表2-10）。相反，中国石油净进口量逐渐增加，2012年比2011年每日增加了61万桶，占全球增量的86%。[1]尽管如此，美国石油进口量仍很大，远远高于中国的进口量。2012年，美国年石油进口量为524.5百万吨，占世界总额的19.1%；中国年石油进口量354.2百万吨，占世界总量的13.0%，美国石油进口量是中国石油进口量的1.5倍。而中国石油进口量虽然相对小得多，但增长速度总体比较快。2012年中国的石油进口量比2004年增加了110.3%，比2008年增加了62.6%。

表2-10　2002—2012年美国石油进出口量的变化　　　　单位:千桶/日

年份		2002	2003	2004	2005	2006	2007	2008	2009	2010	2011	2012
美国	进口	11357	12254	12898	13525	13612	13632	12872	11453	11689	11338	10587
	出口	904	921	991	1129	1317	1439	1967	1947	2154	2497	2680
	平衡	10453	11333	11907	12396	12295	12193	10905	9506	9535	8841	7907
世界总计		44613	46752	49290	51182	52561	55554	54626	52333	53510	54610	55314

资料来源：BP Statistical Review of World Energy, June 2013.

　　从进口来源看，表2-11显示出，2008年，中国石油进口的42.24%集中在中东地区、17.95%在西非地区，美国石油进口的18.80%在中东、14.28%在西非。在美国长期主导的拉丁美洲，中国石油进口量也迅速增加，达到7.58%。2012年，中国石油进口前五大来源地依次是中东（40.8%）、原苏联地区（16.9）、西

---

[1] BP Statistical Review of World Energy[R].BP，2013:3.

非（14.6%）、中南美洲（8.9%）、北非（3.1%），美国石油进口前五大来源地依次是加拿大（27.9%）、中东（20.6%）、中南美洲（18.7%）、墨西哥（9.8%）、西非（8.1%），两国石油利益在中东、中南美洲、西非出现比较明显的交汇。❶这种能源进口分布格局虽然可以为两国开展能源合作提供契机，但是也潜伏着竞争因素。"近期中国公司在拉丁美洲（包括委内瑞拉）的活动，侵入了美国长期控制的地盘。中国在加拿大投资石油行业及通往太平洋港口向中国出口石油的管道，会导致向美国的供应出现转移。中国公司努力在中亚扩展股份，导致了与西方石油公司的紧张……即使不存在直接竞争，中国石油公司积极寻找石油也引起了北京与华盛顿关系的紧张。"❷

表2-11　2004—2008年中美石油进口来源对比

	美　国				中　国			
	2004		2008		2004		2008	
	数量/百万公吨	占比/%	数量/百万公吨	占比/%	数量/百万公吨	占比/%	数量/百万公吨	占比/%
美　国					0.7	0.42	0.8	0.37
加拿大	104.8	16.42	121.7	19.12	—	—	*	—
墨西哥	81.9	12.83	64.7	10.16	—	—	—	—
拉丁美洲	130.6	20.46	119.4	18.76	4.1	2.43	16.5	7.58
欧　洲	48.1	7.53	43.4	6.82	2.6	1.54	0.2	0.09
俄罗斯	13.8	2.16	23.8	3.74	18.0	10.68	22.4	10.28
中　东	124.9	19.56	119.7	18.80	62.8	37.29	92.0	42.24
北　非	23.3	3.65	32.6	5.12	2.1	1.25	4.2	1.93
西　非	81.6	12.78	90.9	14.28	27.5	16.33	39.1	17.95
东非和南非	—	—	—	—	5.8	3.44	10.6	4.87
澳大利亚	1.4	0.22	1.8	0.28	2.2	1.31	0.9	0.41
中　国	1.0	0.16	0.8	0.13				

❶ BP Statistical Review of World Energy[R].BP，2013:3.

❷ Peter Hatemi，Andrew Wedeman. Oil and Conflict in Sino-American Relations[J]. China Security，Summer 2007.

	美　国				中　国			
	2004		2008		2004		2008	
	数量/百万公吨	占比/%	数量/百万公吨	占比/%	数量/百万公吨	占比/%	数量/百万公吨	占比/%
印度	—	—	0.3	0.05	—	—	0.2	0.09
日本	0.4	0.06	—	—	2.1	1.25	4.9	2.25
新加坡	—	—	—	—	—	—	4.5	2.07
其他亚太国家	7.1	1.11	5.3	0.83	40.0	23.75	21.4	9.83
不明的	19.5	3.05	12.3	1.93	0.5	0.297	—	—
总进口	638.4		636.6		168.4		217.8	

资料来源：BP Statistical Review of World Energy 2005 & 2009.

＊Less than 0.05%.

客观地说，中国是国际石油市场上的迟到者。除了少数与美国关系紧张的亚非拉国家以外，世界石油供应市场基本上被西方国家瓜分了。因此，中国石油公司要"走出去"寻找石油，要么是挤占其他国家的地盘，要么是与西方"不喜欢"的国家打交道。然而，无论哪一种情况都会引起美国的不满和警惕。特别是与美国不喜欢的国家打交道，容易被误解为对美国甚至国际社会的直接对抗。"随着中国石油消费增加及对石油进口依赖加深，中国公司在世界范围展开了凌厉的攻势，以保障石油供应。在一定程度上，它们照顾了那些对美不友好的政权，如伊朗、苏丹和委内瑞拉。由于布什政府已经给伊朗和苏丹贴上了'流氓'国家的标签，与委内瑞拉查韦斯总统的敌对情绪不断增加，中国显然有被视为松散的反美、反现状国家联盟一部分的危险。"❶事实上，中国石油公司走出去寻找石油的行动，已经遭到了美国的打击和抵制。中海油并购优尼科失败的事实表明，中美资源争端会影响两国关系的稳定。

❶ Peter Hatemi，Andrew Wedeman. Oil and Conflict in Sino-American Relations[J]. China Security，Summer 2007.

小　结

　　中美关系的发端是与近代中国被迫开放同时起步的。中国开放战略是与中美关系紧密联系在一起的。开放战略的肇始、形成与发展都受到中美关系发展变化的影响与制约。同时，中国开放战略也对中美关系产生了巨大的影响。可以说，中国开放战略形成以来，中美关系就是在与中国开放战略统一与对立过程中不断发展与前进的。

　　在开放战略与中美关系相互作用下，到目前为止，中国开放战略的形成与实施大体上经历了4个阶段：形成阶段、政策性开放阶段、制度性开放阶段和战略性开放阶段，而中美关系也大致经历了4个时期：正常化时期、快速发展时期、波动起伏时期和走向成熟时期，4个阶段与4个时期大体上是相吻合的。在第一个阶段，开放战略与中美关系相互促进，呈现出良性互动状态，开放战略的形成与中美关系正常化同步实现。在第二个阶段，中国开放战略的实施为中美交往架起了一座桥梁。两国关系在长期隔绝之后百废待兴，迅速而全面地发展。同时，在"眼睛复明效应"影响下，两国关系存在不适应现象，相互理解缺乏，相互信任不足，出现了一些小波折。在第三个阶段，随着冷战结束，美国对中国开放战略的成功产生担忧，不断在中美关系中制造麻烦，妨碍中国开放战略顺利实施。同时，美国又担心中国开放战略逆转，加之在开放战略长期作用下中美相互依存加深、相互理解增多。因此，两国关系虽然麻烦不断、争斗不止，但是总体上保持了发展势头，中国制度性开放取得了重大进展。第四个阶段，虽然中国"走出去"战略在中美关系中引起了新矛盾，但是世界贸易组织为中美解决争端提供了新渠道。在"9·11"事件影响下，两国相互理解进一步增加，中国主动实施互利共赢的开放战略，倡导构建和谐世界，中美关系逐渐走向稳定成熟。

　　考察开放战略与中美关系的互动过程，以下几个变量是值得关注的：

　　第一，权力转移。权力转移是促进开放战略与中美关系互动的主要因素。在中美关系改善和发展的长过程中，权力转移一直在发生作用。权力转移推动了中美关系改善和发展，进而促进了中国开放战略的形成与发展。反之，中国开放战略的成功又增加了中美之间权力转移的可能性，从而导致中美关系的波动，进而影响中美关系的稳定与发展。因此，美国对中国经济现代化的迅速发展一直采取防范措施。

第二，经济纠纷。中国开放战略最基本最核心的内涵是经济开放，引进国外资金和先进技术实现社会主义现代化。经济开放的过程实际上是一个经济利益重组的过程，而这种重组又不可能是绝对均等的，存在绝对收益和相对收益的区别。因此，中国开放战略不可避免地会与其他国家产生经济纠纷与摩擦。随着中国融入国际社会的程度不断加深，经济纠纷在短时间内会有所增加、有所激化，从而影响中美关系的稳定，进而影响开放战略的发展。但是，随着中国开放战略的调整升级，随着中美关系从不对称走向对称，随着国际政治关系民主化和平等化，随着国际经济关系规范化和正常化，这种状况最终会得到缓解。

第三，社会认知。权力只有被认知和被利用才有意义。同一事物对不同人的影响是不同的，同一事件对不同国家的影响也是不一样的。影响社会认知的因素很多，与认知对象的隔绝是产生错误认知的主要因素之一。开放战略为中美相互认知架起了一座桥梁。在开放战略不断深化过程中，中美双方相互理解在不断加深，错误认知在不断纠正。同时，随着两国交往的加深，中美对彼此的利益关切也逐渐有了一个明确的把握。这些都有利于两国避免对彼此误解和采取错误的政策，从而有利于中美关系稳定发展，进而推动开放战略不断深化。

第四，相互依赖。中国是世界上最大的发展中国家，美国是世界上最强的发达国家。随着中国开放战略的成功，中美两国的地位逐渐变得平等和对称，两国必然形成一种"强强依赖"关系。在这种"强强依赖"模式下，两国融入国际社会越深，利益交汇就越多，相互依赖的敏感性和脆弱性就越强，合作相处的机会就越大。因此，在中国开放战略作用下，中美关系虽然在短期内可能出现紧张和冲突，但是从长期看会走向稳定与和谐。这是中美关系发展的大方向。

第三章 中国开放战略的形成与中美关系正常化

中美关系正常化是中美关系史上的大事，也是国际关系史上的大事。中国开放战略的形成是改变中国历史进程的大事，也是影响世界历史进程的大事。显然，这两件大事于1978年同步完成，不是历史的巧合而是历史的必然。通过分析中美关系正常化的历程，我们可以发现，中国开放战略的形成与中美关系正常化具有内在联系。中美关系正常化为中国开放战略的确立提供了事件。反过来，中国开放战略对中美关系正常化也起了积极的助推作用。

第一节 中美关系正常化的启动

20世纪60年代末，国际形势发生了深刻的变化，社会主义阵营解体，资本主义阵营出现分化，国际权力结构处在深刻的变动之中。1969年1月20日，尼克松宣誓就任美国第37任总统。在其就职演说中，尼克松宣称："我们正在进入一个谈判的时代"，"让所有国家知道，本届政府的沟通渠道是开放的"，"我们寻求一个开放的世界——思想开放、物质和人员交流开放——在这个世界中，无论强弱，没有哪个国家的人民将生活在愤怒的孤立之中"。❶这为中美关系的改善提供了历史契机。

一、中美关系正常化启动的经过

中美关系正常化的启动是一个曲折而富有传奇色彩的过程。在毛泽东、周恩来亲自运筹下，从尼克松总统释放改善中美关系的信号开始，经过3年多的折冲

---

❶ Richard Nixon, Inaugural Address, January 20, 1969. http://www.presidency.ucsb.edu/ws/index.php?pid=1941&st=&st1=.

樽俎，最后终于迎来了"改变世界历史进程"的重大时刻。1972年，尼克松访华，两国发表了具有历史意义的《上海公报》，中美关系正常化的历史进程正式顺利启动。

1. 美国主动释放改善中美关系的信号

早在当选总统之前，尼克松已经萌生了改善中美关系的想法。1967年10月，他在《外交》杂志上撰文指出："从长远来看，我们根本承担不起将中国永远置于国际大家庭之外，在那里助长它的幻想、增加它的憎恨、威胁它的邻国。在这个小小的星球上，没有地方能够使十亿最具潜在能力的人民生活在愤怒的孤立之中。"[1]正是基于这种认识，尼克松上任伊始就指示总统国家安全事务助理基辛格研究改善中美关系的可能性，着手改善对华关系。

第一，明确表示不支持苏联进攻中国。1969年3月，中苏在珍宝岛爆发武装冲突。美国认为可以利用中苏矛盾拉拢中国抗衡苏联，开始采取行动构建中美苏三角关系。1969年夏，尼克松作出了两项异乎寻常的决定：放开既有的中美华沙会谈的所有问题，集中研究中国与美国对话的态度的广泛问题，优先考虑确定隐约出现的中苏美三角的范围。同时，由于苏联多次试探美国对中苏发生战争的态度，美国预感到中苏战争危险增大，开始采取紧急措施。尼克松采取了也许是他就任总统以来最大胆的步骤，警告苏联不要进攻中国。9月5日，尼克松授权副国务卿埃利奥特·理查森发表了一个强有力的双重声明，主要内容是美国对中苏战争"深切关注"。[2]1970年2月，尼克松又在外交政策咨文中公开宣称，美国不会跟苏联联合对付中国。他说："美国没有兴趣加入任何一方或者参加反对另一个共产主义大国的敌对联盟。"[3]这种表面上看来中立的立场，在当时中国面临两个超级大国联合压力的严峻形势下，无疑是对中国态度友好的一种表示。

第二，公开承认中华人民共和国的存在。新中国成立以后，美国长期采取不承认政策，导致中美关系处于极端对立状态。因此，正视中华人民共和国的存在，成为尼克松政府释放对华善意的一个重要方面。1969年8月，国务卿罗

---

[1] Henry Kissinger. Diplomacy[M]. New York：Simon & Schuster，1994:721.

[2] Henry Kissinger. Diplomacy[M]. New York：Simon & Schuster，1994:722-723.

[3] Richard Nixon，First Annual Report to the Congress on United States Foreign Policy for the 1970's，February 18，1970. http://www.presidency.ucsb.edu/ws/index.php?pid=2835&st=&st1=.

杰斯在澳大利亚公开宣布，美国欢迎中国在亚太事务中发挥重要作用。如果中国领导人放弃那种内省的"世界观"，美国将"打开交流的渠道"。这是新中国成立20年来美国国务卿对中国最热烈的评论。●尼克松总统甚至改变了美国长期不承认中华人民共和国存在的政策，开始公开使用"中华人民共和国"的称呼。1970年10月26日，尼克松在欢迎罗马尼亚总统齐奥塞斯库的宴会上第一次有意识地使用了"中华人民共和国"的称呼，说齐奥塞斯库"领导的政府是世界上既与美国也与苏联还与中华人民共和国保持良好关系的少数政府之一"●。

第三，强调改善对华关系的重要意义。20世纪60年代，美国内部改善对华关系的呼声高涨。但是，"绝大部分报告的意见认为，共产主义中国是无可救药的扩张主义者，意识形态狂热，固执地坚持世界革命"●。针对美国内部反对中华人民共和国的势力依然强大的事实，尼克松政府反复宣讲改善与中华人民共和国关系的意义，强调与中国改善关系不仅对于美国本身而且对于亚洲与世界和平都是重要的。1970年2月，尼克松在致国会的对外政策报告中指出："我们亚洲政策的成功，不仅取决于我们与亚洲盟友合作的力量，而且有赖于我们与中国及苏联的关系。中华民族是一个伟大而重要的民族，不应该被孤立于国际社会之外。从长远来看，没有这个拥有7亿多人口的国家的贡献，稳定和持久的国际秩序就是不可想象的。可以肯定，采取能改善与北京实际关系的步骤，既符合我们的利益，也符合亚洲与世界和平与稳定的利益。"●6月，在致1970年总统学者计划的讲话中，尼克松又大力宣讲与中国改善关系并将中国纳入国际社会的意义。他说："我不仅想到苏联，一个像美国一样的超级大国，而且想到共产主义世界另一半，中国，一个有7亿人民的非超级大国。这7亿人民不仅孤立于美国和自由世界，而且孤立于共产主义世界。我想，从现在起10年时，那时你们从大学毕业已经5年或6年，或者从现在起20年时，那时你们从大学毕业已经15年，如果这7亿人民，那时可能是8亿或9亿人民，仍然愤怒地孤立于世界其他地方，

● Henry Kissinger. Diplomacy[M]. New York：Simon & Schuster，1994:723.

● Richard Nixon，Toasts of the President and President Ceausescu of Romania，October 26，1970. http://www.presidency.ucsb.edu/ws/index.php?pid=2766&st=&st1=.

● Henry Kissinger. Diplomacy[M]. New York：Simon & Schuster，1994:720.

● Richard Nixon，First Annual Report to the Congress on United States Foreign Policy for the 1970's，February 18，1970. http://www.presidency.ucsb.edu/ws/index.php?pid=2835&st=&st1=.

那将是一个多么危险、多么不满的世界。"❶

第四，采取改善中美关系的具体措施。为了对中国产生实际影响，尼克松政府在经济以及人员交流方面采取了一些具体的单方面措施。1969年7月，取消了美国人前往中华人民共和国旅游的禁令，并允许美国人带回价值100美元的中国产品，准许有限的美国谷物运往中国。11月，从台湾海峡撤出两艘驱逐舰。12月，宣布允许美国公司的海外子公司向中国出售非战略物资，部分取消对中国的贸易禁运。对于1969年美国改善对华关系的措施，尼克松说："我们避开了可能遭致粗暴拒绝的戏剧性姿态。我们采取了不需要中国赞同但能够表现我们希望有一个更正常、更积极关系的具体步骤。去年，我们已经使美国旅游者、博物馆和其他方面可以无需特别批准而对中国商品进行非商业性采购，将护照可以自动生效前往中国旅游的美国人类别扩大到了国会议员、记者、教师、研究生和大学生、科学家、医生和美国红十字会成员，允许美国公司的海外子公司从事中国与第三国的商业贸易。"❷1970年4月，美国宣布在国外子公司和国外公司同中国的贸易中，允许装有美国制造的非战略物资部件输往中国。6月，众议院第一次在援外法案中取消了反对中国加入联合国的决定。8月，取消了禁止美国海外石油公司给装载非战略物资运往或运出中国的船加油的禁令。1971年3月，美国国务院取消了对于使用美国护照去中国大陆旅行的一切限制。4月，尼克松又发表声明宣布，"我决定不需要新的立法或与中华人民共和国谈判而采取如下行动：美国准备对中华人民共和国到美国访问的个人或团体加快签证；将放宽美国货币限制，以允许中华人民共和国使用美元；除了中国拥有或中国特许的前往或来自北越、朝鲜或古巴的运输工具外，将终止对美国石油公司为前往中国或来自中国的船舶或飞机提供燃料的限制；美国船只或飞机现在可以在非中国港口之间运输中国货物，悬挂外国旗帜的美国运输工具可以停靠中国港口；我已经要求提出一个根据一般许可便可直接向中华人民共和国出口的非战略性项目清单。在我评估和批准这个清单上的具体项目后，届时将授权直接从中国进口指定项目"❸。6月，白宫公布对华非战略

❶ Richard Nixon, Remarks to the Presidential Scholars of 1970, June 4, 1970. http://www.presidency.ucsb. edu/ws/index.php?pid=2531&st=&st1=.

❷ Richard Nixon, First Annual Report to the Congress on United States Foreign Policy for the 1970's, February 18, 1970. http://www.presidency.ucsb.edu/ws/index.php?pid=2835&st=&st1=.

❸ Richard Nixon, Statement Announcing Changes in Trade and Travel Restrictions with the People's Republic of China, April 14, 1971. http://www.presidency.ucsb.edu/ws/index.php?pid=2976&st=&st1=.

性项目贸易货单，从而结束了对华贸易禁运。

2. 中国积极回应美国的和解信号

正当尼克松政府频频向中国释放和解信号的时候，中国由于面临苏联的威胁日益加深也正在考虑调整国际战略。中共九大闭幕后，毛泽东指示陈毅、叶剑英、徐向前和聂荣臻研究国际形势。在提交的《对目前局势的看法》研究报告中，4位元帅认为苏联确有侵略中国的打算，但是由于美苏矛盾的存在，苏联迟迟下不了决心。●这在一定程度上为中国调整国际战略提供了战略依据，为中国积极改善对美关系奠定了基础。正是在这种认识的基础上，中国对尼克松政府的和解信号进行了积极的回应。

第一，以实际行动回应美国改善关系的具体措施。对于美国从经济和人员交流方面采取具体措施缓和中美关系，中国在美国人特别关心的在华美国间谍问题上采取了积极、具体的回应措施。1969年7月24日，在美国宣布放松美国公民到中国旅行和美国人购买中国货物的限制3天后，中国提前释放了因非法越境而被逮捕的两名美国人。在12月美国宣布部分取消对中国的贸易禁运并减少了第七舰队在台湾海峡的巡逻以后，中国于1970年初恢复了中断两年之久的中美华沙大使级会谈。6月，美国众议院停止了在对外援助拨款中附加反对中国进入联合国的决定。7月，中国又提前释放了一名美国间谍。1971年4月，毛泽东决定邀请在东京出席第31届世界乒乓球锦标赛的美国乒乓球代表团访华，以实际行动回应了美国放宽人员前往中国的措施。访问期间，周恩来通过美国乒乓球代表团寄语美国人民："中美两国人民过去往来是很频繁的，以后中断了一个很长的时间。你们这次应邀来访，打开了两国人民友好往来的大门。我们相信中美两国人民的友好往来将会得到两国人民大多数的赞成和支持。"●实际上，这也是中国向美国发出的一个和解信号。

第二，多次含蓄地释放同意改善中美关系的信号。20世纪60年代末70年代初，中国国内局势非常微妙，而且中国文化本来就有内敛含蓄的特点。加之在中美关系问题上，中国认为美国霸占中国台湾，对中国实行封锁禁运，改善中美关系应该美国采取主动。因此，中国对尼克松政府频频释放改善中美关系信号的反应起初表现得比较含蓄。基辛格在《大外交》一书中写道，1969年4月，在中共

● 熊志勇. 百年中美关系[M]. 北京：世界知识出版社，2006：244.
● 周恩来外交活动大事记(1949—1975)[G]. 北京：世界知识出版社，1993：586.

九大一个报告中，国防部长林彪没有使用此前"美国是中国首要敌人"的标准提法。林彪还重申了毛主席1965年和埃德加·斯诺的谈话：中国在境外没有军队，除非领土遭到进攻，无意跟任何人打仗。❶在1970年10月1日国庆节庆祝大会上，毛泽东特意安排在天安门城楼上接见斯诺，并在《人民日报》上刊发，借此向美国发出改善关系的信号。12月6日，毛泽东在中共中央联络部一个文件上批示："对于一切外国人，不要求他们承认中国人的思想。"❷18日，毛泽东再次接见斯诺，在谈话中向尼克松发出了明确的信息："他如果想到北京来，你就捎个信，叫他偷偷地，不要公开，坐上一架飞机就可以来嘛。谈不成也可以，谈得成也可以嘛。何必总是僵着？"❸然而，中国领导人这些比较含蓄的表示没有引起美国充分注意。基辛格在《大外交》中写道："虽然毛泽东指示其译员把她的记录交给了斯诺（以表示他的诚意），但是直到此后几个月尼克松访华的事情已经通过其他渠道得到解决以后，华盛顿才知道这一邀请。"❹但是，尼克松在其回忆录中说几天后就知道了。❺

　　第三，积极推动美国派高级别代表来北京商谈。华沙大使级会谈恢复后，在第135次会谈中，美方提出派代表去北京或接受中国代表到华盛顿直接商谈。对此，中方采取了积极的态度。在第136次会谈中，中方表示愿意接待美国部长级代表或总统特使前往北京商谈中美关系的根本原则问题。1970年11月，周恩来通过叶海亚·汗总统回答尼克松从"巴基斯坦渠道"传来的口信说：台湾是中国不可分割的领土，解放台湾是中国内政，不容外人干预。美国武装力量占领中国台湾和台湾海峡，是中美关系紧张的关键问题，中国政府一直愿意以谈判来解决这个问题，但是谈了15年还没有结果。现在，尼克松总统表示要走向同中国和好。如果尼克松真有解决上述关键问题的愿望和办法，中国政府欢迎美国总统派特使来北京商谈。时机可通过巴基斯坦总统商定。不久，他又通过罗马尼亚部长会议副主席勒杜列斯库答复尼克松从"罗马尼亚渠道"传来的口信：尼克松说愿意跟我们在任何时候、任何地方恢复会谈，如果他真有解决关键问题的愿望和办

❶ Henry Kissinger. Diplomacy[M]. New York：Simon & Schuster，1994：725.
❷ 毛泽东外交文选[M]. 北京：中央文献出版社、世界知识出版社，1994：591.
❸ 毛泽东外交文选[M]. 北京：中央文献出版社、世界知识出版社，1994：592.
❹ Henry Kissinger. Diplomacy[M]. New York：Simon & Schuster，1994：726.
❺ 理查德·尼克松. 尼克松回忆录[M]. 中. 北京：商务印书馆，1979：232.

法，我们欢迎他派特使来北京谈判。不仅是特使，尼克松自己来也可以。[1]1971年4月，中国又一次带信给美国：中国政府重申，愿意公开接待美国特使如基辛格博士，或美国国务卿甚至美国总统本人来北京直接交谈。[2]显然，中国的积极推动发挥了重大作用。由于美国内部对改善中美关系仍然存在分歧，尼克松和基辛格在访华问题上比较谨慎，担心前功尽弃或陷于严重的国际窘境。所以，在收到中国邀请基辛格访华的信后，尼克松和基辛格非常激动。基辛格甚至说："这是第二次世界大战结束以来美国总统所收到的最重要的信件。"[3]

3. 中美关系正常化进程的成功启动

新中国成立后，中美两国在彼此隔绝、相互孤立的状态下对峙了22年。1969年尼克松入主白宫后，两国领导人以政治家的胆识、战略家的眼光擘画打开两国交往的大门。经过三年反复沟通、积极筹划，中美两国终于迎来了改变世界的关键时刻。在基辛格两度访华的厚实基础上，1972年2月，尼克松访华发表《上海公报》，成功打开了两国人民友好往来的大门。

第一，基辛格成功实施"波罗行动"计划。经过中美双方共同努力，1971年7月，基辛格秘密访华的"波罗行动"计划正式实施。9日，基辛格经过巴基斯坦秘密到达北京，与中国进行高级会谈。这是新中国成立以来美国高层官员第一次访华，中国政府高度重视，专门成立了会谈班子。基辛格抵达北京当天，周恩来就和他进行了两次会谈，第二天又进行了三次会谈。双方主要就台湾问题、尼克松访华问题进行了讨论。经过前后17个小时的紧张会谈，最后双方就尼克松访华达成协议。11日，基辛格返回巴基斯坦。16日，双方公布尼克松访华《公告》："获悉，尼克松总统曾表示希望访问中华人民共和国，周恩来总理代表中华人民共和国政府邀请尼克松总统于1972年5月以前的适当时间访问中国。尼克松总统愉快地接受了这一邀请。中美两国领导人的会晤，是为了谋求两国关系的正常化，并就双方关心的问题交换意见。"[4]此外，在这次高级会谈中，双方还确定了新的秘密联系渠道"巴黎渠道"，中美华沙大使级会谈正式结束了自己的使命。基辛格秘密访华取得了成功，"波罗行动"计划圆满完成，从而翻开了中

❶ 周恩来外交活动大事记(1949—1975)[G]. 北京：世界知识出版社，1993：571-573.

❷ 韩念龙. 当代中国外交[M]. 北京：中国社会科学出版社，1988：220-221.

❸ 理查德·尼克松. 尼克松回忆录[M]. 中. 北京：商务印书馆，1979：237-238.

❹ 冬梅. 中美关系资料选编(1971.7—1981.7)[G]. 北京：时事出版社，1982：3.

美关系史的新一页。

第二，尼克松访华前夕的两场前哨战。中美达成尼克松访华的协议后，为了确保尼克松访华成功，中美之间又进行了两轮高级会谈。10月20至26日，基辛格第二次访华，周恩来先后跟他会谈了10次，除讨论尼克松总统访华的日期、会谈方式和通讯联络等问题外，双方着重就台湾、中南半岛、朝鲜、日本和南亚次大陆等重大地区问题交换了意见，主要就尼克松访华时的联合公报草案进行了反复讨论。在会谈中，中方表示了相当灵活的态度。周恩来说："美国的对外政策有一个历史传统，不可能一下子隔断，但是要打破一些框框。"❶这为会谈成功奠定了基础，双方就尼克松访华联合公报草案达成了初步共识。

为了给尼克松访华做最后的技术安排，1972年1月初，美国总统国家安全事务副助理黑格访华。事实上，黑格这次访华另有所图，即美国想利用苏联的对华威胁吓唬中国，迫使中方在联合公报上再做妥协。对此，中方进行了严正驳斥。关于苏联对中国的威胁，周恩来说："我们早已说过，我们准备敌人从四面八方打进来，不惜承担最大的民族牺牲，奋斗到底，为人类进步事业做出贡献。事实已经证明并将继续证明，一切妄图孤立、包围、遏制、颠覆中国的阴谋都只能以可耻的失败告终。"关于美方希望通过访华加强尼克松的世界领袖形象，周恩来说道："我们从不认为有什么自封的世界领袖"，"中美两国关系并未正常化，但中国将以应有的礼仪接待尼克松总统，并将为谋求中美高级会谈取得积极成果作出自己的努力"。关于公报草案中有关台湾问题的措辞，周恩来强调："我们在公报草案中已尽力照顾到你们的困难"，"如果屈从某些反对中美关系正常化的势力而从原来的立场后退，这不会为中美双方带来好处"。❷显然，这次会谈虽然最后没有破裂，但充分表明两国仍然存在很大的利益和认识分歧。这预示着中美关系正常化的历程不可能一帆风顺。

第三，尼克松访华发表《上海公报》。经过充分准备，1972年2月，尼克松总统在罗杰斯国务卿和基辛格陪同下进行访华，于21日上午10时31分到达北京，受到了周恩来等党政军领导人到机场迎接的待遇。毛泽东对此非常重视，午饭后立即会见了尼克松。中美之间的会谈主要是在周恩来与尼克松之间进行的。双方主要就台湾问题进行了会谈，还就美苏关系、裁军及南亚等问题交换了看

---

❶ 周恩来外交活动大事记(1949—1975)[G]. 北京:世界知识出版社,1993:609.

❷ 王泰平. 新中国外交50年[M]. 北京:北京出版社,1999:1345-1346.

法。由于两次前哨战已经解决了联合公报的大部分问题，因此这次会谈相对比较顺利。通过反复商谈，双方终于达成了《上海公报》。《上海公报》以客观地表明分歧、肯定共识的方式，列举了两国在台湾、中南半岛、朝鲜等重大问题上的不同观点，承认两国在社会制度和对外政策方面存在区别，表明了双方在发展贸易及在科学、技术、文化、体育及新闻等方面的联系和交流上达成的共识。28日，《上海公报》正式发表，尼克松访华取得了成功。这对世界格局产生了重大的影响。尼克松在上海为其举行的宴会上高兴地说："我们访问中国的这一周，是改变世界的一周。"❶中美最高领导人的会晤以及《上海公报》的发表，标志着中美关系正常化的历史进程正式启动。

二、中美关系正常化启动的原因

新中国成立后，美国对中国实行封锁禁运政策，导致中美两国彼此敌视了20多年。1969年尼克松入主白宫后，经过三年努力，两国终于打破了彼此隔绝、对立的坚冰，开启了中美关系正常化的大门。对于中美关系正常化的启动，基辛格指出："中国领导人所要的是，美国担保不会与克里姆林宫合作施行勃列日涅夫主义。尼克松想要知道的是，中国是否可能与美国合作对付苏联在地缘政治上的攻势。"❷诚然，苏联问题是中美改善双边关系的主要原因，但是两国也存在一些其他方面的考虑。

1.美国改善对华关系的原因

尼克松之所以积极打开中美关系的大门，是由美国面临的国内外环境决定的。20世纪60年代，国际形势发生了不利于美国的变化，国内社会经济形势也变得非常糟糕。尼克松和基辛格想借助中国改善对美不利的国际局势，促进国内经济发展，维护美国的霸权。在评论尼克松访华的原因时，有学者指出，"中美关系的正常化是经济发展、技术转让、国家安全、学者交换以及西方国家所梦寐以求的进入中国市场的关键所在。"❸因此，推动尼克松政府打开中国大门的原因是多维的，不仅仅是国家安全的需要。主要有以下几个方面：

---

❶ Richard Nixon, Toasts of the President and Chairman Chang Ch'un-ch'iao at a Banquet in Shanghai, February 27, 1972. http://www.presidency.ucsb.edu/ws/index.php?pid=3755&st=&st1=.

❷ Henry Kissinger. Diplomacy[M]. New York：Simon & Schuster, 1994:727.

❸ 托马斯·博克. 大洋彼岸的中国幻梦[M]. 北京：外文出版社, 2000:105.

第一，苏联霸权主义对美国构成了严重挑战。1972年尼克松在跟周恩来会谈时指出：使美国和中国走到一起来的，不是哲学概念，也不是友谊，而是国家安全。❶第二次世界大战造就了美苏两个超级大国。但是，在力量对比上，苏联在战后初期和美国相距甚远。为了称霸世界，美国对苏发动"冷战"，以遏制"共产主义暴君的扩张浪潮"❷，对华政策也被纳入冷战的轨道。赫鲁晓夫执掌苏联党政大权时期，追求与美国合作主宰世界，推行和平共处、和平过渡、和平竞赛的所谓"三和"政策，苏联在美苏关系中总体上处于守势，美国不具有改善对华关系的紧迫感。勃列日涅夫上台执政后，苏联国内局势比较稳定，经济得到了较大发展，特别是军事实力大大增强，对外实行与美国争夺霸权的全球政策，对美国霸权构成了严重挑战。同时，苏联抛出勃列日涅夫主义，在中苏边境驻扎重兵，出现了重新将中国纳入其控制下的危险。"苏联武力干涉中国将是古巴导弹危机以来对全球力量平衡的最严重威胁。将勃列日涅夫主义应用于中国，意味着莫斯科尽力迫使中国政府像一年前捷克斯洛伐克那样被迫屈服。那么，世界上人口最多的国家将臣服于一个核大国。这将是令人畏惧的中苏集团复活的一个不祥征兆。那个庞然大物在20世纪50年代引起了恐惧。"❸为了避免这种可怕前景、维护美国霸权，尼克松和基辛格决定打开中美关系的大门，结束中美相互敌视的状态，阻止中苏集团复活。同时，借助中国抗衡苏联，迫使苏联对美让步，以改变美国在美苏关系中的不利处境。"一旦苏联不能再利用世界上最强的国家与世界上人口最多的国家之间常存的敌意——更何况它们实际上被视为已经开始合作——苏联不妥协的余地就会减少，甚至消失。由于威胁的姿态可能强化中美合作，苏联领导人将不得不两边下注。因此，在20世纪60年代末期的环境下，改善中美关系成为尼克松政府对苏策略的关键因素。"❹

第二，来自越南战争的压力越来越大。尼克松入主白宫时，约翰逊政府给他留下了一个越南战争的烂摊子。战争不仅消耗了美国大量物质财富，而且夺去了很多美国人的生命。随着战争中美国阵亡人数的增加，美国国内反战情绪迅速高涨，游行示威时有发生。在1969年11月15日举行的新示威中，旧金山12.5万多名示威群众中一部分高呼和平，而黑豹党头目戴维·希利亚德坚持说："我们要

❶ 理查德·尼克松. 尼克松回忆录[M]. 中. 北京：商务印书馆，1979：258.

❷ 哈里·杜鲁门. 杜鲁门回忆录（第2卷）[M]. 上海：三联书店，1974：120.

❸ Henry Kissinger. Diplomacy[M]. New York：Simon & Schuster，1994：722.

❹ Henry Kissinger. Diplomacy[M]. New York：Simon & Schuster，1994：719.

杀死理查德·尼克松，我们要杀死任何阻碍我们获得自由的人。"❶面对在越南问题上的困境，尼克松政府希望迅速而体面地结束战争。但是，越南坚决拒绝做出让步。因此，尼克松希望通过改善与苏联、中国的关系对越南施加压力，迫使越南同意按照美国的方式结束战争，从而使自己体面地摆脱困境。他写道："我历来相信，要想同北越成功地达成一项和平协议，一个必不可少的因素是在可能的情况下谋求苏联人和中国人的帮助。尽管能否同中国重新接触以及能否同苏联实现缓和最终取决于他们的态度，但我仍然认为这将是加快结束战争的一种可能手段。"❷但是，当时苏联在越南战争中的作为令尼克松政府感到非常失望。而且，美国认为中国对越南具有较大的影响。事实上，"越南北方坚持武装抵抗的重要原因之一是中国在向越南提供全面援助的同时，也一再劝告越南领导人不要轻易接受美国的和谈建议，否则越南的民族解放斗争和完成国家统一的斗争将前功尽弃"❸。因此，要体面地结束越南战争，就要打开中国的大门。对此，基辛格指出，"和中国的和解有着战略上的考虑：制约苏联，无论是向它施压还是引导它进行认真的谈判；孤立河内，给河内结束越南战争的压力；通过展示美国仍有能力把握重大事务的主动权，使美国从印度支那混乱的撤退中仍保持自信"❹。

第三，美国国内发展对华关系的呼声增大。随着朝鲜战争的结束，对中国继续实行封锁禁运政策引起了国内的非议。1966年3月8日到30日，美国参议院外交委员会举行了12次对华政策听证会，出席听证会的人大多数对美国的对华政策提出了批评。著名中国问题专家鲍大可提出，从以往的经验看，美国对中国的遏制也许还是有成效的，但是孤立中国则是失败的和不明智的。美国政府当前对中国应实行一种"遏制但不孤立"的政策，而最终目的则是与中国"建立正常的外交关系"。在听证会期间，198位专家联名发表公开声明，呼吁美国政府面对亚洲的现实，采取灵活的对华政策，与中国建立联系。要求改变对华政策日益成为美国公众的呼声。❺同时，在政府内部，通过人员交流和商业往来"驯化"中国也很有市场。在约翰逊政府时期，国家安全事务班子的中国问题专家詹姆士·汤姆森说道："一直寻求对共产主义中国'驯化'的美国，如果对遏制加以修正

❶ 理查德·尼克松. 尼克松回忆录[M]. 中. 北京：商务印书馆，1979：61.

❷ 理查德·尼克松. 不再有越战[M]. 北京：世界知识出版社，1999：123.

❸ 陶文钊. 中美关系史（1949—1972）[M]. 上海：上海人民出版社，2004：316.

❹ 托马斯·博克. 大洋彼岸的中国幻梦[M]. 北京：外文出版社，2000：102-103.

❺ 陶文钊. 中美关系史（1949—1972）[M]. 上海：上海人民出版社，2004：317-318.

的话，即通过对自由世界的商品、人员和观念的谨慎使用，那么效果不是更好吗？"❶1966年7月，约翰逊总统在美国亚洲政策的演说中谈到中国时也宣称："打开封闭思想和社会的最强大力量是观念、人员和商品的自由流通。"❷尼克松则强调："我们不能仅仅等待变化，我们必须寻求促进变化。"❸商业部及商业界人士则呼吁通过打开中美关系大门来发展中美经贸关系，开拓中国市场，认为美国对中国实行禁运是"不明智的"。显然，美国国内出于各种原因而产生的这些改善对华关系的呼吁，也对中美关系的改善起到了一定的推动作用。

2. 中国改善对美关系的原因

中国之所以在当时国内局势十分混乱的环境中着手改善对美关系，原因固然是多方面的，但是战略因素是最主要的。正如有人指出的："中国人也是仅仅从战略的角度来看待和解的吗？实际上中国人认为，两国关系的重建是解决台湾问题和结束国际孤立的一个途径，中国所面临的国际孤立正是美国以削弱中国革命为目的策动的结果，并持续了许多年。"❶

第一，苏联对中国的军事威胁不断加大。新中国成立以后加入以苏联为首的社会主义阵营，并没有消除中苏两党两国之间的内在矛盾和固有分歧。20世纪50年代末，中苏矛盾逐渐显露出来，并很快由两党间的分歧上升到国家利益的冲突。苏联不仅支持印度与中国对抗，而且逐渐在中苏、中蒙边境增加驻军，形成对中国的军事压力。1968年以后，苏联在中苏边境的武装挑衅增加，两国边境地区很快变得不安宁起来。1969年3月，中苏在位于乌苏里江主航道中心线中国一侧的珍宝岛几次激战，来自苏联的军事威胁陡然增加。这对仍然同时处于两个超级大国压力下的中国构成了严重的安全挑战。"珍宝岛的冲突开始把中美苏战略关系的课题提上了毛泽东及其他中国领导人的战略思考日程。"❺但是，此时中国对改善对美关系仍然存有疑虑。5月，苏联又鼓吹"亚洲集体安全体系"，想将中国孤立起来。8月，苏军又在新疆裕民县铁列克提地区越界袭击中国边防巡逻部队，酿成大规模流血事件。在政治局的讨论中，苏联国防部长安德烈·格

---

❶ 肖虹. 中美经贸关系史论[M]. 北京：世界知识出版社，2001:6.

❷ Lyndon B. Johnson, Remarks to the American Alumni Council: United States Asian Policy, July 12, 1966. http://www.presidency.ucsb.edu/ws/index.php?pid=27710&st=&st1=.

❸ Henry Kissinger. Diplomacy[M]. New York: Simon & Schuster, 1994:721.

❹ 托马斯·博克. 大洋彼岸的中国幻梦[M]. 北京：外文出版社，2000:105.

❺ 陶文钊. 中美关系史（1949—1972）[M]. 上海：上海人民出版社，2004:320.

列奇科甚至提出了"一劳永逸地消除中国威胁"的计划,主张无限制地使用西方称为"巨型炸弹"的几百万吨级的炸弹。也有人提出用有限的核武器进行"外科手术式的攻击",来恐吓中国人并摧毁其核设施。虽然由于担心美国阻遏,苏联政治局在僵持一段时间后放弃了轰炸中国的计划,但是决定在边境全线派驻大量装备有核武器的部队来显示苏联的实力。❶9月,苏联部长会议主席柯西金在北京机场与周恩来会晤,两国关系有所缓和。但是,苏联仍在中苏和中蒙边境增加军队,总人数达到100万,并部署了约占苏联中程导弹总数1/3的中程核导弹❷,从而给中国造成了巨大的现实安全威胁。与此相反,美国此时深陷越南战争,正在调整国际战略,对中国的安全威胁大大小于苏联,而且尼克松表示要改善对华关系。因此,中国决定利用美苏矛盾打开对美关系的大门,抗衡苏联的军事威胁。正如基辛格说的,"数世纪以来,中国一直以远交近攻的策略来保障自身安全。毛泽东深以苏联扩张主义为患,在对美开放方面也采取了同样的策略。"❸

　　第二,解决台湾问题离不开对美关系。台湾问题是中国民主革命的遗留问题,中国坚持解决台湾问题是中国的内政,不容外人干涉。但是,由于美国与台湾签有共同防御条约,在台湾驻军并派第七舰队在台湾海峡巡逻,解决台湾问题实际上离不开对美关系。因此,中国愿意跟美国谈判缓和台湾海峡地区紧张局势问题。1955年2月6日,周恩来在接见印度驻华大使赖嘉文时说:"中国是不拒绝同美国在国际会议上直接谈的,因为正是美国在干涉中国的内政,霸占了台湾,最近还派遣了这么多的海空军,陈兵台湾海峡,直逼中国大陆和沿海岛屿,对中国进行战争威胁和战争挑衅。"❹然而,中美开始大使级会谈以来,经过15年断断续续的谈判,在台湾问题上没有取得任何进展。同时,经过海峡两岸20年的谈谈打打,大陆的对台政策也发生了微妙的变化,和平解放台湾的思想逐渐形成。而要实现台湾的和平解放,就必须首先谈判解决美国侵占中国领土台湾的问题。不打破中美关系的僵局,美国就可以不受任何约束地在台湾问题上制造事端和麻烦,解决台湾问题就会面临更加巨大的困难。既然大使级会谈没有能力解决这个问题,那么中国就希望通过更高级别的会谈来解决这个问题。正如1971年中国政府致信美国所说的,"要从根本上恢复中美关系,必须从中国的台湾和

❶ 阿·舍甫琴柯. 与莫斯科决裂[M]. 北京:世界知识出版社,1986:194-195.

❷ 王泰平. 新中国外交50年[M]. 北京:北京出版社,1999:936.

❸ Henry Kissinger. Diplomacy[M]. New York:Simon & Schuster,1994:730.

❹ 周恩来外交活动大事记(1949—1975)[G]. 北京:世界知识出版社,1993:100.

台湾海峡地区撤走美国一切武装力量。而解决这一关键问题，只有通过两国高级负责人直接商谈才能找到办法。"❶可见，解决台湾问题是中国改善对美关系的重要考量之一。正如周恩来说的，"毛主席八年前就讲了，要我们做台湾的工作。现在我们要通过在日本、美国的台湾人做些工作，叫他们回祖国看一看，让他们知道，祖国是关心他们的，大陆的政策不会损害台湾人民的利益。"❷

三、中美关系正常化启动的影响

在描述20世纪五六十年代的中美关系时，窦克指出："两国的普通公民之间没有正式的联系、贸易、合法的旅行往来以及任何双边的接触。也许在当今的时代，还从来没有两个大国如此地相互隔阂，并且在和平的时期隔阂的时间又如此之长——如果把冷战视为无战事的和平时期的话。"❸中美关系正常化的启动，打破了世界上人口最多的国家与最发达的国家之间这种彼此孤立的状态，从而产生了深远的影响。

1. 改变了国际战略力量的结构

中美两国改善关系的主要动因首先是战略上的。20世纪60年代，苏联抛出勃列日涅夫主义，在中苏边境驻扎重兵，对中国的国家安全和国际战略力量平衡构成了巨大的威胁。基于这种客观现实，毛泽东和尼克松合作打开了中美关系的大门，构建中美苏大三角，形成了事实上的中美联合对付苏联霸权主义扩张的局面。在《上海公报》中，双方宣称：任何一方都不应该在亚洲——太平洋地区谋求霸权，每一方都反对任何其他国家或国家集团建立这种霸权的努力。这虽然首先是中美双方的自我约束，但是在当时无疑对苏联在亚太地区的扩张形成了制约。正是在这种战略格局下，苏联改变了其咄咄逼人的战略态势，国际关系开始进入冷战中的缓和时期。1971年4月中美开展乒乓外交后，苏联在5月就改变了强硬拒绝讨论限制进攻性武器的态度。诚然，中美关系解冻主要是美国赢得了战略主动，在一定程度上达到了美国追求的中国和苏联都愿意与美国改善关系的目的。但是，对于中国来说，不仅美苏实行军备控制有利于减轻中国面临的军备竞赛压力，而且中美苏大三角也为中国抗衡苏联的军事压力提供了可资利用的力量杠杆。

❶ 韩念龙. 当代中国外交[M]. 北京:中国社会科学出版社,1988:220-221.
❷ 王永钦.1966—1976年中美苏关系纪事[J]. 当代中国史研究,1997(6).
❸ 托马斯·博克. 大洋彼岸的中国幻梦[M]. 北京:外文出版社,2000:100.

2. 推动了中美经济往来和人员交流

在基辛格秘密访华前夕，尼克松在堪萨斯城讲话时指出："我们所做的事情不过是开了门——开了旅行之门，开了贸易之门。"❶随着中美关系正常化的启动，"美国人对中国的兴趣随着美国外交关系的转移，在被压抑了20多年后突然爆发了。对中国的兴趣扩展到了中国的一切，其涵盖的领域从时装到食品、从旅行到贸易、从科学到教育"❷。1972年，150多个美国商人参加了广州春季和秋季出口商品交易会。❸1973年，美国大通曼哈顿银行同中国银行建立了业务关系。随着经济交往的发展，两国的贸易额迅猛增加。1970年，中美之间没有贸易往来，1971年双边贸易额仅为490万美元，1972年增加到9590万美元，1973年又增加到8.0551亿美元。同时，来中国访问的美国国会议员、科学家、学者、记者也不断增多，"和中国进行文化与教育交流的愿望十分高涨，对165所大学所做的一个调查显示，绝大多数人赞同和中国的交流项目"❹。到1974年末，美国有8000多人来中国参观访问。❺

3. 促进了中美两国人民的相互了解

在20世纪五六十年代，由于中美两国人民不能相互交往，台湾成了"美国人获取关于中国文化和历史知识的唯一途径。学术界和政府中的多数人都是通过台湾的报纸了解中国的"。"通过意识形态的交流、美国的帮助和保护，这两个团体之间的感情联系就形成了，至少可以这么说，通过和台湾的密切联系，美国强化了对中华人民共和国的偏见。"❻加之，美国对华不友好的个人和集团的歪曲和误导，美国人民对中国的误解和偏见不断加深。1971年5月19日，周恩来会见美国植物生理学家高尔斯顿教授和微生物学家西格纳教授时，问他们觉得美国人民对中国怎么看。他们答道，恐怕唯一恰当的形容词是"完全无知"。我们的新闻报刊描绘的中国形象是这样的：一个高度军事化的社会，决心作重要的强国，

---

❶ Nixon, Remarks to Midwestern News Media Executives Attending a Briefing on Domestic Policy in Kansas City, Missouri, July 6, 1971. http://www.presidency.ucsb.edu/ws/index.php?pid=3069&st=&st1=.

❷ 托马斯·博克. 大洋彼岸的中国幻梦[M]. 北京：外文出版社, 2000:116.

❸ Richard Nixon, Fourth Annual Report to the Congress on United States Foreign Policy, May 3, 1973. http://www.presidency.ucsb.edu/ws/index.php?pid=3832&st=&st1=.

❹ 托马斯·博克. 大洋彼岸的中国幻梦[M]. 北京：外文出版社, 2000:116.

❺ 石志夫. 中华人民共和国对外关系史(1949.10—1989.10)[M]. 北京：北京大学出版社, 1994:221.

❻ 托马斯·博克. 大洋彼岸的中国幻梦[M]. 北京：外文出版社, 2000:114.

决心在亚洲施加尽可能广泛的影响。由于描绘了这样一个形象，人们就更加惧怕中国，特别是因为中国是世界上人口最多的国家。同时不能忽视美国人民惧怕共产主义的心理。❶与此同时，中国人民心目中的美国也成了最危险的敌人、帝国主义侵略者。然而，中美关系正常化进程的启动，为改变双方的这种认知状况提供了途径。通过与中国人接触，尼克松认为中国人比较容易相处、一点也不骄傲自负、念念不忘自我批评、有献身精神、守纪律等；中国领导人也对美国整个代表团比较年轻特别感到惊讶，周恩来还表示在这一点上要向美国学习。❷1972年4月，参院共和党领袖斯科特访华后则退出了"院外援华集团"，因为他通过亲身观察发现中国"不是一个侵略的民族"。❸

4. 结束了中国孤立于国际社会的局面

新中国成立后，以美国为首的资本主义国家对中国实行封锁禁运政策，中国被孤立于发达资本主义国家门外。20世纪50年代末，中苏关系开始出现裂痕，到60年代两国关系恶化，中国又逐渐被社会主义阵营所孤立。差不多与此同时，中国国内发生了"文化大革命"的动乱。这严重影响了外交，中国与发展中国家的关系出现了很大的问题。20世纪60年代末，中国基本上孤立于国际社会之外。珍宝岛事件后，1969年3月22日，毛泽东对陈毅等人说："我们现在孤立了，没有人理我们了。"❹尼克松访华开启中美关系正常化的大门不仅使中国从两个超级大国的联合压力下摆脱出来，而且使中国与发达国家以及发展中国家的关系出现了大发展。受美国对华政策的影响，意大利、奥地利、比利时、加拿大、英国、荷兰、日本、联邦德国、西班牙等西方大国均在此期间先后与中国建立了外交关系，也有一批发展中国家与中国建立了外交关系。此外，特别值得指出的是，美国对华政策的变化在很大程度上影响了中国恢复联合国合法席位的历史进程。1971年10月，基辛格再度访华时，联合国大会以压倒性多数通过了恢复中国在联合国合法席位的第2758号决议，恢复了中国在联合国的合法席位，蒋介石的代表被驱逐出了联合国。对于联合国内部的这一变化，不仅美国始料未及，中国领导人也没有料到。正如1971年10月28日周恩来对日本《朝日新闻》东

❶ 周恩来外交活动大事记(1949—1975)[G]. 北京:世界知识出版社,1993:589.

❷ 理查德·尼克松. 尼克松回忆录[M]. 中. 北京:商务印书馆,1979:262-267.

❸ 李长久,施鲁佳. 中美关系二百年[M]. 北京:新华出版社,1984:234.

❹ 王永钦. 1966—1976年中美苏关系纪事[J].当代中国史研究,1997(4).

京总社编辑局长后藤基夫等人说的，"我们这次没有料到阿尔巴尼亚和阿尔及利亚等23个国家的提案会被通过，会被以压倒的多数，就是超过三分之二的多数被通过。美国政府出乎意外，我们中华人民共和国政府也出乎意外。"❶从此，中国彻底打破了被孤立的状态，真正登上了国际舞台，并迅速融入国际社会。

第二节　中美关系正常化的停滞

尼克松访华成功打开了中美关系正常化的大门。1973年，尼克松开始其第二届总统任期。这为尼克松政府兑现其完成关系正常化的承诺提供了条件。2月，基辛格访华，两国商定各自在对方首都设立联络处以便直接联系。5月，联络处正式开始工作，从而朝完成中美关系正常化迈出了实质性的一步。然而，由于各种原因，1974年初，中美关系正常化的历史进程停滞下来，直到1978年初才再次开始。

一、中美关系正常化停滞的表现

尼克松访华打开了两国关系正常化的大门。然而，两国关系迅猛发展一阵后，旋即出现了热情下降的局面。1974年初，尼克松政府明显放缓了中美关系正常化的步伐。福特总统上任后，对中美关系正常化采取了拖的策略。卡特总统上任初期则对中美关系正常化徘徊观望，犹豫不决。这样，从尼克松总统第二任后期开始，经过福特总统任期到卡特总统上任初期，中美关系正常化处于停滞不前的状态。

1. 在台湾问题上制造事端

美国与蒋介石有几十年的交往历史，与台湾的关系是美国东亚政策的一个基本立足点。因此，美国坚持继续保持与台湾的"外交"和"防务"关系。1972年访华前夕，对于台湾当局，尼克松在致国会的外交政策报告中宣称："我们将保持我们的友谊，继续我们的外交联系，坚守我们的防务承诺。"❷3月，《上海公报》刚发表几天，助理国务卿马歇尔·格林就飞抵台湾给台湾当局送去尼克松

❶ 周恩来外交活动大事记(1949—1975)[G]. 北京：世界知识出版社，1993:610.

❷ Richard Nixon, Third Annual Report to the Congress on United States Foreign Policy, February 9, 1972. http://www.presidency.ucsb.edu/ws/index.php?pid=3736&st=&st1=.

的亲笔信，向蒋介石保证："忠实地履行我们对台湾的所有承诺和义务是美国政策的基石。"此后，尼克松政府又多次作出类似承诺。据统计，从1972年2月访华到1974年8月辞职，尼克松政府曾在52个不同场合向台湾当局保证美国将履行对台湾承担的安全义务。❶1974年，美国驻台"大使"马康卫任期届满，美国又任命职业外交官伦纳德·昂格尔为驻台"大使"。福特继任总统后继续保持与台湾的官方关系，坚持对台防务承诺。1974年，福特政府允许台湾在美国新设两处"领事馆"，使台湾在美国的"使领机构"增加到15个，大大超过美国一些盟国在美国的外交使领机构。❷1975年4月，蒋介石去世，福特政府派出了副总统级别的官员前往台湾参加丧礼。关于对台湾的防务承诺，4月16日，福特在记者招待会上说："我们珍视这种关系，我们现在关心，将来当然继续关心……"❸不久，他又在一次记者招待会上说："我的目标是进一步密切韩国与美国的关系，重申我们对台湾的承诺，与印度尼西亚、菲律宾及其他太平洋国家更密切地工作。"❹

美国继续对台军援和军售，增强台湾对抗大陆的军事实力。蒋介石退守台湾后，一直从美国获得军事援助，引进先进军事设备。1974年6月，美国虽然宣布结束对台湾的军援，但仍然每年给台湾50万美元用于训练台湾军官。在军售方面，美国一直没有停止向台湾出售武器，并且呈上升趋势。在从台湾撤走部分驻军的同时，美国向台湾出售了两艘潜水艇、一些驱逐舰、一批军用直升飞机、F-104G战机和G-123飞机。20世纪70年代后期，美国政府通过对外军售计划和商业渠道向台湾的军售与70年代初相比有了显著的增加，军售总值从1973年的1.8亿美元增加到1976年的3.87亿美元和1978年的4.2亿美元。不仅如此，美国还利用允许台湾和美国公司联合生产的方式，向台湾转让先进的战斗机。1973年，美国与台湾签订协议，授权台湾与美国诺斯罗普公司联合生产F-5E型战斗机。❺

美国无理要求在中美关系正常化后继续保持与台湾的"外交关系"。台湾是

---

❶ 郝雨凡. 美国对华政策内幕[M]. 北京:台海出版社,1998:136-137.

❷ 郝雨凡. 美国对华政策内幕[M]. 北京:台海出版社,1998:143-149.

❸ Gerald R. Ford, Remarks and a Question-and-Answer Session at the Annual Convention of the American Society of Newspaper Editors, April 16,1975. http://www.presidency.ucsb.edu/ws/index.php?pid=4837&st=&st1=.

❹ The President's News Conference, May 6, 1975. http://www.presidency.ucsb.edu/ws/index.php?pid=4898&st=&st1=.

❺ 郝雨凡. 美国对华政策内幕[M]. 北京:台海出版社,1998:139.

中国的一个省，中国理所当然地反对任何制造"两个中国""一中一台"的图谋。1973年，中美互设享有外交特权的联络处，以此作为中美关系正常化的一个重要步骤。美国政府却在此问题上打起了主意，提出了一个"倒联络处"的方案。1974年初，美国明显放缓了在中美关系正常化问题上的步伐。4月14日，邓小平在出席第六届特别联大期间与基辛格谈论中美关系正常化问题，基辛格推辞说美国在减少驻台存在，在研究如何实现"一个中国"的设想，但是还没有想出解决办法。^❶11月下旬，基辛格带着美国找到的"办法"访华。在与邓小平会谈时，基辛格提出，美国在台湾问题上的处境与其他国家不同：一是美国同台湾订有《共同防御条约》，二是美国国内存在着一股亲台势力。因此，美国愿意按"日本方式"解决中美关系正常化问题，但要在台湾设"联络处"；美国将在1977年撤完驻台全部美军，但还没有找到妥善解决美台《共同防御条约》问题的方案，希望中国声明和平解放台湾，以便美国考虑放弃美台"防御关系"。^❷显然，这种制造"一中一台""两个中国"的所谓"办法"遭到了中方的坚决反对。1977年8月，卡特政府国务卿万斯访华，在台湾问题上提出了一个"仿联络处"方案。在与中国外交部长黄华会谈时，万斯提出中美关系正常化后须允许美国政府人员"在非正式的安排下"继续留在台湾，美国政府将在适当时候发表声明重申美国关心并有兴趣使中国人自己和平解决台湾问题，希望中国政府不发表反对美国政府声明的声明，不要强调武力解决问题。^❸实际上，这是基辛格"倒联络处"方案的变种。因此，中方对此严辞拒绝，并明确提出中美建交的条件。邓小平在会见万斯时说道："国务卿先生提出的关于中美关系正常化的方案，比我们签订《上海公报》后的探讨不是前进了，而是后退了。""要实现中美关系正常化，在台湾问题上有三个条件，即废约、撤军、断交，按日本方式。"^❹

2. 重视苏联，忽视中国

冷战时期，美苏争霸是国际关系的基本特点，东西方关系是国际关系的核心。20世纪60年代末，尼克松虽然提出了"五大力量中心"的概念，但是欧洲、日本和中国实际上仍然是一些潜在的力量中心。特别是中国，当时不仅非常

---

❶ 陶文钊. 中美关系史(1972—2000)[M]. 北京：中国社会科学出版社，2007：11.

❷ 韩念龙. 当代中国外交[M]. 北京：中国社会科学出版社，1988：226.

❸ 韩念龙. 当代中国外交[M]. 北京：中国社会科学出版社，1988：227.

❹ 邓小平思想年谱(1975—1997)[M]. 北京：中央文献出版社，1998.

贫弱而且国内处在混乱当中，在美国人心目中的重要地位还没有真正显现出来。正如毛泽东对基辛格说的，苏联是美国的政策重点，美国、苏联、欧洲、日本、中国，中国是老五。我们是老五，是小拇指。[1]因此，在尼克松政府的外交议程中，美苏关系是首要的，中美关系是服从和服务于美苏关系的。事实上，尼克松之所以急于打开中美关系的大门，主要是想以此为美苏关系注入新的动力。1972年，毛泽东在与基辛格会谈时指出：美国可能踩着中国的肩膀去接近苏联。如果中苏之间爆发战争，美国一开始可能不会介入，但向苏联提供军事物资；过了一段时间，等中国把苏联拖得疲惫不堪了，美国会从后方向苏联发起攻击。[2]

事实上，在20世纪70年代，美苏两国首脑举行了5次会晤，签订了100多个条约、协定，制定了指导两国关系的基本原则。[3]其中，尼克松举行了3次，福特总统接任举行了1次。可见，尼克松政府对美苏关系是非常重视的。这种片面重视苏联的政策自然引起了中国的怀疑和不满。据基辛格回忆，周恩来曾经问他："在亚洲我们是否也打算强调遏制方针？还是企图通过让两个共产党大国斗得两败俱伤来获得自己的安全？如今越南战争已经结束，我们是否准备对苏联扩张主义进行针锋相对的斗争？还是西方打算有意安抚苏联，企图'把苏联这股祸水东引'——即鼓励或者至少默许它威胁中国？"[4]6月，针对美苏首脑华盛顿会晤，周恩来又突然召见美驻华联络处主任布鲁斯，表示了中国的担忧和不满。1974年，尼克松再次访苏，但是不久他就因水门事件辞职了。

1974年8月9日，福特继任总统。在致毛泽东的信中，福特表示将继续尼克松开启的中美关系正常化进程。他说："我们与中华人民共和国的关系，是美国外交政策的一个基本要素。""在我的总统任期中，没有比加速实现我们两个国家在分隔了20年后发起的正常化过程更为重要的事了。"[5]然而，福特实际上继续实行轻视中国、将美苏关系置于中美关系之上的政策。11月，福特访苏，与勃列日涅夫在符拉迪沃斯托克（海参崴）会晤。1975年7月30日至8月2日，福特又利用出席欧洲安全与合作会议的机会，与勃列日涅夫举行了两次会晤。与美苏首脑频繁会晤相反，从尼克松访华到1975年福特访华，中美关系显得比较冷淡。

❶ 陶文钊. 中美关系史(1972—2000)[M]. 北京：中国社会科学出版社,2007:26.

❷ 陶文钊. 中美关系史(1972—2000)[M]. 北京：中国社会科学出版社,2007:12.

❸ 方连庆,刘金质,王炳元. 战后国际关系史(1945—1999)[M]. 北京：北京大学出版社,1999:474.

❹ 亨利·基辛格. 动乱年代：基辛格回忆录(第1册)[M]. 北京：世界知识出版社,1983:68.

❺ 陶文钊. 中美关系史(1972—2000)[M]. 北京：中国社会科学出版社,2007:17–18.

而且，1975年底，福特还解除了主张加强与中国军事合作的国防部长施莱辛格的职务。因此，在1975年12月福特提出中美合作反对莫斯科的建议时，毛泽东说：这不过说说而已，在中美关系正常化之前，在明后两年，我们两国之间不会有什么大事情。❶

1977年，卡特就任美国第39任总统。最初，美苏关系仍然是卡特政府对外政策的重点。"新总统赞成广泛改善美苏关系。他不仅高度重视限制战略武器会谈，而且也高度重视恢复维也纳相互均衡裁军谈判。"❷因此，中美关系正常化没有被提上政府议事日程。在1月召开的国家安全委员会第一次非正式会议上，委托进行研究的15个项目根本没有涉及对华关系。国务卿万斯也认为，美苏关系是美国外交的中心环节，中美关系应该服从美苏关系而不能损害美苏缓和。因此，美国和苏联的来往也非常积极。卡特上任20天内向勃列日涅夫发了两封私人信件，2月1日又接见了苏联驻美大使多勃雷宁。直到勃列日涅夫2月25日对卡特第二封信进行了"蛮横、冷嘲热讽、轻蔑，甚至傲慢"的回复后，他才开始冷却下来。4月中旬，卡特又提出要找机会与勃列日涅夫会晤，并希望勃列日涅夫访问美国，但是被苏联拒绝了。苏联官方发言人称：勃列日涅夫1977年不会到美国访问，除非美苏第二阶段限制进攻性战略武器谈判达成了协议。❸在这样的情况下，卡特才逐渐考虑主动改善对华关系。

3. 在双边交流中制造麻烦

在《上海公报》中，中美各自承诺为两国人民的联系和交流提供方便。然而，美国多次违背承诺，妨碍两国人民正常交流。根据双方商定，1975年，中国艺术团将赴美进行演出访问。在赴美演出前，中国艺术团事先将节目单、预备曲目及剧照等陆续提供给了美方接待单位美中关系全国委员会，并预定于3月29日启程。但是，就在中国艺术团即将启程之际，美国国务院要求取消艺术团预备曲目中的一首歌《台湾同胞——我的骨肉兄弟》，并限期中方给予答复。否则，就通知美中关系全国委员会无限期推迟中国艺术团访问。3月27日，美中关系全国委员会宣布无限期推迟中国艺术团访美，美国国务院发言人也就此发表了谈话。鉴于此，4月2日，中国人民对外友好协会和外交部新闻司发言人发表谈

❶ 陶文钊. 中美关系史(1972—2000)[M]. 北京:中国社会科学出版社,2007:28.

❷ 兹比格涅夫·布热津斯基. 实力与原则[M]. 北京:世界知识出版社,1985:178.

❸ 方连庆,刘金质,王炳元. 战后国际关系史(1945—1999)[M]. 北京:北京大学出版社,1999:478.

话，指出："中国艺术团演唱这样一首歌曲完全是无可非议的。解放台湾、统一祖国是中国人民的内政，别国无权干涉，这对我们是个原则问题。美方的要求与这一原则是不相容的，中方理所当然地不能接受。美国政府在《上海公报》中同意只有一个中国，而台湾是中国的一部分。美方如果不是从《上海公报》后退，就没有理由反对中国艺术团把这首歌列为预备曲目。由于美方坚持其违背《上海公报》精神的无理主张，中方只能同意无限期推迟中国艺术团的访美。"❶

　　根据中美双方的交流计划，美国市长代表团将于1975年9月访华。出于种种目的，美国将波多黎各圣胡安市市长的名字列入了代表团成员名单中。然而，虽然圣胡安市市长赞成波多黎各成为美国一个州，但是波多黎各毕竟不是美国一个州。这种安排显然令中国为难。中方认为圣胡安市市长参加美国市长代表团访华不合适，要求改换他人。但是，美方不仅顽固坚持己见，而且无端指责中国将访问与波多黎各地位问题联系起来，把政治因素引入交流，片面宣布取消这一访问。对此，中国人民外交学会发表评论进行驳斥，指出：姑且不论美国市长代表团访华本身就是一项具有政治含义的行动，把波多黎各圣胡安市市长列入代表团名单，挑起这场政治争论的，不是别人，恰恰是美方自己。至于说什么中方干涉美方选择代表团成员人选的权利，更是站不住脚的。因为美方总应清楚，在国与国之间进行人员交往，一方提出人选理应征得对方同意。如果认为只要一方提出人选，另一方就必须接受，这是强加于人。在中美两个主权国家之间坚持这种主张，显然是不适宜的，不符合《上海公报》的精神。❷

　　美国政府一方面妨碍中美之间的正常交流，另一方面又支持西藏外逃人员前往美国进行非法的演出访问。1975年10月13日，中国外交部新闻司发言人指出美方这样做是公然违反中美《上海公报》的原则，是露骨地干涉中国的内政。❸

二、中美关系正常化停滞的原因

　　尼克松打开中美关系正常化的大门，是在极其特殊的国内国际环境下进行的。《上海公报》表明，中美关系正常化的大门虽然已经打开，但是两国之间的固有分歧并没有消除。正如尼克松指出的，"无论如何，我们的意识形态和历史

❶ 冬梅. 中美关系资料选编(1971.7—1981.7)[G]. 北京：时事出版社，1982：25.

❷ 宫力. 跨越鸿沟：1969—1979年中美关系的演变[M]. 郑州：河南人民出版社，1992：273.

❸ 冬梅. 中美关系资料选编(1971.7—1981.7)[G]. 北京：时事出版社，1982：269.

观将继续存在深刻的分歧，这些分歧反过来会转化成一些具体问题上互相对立的政策，需要继续相互克制和适应。从更长远来看，世界环境不可避免的变化，将继续注入新的因素来考验我们的关系"❶。随着美国面临的国内外环境发生变化，对美国来说，与中国实现关系正常化的紧迫感和重要性减弱。加之美国国内新情况、新问题的出现，中美关系正常化的步伐放缓也就变得不可避免了。

1. 美苏缓和取得了成果

尼克松和基辛格改善对华关系的首要目的是借助中国抗衡苏联，中美关系正常化一开始就是从属于美苏关系的。正如毛泽东对基辛格所说的，苏联是美国的政策重点。你们是踩着我们的肩膀到莫斯科去的，现在这些肩膀没有用了。❷因此，中美关系正常化的步伐不可能不受到美苏关系发展的影响。

尼克松访华后，中美关系解冻在美国对苏政策中的影响很快就发挥出来了。正如美国学者所言，"三角外交已开始付出红利，苏联因担心美国与中共过分亲善，愿意在《反弹道导弹条约》的坚定立场上让步。"❸在美苏限制战略武器谈判中，苏联本来拒绝讨论限制防御性武器，只同意进行限制进攻性武器谈判。尼克松访华后，苏联改变了立场。1972年5月，尼克松访问苏联，与苏联领导人达成了《限制反弹道导弹防卫系统条约》和《关于限制进攻性战略武器的某些措施的临时协定》，还签订了防止海上事件、科技合作、环境、卫生和空间合作5项协定。此后，尼克松又和勃列日涅夫多次会晤，达成了一系列协议。1973年6月，勃列日涅夫访问美国，双方达成了《关于防止核战争的协定》《关于进一步限制战略武器谈判的基本原则》《美苏农业协定》等9个协定和议定书。1974年六七月间，尼克松再次访问苏联，双方签署了《限制地下核武器试验条约》《关于限制反弹道导弹系统条约议定书》《美苏能源合作协定》等文件。对于美苏缓和的成果，尼克松感到非常满意，俨然和勃列日涅夫建立了战略合作关系。1972年访苏期间，他对勃列日涅夫说道："我向你保证，不论是在私下或公开场合，我决不采取任何损害苏联利益的步骤。但是，你应该相信我通过私下途径对你说的话，千万不要相信任何人对你进的谗言。不仅世界上有某些力量，而且有新闻界

---

❶ Richard Nixon, Fourth Annual Report to the Congress on United States Foreign Policy, May 3, 1973. http://www.presidency.ucsb.edu/ws/index.php?pid=3832&st=&st1=.

❷ 陶文钊. 中美关系史(1972—2000)[M]. 北京:中国社会科学出版社,2007:26.

❸ 陶文钊. 中美关系史(1972—2000)[M]. 北京:中国社会科学出版社,2007:12.

的代表，他们不愿意看到我们改善关系。"❶

福特入主白宫后，继续尼克松留下来的美苏缓和事业。1974年11月，福特到苏联进行工作访问，与勃列日涅夫在海参崴举行了会晤。双方发表了《关于进攻性战略武器的联合声明》和《联合公报》。在美苏缓和推动下，1975年七八月间，欧洲安全与合作会议首脑会议在赫尔辛基举行，签署了《欧洲安全与合作会议最后文件》。会议期间，福特还和勃列日涅夫举行了两次会晤。

美苏缓和取得了一定的成果，美国觉得来自苏联的威胁减小，发生美苏冲突的危险减弱。1974年7月2日，尼克松在苏联的广播电视讲话中说："在过去两年中，我们两国关系的性质发生了激动人心的变化。在经历了长时期的对抗之后，我们进入了一个谈判的时代，现在我们正在学习进行合作。"❷卡特上台之初也说："我相信与苏联的缓和。对我来说，这意味着走向和平。"❸随着美苏"缓和"的形成，美国认为与中国实现关系正常化不是那么迫切了。不仅如此，由于中苏矛盾非常尖锐，苏联对美国改善和发展对华关系非常敏感。对于美国来说，美苏缓和是首要的战略任务，中美关系正常化不能损害美苏缓和。美国担心中美关系正常化引起苏联反弹。正如万斯指出的，一个稳定的美苏关系有助于创造有利于实现美国其他外交政策目标的国际环境，对于保持我们欧洲盟国的信心也是重要的。苏联对中国过于担心，美国与北京的任何战略合作都可能在美苏关系中引起严重反应。❹

2. 越南战争已经结束

越南战争给美国带来了深重的灾难。它不仅消耗了美国大量的资金，而且葬送了很多美国人的生命。到1968年中，美国在越南战争中死亡人数达到了3.5万多，受伤人数7.5万多，财政开支达1000亿美元。❺战争的残酷性和久拖不决引起了美国国内严重的信仰危机和社会危机，美国社会出现了分裂。正如尼克松在1973年对外政策报告中说的，"越南战争支配我们的注意力，正在削弱我们的自

❶ 理查德·尼克松. 尼克松回忆录[M]. 中. 北京:商务印书馆,1979:322.

❷ Richard Nixon, Radio and Television Address to the People of the Soviet Union, July 2, 1974. http://www.presidency.ucsb.edu/ws/index.php?pid=4282&st=&st1=.

❸ Jimmy Carter, University of Notre Dame-Address at Commencement Exercises at the University, May 22, 1977. http://www.presidency.ucsb.edu/ws/index.php?pid=7552&st=&st1=.

❹ 陶文钊. 中美关系史(1972-2000)[M]. 北京:中国社会科学出版社,2007:36.

❺ 张锡镇. 当代东南亚政治[M]. 南宁:广西人民出版社,1994:80.

信，我们的作用和代价持续增加，对冲突却不能产生决定性影响。和谈前景黯淡。战争牵制了我们的国外政策，滋长了国内意见分歧和自我怀疑"❶。正是在这种欲战难胜、欲和不能的进退两难困境中，美国想利用改善对华关系在越南产生影响，促进越南战争早日结束，实现美国从越南体面撤军。

1972年尼克松访华打开了中美关系正常化的大门。虽然中国坚持不拿原则做交易，在印度支那问题上对美国没有作任何承诺，但是两国关系的发展却对越南战争产生了间接影响。基辛格指出："美国、苏联、中国之间的三角关系打开了一系列重大突破的大门：越南战争结束、保证进入分裂的柏林的协议、苏联在中东影响的大幅削弱、阿以和平进程的开始和欧洲安全会议（在福特政府任内完成）。这些事件一环套一环，联系紧密。"❷正是在美国改善对华关系的压力下，苏联直接对越南战争进行了干预，勃列日涅夫打算"为了和平的利益派一名最高级的苏联官员到越南民主共和国去跑一趟"❸。在国际形势变化的影响下，越南改变了强硬的和谈立场，和谈很快取得突破。1973年1月27日，《关于在越南结束战争、恢复和平的协定》及其他4个附加议定书在巴黎签订。2月26日，关于越南问题的国际会议在巴黎召开，12个政府代表团和联合国秘书长参加了会议，会议确认美国军队于3月29日全部撤出越南南方。美国与越南的战争正式结束，美国达到了撤出越南战争的目的。与美国改善对华关系导致美苏缓和的结果一样，美国结束越南战争消除了美国发展中美关系的紧迫感，从而迟滞了中美关系正常化的历史进程。

3. 台湾问题的影响

虽然《上海公报》确定了"一个中国"原则，但是中美两国在台湾问题上仍然存在根本分歧。美方企图把从台湾撤军问题与中国和平解决台湾问题挂钩；中国要求美方撤出所有驻台美军，认为"和平解决"台湾问题属于中国内政，美方不得干涉。这就是中美双方在台湾部分争论的症结所在。❹对于中国来说，对台湾问题的态度是美国对华政策的试金石，台湾问题不能得到妥善解决就难以实现

❶ Richard Nixon, Fourth Annual Report to the Congress on United States Foreign Policy, May 3, 1973. http://www.presidency.ucsb.edu/ws/index.php?pid=3832&st=&st1=.

❷ Henry Kissinger. Diplomacy[M]. New York：Simon & Schuster, 1994：733.

❸ 理查德·尼克松. 尼克松回忆录[M]. 中. 北京：商务印书馆, 1979：321–322.

❹ 王泰平. 新中国外交50年[M]. 北京：北京出版社, 1999：1354.

中美关系正常化。邓小平指出："如果美国不断绝与台湾的外交关系并承认中华人民共和国是代表中国的唯一合法政府，那么中美关系就不可能在现有基础上向前发展。"[1]可见，台湾问题直接影响中美关系正常化的历史进程。

由于历史的原因，长期以来，美国国内存在一股支持台湾的强大势力。这股势力统称为美国的"中国（台湾）游说集团"，包括国会内的"中国帮""援华院外游说集团"和一些政府官员。他们虽然背景不同，但是有一个共同的目标，即支持国民党的事业，尤其是支持蒋介石的利益。在这股势力中，不仅有资深议员、高级官员、著名学者以及商界精英，而且有一定的民众基础，在很大程度上影响着美国对中国（台湾）的政策。国民党政权退守台湾岛后，这些人成了美国内部反对新中国、支持蒋介石的中坚力量，不仅反对新中国恢复在联合国的合法席位，而且反对与新中国进行贸易，反对美国承认新中国，从而成为反对中美关系正常化的巨大阻力。1953年，亲台势力成立了反对新中国进入联合国的"为一百万人委员会"，成为"院外援华集团"的主力。在整个20世纪70年代，委员会一直在为台湾游说。虽然影响不如当年，但仍然对政府的中美关系正常化政策产生了抑制作用。[2]事实上，在共和党内部，参议员高华德、瑟蒙德和赫尔姆斯等人坚决反对中美关系正常化损害台湾利益。加利福尼亚州州长里根坚定地支持美国与台湾的外交关系，反对尼克松牺牲台湾而与大陆和解。1975年，里根又宣称，如果福特要访问北京，就该同样访问台北。1977年8月，卡特打算派万斯访华实现中美关系正常化。然而，正当万斯即将启程之际，参议员高华德发表了一份公开声明，宣称当8亿中国人在没有基本人权的状况下生活时，美国与台湾断绝交往将使美国蒙受耻辱，卡特总统断绝与台湾的防御条约关系，将要冒遭弹劾的风险，从而打消了卡特当时实现中美关系正常化的念头。[3]

同时，台湾当局设法阻止中美关系正常化。美国是台湾最重要的外部靠山。蒋介石退守台湾岛后，主要是在美国支持下才坚持下来的。无疑，中美关系正常化将给台湾带来巨大的冲击。因此，台湾当局采取各种方式阻止中美关系正常化。①通过台湾在美国的所谓"外交人员"直接对美国政府要人施加影响。台湾"驻美大使"沈剑虹与尼克松和福特两届政府内的要人罗杰斯、基辛格甚至总统

❶ 陶文钊. 中美关系史（1972—2000）[M]. 北京:中国社会科学出版社,2007:10.

❷ 郝雨凡. 美国对华政策内幕[M]. 北京:台海出版社,1998:139-143.

❸ 陶文钊. 中美关系史（1972—2000）[M]. 北京:中国社会科学出版社,2007:16,24,41.

本人等都有比较密切的关系，经常受到接见。福特政府还在1975年让台湾在美国增设了两处"领事馆"。②成立专门机构或利用公关公司赞助和游说国会议员、政界要员和社会精英，让他们替台湾说话。1974年，成立不久的"太平洋文化基金会"赞助了27名美国参议员、13名众议员、57名众议员助理免费访问台湾，1975年又邀请了60位美国大学校长免费访台。③利用报纸、杂志、电台、电视等媒体宣传台湾当局的主张，通过演出、展览、旅游等方式宣传台湾的成就，通过发展美台经济贸易关系来深入美国基层社会，以对美国公众施加影响。1973年头4个月，台湾付给《时代》杂志25万美元用于反对中美接近的宣传广告。在台湾各种优惠吸引下，20世纪70年代中期，每年有14万~15万美国人去台湾度假。④利用美台军售在中美关系正常化中制造障碍。反对美国向台湾当局出售武器，是中国政府的一贯立场。鉴于此，在20世纪70年代中后期，台湾当局一直利用从美国购买先进武器设备来影响中美关系正常化的历史进程，美国售台武器不仅没有减少，而且呈上升势头。⑤利用情报机构破坏中美关系正常化。1974年，台湾派梅公望赴美组织地下情报网。在美籍华人、台籍学生中拓展情报网络；加强对华人社区控制，防止美籍华人亲北京倾向滋长；设法渗透五角大楼和国务院等重要部门，获取可以用来破坏中美关系的情报，破坏美国与中国实现关系正常化。❶

在美国内部亲台势力和台湾当局的影响下，美国公众对台湾存在着强烈的同情心理。他们要求美国政府继续保持与台湾的"外交关系"，反对以"牺牲"台湾来实现与北京关系正常化。盖洛普民意测验表明，1974年，有72%的美国人反对以北京的条件实现与中国关系正常化；1975年，美国公众虽然以61%对23%赞成与中国建交，但是以70%对14%支持"继续与台湾的国民党当局保持关系"，仅10%认为应"撤除对台湾当局的外交承认，以便与中华人民共和国建立外交关系"；1977年，64%的美国人赞成"继续与台湾保持外交关系"，只有12%的人反对"继续与台湾保持外交关系"。同时，美国公众中赞成美国继续对台湾承担安全保障的人也很多。根据哈理斯民意测验，1969年，美国公众中以55%对19%支持"继续保持与台湾的安全防务条约"，1976年上升到65%对6%，1977年下降到57%对12%，1978年又上升到64%对19%。❷

❶ 郝雨凡. 美国对华政策内幕[M]. 北京:台海出版社,1998:143-149.
❷ 郝雨凡. 美国对华政策内幕[M]. 北京:台海出版社,1998:149-150.

4. 水门事件的影响

在1972年美国大选中，尼克松总统竞选班子及中央情报局人员潜入民主党全国委员会所在水门饭店，窃取民主党秘密文件，刺探民主党竞选策略，结果被发现，最终导致尼克松辞职。水门事件对美国国内局势产生了极大的消极影响，也不可避免地牵及到了美国的对外关系。正如1973年9月基辛格在国会作证时说的，"现在美国被投入又一场苦难的经历之中"，"这也不可避免地在我们的国际关系中表现出来"。●

虽然尼克松获得了竞选连任，但是水门事件把他搞得焦头烂额。水门事件不仅极大地影响了尼克松在美国人心目中的形象，削弱了他顶住国内压力实现中美关系正常化的能力，而且消耗了他绝大部分时间和精力，使他根本无暇顾及对外政策，更不用说中美关系正常化这样有争议的外交政策。"在1973、1974两年中，掩盖真相、保住总统地位花去了尼克松的许多精力，他显然已经失去了往日在对外政策方面的魄力，在这种时候要他在中美关系正常化方面再采取重大举措自然是不可能了。"●1974年8月，尼克松没有实现关系正常化的承诺就匆匆离开白宫，将一个烂摊子交给了福特。

诚然，福特在对华政策方面与尼克松没有分歧。但是，由于水门事件的冲击，当时的美国局势并不利于福特实现中美关系正常化。诚如福特所言，"我是在美国人从未经历过的异乎寻常的情况下就任总统的。这是使我们的心灵遭受创痛的历史性时刻。"●在改善对华关系上，美国国内本来存在很大的分歧，反对改善对华关系的力量非常强大。尼克松之所以能够启动中美关系正常化的大门，固然与当时的国际国内条件有密切的关系，但也与尼克松的个人条件有关。长期以来，尼克松一直以"反共产主义的战士"而闻名于世，美国人充分相信尼克松，根本不担心他会"出卖"美国的利益，也不担心他会"出卖"台湾的利益。福特显然不具备这样的条件。而且，尼克松具有一般人所不具备的魄力和胆识，在关键时刻能够把握历史的航向。正如他对毛泽东说的，"我认为最重要的是要看到，美国的左派只能夸夸其谈的事右派却能做到，至少目前是如此。"●此外，与

● 陶文钊. 中美关系史(1972—2000)[M]. 北京:中国社会科学出版社,2007:14.

❷ 陶文钊. 中美关系史(1972—2000)[M]. 北京:中国社会科学出版社,2007:14.

❸ Gerald Ford, Remarks on Taking the Oath of Office, August 9, 1974. http://www.presidency.ucsb.edu/ws/index.php?pid=4409&st=&st1=.

❶ 理查德·尼克松. 尼克松回忆录[M]. 中. 北京:商务印书馆,1979:251.

尼克松不同，福特还有参加总统竞选的担忧。因此，尽管基辛格几次提醒，尼克松原本准备在第二任期实现中美关系正常化，福特都表示现在实现中美关系正常化时机尚不成熟，断绝与台湾的关系政治代价太大。❶

三、中国对关系正常化停滞的反应

中国打开中美关系正常化的大门，主要是出于战略考虑。正如1972年尼克松访华时毛泽东所说的，"台湾是小问题，世界是大问题。"❷面对苏联的军事压力，中国将战略问题摆在第一位，为实现中美关系正常化而暂时搁置了台湾问题。尼克松访华后，中国一方面大力推动中美关系正常化的完成；另一方面对美国停滞中美关系正常化的做法表示不满，并采取一些措施力图扭转中美关系正常化步伐停滞的态势。

1.利用经济文化交流促进中美关系

尼克松曾经指出："我们的共同经济利益是今天使我们聚在一起的首要因素，但是这些利益在使我们在1972年走到一起方面没有起任何作用"，"真正的原因是我们在反对苏联称霸亚洲方面的共同战略利益"。❸然而，在长期隔绝之后，两国都有着一种发展经济文化关系的冲动。随着中美关系的解冻，两国的经济关系和人员交流迅速发展起来。要求发展经济文化关系很快变成了推动中美关系前进的一股积极力量。

在经过20多年的艰辛探索仍然没有富强起来的现实面前，毛泽东开始重新萌发了融入西方世界、向西方学习的想法。基辛格回忆道：毛泽东如今已懂得中国如果继续与外部世界隔绝，就必然丧失影响，陷入严重的危险之中。他不无感伤地表示，中国还要派人去国外留学。中国人民"非常顽固和保守"，他们应该学学外语。他重复说，他要派更多中国人去外国留学，他自己也在学习英语。❹中国领导人还开始大力向国外展示中国的现代化图景。1975年，邓小平曾先后和美国国会议员代表团、报纸主编协会代表团等多次谈论中国经济的长远规划问题，强调中国在20世纪末要达到当时的发达国家水平，要引进国外的先进技术。

---

❶ 陶文钊.中美关系史(1972—2000)[M].北京:中国社会科学出版社,2007:24.

❷ Henry Kissinger. Diplomacy[M]. New York:Simon & Schuster,1994:726.

❸ 王根礼,周天珍.外国首脑论中国[M].北京:红旗出版社,1998:504.

❹ 亨利·基辛格.动乱年代:基辛格回忆录(第1册)[M].北京:世界知识出版社,1983:89.

在向美国展示中国发展前景和经济机会的同时,一方面,中国有计划地开展与美国的经济文化交流,以增进两国人民的相互了解,促进两国人民的友好关系。1975年,中国出土文物在美国举办了长达8个月的展览。通过展览,"中国悠久的历史和灿烂的文化给参观者留下了深刻的印象。这次展览的成功增进了美国人民对中国的了解,对于塑造美国人民心目中良好的中国形象起了积极作用"[1]。另一方面,中国将关系正常化与经济文化关系联系起来,把正式建交作为经济文化合作的先决条件,以此推动两国关系正常化。针对美国发展中美经济贸易和人员交流的愿望,1974年,中国官员直接或间接地一再告诉华盛顿,中美两国间贸易及各方面交流的任何突破都取决于美国与台湾断交,与中华人民共和国建交。1975年10月,基辛格访华,邓小平又拒绝了其提出的关于航空、商务和航海等问题的事务性协定。邓小平认为,在两国正式建交之前,两国间没有可能达成这类协定。[2]事实上,由于中美关系正常化的停滞,两国经贸额也由1974年的9.34亿美元迅速下降到1976年3.36亿美元。中美关于债务和资产的谈判也趋于停止。

2. 对美国采取强硬而冷淡的态度

中美关系正常化的大门开启以后,中国领导人采取了积极的措施,准备迎接最终建交的到来。然而,到了1974年,中美关系正常化的步伐逐渐缓慢下来。这种状况引起了中国领导人的强烈不满。加之中国国内政治局势的影响,对美政策回旋余地变小,中国对美政策变得强硬起来。这在一定程度上使中美关系正常化更难出现突破。

1972年尼克松访华时,毛泽东从战略高度出发,采取了比较灵活的态度,将台湾问题暂时搁置起来了。关于台湾问题,毛泽东在与尼克松、基辛格会谈时留下了一份模棱两可的遗产。他虽然偶尔谈到中国人民有耐心,但是也指责美国怀有帝国主义图谋,指出台湾问题最终可能要用武力解决。周恩来也曾强调毛泽东"两手"打算中的"软"的一面。[3]然而,随着美苏关系不断发展,中国对美国的怀疑和担心越来越大,开始改变在台湾问题上的灵活立场,形成了中美关系正常化三原则:美国必须同台湾断绝外交关系,废除美蒋共同防御条约,撤出全

---

❶ 陶文钊. 中美关系史(1972—2000)[M]. 北京:中国社会科学出版社,2007:23-24.

❷ 陶文钊. 中美关系史(1972—2000)[M]. 北京:中国社会科学出版社,2007:11,26.

❸ Michel Oksenberg. A Decade of Sino-American Relations[J]. Foreign Affairs,Fall 1982.

部驻台美军，承认中华人民共和国是中国的唯一合法政府。1974年11月，基辛格访华。邓小平明确指出："在美国同台湾断交、废约、撤军后，台湾问题应由中国人自己去解决，那是中国的内政，用什么方式解决也是中国人自己的事。"❶中国领导人也坚持在正式建交以前不访问美国，多次拒绝访美邀请。1973年，周恩来在会见美国国会访华团时说："我不会访问美国，华盛顿还有蒋介石的'使馆'还有他的'大使'，我不能去。"❷在关系正常化问题上，中国虽然希望尽快解决建交问题，但是不打算对美国做出进一步的让步。1974年4月14日，正在出席联大第六届特别会议的邓小平告诉基辛格，中国希望这个问题能够较快地解决，但也不着急。❸1975年9月28日，基辛格告诉中国外交部长乔冠华，"美国国内政治使美国不可能在福特总统访华期间实现中美关系正常化。乔冠华回答说，我们理解你们的问题，我们方面没有问题"❹。

中国还有意对基辛格甚至福特采取了冷落的态度。1973年，基辛格原本打算8月访华，但是出于对美国国内改变对柬埔寨战争的态度，中国推迟了基辛格的访问日程。"由于我们的失败而在国内受到政治伤害的周恩来放弃了准备对西哈努克采取的主动行动，并且断然把我的访问推迟到八月十六日，即停止轰炸后的那一天。"❺此后，由于双方的原因，直到11月才进行访问。1974年11月，基辛格访华再次受到冷遇。毛泽东虽然在基辛格访华期间接见了甚至比他级别还要低的外宾，但是拒绝接见他。不仅如此，1976年9月，中国还邀请基辛格的政敌、前国防部长施莱辛格访华，以示对美国重视苏联、轻视中国的不满。此外，中国对福特访华也不热心，认为在当时的情况下，举行高层会晤没有什么意义。"中国方面并不急于邀请福特总统来华，而且也已经准备让双边关系停顿一段，等待美国做出必要的让步。但北京领导人还是同意福特总统访华，虽然在整个1975年中他们一直在质疑，如果不是去签署关系正常化协议，另一次最高层会议到底有什么意义。"❻

❶ 韩念龙. 当代中国外交[M]. 北京：中国社会科学出版社，1988：226.

❷ 郝雨凡. 美国对华政策内幕[M]. 北京：台海出版社，1998：97—98.

❸ 韩念龙. 当代中国外交[M]. 北京：中国社会科学出版社，1988：225.

❹ 陶文钊. 中美关系史（1972—2000）[M]. 北京：中国社会科学出版社，2007：26.

❺ 亨利·基辛格. 动乱年代：基辛格回忆录（第2册）[M]. 北京：世界知识出版社，1983：314.

❻ 郝雨凡. 美国对华政策内幕[M]. 北京：台海出版社，1998：100.

第三节 中美关系正常化的完成

1978年是新中国历史上关键的一年，也是中美关系史上关键的一年。由于美苏矛盾重新激化、美国政府内部对实现关系正常化逐渐形成共识、中苏中越矛盾更加尖锐、中国改革开放蓄势待发，中美两国都迎来了实现关系正常化的有利内外环境。正是在这些因素综合作用下，中美关系出现了重大突破，双方最终决定实现两国关系正常化，从而使中美关系进入了一个新的发展时期。

一、中美关系正常化完成的过程

经过几年停滞，1977年7月，中美关系正常化的历史进程虽然重新启动，但是进展缓慢。随着国际国内形势的变化，1978年，卡特政府终于下定决心与中国完成外交关系正常化。1978年5月，布热津斯基访华，双方在关系正常化问题上取得了重大突破。经过长时间谈判，12月中旬，双方完成了中美建交的历史进程。

1. 中美关系正常化进程重新启动

1977年卡特入主白宫之初，中美关系正常化并没有被提上政府的外交日程。然而，这种状况很快开始改变。2月25日，勃列日涅夫给卡特回了一封态度冷淡的信，对他触动很大。布热津斯基写道："这封信使他大吃一惊，他说他对此感到失望，但同时他表示不会受它的影响"，"卡特说他现在想考虑对中国采取更多的主动行动，很显然这一定是他在勃列日涅夫作出这一相当令人不愉快的反应的情况下想到这一点的"。●为表示对中美关系的重视，4月，卡特派他的儿子齐普·卡特随美国国会议员代表团访华并致信中国政府。5月，他又在圣母大学的演讲中指出：我们在同中华人民共和国的关系正常化方面取得进展是重要的。我们把美中关系看作是美国全球政策的中心因素和世界和平的关键力量。我们希望与富有创造精神的中国人民在全人类面对的问题上进行密切合作，我们希望能找到一种框架来克服那些仍然把我们两国分开的困难。●6月，卡特政府的对华

● 兹比格涅夫·布热津斯基. 实力与原则[M]. 北京：世界知识出版社，1985：182-183.

● Jimmy Carter, University of Notre Dame-Address at Commencement Exercises at the University, May 22, 1977. http://www.presidency.ucsb.edu/ws/index.php?pid=7552&st=&st1=.

政策逐渐形成。国务院提交给总统一份跨部门的关于中国的备忘录，建议美国与中华人民共和国建立外交关系，断绝与台湾当局的正式官方关系。既然与台北没有外交关系，那么防务条约和美国的军事存在也应终止。❶

7月30日，卡特专门召开讨论中美关系正常化的会议，为万斯访华做准备。最后，卡特告诉万斯：让所有这一切开始吧，我从来没有从拖延耽搁中得到什么，把我们所有的立场都讲出来。如果中国人准备接受他的一揽子计划，他准备实现关系正常化，如果他们不愿意那就算了。❷显然，卡特此时在两国关系正常化问题上仍然抱着无所谓的态度，还不是特别积极。但是，中美关系正常化的历史进程再次启动了。

8月22日，万斯到达北京。访问期间，他先后与黄华、邓小平进行了会谈，并受到了华国锋的接见。在与万斯会谈时，邓小平指出："我们历来都说，我们两国之间存在着一个重要问题，就是台湾问题。国务卿先生提出的关于中美关系正常化的方案，比我们签订上海公报后的探讨不是前进了，而是后退了。""要实现中美关系正常化，在台湾问题上有三个条件，即废约、撤军、断交，按日本方式。老实说，按日本方式本身就是一个让步。""你们这个方案，集中起来是两个问题。第一，你们实际上要我们承担不用武力解放台湾的义务，实际上还是干涉中国的内政。第二，你们提出不挂牌子的大使馆，实际上是倒联络处的翻版。我们对这个方案是不能同意的。台湾问题是中国的内政，别人不能干涉。我们准备按三个条件实现中美建交以后，在没有美国参与的条件下，力求通过和平方式解决台湾问题，但不排除用武力解决。"❸万斯访华虽然没有取得什么积极成果，但还是具有积极意义。它不仅意味着中美关系正常化进程重新启动，而且使美国更加清楚了中国的立场。这对于美国调整对华政策、实现关系正常化是有益的。

事实上，万斯访华也使中国进一步明白了美国关于正常化的立场和态度。这对于中国采取适当的措施推动两国关系正常化也是有益的。为推进中美关系正常化，1977年下半年中国采取了一系列措施。①在台湾问题上态度又发生了微妙变化。在台湾问题上的言辞又靠近了毛泽东构想中软的一手，重新表达了

❶ Michel Oksenberg. A Decade of Sino-American Relations[J]. Foreign Affairs, Fall 1982.

❷ Michel Oksenberg. A Decade of Sino-American Relations[J]. Foreign Affairs, Fall 1982.

❸ 邓小平思想年谱(1975—1997)[M]. 北京：中央文献出版社，1998.

中国人民和平解决台湾问题的耐心和愿望。在各自的访华期间，参议员杰克逊、肯尼迪和克兰斯顿受到了非常热情的接待，而且中方在会谈中都强调了和平解决台湾问题的愿望。事实上，在与万斯的会谈中，邓小平就已经表示中国力求通过和平方式解决台湾问题。②打破了中美关系正常化以前中国官方不访问美国的惯例。中国石油化学工业部接受美国能源部长詹姆斯·施莱辛格的邀请，向美国派出了一个政府代表团。这是中国第一次没有坚持所有代表团成员必须打上"非官方"的标签。③在停止两年以后，中国恢复了向美国购买小麦。④邀请总统国家安全事务助理布热津斯基访华。从抗衡苏联的需要出发，布热津斯基对关系正常化停滞不前非常不满，希望访问中国。11月，中国驻美联络处主任黄镇利用蒙代尔副总统为他举行离任送行午宴的机会，向布热津斯基发出了访华邀请。❶⑤李先念副总理在接见《华尔街日报》记者时重申中国的立场：如果美国发表声明，台湾问题必须和平解决，那么我们也要发表声明，是用和平方式还是用武力解决台湾问题，外国无权干涉。❷这实际上是对美国要求建交时单方面发表关于台湾问题声明的一个灵活回答，既可以满足美国的要求，又可以表明中国的严正立场。

2. 中美关系正常化取得重大突破

1978年，中美关系正常化成为卡特对华政策的重心。在受到中国的邀请后，布热津斯基开始积极争取总统批准访华。在副总统蒙代尔和国防部长布朗支持下，3月中旬卡特决定派布热津斯基访华。5月17日，卡特指示布热津斯基告诉中国：我们把美中关系看作美国全球政策的一个中心方面。美中两国具有某些共同利益，双方有着并行不悖的长期战略利害关系。其中最重要的是双方都反对任何国家谋求全球或地区霸权。所以，你此行不是战术性的，而是要表明我们对与中国建立合作关系具有战略方面的兴趣，而且这种兴趣具有根本的和持久的性质。此外，卡特还告诉布热津斯基可以接受中国方面提出的建交三项原则，可以重申尼克松的五点保证。他说："你应该说明，在这些问题上，美国已经下定决心了。"❸

❶ Michel Oksenberg. A Decade of Sino-American Relations[J]. Foreign Affairs, Fall 1982.

❷ 冬梅. 中美关系资料选编(1971.7—1981.7)[G]. 北京:时事出版社,1982:277.

❸ 兹比格涅夫·布热津斯基. 实力与原则[M]. 北京:世界知识出版社,1985:241.

经过充分准备，5月20日，布热津斯基一行10人抵达北京开始访问，受到了中国领导人的热情接待。在与外交部长黄华的会谈中，布热津斯基首先着重谈了中美之间的战略利益共性。他说："我前来中华人民共和国访问，是因为卡特总统和我认为，美国和中国具有某些共同的根本战略利益，以及相似的长期战略目标。其中最重要的是我们双方对全球以及地区霸权主义的态度。因此我们对同中华人民共和国发展关系的兴趣，决不是策略性的，而是基于某些长期战略目标的。"同时，他还对中国批评美国对苏软弱进行了适当的辩解，并对中国提出了一些具体建议。但是，关于中美关系正常化问题，布热津斯基并没有和黄华进行深入会谈，只是确认："《上海公报》是双方关系的出发点。卡特总统重申确认美国前两届政府所阐明的五项基本原则。我们认为只有一个中国。总统认为中国在维持全球均势方面起着中心的作用。总统相信，在我们这个多元世界里，一个强大而独立的中国是维持和平的一支力量。"❶

在与邓小平的会谈中，双方主要讨论中美关系正常化问题。布热津斯基说道：总统本人准备尽可能迅速而妥善地解决这个问题，我们无意人为地拖延下去。在双方关系中，我们所依据的仍然是《上海公报》，是一个中国原则。台湾问题如何解决，那是你们的事情。同时，我们也有某些国内问题、某些历史遗留问题。这些问题很复杂、很棘手，有些还很牵动感情，因此我们必须设法找到某种方式，使我们可以表示我们希望和期待台湾问题能获得和平解决。当然，我们承认这是你们的内政。❷对此，邓小平表示：在这个问题上，双方的观点都是明确的，问题就是下决心。如果卡特总统是下了这个决心，事情就好办。我们双方随时可以签订关系正常化的文件。我们历来阐明的就是三项条件，即断交、撤军、废约。我们不能有别的考虑，因为这涉及主权问题。关系正常化问题对两国来说，是一个带根本性的问题。当然我们历来说，我们之间的关系还有其他方面，主要是国际问题，在这方面我们有许多合作的余地。有许多问题我们可以共同探讨，不少问题我们的看法是一致的。关于两国关系正常化问题，你们要表示你们的希望，这可以；但我们也要表示我们的立场，即中国人民在什么时候、用什么方式解放台湾，是中国人自己的事。❸通过坦诚

❶ 兹比格涅夫·布热津斯基. 实力与原则[M]. 北京：世界知识出版社，1985:244–245.

❷ 兹比格涅夫·布热津斯基. 实力与原则[M]. 北京：世界知识出版社，1985:247.

❸ 邓小平思想年谱（1975—1997)[M]. 北京：中央文献出版社，1998.

的会谈，双方确定从 6 月开始就建交问题进行高度保密的谈判，布热津斯基反复申明卡特总统已经下定决心了。在谈妥了正常化问题后，双方还就国际形势以及战略关系继续进行了会谈。

5 月 22 日，中共中央主席、国务院总理华国锋会见了布热津斯基一行，并与他就台湾问题、中苏关系、中日关系等问题进行了广泛的会谈。此外，布热津斯基的随行官员也与中国相应官员进行了会谈，内容涉及有关美苏力量对比的战略问题、军事情报以及互派军事代表团访问的建议、扩大双方文化和经济合作问题、扩大科学方面的合作等问题。23 日，布热津斯基结束在中国的行程前往日本访问，访问取得了成功。通过紧张而友好的会谈，双方在关系正常化问题上取得了重大的共识，从而结束了中美关系正常化踌躇不前的状态，为中美关系正常化谈判奠定了基础，加快了中美关系正常化的历史进程。

3. 中美关系正常化秘密谈判

为了确定中美建交秘密谈判的相关问题，6 月 20 日，卡特召集万斯、布朗、布热津斯基和乔丹开会。为了保密，有关内容由布热津斯基写在一张纸上，没有打印。美中关系：①必须严格保密。②中国方面很希望改善关系。在布热津斯基访华之前，他们已经做了我们所要做的一切。③争取 12 月 15 日建交。但只限于最少数人知道。对外只表示我们愿意改善关系和实现正常化。④在国会里先解决美中关系，然后才解决批准限制战略武器协定问题。⑤残存的关系：希望除私人机构外能有更广泛的选择余地。派驻贸易使团如何？派驻军事销售使团如何？请万斯提出法律方面的估计。⑥由伍德科克主持谈判。奥克森伯格和霍尔布鲁克进行准备工作。由伍德科克约见对方开始谈判。随后发去指示。⑦伍德科克进入谈判时，建议每 10 天谈一次，建议以下议程：代表方式；和平解决；美国与台湾的贸易关系；公报以及发表的方式。⑧下周初拟出关于代表方式的指示电稿。⑨请伍德科克试探对方能否同意在通知中华民国后给一年的善后时间。❶策略确定以后，伍德科克开始与中国谈判。

7 月 5 日，中美建交秘密谈判正式在北京开始，中方代表为外交部长黄华，美方代表为驻华联络处主任伍德科克。然而，谈判刚开始，双方就在谈判方式上

---

❶ 兹比格涅夫·布热津斯基. 实力与原则[M]. 北京：世界知识出版社，1985：258–259.

出现了分歧。在第一次会谈中,伍德科克提出了4项议程:①美中关系正常化后,美国在台湾存在的性质。②宣布关系正常化时我们将发表的文告。③美中关系正常化后美国与台湾的贸易。④联合公报以及关系正常化的方式。[1]黄华则提出了中方关于中美建交的原则立场。14日,黄华就美方的议程提出了意见,"认为美方应先就中方提出的建交三条件和建交联合公报作出响应,提出具体意见。中方的态度是,让美方先把底牌亮出来,再提出评论或反建议"[2]。但是,美方指示伍德科克逐条逐条谈,在弄清楚中方不会拒绝以后才亮出底牌。不仅如此,美方认为,美国接受了中国的建交三原则,他们也要提出三个条件:①宣布关系正常化时,我们准备单方面发表关于台湾的未来应和平解决的声明,请中国方面不要加以反驳。②我们将在非官方基础上同台湾保持经济、文化等一系列关系。③我们应能向台湾继续出售武器。[3]因此,在谈判的初期阶段,双方各自陈述立场,没有涉及实质性问题。

随着戴维营调处埃以冲突成功,卡特决定加速中美建交谈判进程。9月中旬,双方开始磋商实质性问题。但是,双方很快陷入了僵局。17日,卡特在接见中国新任驻美联络处主任柴泽民时说:中国领导人应该了解一件事,没有一个美国总统能实现对华关系正常化而不对台湾的安全作出承诺,正常化后美国继续向台湾出售有限的防御性军事设施是至关重要的。对此,10月2日,黄华在参加联合国大会期间告诉万斯:中国政府对于两国关系正常化以后美国还要同台湾保持安全关系是完全不能接受的。中国不能同意在美台"共同防御条约"废止以后美国还要向台湾出售武器。如果美国政府坚持这一条件,那就会危及正常化谈判,中方可能撤出谈判。[4]

事实上,黄华在跟伍德科克进行谈判时,布热津斯基也在与柴泽民进行谈判,霍尔布鲁克也与韩叙开辟了谈判的渠道,卡特总统有时候也亲自出马。同时,美国还通过落实布热津斯基访华的一些具体承诺,采取了一些推动中美会谈的措施。此外,卡特总统还作出了两项重要决定:推迟与越南建交,向中国提出

❶ 兹比格涅夫·布热津斯基. 实力与原则[M]. 北京:世界知识出版社,1985:259.

❷ 王泰平. 新中国外交50年[M]. 北京:北京出版社,1999:1367.

❸ 兹比格涅夫·布热津斯基. 实力与原则[M]. 北京:世界知识出版社,1985:260.

❹ 陶文钊. 中美关系史(1972—2000)[M]. 北京:中国社会科学出版社,2007:63.

一份建交公报草案。❶与此同时，中国也积极回应美国的举措。11月2日，邓小平指示外交部：从卡特总统的表态来看，美方想加快正常化，我们也要抓住这个时机，原则当然不放弃，可以按美方提出的问题谈。❷在中美两国高层的关心下，建交谈判的速度大大加快。在11月2日的第五次会谈中，美方提出了建交联合公报草案，在12月4日会谈中又对中国关心的一些问题做了说明。12月13日，邓小平会见伍德科克，基本上接受了美国的公报草案，并表示自己将于1979年1月访美。至此，中美建交秘密谈判基本上完成。

　　然而，到了最后一刻，问题出现了。中国误以为美国从1979年开始不向台湾出售武器了，而美国的意思是仅在1979年不出售武器给台湾，1979年以后恢复向台湾出售武器。因此，15日晚上，布热津斯基指示伍德科克约见邓小平，要求澄清美国售台武器问题。邓小平起初非常气愤，但是很快冷静下来，将美国售台武器问题搁置起来了。邓小平说道：中美建交后，希望美国政府慎重处理同台湾的关系，在这些关系中不要影响中国争取最合理的方法和平解决台湾问题；如果美国继续向台湾出售武器，从长远讲，将会对中国以和平的方式解决台湾归回祖国的问题设置障碍；在实现中国和平统一方面，美国可以尽相当的力量，至少不要起相反的作用。❸

　　这样，通过将近半年的谈判，中美双方终于就完成关系正常化达成了协议。北京时间12月16日，中美双方同时发表《中美建交公报》，宣布两国从1979年1月1日起建立大使级外交关系，3月1日建立大使馆，互派大使。至此，历时6年多的中美关系正常化历程终于结束了。中美关系翻开了新一页。但是，中美双方在台湾问题上仍然存在一些悬而未决的敏感问题，这为此后中美关系的稳定发展留下了隐患。

二、中美关系正常化完成的原因

　　1972年中美关系正常化的历史进程启动后，主要由于美国方面的原因，不久就逐渐进入了停滞状态。经过6年多的艰难曲折，1978年，两国终于达成了关

---

❶ 兹比格涅夫·布热津斯基. 实力与原则[M]. 北京：世界知识出版社，1985:263.

❷ 王泰平. 新中国外交50年[M]. 北京：北京出版社，1999:1367.

❸ 韩念龙. 当代中国外交[M]. 北京：中国社会科学出版社，1988:230.

系正常化协议。两国关系正常化的完成不是偶然的，而是当时国际形势变化的结果，是美中两国国内形势变化的产物。当然，这也是与两国领导人的远见和胆识分不开的。

1.美国完成中美关系正常化的原因

中美关系正常化进程启动后，随着国际国内形势的变化，美国逐渐放缓了中美关系正常化的进程。然而，卡特入主白宫以后，经过一段时间的犹豫，在正常化问题上变得积极起来，从1978年7月开始建交秘密谈判到12月发表建交公报，迅速完成了关系正常化的历史进程。显然，美国这种变化的发生是有着深刻的国际国内原因的。

第一，三角关系出现了新变化。尼克松和基辛格之所以追求缓和，是想借此限制苏联侵略势力的扩张，以确保美国的世界领导地位。然而，在缓和的掩盖下，苏联的综合国力逐渐增强。仅以两国国内生产总值和导弹核潜艇的情况为例，表3-1的数据显示，从1972年尼克松访苏实现美苏缓和以来，两国实力的差距不是扩大了而是缩小了。按1990年的美元价值计算，1972年，美国国内生产总值为3.3万亿美元，是苏联的238.3%；1978年，美国国内生产总值4.04万亿美元，是苏联的235.8%，比1972年下降了2.5个百分点。随着经济力量的增长，苏联大力发展军事力量，两国军事力量的变化更大。1972年，美国有核潜艇41艘，是苏联的82%，1978年下降到仅为苏联的46.6%。事实上，苏联的陆基导弹的数量也大大增加，与美国的差距迅速缩小。这为苏联向美国霸权挑战奠定了力量基础，从而对美国构成了严重威胁。正如亚历山大·黑格将军1977年2月所说的，"苏联的威胁今天确实进一步增大了。苏联正在以飞快的速度从一种地缘政治力量爬上超级大国的地位。这并不是历史发展的必然趋势，纯粹是军事力量膨胀的产物。作为一种必然结果，苏联现正在逐渐崛起，不但能够在某个地区或某个大陆发挥作用，而且已能够在全世界发挥作用。"❶

---

❶ 三好修. 苏联帝国主义的世界战略[M]. 北京：世界知识出版社，1982:53.

表3-1 1972—1978年美苏力量对比的变化

	国内生产总值		核潜艇数量		核潜艇弹头		百万吨级核弹头		核潜艇毁灭弹头		核攻击潜艇	
	1972	1978	1972	1978	1972	1978	1972	1978	1972	1978	1972	1978
美国	3326014亿美元	4043948亿美元	41艘	41艘	2960个	5120个	502.8万吨	635.0万吨	5605.7万吨	9504.0万吨	57艘	72艘
苏联	1395732亿美元	1715215亿美元	50艘	88艘	531个	1252个	473.1万吨	999.6万吨	779.4万吨	2156.2万吨	67艘	89艘
比例	238.3%	235.8%	82.0%	46.6%	557.4%	408.9%	106.3%	63.5%	719.2%	440.8%	85.1%	80.9%

资料来源：Angus Maddison, Monitoring the World Economy, pp.180-187; George Modelski & William, Seapower in Global Politicas, 1494-1993, University of Washington Press, 1987, pp.239-302.

随着军事实力的增强，苏联打着缓和的旗号开始加紧在亚非拉扩张，干预发展中国家事务，抢占战略要地。在南亚，苏联支持印度对抗巴基斯坦，以控制印度洋；在非洲，苏联利用古巴在安哥拉打"代理人战争"，侵略扎伊尔，在非洲之角制造埃塞俄比亚同索马里的冲突；在亚洲支持越南反华和侵略柬埔寨。"特别是利用古巴这个工具从也门和埃塞俄比亚包抄沙特阿拉伯"[1]对中东地区构成了严重的威胁。不仅如此，在美苏战略武器谈判中，苏联的态度趋向强硬。勃列日涅夫认为，限制战略武器谈判的任何协定必须以符拉迪沃斯托克谅解为基础，包括把空对地巡航导弹算入战略武器总数之内的具体方案这一点在内。此外，勃列日涅夫还坚持逆火式轰炸机应完全从协议中排除出去。这是苏联最极端的立场。[2]面对苏联日益嚣张的侵略气焰，美国的态度也转向强硬。卡特宣布："苏联要么选择对抗，要么选择合作，美国已经做好了应对苏联选择的充分准备。"[3]

值得指出的是，正当中美关系正常化停滞不前之际，中苏关系又出现了改善的迹象。毛泽东逝世后，苏联的对华政策出现了缓和苗头。在这个过渡时期，苏

---

[1] 兹比格涅夫·布热津斯基. 实力与原则[M]. 北京:世界知识出版社,1985:228.

[2] 兹比格涅夫·布热津斯基. 实力与原则[M]. 北京:世界知识出版社,1985:182.

[3] Jimmy Carter, United States Naval Academy Address at the Commencement Exercises, June 7, 1978. http://www.presidency.ucsb.edu/ws/index.php?pid=30915&st=&st1=.

联试探改善中苏关系。虽然邓小平复出后中国拒绝了苏联的提议，但是这仍然引起了美国有关方面的注意。在1977年国务院提交给总统的一份跨部门备忘录中，万斯认为，除非中美关系向前推进，否则美国将冒中苏关系改善的危险。而改善中美关系有利于美苏关系像1971—1973年那样得到改善。显然，持这种看法的人不在少数，特别是在决策圈内。万斯的观点得到了蒙代尔、布朗和布热津斯基的强烈支持。❶正是在这样的背景下，美国觉得有必要重打"中国牌"，从而既可避免中国再次与苏联接近又可以借助中国牵制苏联。正如布热津斯基所言，"我们相信，华盛顿与北京建立真正的合作关系将大大促进远东的稳定。从全局观点来看，这对美国与苏联进行全球竞争是有利的。"❷

第二，竞逐中国市场压力加大。美国是一个商业主义传统很强的国家。追逐海外经济利益、夺取海外市场，是美国外交扩张的基本动力。促使中国门户开放是美国对华的一贯政策。在近代史上，美国通过"门户开放"政策逐渐挤入中国市场，并形成了较大的规模。然而，新中国成立后，由于对中国实行封锁禁运政策，美国丧失了一百多年来其先辈们在华孜孜开拓的成果。1972年尼克松访华以后，美国与中国的商业往来和经济贸易关系逐步恢复，并且一度飞速发展。但是，由于中美关系正常化的停滞，两国的经济贸易关系也大受影响。相反，其他西方大国不仅冷战时期就与中国保持了一定的经济联系，而且在尼克松访华后纷纷与中国建立了外交关系，因此在开拓中国市场方面抢占了先机。从1972年到1978年，中国与西欧、日本的经济贸易关系都取得了巨大的发展，而美国与中国的经济贸易关系则出现了起伏波动，远远低于其他发达国家和地区的发展水平。据美方报刊统计，仅1978年上半年，欧共体对中国的出口就比美国多3倍。❸1978年2月，中日又签订了长期贸易协议，从1978年到1985年，每方出口金额累计100亿美元；日方在头五年以延期付款方式出口技术设备70亿~80亿美元、建设器材20亿~30亿美元。❹4月，中国和欧洲共同体签订了第一个贸易协定，双方保证增加贸易，并互相给予最惠国待遇。

同时，随着中国国内局势转向稳定，中国逐渐将党和国家的工作重心转移到社会主义现代化建设上来。在与国外各界人士的会谈中，中国领导人经常向他们

❶ Michel Oksenberg. A Decade of Sino-American Relations[J]. Foreign Affairs , Fall 1982.

❷ 兹比格涅夫·布热津斯基. 实力与原则[M]. 北京：世界知识出版社,1985:228.

❸ 宫力. 峰谷间的震荡——1979年以来的中美关系[M]. 北京：中国青年出版社,1996:7.

❹ 林连德. 当代中日贸易关系史[M]. 北京：中外对外贸易经济出版社,1990:138.

展示中国现代化建设的宏伟图景，以及引进国外资金和先进技术的设想。中国百废待兴的前景和庞大的人口，使包括美国在内的发达资本主义国家非常看好中国这个潜在的大市场。然而，在竞逐中国这个市场方面，美国不仅已经丧失了先机，而且缺乏有效的制度保障。在发展经济贸易和商业关系方面，中国优先照顾已经建交了的国家。1978年5月19日，邓小平在会见一些美国报刊发行人和编辑时曾说："当美国、欧洲和日本的企业为签订同一个合同而竞争的时候，中国必然要照顾那些早已同中国关系正常化的国家。"●不管中国是有意利用经济贸易关系作杠杆推进中美关系正常化，还是真正出于应该优先照顾已经建交的国家，这种政策考虑无疑都不利于美国商业界竞争中国市场。蒙代尔、万斯、布朗以及布热津斯基等人认为，中国人已经不相信美国稍后实现关系正常化的承诺。除非建立完全的外交关系，否则我们与中国的文化和经济关系将停滞和破坏。●因此，美国要想与其他西方国家站在同一起跑线上，公平地竞逐中国的巨大市场，就必须打开中国对美开放的大门。正如《纽约时报》专栏作家赖斯顿所言，"在中国开始同日本、德国、英国以及其他工业国家进行大量贸易之后，许多美国大企业家，其中大多数是共和党人，极力要求同北京建立正常关系，使美国有较好的机会及早进入中国市场。"●

第三，国内形势有利于实现关系正常化。尼克松启动中美关系正常化进程后，美国人对中国的了解逐渐增多，赞成实现关系正常化的人也在增多。中美关系正常化进程出现停滞后，美国内部出现了是否应该实现中美关系正常化的争论。在学术界，费正清、鲍大可、哈里·哈丁等著名学者坚决支持与中国实现关系正常化。在参议院，1978年1月，参议员爱德华·肯尼迪在电视讲话中呼吁实现美中关系正常化，认为中国是这个"独特历史时期"亚洲和平的关键；克兰斯特也宣称承认中国的时间已经到了。●在众议院，1978年7月，美国保守派联盟进行了一项调查：你是否支持与中华人民共和国关系正常化，如果这种正常化美国不得不终止与台湾的关系并且废除共同"防务"条约？在435名众议员中，211名反对牺牲台湾利益而与北京建立外交关系，34名"基本上反对"接受这样

● 宫力. 跨越鸿沟：1969—1979年中美关系的演变[M]. 郑州：河南人民出版社，1992：299.

❷ Michel Oksenberg. A Decade of Sino-American Relations[J]. Foreign Affairs，Fall 1982.

❸ 张秀阁，刘凤芹. 改革开放与中美关系[J]. 党史纵横，2008(8).

❹ 陶文钊. 中美关系史(1972—2000)[M]. 北京：中国社会科学出版社，2007：51.

的条件，180名没有做出任何反应，只有6名赞成这样一种行动。●表面上看，国会内部存在强大的反对声音。但是，他们反对的不是与中国关系的正常化，而是"牺牲"台湾的利益，是担心损害美国在台湾的利益。事实上，"1972年尼克松访华以后，国会和行政当局在美国对华政策上持基本相同的立场，都认为美国应该与中国恢复邦交"●。此外，美国大企业家也对卡特政府在中美建交问题上徘徊不前普遍感到不满，极力要求与中国建立外交关系。

1978年，政府内部在正常化问题上逐渐取得共识。驻华联络处主任伍德科克不仅大力呼吁与中国实现关系正常化，而且积极做前往联络处的议员、商人和记者的工作。布朗认为，与中国建立外交关系，"不仅因为中国是对付苏联的战略砝码，而且这样的关系将能增强中华人民共和国对地区安全的兴趣"●。在布热津斯基访华后，国务卿万斯对中美建交的反对意见也大为缓和，积极支持与中国实现关系正常化，提出了很多积极的建议。正如布热津斯基说的："其实，在那个阶段我们两人还是互相合作的；国务院和国家安全委员会在与中国实现关系正常化问题上立场是一致的。"●为了避免国会内部不必要的麻烦，万斯建议在国会休会期间实现关系正常化。他和负责东亚事务的助理国务卿霍尔布鲁克起草了一份备忘录，认为在1978年秋天国会选举后可能存在一个正常化的窗口，这个窗口一直开到1979年初，因此强烈建议利用这个窗口。●正是在这种比较有利的国内条件下，卡特在调处埃以冲突成功后加速了中美关系正常化谈判的步伐，还亲自与驻美联络处主任柴泽民会谈建交问题。

2. 中国力推关系正常化的原因

中美关系正常化的完成是中美两国双向作用的结果，是两国相互妥协的产物。在中美建交秘密谈判中，中国在美蒋共同防御条约、美国对台军售以及美国单方面发表希望中国和平解决台湾问题的声明方面做出了让步。台湾问题事关中国的主权，中国一贯坚决反对别国干涉中国的内政。显然，中国之所以在台湾问题上做出让步，是因为中国面临的国际国内形势发生了重大的变化，需要打开对

---

❶ 郝雨凡. 美国对华政策内幕[M]. 北京：台海出版社，1998:236.

❷ 郝雨凡. 美国对华政策内幕[M]. 北京：台海出版社，1998:381.

❸ 陶文钊. 中美关系史（1972—2000）[M]. 北京：中国社会科学出版社，2007:50-51.

❹ 兹比格涅夫·布热津斯基. 实力与原则[M]. 北京：世界知识出版社，1985:257.

❺ Michel Oksenberg. A Decade of Sino-American Relations[J]. Foreign Affairs, Fall 1982.

美关系的大门。

第一，国内形势发生变化。毛泽东逝世以后，"四人帮"被打倒，邓小平在党中央的领导地位逐渐稳定下来。随着"文化大革命"的结束，中国走出了十年动乱的不正常状态，国家工作重心重新转到经济建设上来。1978年2月，华国锋在五届人大一次会议上的政府工作报告中指出："要在本世纪内把我国建设成为社会主义的现代化强国，需要在政治、经济、文化、军事、外交等各个方面，进行紧张的工作和斗争，而高速度发展社会主义经济，归根到底具有决定性的意义。"11月10日开幕的中央工作会议又讨论了从1979年1月起把全党的工作重点转移到社会主义现代化建设上来。经过36天的充分讨论，即将召开的十一届三中全会的路线、方针、任务都提出来了。在会议闭幕式上，邓小平作了《解放思想，实事求是，团结一致向前看》的报告，从而吹响了改革开放的号角。12月18日，十一届三中全会开幕。经过短短5天时间，会议作出了改革开放的伟大决策。从此，中国开放战略正式确立。

然而，20世纪70年代，国际形势进一步发生深刻变化，科学技术突飞猛进，新兴产业不断崛起，世界经济联系愈益密切。中国发展离不开世界，需要引进国外先进科学技术和富余资金加快现代化建设的步伐。美国不仅是世界上最发达的国家，拥有最先进的科技和最雄厚的资金，而且控制着其他西方发达国家对中国高科技产品的出口。从现代化建设角度看，中国需要美国的资金和先进技术。尼克松访华后，虽然中美关系有了一定的改善，两国经济关系已经开始，但是由于两国没有正式建交，两国关系依然缺乏制度性保障，中美关系的大门可能被关闭。正如奥克森伯格回忆的，为了获取美国能够提供的技术和资金，1978年2月全国人大将经济发展至于中国的最高议事日程，大大增加了与美国建立密切关系的吸引力。[1]不仅如此，中美建立正式外交关系是中国营造和平、稳定的社会主义现代化建设环境的基本保证。1978年5月，邓小平在会见布热津斯基时强调，中国希望获得更多的美国技术，担心美国未必给予通融。他还问布热津斯基，美国是不是担心得罪苏联。[2]因此，邓小平强调中美建交是个"大局"，并在谈判的关键时刻对美国做出了让步。

第二，中苏关系继续紧张。因为苏联在中苏边境和蒙古国驻扎重兵对中国构

---

❶ Michel Oksenberg. A Decade of Sino-American Relations[J]. Foreign Affairs , Fall 1982.

❷ 兹比格涅夫·布热津斯基. 实力与原则[M]. 北京:世界知识出版社,1985:248.

成现实威胁，所以虽然苏联多次表达改善关系的意向，但是中国拒绝了。中国指出，苏联如果真想改善中苏关系，就应该做点实事，撤退在中苏边境和蒙古国的驻军。中苏关系仍然处于紧张状态，在某种程度上还有所恶化。1977年2月，苏联恢复了反华宣传。4月，苏共中央书记齐米亚宁甚至指名攻击中国"反苏立场没有丝毫变化"，并抛出亚历山德罗夫的文章，指名攻击中国党和国家领导人。❶1978年三四月间，勃列日涅夫和苏联国防部长乌斯季诺夫前往西伯利亚和远东视察部队，并观看了具有强烈针对中国色彩的军事演习。5月，苏联飞机入侵黑龙江省，军舰侵入中国水域，边防巡逻兵登上中国江岸并打伤中国居民。6月，苏联将越南纳入经互会并唆使越南反华。9月，勃列日涅夫和柯西金致信越南，诬蔑中国指使柬埔寨"对越南进行侵略"。11月，苏越又签订了具有军事同盟性质的友好合作条约，为越南反华撑腰。显然，苏联的这些行动进一步恶化了中苏关系，引起了中国警惕和担忧。正如1978年国防部长徐向前在纪念建军节的文章中说的，苏联"在中苏边境和蒙古境内陈兵百万，部署进攻性战略武器，并大大加强太平洋舰队的实力，频繁地举行以进攻我国为背景的军事演习……不久前，勃列日涅夫还亲自出马，窜到西伯利亚和远东地区活动，为其军队打气，进行战争鼓噪"❷。在中国看来，苏联之所以能够在中苏边界部署大量SS-20导弹和先进的战斗机、直升机，驻扎重兵，就是因为美国对苏联搞缓和使苏联在欧洲面临的压力减轻，从而恶化了中国的安全形势。

第三，来自越南的威胁增加。新中国建立后，与越南共产党建立了良好关系。在越南反抗法国殖民主义以及美国帝国主义侵略的斗争中，中国都给予了越南重大的支持，成为越南抗法、抗美的可靠后方与坚强后盾。然而，越南1975年后迅速走上了反华道路，不仅借解放南方之机侵占了中国南沙群岛中6个岛屿，而且不断在中越边境制造武装冲突。1975年在中越边境武装挑衅439次，1976年达986次，造成中国边民300多人死伤，还派武警殴打中国维修凭祥铁路的人员，伤50多人。1978年夏秋，中越关系进一步恶化，边界冲突达1000多次。越南还单方面毁坏界桩，派军队在中国境内巡逻、埋雷、设障，派公安人员登记户口，还大肆驱赶华人、华侨。到1978年年底，被越南驱赶到中国境内的华人、华侨达到28万多人，很多华人、华侨被迫逃到其他国家谋生。❸此外，越

❶ 王泰平. 新中国外交50年[M]. 北京：北京出版社，1999：942.

❷ 陶文钊. 中美关系史（1972—2000）[M]. 北京：中国社会科学出版社，2007：51.

❸ 王泰平. 新中国外交50年[M]. 北京：北京出版社，1999：271-272.

南将金兰湾租给苏联作为海空基地，形成对中国南北夹击之势；不断侵略柬埔寨，打算建立"大印度支那联邦"。这些都对中国南疆的稳定构成了重大的威胁。不仅如此，为了改善国际环境，越南还在极力拉拢美国，甚至不惜以放弃对美国的战争赔偿要求为条件促进两国关系正常化。

面对越南的反华浪潮，中国曾经谋求通过谈判解决分歧，以避免冲突。但是，越南不仅不予理睬，反而更加变本加厉地反华、排华。1978年5月，中国撤消了对越南的75个援建项目，7月停止了一切援助项目。这更加引起了越南的嫉恨。7月，越共中央四届四中全会召开，会议通过的《新形势和新任务》的决议指出：越南基本的、长远的敌人虽然是美帝国主义，但直接的敌人是中国和柬埔寨；越南要进一步依靠苏联，在政治上和军事上夺取西南的胜利，防范北方的威胁，准备与中国展开血战。[1]在中国看来，越南已经变成了苏联侵略扩张的工具，其反华排华不是孤立的。因此，越南执意反华使中国西南边疆安全形势迅速恶化迫使中国实现与美国关系正常化，以借助美国制衡苏联，为反击越南扩张主义创造条件。奥克森伯格认为，布热津斯基在与中国领导人的会谈中，最突如其来的是中国领导人对越南背信弃义的强烈谴责。邓小平地位的稳固和中国对南部边疆日益增加的安全关切，可能是促使中国对布热津斯基提议加强战略对话、开始关系正常化谈判以及在关系正常化以前扩大科学和经济交流做出积极反应的两个附加因素。[2]

三、中美建交对中国开放战略的意义

十一届三中全会顺应时代发展的潮流，确立对外开放的基本国策，主要是为了引进发达国家的先进技术和资金，加快中国的现代化进程。显然，中国开放战略确立之初，主要是对以美国为首的发达资本主义国家和地区开放。尼克松访华以后，绝大多数发达资本主义国家与中国建立了外交关系。但是，美国在与中国实现关系正常化的问题上一直踌躇不前。这不仅影响了中美经济和技术交流与合作，而且制约了中国与其他发达国家之间的技术转让与交流。因此，中美建立正常的外交关系，对中国开放战略的形成与确立具有十分重大的意义。

---

❶ 王泰平. 新中国外交50年[M]. 北京：北京出版社，1999:274.

❷ Michel Oksenberg. A Decade of Sino-American Relations[J]. Foreign Affairs , Fall 1982.

1. 确保了中国开放战略顺利启动

党的十一届三中全会将党和国家的工作重心转移到社会主义现代化建设上来，是基于对中国面临的严峻国际环境得到缓解的基础之上的。事实上，在当时的国际形势下，中国的安全环境是非常不利的。在北方，中苏关系非常紧张，中国对苏联极度不信任，中苏关系改善的可能性很小。苏联不仅在中苏边境和蒙古驻扎重兵，而且1978年又在中苏边境部署了SS-20导弹和先进的战斗机，还举行了针对中国的军事演习。苏联对中国的军事威胁不是减小了而是增大了。在南方，越南在苏联的支持下，侵略气焰十分嚣张。"从1978年夏天到初秋，中越关系继续恶化，越南进一步投靠苏联，到9月，越柬之间发生大规模武装冲突的可能性正在增加。"❶中国与越南处于战争的边缘。显然，在这样的环境下，中国当时将改善极端不利的国际环境的希望寄托在中美关系正常化之上。因此，如果中美关系正常化不能顺利完成，那么不仅苏越对中国的军事压力不能缓解，而且中美关系出现恶化的可能性也依然存在。这无疑不利于中国一心一意地从事现代化建设，中国的开放战略也就难以顺利启动。

2. 打开了美国资金和先进技术的大门

美国是两次世界大战的最大受益者。第二次世界大战结束后，美国登上了资本主义世界霸主的宝座，逐渐成为世界上经济实力最为雄厚、尖端技术最为发达的大国。从表3-2可以看出，美国国内生产总值一直处于全球领先地位。从1970年到1978年，美国国内生产总值比日本、德国、英国和法国4国国内生产总值的总和还要多。同时，美国的技术也大大领先于其他发达国家的水平。因此，中国实施社会主义现代化建设对美国资金和先进技术寄予了一定希望。这从邓小平的讲话中可以看出来。1979年1月5日，邓小平回答记者提问时说："为了实现四个现代化，我们愿意同科学技术、工农业比较发达的国家进行合作。我们愿意采取多种方式，同他们进行合作，其中包括银行贷款、补偿贸易，也包括其他方式。在这个问题上，我们历来认为，美国在相当多的领域里处于领先地位。我们欢迎美国像西欧和日本一样，参与这个竞争。"❷1月24日，邓小平在会见美国客人时又说："我们相信中美关系正常化能为美国用先进的东西帮助我们实现四个

---

❶ Michel Oksenberg. A Decade of Sino-American Relations[J]. Foreign Affairs , Fall 1982.

❷ 石丁. 往事千年——历史长河中的精彩瞬间[M]. 北京:世界知识出版社,2005:303.

现代化创造更有利的条件，这点对美国来说也是有利的。"❶

表3-2 1970—1978年美国与主要资本主义国家国内生产总值比较 单位:百万美元

年份	日本	德国	英国	法国	合计	美国
1970	985736	723745	594924	586812	2891217	3045781
1971	1027784	745506	606719	614721	2994730	3147826
1972	1112296	777276	627737	639768	3157077	3326014
1973	1197152	815138	674061	674404	3360755	3519224
1974	1189707	817314	662695	692724	3362440	3499023
1975	1223760	805854	657762	690434	3377810	3468461
1976	1275321	848939	675777	720920	3520957	3657010
1977	1335430	873021	691433	746396	3646280	3845558
1978	1400434	899278	715667	771586	3786965	4043948

资料来源:Angus Maddison, Monitoring the World Economy(1820–1992), Development Centre of the Organisation for Economic Cooperation and Development, 1995, pp.180–183.

　　事实上，美国也知道这一点。因此，在布热津斯基访华后，美国便大力利用技术交流和商品信贷的杠杆推动中美关系正常化的进程。1978年7月，美国总统科学顾问、科技政策办公室主任普雷斯率领一个跨部门的高级科技代表团访华，团员中包括国家宇航局局长、国家卫生研究所所长以及美国各重要科技机构的负责人。这是美国向任何外国派遣的最高规格的科技代表团。❷10月21日，卡特签署了一项农产品出口法案。其中，有一项条款允许商品信贷公司向中国提供3年以内的短期贷款。在此之前，根据杰克逊-瓦尼克修正案的规定，对中国和对苏联一样，是不允许提供这类贷款的。24日，美国能源部长施莱辛格又率美国能源代表团到达中国访问，并于11月4日受到华国锋的接见。❸这些不仅推动了中美关系正常化秘密谈判，而且为中美建交后中国引进美国资金和先进技术奠定了基础。

　　中美关系实现正常化为两国人民发展经济贸易关系开辟了广阔的前景。中美

❶ 邓小平思想年谱(1975—1997)[M]. 北京：中央文献出版社,1998.
❷ 兹比格涅夫·布热津斯基. 实力与原则[M]. 北京:世界知识出版社,1985:260.
❸ 冬梅. 中美关系资料选编(1971.7—1981.7)[G]. 北京:时事出版社,1982:282.

建交公报发表后，卡特总统说道：美国从中美建交所能得到的最大好处之一是，我们既能同台湾、同台湾人民继续保持牢固的贸易和文化联系，又能同中华人民共和国的几乎10亿人民发展新的繁荣的贸易关系。[1]对于中国来说，从中美建交中所能得到的最大好处之一是中国打开了世界上最发达国家资金和技术的大门。1979年1月28日至2月5日，邓小平访问美国，双方在华盛顿签订了中美科技合作协定和文化协定，两国在教育、农业、空间方面合作的谅解的换文，两国在高能物理方面合作的协议，以及关于建立领事关系和互设总领事馆的协议。[2]从此，美国的资金和先进技术成为推动中国开放战略发展的重要外部力量之一。

3.减小了从其他发达国家引进技术的阻力

尼克松访华后，西方发达国家纷纷与中国建立外交关系。这在很大程度上扫除了双方经济贸易关系的障碍。在中国"优先照顾"已经建交的国家的政策下，西欧、日本等与中国的经济贸易关系迅速发展，远远走在美国的前面。但是，由于巴黎统筹委员会的存在，中国与这些发达国家之间的军事技术转让受到了极大的限制。同时，在西方发达国家的高科技产品中，大多含有美国的技术部件，其转让也必须得到美国的允许。1977年入主白宫后，卡特再次重申了不向中国出售武器的禁令。国务卿万斯则坚持，在军售和技术转让方面对中国与苏联要同等对待。1978年初，英国、法国等国家极想向中国转让技术产品，但必须事先询问美国。因此，要想打开西方发达国家技术转让的大门，就必须改善与美国的关系。

奥克森伯格指出，"对于基辛格来说，科学和文化交流显然是附属的关切，被归入了次要议程之中。对卡特及其属下而言，与中国的科学交流可以用作重要的政策工具。"[3]事实上，随着中美关系正常化进程的加快，美国在逐渐放松对中国转让技术的限制。1978年5月，布热津斯基访华时告诉中方，美国愿意放宽巴黎统筹委员会的限制，以利于向中国转让先进技术。美国将批准向中华人民共和国出口可用于资源勘探的一种红外线扫描器。[4]11月，万斯对新闻界发表谈话

[1] Jimmy Carter, Diplomatic Relations between the United States and the People's Republic of China Remarks at a White House Briefing Following the Address to the Nation, December 15,1978. http://www.presidency.ucsb.edu/ws/index.php?pid=30310&st=&st1=.

[2] 冬梅. 中美关系资料选编(1971.7—1981.7)[G]. 北京:时事出版社,1982:286.

[3] Michel Oksenberg. A Decade of Sino-American Relations[J]. Foreign Affairs, Fall 1982.

[4] 兹比格涅夫·布热津斯基. 实力与原则[M]. 北京:世界知识出版社,1985:245-246.

说，美国将不向中国和苏联出售武器，但不反对盟国向中国出售武器，只要这些武器是防御性的，不会对台湾构成威胁。❶显然，这只是卡特政府推进中美关系正常化的一种临时性措施。如果中美关系正常化不能实现，这种临时性措施就随时有可能被取消。因此，中美关系正常化的完成，为中国从其他发达国家引进先进技术创造了条件。

小　结

从尼克松访华到中美建交公报的发表，中美关系正常化经历了将近7年的艰辛历程。在这个漫长的过程中，影响中美关系发展的因素是多方面的。其中，战略因素始终居于主导地位。对于美国来说，改善对华关系是为了防止苏联挑战其霸权，避免发生美苏权力转移。因此，当苏联扩张势头放缓以后，美国就轻视中国的作用；美苏关系再度紧张时，便重新掏出"中国牌"。对于中国来说，改善对美关系主要是为了摆脱两面受敌的压力，赢得安全的周边环境。最初是美国和苏联的压力，后来是苏联和越南的压力。由于苏联威胁始终存在，因此中国一直积极推进中美关系正常化。

然而，中美关系正常化启动后，开放战略对中美关系的影响逐渐显现出来。对于中国来说，尼克松访华重新燃起了久已沉寂的开放梦想。随着中国国内政治局势的稳定，到1978年初，实现党和国家工作重心的转移已成为中央领导集体的共识，对外开放思想逐渐形成。同时，随着中外交往的增多，中国不仅意识到美国资金和技术对中国现代化的重大意义，而且意识到美国在发达国家向中国转让技术方面的巨大影响。因此，为了加快社会主义现代化的历史进程，中国在以经济手段促进美国采取更加积极的对华政策的同时，又在台湾问题上对美做出了一定的让步。对美国而言，中美关系解冻推动了两国的经济往来和文化交流。随着中美经济关系和文化交流的不断增多，美国对中国的认知逐步调整，要求改善对华关系的呼声日益增强，与中国实现关系正常化逐渐成为一种普遍的共识。同时，美国认识到中国对资金和先进技术的渴望，便利用自己资金和技术的优势诱使中国在台湾问题上做出更多让步，以在最大限度满足美国"非法利益"的前提

---

❶ 冬梅. 中美关系资料选编(1971.7—1981.7)[G]. 北京:时事出版社,1982:282.

下实现中美关系正常化。可见，开放战略对中美关系正常化发挥的始终是积极的促进作用。

值得指出的是，尼克松访华不仅开启了中美关系正常化的大门，而且开启了中国对西方发达国家开放的大门。正是在中美关系不断改善的过程中，中国与发达国家的关系迅速发展，中国恢复了在联合国等国际组织的合法席位。这为中国开放战略的形成创造了有利条件。然而，正当1978年开放战略启动之际，苏联对华军事压力不断增大，越南对华军事挑衅不断升级。在如此严峻的周边环境下，中美关系正常化的完成，不仅打开了发达资本主义国家资金和先进技术的大门，而且保证了中国开放战略的顺利启动。因此，中美关系正常化对开放战略产生的也始终是积极的影响。

第四章　政策性开放与中美关系迅速发展

为了填补现代化进程中资金和技术的"双缺口"，引进外资和先进技术是一国开放之初的主要目的。中国开放战略实施初期，主要通过实行特殊的经济政策和经济管理制度来引进国外资金和先进技术，加快中国社会主义现代化建设的历史进程。中美关系正常化以后，美国成为中国开放的重要对象。从此，中国开放战略与中美关系相互作用。一方面，中美关系对中国开放战略产生了重大影响；另一方面，中国开放战略也为中美关系增添了新内容，并开始影响中美关系的发展进程。

第一节　中国对美开放取得的成果

美国是经济实力最为雄厚的大国，也是科学技术最为发达的大国，是中国开放战略实施的最主要对象之一。中美关系正常化以后，在双边关系迅速发展推动下，中美之间的开放全面发展，既涉及到经济、政治、科技、军事、文化等众多领域，又涉及中央、地方、企业、个人等各个层面，逐渐形成了一种全方位、多层次、宽领域的开放态势，取得了丰硕的成果。

一、经济开放稳定发展

经济关系是开放最原初、最基本的内容，也是国家之间关系发展的基本动力。中美关系的发展史表明，正常的国家关系是发展经济关系的前提。在国家关系不正常的情况下，经济关系也会受到影响甚至被彻底扭曲。在美国对华绝对禁运时期，中美之间不存在任何经济关系。尼克松开始改善对华关系以后，两国关系开始得到恢复。但是，由于没有正常的国家关系，两国经济关系缺乏制度保障，在中美关系正常化停滞后迅速萎缩。中美关系正常化重新启动后，两国的经济关系又开始发展起来。1979年1月1日，中美正式建立外交关系。这为两国经济关系的迅速发展打开了大门。

1. 扫除经济关系发展的障碍

虽然中美已经建立了正式外交关系，但是由于历史原因，中美之间仍然存在一些影响发展经济关系的因素。这主要是朝鲜战争期间双方冻结的资产问题、中国的最惠国待遇问题以及美国对华贸易限制问题。排除这些障碍是发展中美经济关系的前提。

关于双方冻结的资产问题，两国在尼克松访华后不久就开始了谈判。但是，主要由于两国关系正常化停滞不前而没有达成协议。两国关系正常化以后，这一问题很快得以解决。1979年2月24日到3月4日，美国财政部长布卢门撒尔访华，双方就资产问题达成了协议。关于最惠国待遇问题，尼克松访华时双方就此交换过意见。但是，由于当时中美贸易规模非常小，美国没有把它当回事，双方也没有取得共识。中美建交后，随着中国开放战略的确立与实施，最惠国待遇问题成了中美双方必须解决的一个紧迫问题。5月，美国商务部长朱厄妮塔·克雷普斯访华，双方就这两个问题达成了共识，签署了解决资产问题等协议，草签了中美贸易协定。10月23日，卡特将美中贸易协定提交国会批准，并签署一项公告说：根据杰克逊-瓦尼克修正案，中国有资格获得最惠国待遇。1980年1月24日，美国参众两院分别以74票对8票和294票对88票批准了中美贸易协定。31日，美国财政部宣布解除价值8050万美元的中国资产的冻结。这在一定程度上扫除了两国经济关系发展的主要障碍，对中美经济关系的发展具有重大的意义。正如美国众议院筹款委员会主席艾尔·厄尔曼在通过中美贸易协定后指出的，这是"一个具有历史意义的时刻，是美中关系的转折点"[1]。2月1日，中美贸易协定正式生效。

关于对华经济贸易限制问题，朝鲜战争期间，巴黎统筹委员会在美国推动下专门设立了负责对中国实行贸易管制的中国委员会，形成了对中国出口的广泛限制。对中国出口限制的严格程度远远超过了对苏联等其他社会主义国家的限制。同时，由于中国属于共产党国家，美国《1961年外援法》规定：美国私人投资公司不得为在中国投资的美国人提供保险。[2]这在很大程度上影响了美国人前来中国投资的积极性。中美建交后，为扫除这些障碍，美国逐步放宽了对中国的出口限制。1980年4月，美国商务部宣布将中国的出口控制由Y组改为P组。7月，美国参众两院批准了海外私人投资公司在中国开展业务的计划，卡特8月签署了该法案。9月，美国商务部又宣布放宽对中国出口的一些限制。1983年，美国进一步将中国从出口管制P

---

❶ 冬梅. 中美关系资料选编(1971.7—1981.7)[G]. 北京:时事出版社,1982:299.

❷ 肖虹. 中美经贸关系史论[M]. 北京:世界知识出版社,2001:21.

组改为 V 组，并宣布 7 类电子产品列入可以向中国出售"绿区"。1985年，"绿区"的范围又扩大到了 27 类。1987年，进一步扩大到了 31 类。❶

2. 双边贸易迅速发展

在双方积极推动下，两国的贸易关系迅速发展起来。表4-1显示出，1979年中美关系正常化促进了两国贸易的飞速发展。双边贸易额从1978年的11.48亿美元增加到1979年的24.07亿美元，增长率为109.7%，大大高于中国同期对外贸易增长率42.1%。中美贸易占中国对外贸易总额的比重也由1978年的5.6%增加到1979年的8.2%。由于两国关系的影响，从1979年到1991年，中美双边贸易虽然出现过两次明显的滑坡，但总体上保持了发展势头，增长了489.9%，大大高于同期中国对外贸易增长率362.7%。显然，这不仅仅是中国总体贸易规模扩大的结果，而且是中美双边关系内在动力作用的结果。事实上，从1979年到1991年，中美贸易额占中国对外贸易总额的比重也由8.2%上升到了10.5%，中美贸易在中国对外贸易中的地位加强了。

表4-1　1978—1991年中美双边贸易及其占中国对外贸易情况

年份	中美双边贸易额/亿美元	中国对外贸额/亿美元	占比
1978	11.48	206.4	5.6
1979	24.07	293.3	8.2
1980	46.4	378.2	12.3
1981	59	440.2	13.4
1982	52.8	416.1	12.7
1983	44.9	436.2	10.3
1984	61	535.5	11.4
1985	73.5	696.0	10.6
1986	73.3	738.5	9.9
1987	78.8	826.5	9.5
1988	100.11	1027.8	9.7
1989	122.50	1116.8	10.97
1990	117.7	1154.4	10.2
1991	141.98	1357.0	10.5

数据来源：中华人民共和国商务部网站。田增佩.改革开放以来的中国外交[M].北京：世界知识出版社，1993：20.陶文钊.冷战后的美国对华政策[M].重庆：重庆出版社，2006：122.

---

❶ 王泰平.新中国外交50年[M].北京：北京出版社，1999：1398.

与此同时，美国对华出口商品的结构也开始发生变化。在20世纪80年代初，美国对中国出口的商品主要是农产品，如谷物、棉花和大豆等。此外，还有部分合成纤维和化工产品。20世纪80年代中期以后，美国对华出口商品中的农产品比重在逐渐减少，技术产品份额在不断扩大。1984年，美国对华出口商品中的机器、电子、仪表等产品占24.6%，1987年上升到42.2%。❶之所以出现这种变化，一方面是由于美国放宽了对中国的出口限制；另一方面是因为中国国内经济形势好转，农副产品进口需求减少。中国农村开始实行的联产承包责任制极大地调动了农民的生产积极性，农业产量连年大幅增长。在这种情况下，中国大幅度削减了从美国的农产品进口。❷此外，这种状况的出现也与当时中美贸易总体萎缩有一定的关系。事实上，美国对华出口中的技术限制和歧视性规定依然存在。

3.对华投资独占鳌头

在一定程度上讲，美国国会批准美国私人投资公司在中国开展业务减轻了美国人来华投资的隐忧。但是，由于两国长期隔绝，美国人对中国的投资环境不甚熟悉，对中国仍然存在一定的疑虑。同时，中美两国在台湾问题上还存在较大的分歧，两国关系还呈现不稳定的隐患。在这样的情况下，美国人来华投资的热情也受到了一定的抑制。因此，在中美实现关系正常化之初，美国人对来华投资持观望态度。从表4-2可以看出，1980年与1981年，美国在华直接投资额非常有限，累计仅0.6亿美元。事实上，1979年10月，国家旅游总局和中国国际旅行社北京分社，与美国伊沈发展有限公司签订了共同投资7200万美元建设北京长城饭店的合同。但是，主要由于中方的原因，长城饭店建设工程一直拖到1981年3月10日才破土动工。这从一个侧面表明当时中国的投资环境确实还有待改善。

表4-2　1980—1992年美国对华直接投资累计金额占其对外直接投资累计金额的比重(%)

年份	中国	全球	占比
1980	0.4	2154	0.02
1981	0.6	2283	0.03
1982	3.8	2078	0.18

---

❶ 熊志勇.百年中美关系[M].北京:世界知识出版社,2006:314.

❷ 肖虹.中美经贸关系史论[M].北京:世界知识出版社,2001:27.

年份	中国	全球	占比
1983	7.6	2072	0.37
1984	9.2	2115	0.43
1985	21	2297	0.91
1986	26	2592	1.00
1987	29	3080	0.94
1988	32	3269	0.98
1989	39	3734	1.04
1990	42	4305	0.98
1991	48	4678	1.03
1992	79	4990	1.58

资料来源：汪熙,张耀辉.析美国对华直接投资[N].复旦学报:社会科学版,1996(2).

　　1980年10月，中美草签了美国海外私人投资公司在华开展业务的协议，进一步消除了美国人来华投资的担忧。1982年12月，中美签署了《关于投资条约要点议定书》❶，这为美国人在华投资提供了制度保障。此后，随着中国对外开放地域的不断拓展，投资环境的不断改善，美国在中国的直接投资也逐渐增加。表4-2显示出，从1980年到1982年，美国在华直接投资累计只有3.8亿美元。1982年以后，美国对华直接投资不仅一直呈现出上升趋势，而且增长速度也比较快。到1992年，美国对华直接投资累计达到了79亿美元，比1982年增长了1978.9%。值得指出的是，在整个20世纪80年代，美国在华投资仍处于调查和探索阶段。在美国对外直接投资中，对华直接投资所占的比重非常小，到1992年累计才达到1.58%。投资领域最初主要集中在旅游和石油行业，后来逐渐拓展到机械、化工、煤炭、仪器、汽车、轻工、医疗等领域。然而，即使是这样，美国在外国对华直接投资中仍然处于前列。表4-3显示出，虽然在1989年和1991年出现了滑坡，但是从1988年到1992年，美国对华直接投资仍然大大超过了日本、德国、英国和法国，总额达到了50.4亿美元。

---

❶ 汪熙,张耀辉. 析美国对华直接投资(1980—1994年)[J]. 复旦学报:社会科学版,1996(2).

表4-3　1988—1992年美日德英法对华直接投资比较　　　　单位:亿美元

年份	1988	1989	1990	1991	1992	合计
美国	3.7	6.4	3.6	5.5	31.2	50.4
日本	2.8	4.4	4.5	8.1	21.7	41.5
德国	0.5	1.5	0.5	5.6	1.2	9.3
英国	0.4	0.3	1.2	1.3	2.9	6.1
法国	0.2	0.1	0.1	0.1	2.8	3.3

资料来源:汪熙,张耀辉.析美国对华直接投资[N].复旦学报:社会科学版,1996(2).

4.经济交流与合作全面展开

经济交流与合作既是经济关系的一个重要内容,也为贸易和投资创造了条件。中美实现关系正常化后,由于两国刚刚从隔绝中走出来,各方面经济联系和合作有待建立,因此经济联系非常频繁。据粗略统计,1979年,前来中国联系洽谈经济业务的比较有影响的代表团就有十几个,涉及钢铁、航空、石油、矿业、通信、银行等多个领域。❶为了推动双边贸易的发展,1980年9月12日,中国经济贸易展览会在美国旧金山开幕,当时在美国访问的薄一波副总理主持了开幕式。展出两周后,又前往芝加哥和纽约继续进行了展览。这是新中国成立后第一次在美国举办大型综合性展览会。11月17日至28日,美国在北京举办美国经济贸易展览会,这是美国在新中国举办的第一个大型展览会。此后,随着中国开放战略的不断深化以及中美关系的不断发展,两国间经济交流与合作的范围也不断拓展。

在两国的经济关系中,金融业的交流与合作是一个非常重要的领域。事实上,双方金融业的交流与合作可以追溯到1973年。1973年6月23日,美国大通曼哈顿银行董事长洛克菲勒访华,同中国银行建立了业务关系,开启了两国金融业合作的新时期。中美关系正常化以后,美国一些银行纷纷要求同中国的金融机构建立代理关系或设立代表处。1980年10月,芝加哥第一国民银行在北京设立了代表处,美国美洲银行也与中国国际信托投资公司开始了业务合作。此后,到中国来开设代表处的银行不断增多。到1988年,芝加哥第一国民银行、花旗银行、美洲银行、大通银行、汉华实业银行、化学银行、第一联美银行和建东银行

---

❶ 冬梅.中美关系资料选编(1971.7—1981.7)[G].北京:时事出版社,1982:285-298.

等在北京、上海、广州、深圳等地总共设立了13家代表处。中国金融机构也开始前往美国开设分支机构，拓展业务。通过金融合作，这些机构不仅为两国经济贸易发展做出了贡献，而且为中国现代化建设筹措了部分资金。从1979年到1987年，中国共利用美方信贷资金6.63亿美元。❶

此外，随着两国关系的发展及开放战略的实施，一些美国新闻机构和公司也纷纷前来中国拓展业务。到1980年底，有16家美国新闻机构在北京设立了办事处，80家美国公司在中国开设了代表处。❷

二、技术开放取得重要成果

引进美国的先进技术，是中国对美开放的重要目标之一。中美建交为中国引进美国先进技术创造了条件。1979年1月，邓小平访美，科技合作成为两国商讨的主要内容之一。随着美国对华出口管制的逐渐放松，在两国政府间科技合作的推动下，两国民间科技合作与交流也迅速发展起来。

1979年初，邓小平访美期间与卡特亲自签订了政府间科学技术合作协定，从而揭开了两国政府间大规模科技合作的序幕。在此基础上，中美双方根据平等、互利和互惠的原则，在教育、农业、高能物理、工业科技管理、科技情报、计量、大气、海洋、卫生、水电、地震、地学、环境保护、基础科学、建筑和城市规划、地表水、核安全、核物理和磁约束核聚变、航空、交通运输、统计、化石能、测绘、电信、铁路、自然保护和空间技术27个领域签订了部门合作议定书或谅解备忘录，商定了500多个合作项目。❸两国政府间科技合作迅速全面展开。为加强政府间科技合作，双方多次召开中美科技联合委员会，从而推动了科技合作的顺利进行。1984年协定到期后，有效期继续延长了5年。其间，双方通过互派专家、联合举办学术会议、联合调查、联合研究、联合生产等方式开展了富有成效的合作，特别是在农业、大气、地震研究、海洋、基础研究和医学合作等方面取得了显著的成果。在1989年以前，合作进展顺利，人员交流达到5000多人次。❹1988年，中美双方又就卫星发射签订了备忘录，就海洋与渔业科技合作、测绘科学技术合作、化石能以及地震研究科技合作等议定书签署了附件，促

❶ 熊志勇. 百年中美关系[M]. 北京:世界知识出版社,2006:317.

❷ 陶文钊. 中美关系史(1972—2000)[M]. 北京:中国社会科学出版社,2007:116.

❸ 熊志勇. 百年中美关系[M]. 北京:世界知识出版社,2006:317.

❹ 王泰平. 新中国外交50年[M]. 北京:北京出版社,1999:1397.

进了科技合作与交流的发展。

美国对华出口管制放松也为美国对华技术出口与转让创造了条件。中美关系正常化后，美国逐渐放松对中国的技术出口限制。在出口管制类型上，中国逐渐由Y类被放松到P类，最后被列入V类。1988年，里根签署《综合贸易和竞争法》，其中规定：对向中国出口高技术实行分销许可证办法后，一种产品或技术在获准后两年内可以重复出口，无须再办审批手续；中国转口产品中内含美国控制的零部件比例由10%提高到25%；缩减出口管制范围，取消原来对普通现代化电梯、常见医疗设备、通用办公用品等的出口管制，并规定对装有微电脑的通用设备不因含有电脑而施加管制；在中国展出的产品，只要能按时收回，不计其高技术水平，均可到中国参展。❶

在政府科技合作的推动下，两国民间科技合作也迅速展开。1987年，中美科学家共同发现了Markarian348星系。这是一个比银河系大很多倍的新星系。同时，随着美国对华技术转让限制的不断放松，一些美国公司开始与中国联合生产客机和吉普车、开采石油和煤矿、参与三峡工程的准备工作等等，取得了较好的效果。❷

中美科技合作与交流使中国建成了一批具有当时世界先进水平的科技装置，提高了中国的科技生产水平，推动了中国的科技现代化。根据1979年方毅副总理和美国能源部长斯莱辛格签订的高能物理协定，中美两国科学家在高能物理研究方面展开了深入合作。在美国科学家的大力协助下，1988年10月，我国唯一的高能粒子对撞机——北京正负电子对撞机提前成功实现对撞，其"主要技术指标和性能参数已达到或超过设计要求，具有80年代国际先进水平"。❸通过引进美国先进生产技术，中美合资的北京吉普车有限公司极大提高了原有厂家的技术水平，1987年零部件国有化水平达到了24.55%；上海航空工业公司和美国道格拉斯飞机公司合作生产的MD82大型客机1989年总装7架，试飞合格率达到100%。❹

❶ 熊志勇. 百年中美关系[M]. 北京：世界知识出版社,2006:314.

❷ 熊志勇. 百年中美关系[M]. 北京：世界知识出版社,2006:321-322.

❸ 中国科学院高能物理研究所中国科学院基础科学局. 北京正负电子对撞机[J]. 中国科学院院刊,2008(4).

❹ 熊志勇. 百年中美关系[M]. 北京：世界知识出版社,2006:316.

三、军事开放不断推进

中美关系从解冻到建交，战略因素始终是一个主要动因。虽然在朝鲜战争期间以美国为首的西方国家对中国实行绝对的禁运措施，对中国的出口管制比对苏联、东欧等国家严格得多，但是中美关系正常化启动后，为增强中国抗衡苏联的能力，美国对华出口的管制逐渐松动。特别是中美关系正常化的完成，为中美之间的军事交流与合作提供了条件，两国间的军事开放不断推进。

军事交流是两军关系的重要内容。随着中美关系正常化的完成以及苏联对阿富汗的入侵，中美两军交流迅速展开。1980年1月，布朗访华揭开了两国军事交流的序幕。布朗是美国第一位访华的国防部长，受到了中国热烈欢迎。华国锋、邓小平、副总理兼国防部长徐向前、副总理兼军委秘书长耿飚均会见了他。5月，副总理兼国防部长耿飚、解放军副总参谋长刘华清应布朗之邀访美。9月，美国国防部副部长佩里率五角大楼一个高级代表团访华。里根入主白宫之初，中美军事交流受到了美国对台政策的重大影响。1983年9月，美国国防部长温伯格访华，恢复了中断两年的两军高层互访，两军交流迅速热络起来。1984年6月，国防部长张爱萍访美。8月，美国海军部长莱曼访华。11月，海军副参谋长陈裕铭率中国海军代表团访美。1985年1月，美国参谋长联席会议主席维西、太平洋司令部司令克劳访华。同年，美国助理海军部长梅尔文·佩斯利、空军参谋长加布里埃尔、中国海军司令刘华清也先后到对方进行了访问。1986年4月，美国海军作战部长沃特金斯访华。5月，中国人民解放军总参谋长杨得志访美。10月，美国国防部长温伯格再度访华，中国人民解放军总后勤部长洪学智访美。11月，美国陆军参谋长维克哈姆访华。1987年，美国海军陆战队司令凯利、中国人民解放军空军司令王海、中央军委副主席杨尚昆、美国太平洋司令部司令海斯、美国空军部长奥尔德里奇等先后到对方访问。1988年9月，美国国防部长卡卢奇访华。10月，美国海军作战部长特罗斯特访华，等等。这些访问不仅次数多、级别高，而且范围广，涉及中美两军陆海空各兵种，既加深了中美两军的相互了解和信任，还促进了两军不同层面的合作。此外，两军情报、训练、后勤等方面的功能性交流也比较频繁。

早在福特政府时期，中美就曾谨慎试探军事合作的可能性。在中美建交秘密谈判期间，双方也进行了试探。但是，直到邓小平访美前，这种努力没有取得进展。正如布热津斯基指出的，"中美两国在安全方面的关系发展得很缓慢而欠踏实。我们方面对邓小平愿与我们搞非正式同盟的谈话持审慎态度，尽管1978年以来布朗和我都认为不妨同中国搞一点防务合作"。1979年1月，邓小平访美期间，卡特授权布热津斯基与中国进行某种特别谈判，布热津斯基亲自抓这件事情。5月，卡特总统又亲自出面向中国提出了一些逐步扩大中美战略联系的建议，从而跨过了一个重要的门槛。美国还向中国建议让美国军舰访问中国港口，作为对苏联舰队进驻越南岘港的回答。年底，中美终于达成了一项非正式协定。❶1980年，中美在新疆建立了2个监测站，以监视苏联的核试验。

1983年9月，美国国防部长温伯格访华，两国开始进行军事装备项目合作。中美双方第一批选定了3个项目：歼8-Ⅱ型飞机改装、大口径炮弹生产线、TBO鱼雷项目，其中以歼8-Ⅱ型飞机改装项目最大，改装后飞机的性能优于美国生产的F-16A型飞机，项目经费原定由中方负担5.02亿美元，准备改装55架飞机给中国。1986年10月，歼8-Ⅱ型飞机改装项目开始实施，预计用8年时间分三个阶段完成全部项目，1994年交付全部产品。到1989年，歼8-Ⅱ型飞机改装项目已经顺利进行到了第二个阶段。但是，由于政治原因，美国暂时停止了全部三项军事装备合作工程，并最终迫使中方终止了这些合作项目。❷

为推动中美战略合作，美国逐步放松了对华军售限制。1979年1月，卡特总统在瓜德罗普与英、德、法首脑举行非正式讨论期间表示：美国不反对西方在向中国出售武器问题上采取通融态度。4月，布热津斯基和布朗又说服万斯通知英国，美国不反对英国向中国出售武器，并劝英国不必将出售武器的案子送呈统筹委员会审查，免得滋生争论。❸然而，在对华军售问题上，美国内部存在较大的分歧。万斯和国务院的人继续从美苏缓和出发，坚持对中苏"一碗水端平"的政策，反对向中国出售武器，反对与中国开展军事合作，反对布朗访华。虽然他们在7月达成了一致意见，同意向中国提供某些民用先进成像系统、配有先进导航仪器的小型喷气飞机，但是这种分歧仍然没有得到解决。直到1979年12月苏联入侵阿富汗，美国内部才在这个问题上统一了意见。1980年1月5日布朗启程访华当天，卡特让他告诉中国，美国政府愿意考虑以个案处理的方式向中国出售非杀伤性武器，包括叉车、雷达，以及通讯、指挥和控制设备。❹不久，国务院宣

❶ 兹比格涅夫·布热津斯基. 实力与原则[M]. 北京:世界知识出版社,1985:475-476.

❷ 王泰平. 新中国外交50年[M]. 北京:北京出版社,1999:1400-1401.

❸ 兹比格涅夫·布热津斯基. 实力与原则[M]. 北京:世界知识出版社,1985:476.

❹ Michel Oksenberg. A Decade of Sino-American Relations[J]. Foreign Affairs，Fall 1982.

布放宽针对中国的各种条例，可由军火管制局发放许可证向中国出口30种后勤装备。4月，美国商业部又将中国从出口管制的Y类（对华沙条约国集团）转到P类（对新国家集团），运输飞机、远距离通讯设备、军用直升飞机之类的敏感装备都可以向中国出售。7月，商业部宣布进一步放宽许可出口范围。9月，美国国防部一个高级代表团访华，表示美国准许对华出口400多种用于军事后勤的先进技术装备。[1]然而，美国对华军事技术转让也附带了一些限制条件，如不能转让第三者。

里根入主白宫初期，中美两国由于台湾问题而摩擦增加，对华军售也停顿下来。直到1983年6月21日，美国商务部宣布放宽对华技术出口控制，将中国从出口管制的P类国家改为V类国家，即与美国友好的非同盟国。9月温伯格访华期间，双方进一步讨论了军售和技术转让问题。经过多轮谈判，1984年3月达成了协议，美国同意向中国提供反坦克和防空武器以及雷达等技术装备。6月张爱萍访美期间，美方答应向中国提供喷气截击机用的先进航空电子设备以及在美国基地为中国培训飞机驾驶员，中方同意向美国出售一批仿苏联米格-21型的歼-7飞机。美国还原则上同意向中国出售陶式反坦克导弹、霍克防空导弹以及提供炮兵使用的火箭增程弹、高爆炸药和穿甲弹等的生产技术。8月，美国西科尔斯基飞机公司同中国签订出售24架S-70C型直升机的合同，价值1.4亿美元。1985年1月，美国又同意向中国出售声纳、鱼雷、船用柴油发动机和舰载反导弹火炮。9月，美国决定对华出售价值9800万美元的生产线。1986年，美国同意提供价值5.5亿美元的航空电子设备等。[2]1987年1月，美国国防部声明说：美国政府准备向中国出售价值6200万美元的四组跟踪火力炮兵雷达和无线电设备。此外，美国还向中国出售了4枚"马克-46-2"型鱼雷供中国试验和测评。但是，这种情况不久又发生了变化。1986年10月，随着伊朗局势紧张，美国指责中国向伊朗出售导弹，暂停审议对中国高技术出口。[3]

四、教育文化交流与民间往来活跃

教育文化交流与合作是获得国外先进技术的重要途径。早在1973年2月，毛

---

❶ 兹比格涅夫·布热津斯基. 实力与原则[M]. 北京：世界知识出版社，1985:480.

❷ 熊志勇. 百年中美关系[M]. 北京：世界知识出版社，2006:306.

❸ 陶文钊. 中美关系史（1972—2000）[M]. 北京：中国社会科学出版社，2007:223.

泽东就在会见基辛格时反复强调要派人留学。"他重复说,他要派更多中国人到外国留学。"●但是,当时中美尚未建交,两国开展教育文化交流与合作的条件尚不具备。直到中美正式建交后,两国的教育和文化交流与合作才正式启动。

1978年12月16日,中美发表了建交公报。26日,中国首批赴美留学的50名访问学者到达华盛顿,两国间的教育交流与合作正式启动。此后,中国政府派往美国留学的人数迅速增加。1979年,中国向美国派出了1330名学生和访问学者,1980年增加到了4324名,1983年猛增到19000名。●1990—1991年,中国在美留学生人数共有39597人,占外国在美留学生总数的9.7%。1980年10月,美国哥伦比亚大学、哈佛大学、耶鲁大学等64所大学联合在中国招收物理专业研究生127名。中国60多个高等学校和研究单位的学生和其他研究人员参加了考试。●1984年,美国有100多所学院和大学与中国约100所大学有交流计划。随着教育交流不断发展,中国人开始自费赴美留学,并且人数不断增多。从1979年到1991年,中国赴美留学总人数7万多人。其中,公费4万多人,自费3万多人。同时,随着对华了解的增加,美国人也开始来华留学。1979年到1988年,美国来华留学生人数达到7000多人,多数学习汉语,少数从事社会科学研究和学习。●

在留学人数不断增多的同时,两国之间的教育交流与合作也逐步发展起来。到1988年,中美共有34个教育代表团实现了互访。1988年11月,中国国家教育发展与政策研究中心还与美国卡内基教学促进基金会签署了合作协议,决定3年内双方在高等教育的发展、改革与制定政策方面进行研究合作。●此外,还有一些美国学者来华从事教育教学工作,美国还在中国实施了富布赖特项目。1984年,仅在复旦大学任教的美国教授中就有2名富布赖特教授。●

两国间各种交流活跃,范围非常宽广。在建交之初的两三年,中国平均每半年有25个文化和体育代表团访美,美国也有许多音乐体育团体访华。●1980年1

● 亨利·基辛格. 动乱年代:基辛格回忆录(第1册)[M]. 北京:世界知识出版社,1983:89.

● 陶文钊. 中美关系史(1972—2000)[M]. 北京:中国社会科学出版社,2007:116.

● 熊志勇. 百年中美关系[M]. 北京:世界知识出版社,2006:323.

● 王泰平. 新中国外交50年[M]. 北京:北京出版社,1999:1399.

● 王泰平. 新中国外交50年[M]. 北京:北京出版社,1999:1399.

● Ronald Reagan, Remarks at Fudan University in Shanghai, China, April 30, 1984. http://www.presidency. ucsb.edu/ws/index.php?pid=39843&st=&st1=.

● 陶文钊. 中美关系史(1972—2000)[M]. 北京:中国社会科学出版社,2007:116.

月，纽约大都会艺术博物馆开始仿建苏州古典庭园。8月，北京京剧院一行74人应邀赴美演出；美国不列颠百科全书出版公司和中国百科全书出版社宣布不列颠百科全书（简编）的中译本将在中国陆续出版。两国的文学作品也开始被介绍到对方，美国的戏剧《哗变》和《推销员之死》、中国的影片《老井》和《红高粱》等，都在对方赢得了不少观众的青睐。●随着两国关系的不断发展，双边文化交流项目不断增多，规模也不断扩大。仅1987、1988两年，各种交流项目就达到100多个，参加者有1000多人。1988年，双方互访团组有200个、1500人。此外，两国人民之间的友好交流与往来也迅速增多。建交10年，两国间建立了友好省州25对、友好城市45对。美国来华旅游的人数也不断增加。1980年10万多人，1987年达到30多万人。●这对增进两国人民的了解和友谊产生较好的作用。

第二节　中美关系对中国对美开放的影响

中国实行对外开放的主要目的，就是要引进国外的资金、技术和管理经验，加快中国现代化的历史进程。资本的本性就是追逐剩余价值。无论是金融资本还是知识资本，都是尽可能地朝利润更高的地方流动的。中国庞大的市场和优惠的经济政策，为吸引美国资金和技术创造了条件。然而，任何事物的发展都不可能脱离于其赖以存在的客观环境。中国对美开放是在中美关系改善的背景下展开的。20世纪80年代，中国改革开放处于起步和探索阶段，尚没有形成良好的市场经济环境。作为中美关系的组成部分，中国对美开放在很大程度上受制于中美关系的总体发展水平。

一、中美关系艰难磨合期

尼克松在谈论中美关系解冻时指出："我们不幻想双边关系的发展不受干扰。尽管我们跨越了巨大的距离，但是20年来的敌意不可能在两年内消除，仍

---

❶ 熊志勇. 百年中美关系[M]. 北京：世界知识出版社，2006：323.

❷ 王泰平. 新中国外交50年[M]. 北京：北京出版社，1999：1399.

然需要谨慎和信任。"❶中美建交以后，两国间仍然存在涉及中国根本利益的台湾问题，存在很大的认知差距，双边关系很不容易契合。从1979年中美建交到1983年，中美关系就是在艰难的磨合中缓慢前进的。

1. 中美在台湾问题上的较量

台湾问题是中美关系的核心问题。对于中国来说，中国什么时候、用什么方式解决台湾问题，是中国的内政，任何国家都无权干涉。但是，中国领导人也认识到，实现中美关系正常化不仅仅是应付苏联威胁和反击越南的需要，而且是实施对外开放战略的需要。虽然大陆和台湾之间存在一定的发展差距，但这只是暂时的。随着中国开放战略的顺利实施，大陆的发展速度肯定会比台湾的快。因此，大陆的综合国力就会进一步迅速增强，和平解决台湾问题的可能性就会增大。这不仅对亚太地区与世界的和平与发展是一个福音，而且符合海峡两岸人民的根本利益。因此，中国当时并不急于解决台湾问题。然而，由于各种因素的影响，美国国内有些人认为，大陆力量增强会对台湾安全构成威胁，坚持美国对台湾安全承担义务。有些人虽然赞成与中华人民共和国建立外交关系，但是反对以牺牲台湾为代价。事实上，美国政府并没有打算放弃在台湾问题上干涉中国内政，而是坚持在1979年以后继续向台湾出售所谓的防御性武器。无疑，这种分歧不利于两国关系稳定发展。

为了给中美建交后的美台关系提供法律基础，1979年1月26日，美国国务院向国会提交了一份调整美台关系的"立法调整法案"，要求国会就台湾问题"立法"。对于中美关系正常化，美国国内存在分歧。同时，国会议员对卡特政府与中国进行关系正常化秘密谈判等做法感到不满，一些亲台议员非常恼火。众议院外事委员会主席扎布罗基和该委员会亚太事务小组主席沃尔夫在致函总统支持正常化的同时抱怨说："毫无疑问，把如此重要的决定在公开宣布之前不到三小时才通知（国会）是怎么也算不上磋商的。"亲台的参议员高华德宣称，"总统不仅违反了法律，而且他藐视宪法，公然对抗国会"，"正如总统本人不能废除一项法律一样，他也不能废除条约，条约本身也是法律，他应该征求国会，至少是参议院的同意才能废除它"。❷因此，国会便利用立法机会修改政府的"对台政

❶ Richard Nixon, Fourth Annual Report to the Congress on United States Foreign Policy, May 3, 1973. http://www.presidency.ucsb.edu/ws/index.php?pid=3832&st=&st1=.

❷ 陶文钊. 中美关系史(1972—2000)[M]. 北京：中国社会科学出版社, 2007: 79-80.

策"。3月26日,"与台湾关系法"在国会通过,4月10日经卡特签署生效。此后,"与台湾关系法"便成为美国发展对台湾关系的基础。根据"与台湾关系法",美国继续向台湾提供防御性武器,承担安全责任,实际上仍然将台湾作为一个国家对待。法案宣称:以非和平方式包括抵制、禁运解决台湾问题是对太平洋地区和平与安全的威胁,美国将向台湾提供防御性武器、防御物资和防御服务,保持抵御会危及台湾人民的安全或社会、经济制度的任何诉诸武力的行为或其他强制形式的能力,今后美国法律提及国家、民族之类的实体应包括台湾。

中国坚决反对"与台湾关系法"的立法。3月3日,驻美大使柴泽民向万斯转达中国政府的口信:"美国政府和国会制定什么法律是美国的内政,中国不予干涉,但对涉及中国领土台湾的任何立法,中国方面理所当然地表示关注;美台未来关系的安排应该根据中美两国建交时双方同意的原则来处理,不允许单方面违反或破坏这些原则,中国方面不能同意任何干涉中国内政、使美台关系带有某种官方性质以及变相地保持美台"共同防御条约"的立法条款;中国方面注意到卡特总统已表示不能接受同美国已向中国作出的保证相抵触的任何决议或修正案,希望美国政府能真正做到这一点。"❶16日,外交部长黄华召见美国驻华大使伍德科克,就美国参众两院通过美台关系立法议案阐明中国政府的立场,指出其多处违反了中美建交公报的基本精神和两国达成建交的谅解。但是,中国从当时国际国内战略形势出发,对此采取了比较温和与克制的态度,从而使这场风波没有影响到两国关系发展的大局。4月19日,邓小平在会见美国参议院外委会代表团时说:"中美两国关系能够正常化的政治基础,就是承认只有一个中国。现在这个政治基础受到了一些干扰。对你们国会通过的"与台湾关系法",中国是不满意的。这个法案最本质的问题,是实际上不承认只有一个中国。法案的许多条款还是要保护台湾。美国认为保护台湾是美国的利益,还说要卖军火给台湾,包括一旦有事美国还要干预。所以说,这个法案实际上否定了中美关系正常化的政治基础。我奉劝美国朋友注意这个问题,这样的事情不能干了。"❷"我们注意到卡特总统在签署这个法案时说,在执行法案时他要遵守中美建交协议。我们以后要看实际行动。"❸

❶ 韩念龙. 当代中国外交[M]. 北京:中国社会科学出版社,1988:232.

❷ 邓小平思想年谱(1975—1997)[M]. 北京:中央文献出版社,1998.

❸ 冬梅. 中美关系资料选编(1971.7—1981.7)[G]. 北京:时事出版社,1982:290.

1980年大选期间，共和党总统候选人里根的亲台言论引起了中国的强烈担忧和不满。8月，里根的竞选伙伴布什访华，向中国领导人做解释。22日，邓小平会见了布什，并请他向里根转达了中国政府的4点正式立场：①中国政府希望中美关系发展，不应该停滞，更不应该后退。任何从《中美建交公报》后退的言论和行动，中国政府都坚决反对。②不管美国1980年大选后哪一个党执政，中国政府评价和判断美国政府的战略决策和对外政策都将把对中国的政策视为最重要的标志之一，因为这是一个全球战略的问题，不是一个局部性的问题。③如果共和党竞选纲领中对中国政策部分（其中包括对台湾的政策）和里根先生最近发表的有关言论，真的付诸实施的话，这只能导致中美关系的后退，连停滞都不可能。④如果以为中国有求于美国，以致一旦美国共和党竞选纲领中的对华政策和里根先生发表的有关言论成为美国政府政策付诸实行，中国也只好吞下，别无选择，那完全是妄想。❶但是，里根并没有从亲台立场上后退，不仅继续发表亲台言论，而且当选后即派其外交顾问、素以亲台著称的克莱因访台，并向国民党中央秘书长蒋彦士发出参加其就职典礼的邀请。

鉴于里根坚持在台湾问题上做文章，中国政府决定采取积极措施避免中美关系逆转。1981年1月，邓小平会见美国参议院共和党副领袖史蒂文斯等人，阐明了中国政府发展中美关系的原则立场。他指出："一九七九年中美建交，主要是解决了台湾问题，美国承认台湾是中国的一部分。解决了这个问题，才取得了中美新关系的建立，并使之继续得到发展。以后能否继续发展中美关系、中日关系以及中国和其他国家的关系，这个问题是焦点。""如果真的出现这样的情况，由于台湾问题迫使中美关系倒退的话，中国不会吞下去。中国肯定要做出相应的反应。一旦发生某种事情迫使中美关系倒退的话，我们也只能正视现实。"❷此外，中国以强硬的态度迫使里根取消了蒋彦士出席其总统就职典礼，还以"杀鸡骇猴"的策略严肃处理了荷兰向台湾出售武器的问题，将中荷关系降格为代办级。

里根入主白宫后，售台武器问题凸显出来。1981年国务卿黑格访华期间，中方着重谈售台武器问题。黑格虽然表示认识到中国对此问题的敏感性，但坚持向台湾出售防御性武器。黑格访华期间，里根也在记者招待会上宣称："我没有改变对台湾的感情。我们有一个法案，一项法律，叫作"与台湾关系法"。它规

❶ 邓小平思想年谱(1975—1997)[M]. 北京：中英文献出版社,1998.
❷ 邓小平思想年谱(1975—1997)[M]. 北京：中英文献出版社,1998.

定了向台湾出售防御性武器以及我们关系中的其他事项，我打算遵守'与台湾关系法'。"❶鉴于此，中国反复强调售台武器问题对中美关系的极端重要性，并准备中美关系因售台武器问题出现倒退。在坎昆会议期间，赵紫阳、黄华又分别与里根、黑格就售台武器问题交换了意见，最后双方决定黄华访美期间与黑格继续会谈。10月28日至30日，外交部长黄华访美。在中方的压力下，美国同意就售台武器问题举行谈判。12月4日，会谈开始。美方坚持不接受减少售台武器数量直到最后终止的条件，还将售台武器问题与中国和平解决台湾问题挂起钩来。中方坚持美方必须承诺在一定时期逐步减少向台湾出售武器直到最后终止。1982年5月，副总统布什访华，邓小平既坚持了原则立场，又采取了灵活态度。他说："美国领导人要承诺，在一定时期内逐步减少，直到完全终止向台湾出售武器。至于承诺的方式，可以商量，公报的措词可以研究。但我们一定要达成谅解或协议，内部一定要肯定这一点。"❷在中国坚决反对和积极灵活的应对下，美国立场逐渐松动。经过艰苦谈判，双方发表了《八一七公报》，再次冻结了售台武器问题。美方声明：不寻求长期向台湾出售武器的政策，向台湾出售武器在性能和数量上将不超过中美建交后最初几年的水平，逐步减少对台武器出售，并经过一段时间导致最后解决。这虽然在一定程度上为两国关系稳定发展提供了条件，但美国的对台政策仍然不时干扰中美关系。

2. 对美开放遭受冲击

中美关系正常化后，两国关系虽然因为台湾问题很快出现了波折，但是主要由于战略因素的作用，它并没有影响到中美关系发展的大局。因此，两国在台湾问题上的斗争，对中国对美开放的影响也不是很大，在遭受挫折后立即恢复并迅速发展。

中美在台湾问题上的争斗是由美方引起的。由于历史惯性的影响，中美关系正常化后，美国有些人对断绝与台湾的关系感到很不适应，对大陆怀有疑虑和不信任。同时，美国对中国的民族自尊心和自信心、对中国维护主权的决心认识不足，认为中国在战略上对美国的需求大于美国对中国的需求，会容忍美国干涉中国内政的行为。正如邓小平指出的，现在美国报刊和一些人的言论存在4种错误观

❶ The President's News Conference, June 16, 1981. http://www.presidency.ucsb.edu/ws/index.php?pid=43961&st=&st1=.

❷ 邓小平思想年谱(1975—1997)[M]. 北京：中英文献出版社,1998.

点。第一种观点，认为中国很弱很穷，装备又落后，所以中国是无足轻重的，是一个不值得重视的国家。第二种观点，说中国现在有求于美国，美国无求于中国。第三种观点，认为如果美国政府对苏联采取强硬政策，像台湾这样的问题，中国可以吞下去。第四种观点，认为中国政府信奉的意识形态旨在摧毁类似美国这样的政府。●然而，美国不仅需要利用中国对付苏联扩张，更担心"中国可能以牺牲美国利益来寻求与苏联的和解"❷。1982年，里根派尼克松和基辛格先后前来中国探询中国外交政策的调整表明了这一点。因此，美国在台湾问题上也有一定的克制。

事实上，在中美建交之初，中国确实面临强大的安全压力，越南在苏联支持下侵略柬埔寨对中国安全构成了战略性威胁。邓小平访美时告诉卡特，"中国已得出结论，必须打乱苏联的战略部署"，"如果不给越南人一点颜色看，他们就会更放肆。"❸在美国争论《与台湾关系法》时，中国正处在与越南艰难激战之中。然而，到1981年，中国的安全压力大为缓解。苏联1979年入侵阿富汗后深陷其中不能自拔，中越边境恢复了平静，中国领导人对战争与和平的估计发生了变化。邓小平认为，"争取二十年的和平环境是可能的"❹，即使中美关系倒退，苏联"也只能凶到那么个程度"❺。随着美苏争霸态势和中苏关系出现新变化，中国开始考虑调整外交战略。1982年9月，中国共产党召开第十二次全国代表大会，调整了针对苏联的"一条线""一大片"外交战略，确立了以不结盟为特点的独立自主外交政策，与美国拉开了距离。

然而，中国外交政策的调整并不意味着不需要美国，更不意味着与美国对抗。中国正在为实现小康水平而奋斗，至少需要20年的和平发展环境。中国认为争取20年的和平是有可能的。但是，这仅仅是可能，还需要争取。邓小平指出："我们说争取二十年的和平环境是可能的，这就需要联合努力，需要行动有力和有效，否则八十年代的危险能不能渡过要打个问号。"❻苏联新领导上台后，扩张势头虽有所减弱，但仍然没有根本变化的迹象。邓小平告诉奉命来华探询中

❶ 邓小平思想年谱(1975—1997)[M]. 北京：中央文献出版社，1998.

❷ 陶文钊. 中美关系史(1972—2000)[M]. 北京：中国社会科学出版社，2007：169.

❸ 兹比格涅夫·布热津斯基. 实力与原则[M]. 北京：世界知识出版社，1985：464-465.

❹ 邓小平思想年谱(1975—1997)[M]. 北京：中央文献出版社，1998.

❺ 王泰平. 新中国外交50年[M]. 北京：北京出版社，1999：1381.

❻ 邓小平思想年谱(1975—1997)[M]. 北京：中央文献出版社，1998.

国外交政策调整的尼克松：中国认为苏联新领导上台后，其政策不会变，因为苏联的政策不是某些个人的因素决定的，而是由其制度决定的。中国对苏联，作为国家关系，和你们美国一样，总还是要同它来往，实际上我们对全球战略的看法没有变。❶这就要求中国对美国采取又联合又斗争的策略。

　　正是在这样的背景下，双方虽然主要围绕台湾问题发生了争执，但是都不希望破坏中美关系发展的大局，从而使问题和争端逐步得以解决。不仅如此，从对抗苏联霸权主义的需要出发，美国还不断放松了对中国的出口限制，为中国向美国引进先进技术和防御性军事设备提供了条件。但是，双方关系的波折仍然对中国对美开放产生了一定的消极影响。正如美中贸易全国委员会主席菲利普斯指出的，几乎可以肯定，这将不可避免地给贸易和重要的战略关系带来各种消极的影响。❷

　　第一，双边贸易额迅速下降。中美建交初期，经贸关系迅速发展，双边贸易额由1978年的11.48亿美元猛增到1979年的24.07亿美元，翻了一番还多。事实上，中美贸易在1978年之所以达到11.48亿美元，也是因为中美关系的影响。中国以经济贸易为杠杆推动中美关系正常化。1978年，中美贸易额从1977年的37400万美元猛增至114770万美元，主要原因是中国的进口额在1977—1978年间猛增。❸1981年里根上台后，两国关系因台湾问题而滑坡，双边贸易也迅速下降。由1981年的59亿美元下降到1982年的52.8亿美元，进而下降到1983年的44.9亿美元，下降了23.9%。

　　第二，对华投资裹足不前。中美正式建交的最初3年，美国资本对中国处于观望状态，对华直接投资非常少。1980年，美国对华直接投资0.4亿美元。到1981年累计仅0.6亿美元，占美国对外直接投资累计的0.03%。1982年，美国对华直接投资累计增加到3.8亿美元，也仅占美国对外直接投资累计的0.18%。显然，这种状况是由多种因素决定的，但台湾问题的影响是一个重要原因。中美关系因台湾问题而迟迟不能稳定下来，无疑会使美国资本更加担心对华投资的前景。

　　第三，军事交流中断。为了战略的需要，美国国防部长布朗访华后，中美两国的军事交流与合作迅速发展起来，两军高层互访增加，美国对华军事技术转让也不断放松。里根入主白宫后，这种军事联系迅速中断。虽然黑格1981年访华时表示要进一

❶ 王泰平. 新中国外交50年[M]. 北京：北京出版社，1999：1389.

❷ 陶文钊. 中美关系史（1972—2000）[M]. 北京：中国社会科学出版社，2007：146.

❸ 石志夫. 中华人民共和国对外关系史（1949.10—1989.10）[M]. 北京：北京大学出版社，1994：224–225.

步放松对中国武器出口的限制，但是美国并没有兑现。直到1983年9月，美国国防部长温伯格访华，中美之间的军事交流和合作才重新启动，并迅速发展。

二、中美关系平稳发展期

经过一段时间的艰难磨合，中美双方对彼此的认知都变得更加理性和务实了，双边关系逐渐步入了更加现实的发展轨道。中国逐渐改变以苏划线的做法，实现了外交政策的调整，中苏关系开始松动，中国在中美苏大三角中的战略地位逐渐改善。美国也逐渐放弃以苏联作为观察中美关系的标尺，不再刻意强调与中国的战略关系。这些都为中美关系的稳定发展奠定了基础，进而为中国对美开放提供了更加有利的条件。

1. 中美关系稳定发展

1982年9月，中国共产党第十二大全国代表大会实现了外交政策的调整，最主要的是强调"独立自主"和"不结盟"。在大会开幕词中，邓小平说："独立自主，自力更生，无论过去、现在和将来，都是我们的立足点。中国人民珍惜同其他国家和人民的友谊和合作，更加珍惜自己经过长期奋斗而得来的独立自主权利。任何外国不要指望中国做他们的附庸，不要指望中国会吞下损害我国利益的苦果。"之后，中国又及时向美国进行了解释，从而消除了美国对中国外交政策调整的疑虑和担心。1983年1月，国务卿舒尔茨主持国务院会议，美国重新审查了对华政策，对华政策开始转向更为现实的基础上来。

2月，舒尔茨访华，以恢复中美之间的对话来牵制中苏会谈。国务委员兼外交部长吴学谦、国务院总理赵紫阳、中共中央副主席邓小平先后与他进行了会谈。舒尔茨访华虽然没有就中美关系改善取得成果，但是进一步明确了中美之间的分歧，为改善双边关系起到了探路的作用。事实上，此时中国也在为改善双边关系而努力。为了表示中国对中美关系的重视，中国派外交部副部长章文晋出任驻美大使。3月，邓小平在会见美国众议院议长奥尼尔时又表明了中国改善关系的诚意。他说："随着美国政府的更迭，提出的新问题，就是存在着中美是否能建立一个相互信任的关系问题。从全球战略角度来说，中美有广泛的相似的地方，当然这不是说全部。我们两国都需要有一种政策的连续性。"❶8月，邓小平

---

❶邓小平思想年谱(1975—1997)[M]. 北京：中央文献出版社，1998.

在与美国民主党参议员杰克逊谈论中美关系时又说：当然还会出现一些问题。希望不要出大问题，出些小问题不要紧。我是热心于发展中美关系的。我们不希望两国吵架吵得不得了。●在双方共同努力下，中美关系逐步改善。9月，美国国防部长温伯格访华，两国的军事交流得以恢复。10月，吴学谦访美，进一步促进了双边关系改善的势头。

为了增进相互了解、稳定两国关系、促进中美友好、维护世界和平，1984年1月，赵紫阳前往美国进行访问。这是新中国成立以来政府首脑首次访美，美国政府与国会都非常重视。访问期间，赵紫阳和里根就双边关系、台湾问题、经济技术合作以及国际局势等重大问题进行了会谈，还与舒尔茨、财政部长唐纳德·里甘、总统科学顾问乔治·基沃斯、商务部长马尔科姆·鲍德里奇以及美国国防部长温伯格等就两国间科技、经贸及军事交流与合作等进行了广泛交谈，签订了中美工业技术合作协定等文件。访问促进了两国关系发展，美国进一步采取了改善对华关系的措施。

4月，里根应邀访华。这是中美正式建交后美国首位在职总统访华，中国高度重视。国家主席李先念、国务院总理赵紫阳、中共中央总书记胡耀邦、邓小平等先后与其进行了会谈。邓小平在与他会谈时，主要谈了国际形势、中美关系、南北问题和经贸往来等问题。关于中美关系，邓小平指出：中美关系近来是好的，但说中美关系已进入成熟阶段的判断不准确。中美关系的主要障碍还是台湾问题。希望里根总统和美国政府认真考虑中国人民的感情，不要做使蒋经国翘尾巴的事情。我们允许一个国家有两种制度，海峡两岸可以从逐步增加接触到谈判和平统一。中国的发展对中美关系的发展有利。中美两国在国际问题上有许多共同点，也有不少分歧。两国都有发展关系的愿望。希望两国领导人、政府成员更多往来，交换意见，解开疙瘩，较快地发展中美交流和中美关系。●访问期间，中美双方还签订了避免双重征税和防止偷漏税的协定、和平利用核能合作的协定等一系列文件。

赵紫阳和里根的互访，标志着中美关系结束了里根上台以来的停滞不前状态，进入了稳定发展的阶段。正如里根在复旦大学的演说中所言，"我们两国政府的沉默已经结束。过去12年来，我们两国人民已经重新认识。现在，我们两

---

❶ 宫力. 峰谷间的震荡——1979年以来的中美关系[M]. 北京：中国青年出版社,1996:132-133.
❷ 邓小平思想年谱(1975—1997)[M]. 北京：中央文献出版社,1998.

— 161 —

国的关系正在成熟，是为两国持久的友谊奠定基础的时候了"，"我们已经作出选择。我们将继续我们新的旅程。但愿我们永远生活在友谊与和平之中"。❶

此后，两国高层互访频繁，磋商不断。1985年，李先念和布什副总统进行了互访。1987年，为纪念《上海公报》发表15周年，双方领导人互致贺信表示祝贺。3月，美国国务卿舒尔茨再度访华。5月，军委副主席杨尚昆率政府代表团访美。1988年3月和5月，外交部长吴学谦、国务院副总理田纪云先后访美。7月，舒尔茨再次访华。12月，为庆祝中美建交10周年，中美双方举行庆祝活动。两国领导人互致贺电，并表示希望中美关系长期稳定发展。

1989年2月，布什上任伊始就匆忙对中国进行工作访问。军委主席邓小平、国家主席杨尚昆、国务院总理李鹏等领导人与他进行了会谈，并向他介绍了中苏关系取得的新进展。针对当时的国际形势，邓小平在与他会谈时指出：中国的问题，压倒一切的是需要稳定。没有稳定的环境，什么都搞不成，已经取得的成果也会失掉。中国一定要坚持改革开放，这是解决中国问题的希望。但是要改革，就一定要有稳定的政治环境。❷李鹏在会谈时就美国干涉中国内政的问题表明了中方的关切。他说：美国有少数人在这样或那样的问题上企图影响中国的政策，干涉中国的内政，如果这种做法来自官方人士，势必给中美两国之间业已存在的良好关系投下阴影。❸

2. 对美开放迅速发展

随着中美关系从艰难磨合逐渐转向平稳发展，战略因素在中美关系中的重要性逐渐减弱，经济因素的影响不断上升。这不仅为中美关系稳定发展奠定了更加厚实的基础，而且为中美关系全面发展增添了更加鲜活的内容，进而推动了中国对美开放。

20世纪80年代中期，国际形势进一步朝有利于世界和平的方向发展。中国领导人敏锐地捕捉到了时代主题变化的信息，逐渐形成了新的时代主题观，认为和平问题和发展问题日益成为带有全球性、战略性的主要问题。1984年，邓小平在会见巴西总统菲格雷多时指出：现在世界上问题很多，有两个比较突出。一

❶ Ronald Reagan, Remarks at Fudan University in Shanghai, China, April 30, 1984. http://www.presidency.ucsb.edu/ws/index.php?pid=39843&st=&st1=.

❷ 邓小平：邓小平文选(第3卷)[M]. 北京：人民出版社，1993:284.

❸ 王泰平. 新中国外交50年[M]. 北京：北京出版社，1999:1394.

是和平问题。现在有核武器，一旦发生战争，核武器就会给人类带来巨大的损失。二是南北问题。这个问题在目前十分突出。发达国家越来越富，相对的是发展中国家越来越穷。南北问题不解决，就会对世界经济的发展带来障碍。❶10月，邓小平在会见缅甸总统吴山友时又说：国际上有两大问题非常突出，一个是和平问题，一个是南北问题。还有其他许多问题，但都不像这两个问题关系全局，带有全球性、战略性的意义。❷1985年，邓小平在会见五岛升率领的日本商工会议所访华团时进一步指出：从经济角度来说，现在世界上真正大的问题，带全球性的战略问题，一个是和平问题，一个是经济问题或者说发展问题。和平问题是东西问题，发展问题是南北问题。概括起来，就是东西南北四个字。❸关于和平问题，中国认为，虽然战争危险依然存在，但是和平力量已经超过了战争力量的增长，在较长时期内不发生大规模的世界战争是可能的，维护世界和平是有希望的。关于发展问题，中国认为，不仅落后国家要发展，发达国家也要发展。南方国家和北方国家的发展是紧密地联系在一起的，没有南方国家充分发展，北方国家的资金和商品就缺乏足够市场，北方的发展也就没有出路。和平问题与发展问题是密切相关的。和平是发展的前提，没有和平，发展就缺乏良好的环境；发展是和平的基础，没有发展，和平就没有足够的保障。

基于对时代主要问题的这种认识，中国进一步完善了自己的国内和国际战略。在国内战略方面，中国对自己维护和平的能力更加自信，发展经济的决心更加坚定，全党全军全国各族人民开始一心一意地投入到现代化建设中来了。同时，中国进一步完善了开放战略，将过去主要面向发达国家的开放拓展到对发展中国家和社会主义国家的开放。邓小平指出：我们实行对外开放政策，一些人理解只是对发达国家开放，这只是一个方面，更重要的方面是南南合作。还有对其他社会主义国家，包括关系不好的也开放，共三个大方面。❹在国际战略方面，中国更加坚定地执行独立自主的和平外交政策，强调真正的不结盟，既不打苏联牌，也不打美国牌，更不允许其他国家打中国牌。中国对待国际问题的态度，是只对事不对人，根据问题本身的是非曲直独立自主地作出判断，确立自己的立场。因此，中国已经逐渐将联美抗苏从中美关系中排除出去，对美经济开放逐渐

❶ 邓小平. 邓小平文选(第3卷)[M]. 北京：人民出版社，1993:56.

❷ 邓小平. 邓小平文选(第3卷)[M]. 北京：人民出版社，1993:96.

❸ 邓小平. 邓小平文选(第3卷)[M]. 北京：人民出版社，1993:105.

❹ 邓小平思想年谱(1975—1997)[M]. 北京：中央文献出版社，1998.

成为影响中美关系的主要因素。然而，即使这样，中国也更加重视中美关系，因为苏联给不了美国所能提供的资金和先进技术。

鉴于中国实施了外交政策调整，美国也调整了对华政策，经济因素在对华关系中的地位上升。1984年，里根在访华前夕表示，他"这次访华要竭尽全力推销美国产品"，充当"推销员"的角色。❶然而，里根入主白宫时，美苏实力差距继续缩小。以海军力量为例，表4-4显示，在20世纪80年代，苏联除了在航空母舰、直升机航空母舰和两栖攻击舰方面不如美国外，其余各主要舰种的数量均大大超过美国。凭借强大的军事实力，苏联在第三世界的扩张取得了很大的成果。里根上台后，对苏联推行新遏制战略，实行低烈度战争，要将苏联的力量从第三世界"推回去"。中国是美国在亚洲太平洋方向遏制苏联扩张最有效的力量。因此，美国希望继续借助中国遏制苏联，取得主动。1983年，温伯格在前往中国访问的途中对记者说，中国在经济上和军事上保持独立是非常重要的，有助于遏制苏联侵略，是维护世界稳定与和平的一个重要部分。在与中国国防部长张爱萍会谈时，他又强调苏联海空军力量的增长及其在亚洲和太平洋地区使用这种力量的可能性。❷里根访华期间也仍然呼吁中国一起反对苏联的扩张主义。❸1989年布什上任伊始即匆忙访华，也有牵制中苏关系发展、确保中美关系优于中苏关系的目的。可见，在20世纪80年代中期以后，美国并没有完全放弃从国际战略层面思考中美关系，仍然希望中国跟美国合作遏制苏联。同时，利用与中国发展经济关系，进一步鼓励中国改革开放，牵制中苏关系发展。

表4-4　20世纪80年代美苏海军主要战舰实力对比

单位:艘

舰种	美国	苏联	舰种	美国	苏联
航空母舰	13	0	多用途核动力潜艇	74	87
垂直短距起降航空母舰	0	2	战略导弹常规动力潜艇	0	19
直升机航空母舰	7	2	战略导弹核动力潜艇	41	71
两栖攻击舰	5	0	巡洋舰	28	39
多用途常规动力潜艇	5	179	驱逐舰和护卫舰	153	213

资料来源:波特.世界海军史[M].北京:解放军出版社,1992:742.

❶ 宫力. 峰谷间的震荡——1979年以来的中美关系[M]. 北京:中国青年出版社,1996:132-133.
❷ 陶文钊. 中美关系史(1972—2000)[M]. 北京:中国社会科学出版社,2007:189.
❸ 宫力. 峰谷间的震荡——1979年以来的中美关系[M]. 北京:中国青年出版社,1996:155.

在中国调整外交战略、美国调整对华战略以后，经济因素逐渐成为两国关系的一个重要组成部分。在中美高层互访和磋商中，经济贸易合作和技术转让也成为基本的话题。在1984年赵紫阳和里根的互访中，经济贸易、经济技术合作和教育科学文化交流是双边会谈的主要议题之一，里根还在人民大会堂对中国经济贸易、科学技术和学术界人士发表了演说。毫无疑问，经济关系由政治关系的工具逐渐转变成国家关系的基本内容，促进了中美关系的稳定，进而推动了中美相互开放的发展。

第一，双边贸易迅速增加。中美关系走向平稳发展终于遏止住了双边贸易在1982年和1983年连续两年大幅下降的势头，并且有了一定的增长。1984年，双边贸易额达到61亿美元，比1983年增长了35.9%，比中美建交后的最高年份1981年也增加了3.4%。此后，中美贸易迅速发展。到1989年，双边贸易额达到122.5亿美元，比1984年翻了一番，增长了100.8%，比1983年增长了172.8%。

第二，对华投资大幅增长。随着中美关系的稳定发展，美国资本逐渐结束了对中国徘徊观望的状态，美国公司迅速挺进中国市场。1983年，美国对华直接投资累计7.6亿美元，1984年增加到了9.2亿美元，1985年猛增到21亿美元。此后，美国对华直接投资直线上升，1989年对华直接投资累计达到39亿美元。1988年，美国对华直接投资达到3.7亿美元，1989年增加到6.4亿美元，成为对华直接投资最多的国家。

第三，科学技术合作不断发展。中美关系走向平稳发展是从科学技术交流与合作的逐渐发展起步的。虽然黑格1981年访华期间表示要放宽对华出口限制，但是一直得到没有落实。随着两国关系的不断恢复，美国逐渐开始加强与中国的技术合作，放松对华技术转让的限制。1983年5月，美国总统科技顾问基沃斯访华，中美签订了运输、航空学、核子学和生物学4项联合研究协定，使两国科技合作研究项目达到了20个。6月，美国商务部长鲍德里奇宣布将中国的出口管制与西欧盟国列为一类。11月，里根政府推出对华出口新政策，将中国所需技术的75%划入"绿区"，只需办理例行批准手续即可向中国出口。❶1984年6月张爱萍访美期间，里根签署了同意中国享受"对外军事销售待遇"的文件，允许中国用现金购买美国武器。此外，两国签署了军事技术合作协议。❷

---

❶ 陶文钊. 中美关系史(1972—2000)[M]. 北京:中国社会科学出版社,2007:189-190.
❷ 陶文钊. 中美关系史(1972—2000)[M]. 北京:中国社会科学出版社,2007:216.

此后，美国对华技术出口范围进一步放宽，出口产品的技术性能也有所提高。直到1987年10月，美国认为中国向伊朗出售了导弹，才停止了对华高技术产品出口的审议。

三、中美关系急剧滑坡期

随着国际国内形势的变化，中美关系中的问题也不断显现。在中国积极应对下，虽然两国关系急剧下滑的势头得到了遏止，两国关系开始缓慢回升，但是在布什任内没有取得重大突破。中国对美开放遭受了严重的挫折。

1.中美关系急剧滑坡

20世纪80年代末，国际局势处在深刻的变动之中。在国际形势的影响下，1989年春夏之交，中国发生了严重的政治风波。风波发生后，美国政府积极进行干预。6月5日，宣布对中国实施制裁。他说："考虑到最近几天发生的事件的复杂性，以及我们对此表示强烈和公开谴责的必要性，我命令采取以下措施：暂停所有政府对政府的武器销售和商业性武器出口，中止中美两国军事领导人之间的访问……根据中国事件的继续发展重新审查我们双边关系的其他方面。"❶

对于美国干涉中国内政的行为，中国政府表示"极大的遗憾"。6月7日，外交部发言人发表谈话指出：美国政府公然对纯属中国的内部事务横加指责，并单方面采取损害两国关系的行动，对中国政府施加压力。这是我们绝对不能接受的。任何以这种或那种手段来向中国政府施加压力的企图，都是不明智的，也是短视的。我们希望美国方面能以中美关系大局为重，从两国关系的长远利益出发，不要做任何不利于两国关系的事情。❷中方还推迟了外交部长钱其琛原定于6月12日对美国的访问。

然而，美国不顾中国抗议，继续采取行动。6月20日，美国政府又暂停与中国的一切高级政府官员交流，并寻求国际金融机构推迟考虑对中国提供新的贷

---

❶ The President's News Conference，June 5，1989. http://www.presidency.ucsb.edu/ws/index.php?pid=17103&st=&st1=.

❷ 外交部发言人就布什总统的声明发表谈话[J]. 中华人民共和国国务院公报，1989(10).

款。❶国会也一再干涉中国内部事务，参议院和众议院先后几次通过了一系列对华实施制裁的修正案。11月30日，布什又对美国总检察长6月6日延迟强迫回国的中国人采取4项保护措施：①全部豁免留学人员必须回国服务两年的义务。②对于1989年6月5日已合法移居美国的个人，保证其继续合法居留的身份。③对于1989年6月5日已在美国的中国公民给予在美国工作的权利。④对于非移民身份到期而符合推迟强迫离境的个人，仅通知其非移民身份期限已满，而不实施驱逐出境。❷

在美国政府和国会顽固干涉中国内政的情况下，中美关系迅速下滑，出现了建交以来最严重的危机。但是，中美都不愿意两国关系退回到20世纪五六十年代的状态。在对中国实施制裁的同时，美国也在寻求与中国沟通的渠道。1989年7月初，布什派其国家安全事务助理斯考克罗夫特秘密访华，与中国交换有关中美关系的看法。7月底，国务卿贝克在巴黎参加柬埔寨和平会议期间3次会见钱其琛。8月，美国军事合作项目工作小组访华，商谈歼8-Ⅱ型改装项目，并达成了初步协议。布什、奎尔副总统、斯考克罗夫特和贝克都约见了即将离任的中国驻美大使韩叙。9月，钱其琛在纽约出席第44届联大期间再次会见了贝克，并应邀于10月2日在美国对外关系委员会发表了演讲，提出了改善中美关系的4点意见：要承认和尊重差异，寻求和发展共同点；不能把另一国的国内政治作为恢复和发展关系的先决条件；要努力增加相互了解和相互信任；处理好台湾问题十分重要。❸此后，美国又采取了一些缓和双边关系的措施。12月，美国政府取消了美国进出口银行暂停对同中国进行商业活动给予资助的禁令，批准向中国出口3颗卫星。1990年1月，宣布不再反对世界银行对中国贷款。5月，布什又宣布无条件延长中国的最惠国待遇一年。12月，布什又批准进出口银行向在华从事贸易的公司贷款，准许休斯公司的卫星在中国发射。

为了使中美关系走出困境，中方也采取了积极的措施。10月底11月初，尼克松应邀访华，江泽民、邓小平、李鹏、杨尚昆等中国领导人会见了他。邓小平在与尼克松会谈时，请他告诉布什总统："结束过去，美国应该采取主动，也只

---

❶ Statement by Press Secretary Fitzwater on United States Sanctions against the Chinese Government, June 20, 1989. http://www.presidency.ucsb.edu/ws/index.php?pid=17179&st=&st1=.

❷ Memorandum of Disapproval for the Bill Providing Emergency Chinese Immigration Relief, November 30, 1989. http://www.presidency.ucsb.edu/ws/index.php?pid=17883&st=&st1=.

❸ 宫力. 峰谷间的震荡——1979年以来的中美关系[M]. 北京:中国青年出版社,1996:209-210.

能由美国采取主动。美国是可以采取一些主动行动的，中国不可能主动。因为强的是美国，弱的是中国，受害的是中国。要中国来乞求，办不到。哪怕拖一百年，中国人也不会乞求取消制裁。如果中国不尊重自己，中国就站不住，国格没有了，关系太大了。国家关系应该遵守一个原则，就是不要干涉别国的内政。中华人民共和国决不容许任何国家来干涉自己的内政。"❶通过与中国领导人会谈，尼克松得出了两个结论：一是中国希望恢复同美国的良好关系，但是坚持必须由华盛顿采取主动；二是北京目前不愿意对6月发生的事件重新做出估价。❷11月，基辛格应邀访华。邓小平及中国党政领导江泽民、杨尚昆、李鹏、荣毅仁、姚依林、李瑞环等人会见了他。邓小平针对双方存在的问题提出了"一揽子解决"方案中方要求美方取消制裁，恢复两国关系正常化，争取实现江泽民对美国的正式访问。基辛格答应将此转告美国政府。❸尼克松和基辛格访华增加了中美相互了解，有利于中美关系的维持和恢复。他们都认为应该恢复中美关系，尼克松建议布什"考虑主动采取一个步骤，即恢复政府高级官员与中国高级官员之间的接触。这一行动不应要求中国方面先行采取"❹。

12月9日，斯考克罗夫特公开访华，中国非常重视并予积极评价。邓小平、江泽民、李鹏等人会见了他。在会见斯考克罗夫特时，邓小平表达了改善中美关系的愿望，显示了中国灵活与和解的态度。他对斯考克罗夫特语重心长地说："你这次访问是非常重要的行动。中美两国之间尽管有些纠葛，有这样那样的问题和分歧，但归根到底中美关系是要好起来才行。这是世界和平和稳定的需要。中国在国际上有特殊的重要性，关系到国际局势的稳定与安全。如果中国动乱，问题就大得很了，肯定要影响世界。这不是中国之福，也不是美国之福。中国威胁不了美国，美国不应该把中国当作威胁自己的对手。我们没有做任何一件伤害美国的事。两国相处，要彼此尊重对方，尽可能照顾对方，这样来解决纠葛。只照顾一方是不行的。双方都让点步，总能找到好的都可以接受的办法。请特使转告布什总统，在东方的中国有一位退休老人，关心着中美关系的改善和发展。"❺在中国有理有利有节的斗争下，12月14日，美方答复同意中方"一揽子"方案。

❶ 邓小平思想年谱(1975—1997)[M]. 北京：中央文献出版社,1998.

❷ 官力.峰谷间的震荡——1979年以来的中美关系[M]. 北京：中国青年出版社,1996:212.

❸ 王泰平. 新中国外交50年[M]. 北京：北京出版社,1999:1421-1422.

❹ 官力.峰谷间的震荡——1979年以来的中美关系[M]. 北京：中国青年出版社,1996:219.

❺ 邓小平.邓小平文选(第3卷)[M]. 北京：人民出版社,1993:350-351.

1990年8月，海湾危机爆发。这为中美关系的改善提供了新契机。11月，在联合国安理会讨论授权武力解决海湾危机的决议后，钱其琛应邀对美国进行了为期两天的正式访问，标志着美国高层访问禁令被打破。这推动了两国官方往来的逐渐恢复。1991年11月，贝克访华。标志着美国高层官员互访的禁令最终被打破。然而，两国关系虽然缓慢恢复，但是问题仍然不断。1992年是美国大选年，加之苏联已经于1991年12月解体，美国对华政策更加强硬。9月，布什宣布向台湾出售150架F16战斗机，中美关系再次陷入危机。在中国坚决反对下，布什采取了一些改善中美关系的措施。但是，随着布什政府即将离任，中美关系难有重大突破。

2. 对美开放遭受重创

1989年，美国带头对中国实施制裁，中美关系陷入建交以来最严重的危机之中。但是，由于各种因素的制约，中美关系并没有完全中断，对华制裁也留有一定的余地。因此，虽然中美关系急剧滑坡对中美相互开放产生了巨大的影响，但是并没有逆转中国对美开放的大方向。

中美关系的急剧滑坡不是偶然的，它是国际局势、中美关系以及两国内部形势共同作用的结果。尼克松改善对华关系是出于抗衡苏联的考虑，卡特实现中美关系正常化也是出于对抗苏联的需要。因此，中美双方与苏联的矛盾是20世纪七八十年代中美关系发展的基本动力。中美建交以后，苏联在中美苏大三角中处于不利的地位。为了与美国争夺霸权，苏联大规模的发展军事实力，不断在第三世界扩张，极大地影响了国内经济的发展，国内矛盾、东欧社会主义国家的矛盾激化，综合国力遭到了极大的削弱。加之，美国长期对东欧国家实施"和平演变"战略，东欧国家反苏意识不断增强，变革呼声高涨。戈尔巴乔夫执掌苏联党政大权以后，推行"新思维"，对东欧国家实行甩包袱的政策，在国内推行激进的改革，引起了东欧和苏联局势的重大变化。东欧社会主义国家都放弃了共产党的领导，走上了西方的多党议会制道路。1991年12月，苏联解体，中国在美国全球战略中的影响下降。

美利坚是个具有极强使命观和优越感的民族。通过开放将中国纳入美式自由民主大家庭，是美国历代政治精英的梦想。早在美国建国之初，杰斐逊就主张通过贸易把中国纳入"自由帝国"范畴，即实行共和与自治的帝国。[1]中国是最先开始改革开放的社会主义国家。"这使某些美国人产生了一种幻想，希望中国成为'走资本主义道路的领头羊'。"[2]然而，在苏联东欧已经出现剧变的时候，中国并没有朝着美国希望的方向发展。因此，美国一方面对中国实行制裁，希望以压促变；另一方面又担心中国改革开放逆转，不愿意彻底关闭对中国开放的大门。布什说道："实际上，我们最近几周看到的民主萌芽，主要应归功于1972年以来我们发展的关系。现在，采取行动鼓励那种关系和民主化进程中的积极因素进一步发展和深化是重要的。如果中国回到孤立和压制的前1972年时代，那对所有人将是一个悲剧。"很明显，在对中国领导人施加压力不成的情况下，布什仍然求助于商业。"在商业方面，我不想伤害中国人民。我本人相信，从本质上说，商业往来已经导致追求更多的自由。我认为，无论是在中国还是在其他集权制度下，人们有商业诱因，民主运动变得更加不可阻挡。"[3]

中美互相开放虽然使美国按其意志重塑中国提供了可能，但是更为中国稳定中美关系奠定了基础。随着国际形势的变化，1982年，中国实现了国际战略的调整，成功地减弱了苏联因素在中美关系中的作用，增加了经济因素在中美关系中的分量。随着中国对美开放不断发展，经济因素已经不仅仅是对美斗争的手段，而且是两国关系的重要内容。在两国经济相互依赖程度不断增强的情况下，美国难以贸然对中国采取过激的措施。正如1990年5月布什在解释延长中国最惠国待遇的理由时说的，"最惠国待遇地位是我们保持与中国的商业关系、避免代价高昂的贸易战所必不可少的，贸易战将损害两国商业利益，伤害两国的消费者"[4]。事实上，由于美国从中国开放中获益不断增多，美国内部要求保持稳定的中美关系的力量不断壮大。正如陶文钊研究员指出的，早在20世纪80年代初，"在美国已经建立起了广泛的对发展中美关系的支持，不仅是一些重要的利益集团，如农场主、粮食和棉花出口商、一些主要的企业集团，而且公众也支持发展中美关系"[5]。可见，中国对美开放为中美关系稳定发展安装了一个更加经

❶ 李庆余. 美国外交史——从独立战争至2004年[M]. 济南:山东画报出版社,2008:19.

❷ 王泰平. 新中国外交50年[M]. 北京:北京出版社,1999:1393.

❸ The President's News Conference, June 5, 1989. http://www.presidency.ucsb.edu/ws/index.php?pid=17103&st=&st1=.

❹ Statement by Press Secretary Fitzwater on the Renewal of Most-Favored-Nation Trade Status for China, May 24,1990. http://www.presidency.ucsb.edu/ws/index.php?pid=18518&st=&st1=.

❺ 陶文钊. 中美关系史(1972—2000)[M]. 北京:中国社会科学出版社,2007:146.

久耐用的车轮，确保了中美关系在苏联解体以后仍然能够安稳地朝前奔跑。

主要是在上述因素的作用下，1989年后，中美关系虽然陷入了严重的困境，但是仍然具有发展关系的基础。美国在实施对中国制裁的同时，也对发展中美关系留有一定的余地。美国的制裁措施主要集中在政治、军事和科技领域，对经济领域基本上没有采取特别措施。在中国对美开放中，受中美关系急剧滑坡冲击最大的是军事和技术开放，其次是教育文化领域，对美经济开放的影响比较小而且恢复较快。

第一，军事交流中断。在1989年6月5日宣布的对华制裁措施中，主要是中断双方的军事交流和技术合作。美国单方面取消了原计划的中国海军司令员张连忠、国防部长秦基伟的访美安排，并停止两国之间的军火销售和军事合作关系，两军之间的功能性互访也被取消。作为对美国单方中断两军交流与合作的回击，中国国防部在对美国的行动表示遗憾的同时采取了对应措施，原计划的美国陆军参谋长沃诺、海军陆战队司令格雷等人对中国的访问被取消，两军之间各个层次的功能性交流也被暂时停止。后来，美国为了表示改善对华关系，两军交流与合作虽然有所松动，但是总体上仍然处于中断状态。

第二，技术引进停止。军事技术是美国对华技术转让的重要内容，美国对华出口控制最主要的是敏感技术。在两军交流与合作中断的同时，美国立即停止了对华军事技术转让。同时，非军事技术交流与合作也被中止。美国不仅自己停止放宽对中国技术出口管制，而且要求巴黎统筹委员会成员国加强对中国的出口控制。6月5日，美国全国科学院宣布暂停美中学术交流委员会与中方的一切交流活动。美国还停止了中国科学家在美国有关公司的工作，暂停了中国火箭发射美国卫星的合同，等等。到1990年中，随着两国关系开始逐步改善，美国政府表示两国科学家之间的活动可以开展。6月，美国全国科学院宣布恢复美中科学家间的科学交流。10月，中国又向美国购买了一些技术和设备。但是，美国仍然限制对华技术出口。1991年6月，美国政府又以中国公司向国外转让导弹技术为由，宣布对中国实施高技术贸易制裁，限制向中国出售高性能计算机，继续禁止中国火箭发射的美国卫星技术转让，对涉嫌导弹技术扩散的中国公司实施制裁。❶

---

❶ Statement by Press Secretary Fitzwater on Constraints on Trade with China，June 16, 1991. http://www.presidency.ucsb.edu/ws/index.php?pid=19697&st=&st1=.

第三，文化交流中断。对美开放以后，中国向美国派遣了大量留学生，中国在美留学生人数超过了中国出国留学人数的一半以上。1990—1991学年，中国在美留学生人数为39597人，占在美留学外国人数的9.7%。1989年后，美国暂停了两国之间的科学文化交流与合作，同时宣布豁免在美中国留学生必须回国服务两年的义务，导致两国文化教育交流与合作的中断。随着两国关系逐步改善，中国虽然同意了美国恢复教育文化交流的要求，但是暂时停止了向美国派遣学位留学生的计划，只恢复了两国科学家和访问学者的交流与合作关系，美国在华富布赖特项目也仅有限恢复。即使到1995—1996学年，中国在美留学生人数也仍然只有39613人，仅比1990—1991学年多16人，增幅远远小于1985—1986学年到1990—1991学年的水平。

第四，双边贸易下降。虽然布什宣称中断两国间的商业关系会伤害两国人民的利益，只暂停对中国军事技术和设备的售卖，但是作为双边贸易的重要组成部分，一些技术产品包括飞机的零部件也在暂停之列。同时，两国关系滑坡影响了贸易所需的良好环境，中美商务贸易联合委员会和中美经济联合委员会的有关交流活动也被暂时停止。因此，虽然两国贸易没有像20世纪五六十年代那样出现停滞状态，但是也受到了一定的影响。1990年，中美贸易额由1989年的122.5亿美元下降到了117.7亿美元，下降了3.9%。与中美贸易下降相反，在西方国家实施对华制裁的情况下，中国同期的对外贸易增加了3.4%。不过，这种影响不是很明显。在两国关系逐步开始改善后，1991年，中美贸易又出现了上涨，贸易额达到了141.98亿美元。

第五，对华投资放缓。毫无疑问，对华制裁也殃及到了美国对华投资。1990年2月16日，布什签署了《1990—1991财政年度对外关系授权法》，继续中止美国海外私人投资公司向对华投资项目提供保险或其他资助，中止对外援助法所提供的资金用于贸易发展办公室与中国有关的活动。美国还要求国际金融机构暂缓考虑对华贷款。在此环境下，美国对华投资迅速放缓。1988年，美国对华投资3.7亿美元，1989年增加到6.4亿美元，增长率为72.97%。然而，1990年，美国对华投资仅3.6亿美元，下降了43.75%，不仅大大低于1989年的水平，而且相对于1988年也有微小降幅。随着两国关系逐渐改善，1991年，美国对华投资开始出现回转，达到了5.5亿美元，比1990年增加了52.78%，但是仍然没有达到1989年的水平。

第三节　中国对美开放过程中的新问题

中国开放战略将中美两国日益紧密地联系在一起。随着中国对外开放的逐渐扩大，对美开放不断深入，中美两国在经济、政治、文化、军事上的关系日益密切，相互依赖程度在加深。然而，相互依赖加深的影响也是双重的。它一方面为中美关系稳定发展奠定了更加广阔的基础，另一方面也导致了两国之间矛盾和冲突的增加。在20世纪80年代，虽然受到了战略因素的制约，但是中国对美开放中的新问题还是不断显现出来，如产品质量、合同落实以及中国加入国际组织等，表现得比较突出的主要有如下三个方面的问题。

一、最惠国待遇问题

最惠国待遇不是一种特殊的优惠待遇，而是一种正常的贸易国待遇。根据联合国国际法委员会1978年拟出的《最惠国条款〈法〉最后草案》第5条规定，最惠国待遇是指"给惠国给予受惠国或者与该（受惠）国有确定关系的人或物优惠，不低于该给惠国给予第三国或者与该第三国有同样关系的人或物的待遇"❶。作为一项互惠的原则，最惠国条款本来不应该影响中美关系。但是，美国1974年通过了杰克逊-瓦尼克法案，禁止美国给予不允许自由移民的国家以最惠国待遇地位。此后，美国便将此作为对共产党国家施加压力的工具，从而导致了中美关系中的最惠国待遇问题。

最惠国待遇是发展正常贸易关系的基本条件。在中美正式建交前，由于两国贸易额非常小，最惠国待遇问题对中美关系没有什么影响。中美关系正常化以后，1980年，两国签订了中美贸易协定，中美互相给予了最惠国待遇地位。但是，卡特总统放弃对中国适用杰克逊-瓦尼克法的期限只有1年，对华最惠国待遇问题必须每年审议。根据美国法律，总统必须于每年6月3日以前向国会提出给予中国下一年的最惠国待遇地位问题，以便国会有充分的时间进行辩论。20世纪80年代绝大部分时间内，中国的最惠国待遇地位问题被苏联因素抑制了，国会辩论基本上是走过场。然而，这并不意味着这个问题已经解决。实际上，它不仅是中美经贸关系中的一个隐形炸弹，也是美国对中国施加压力的一个工具。

---

❶ 宫力. 峰谷间的震荡——1979年以来的中美关系[M]. 北京：中国青年出版社,1996:229.

只要有需要，美国国会每年都可以操起最惠国待遇的大棒，对中国施加压力。因此，在1989年北京政治风波发生后，最惠国待遇问题迅速突显出来，成为中美双方以及美国内部每年都要争论的一个焦点。

1990年，对华最惠国待遇问题第一次卷入中美争执之中。3月，美国国会议员佩洛西发起成立了一个"中国工作小组"，反对布什政府的对华政策，斗争的矛头对准中国的最惠国待遇地位。但是，佩洛西的这种做法显然是不合美国的时宜的。随着中国对美开放的不断发展，中美两国的经济联系已经非常密切。1989年，中美贸易额达到了180亿美元，中国已经成为美国的第10大全球贸易伙伴。●中国价廉物美的商品已经逐渐与美国人的日常生活联系在一起。拒绝给予中国最惠国待遇地位，不仅会影响中国的利益，也会影响美国的利益。5月，美国国会举行关于延长中国最惠国待遇地位的听证会。美国玩具制造商在听证会上说，如果不再从中国进口玩具，1990年的圣诞节肯定是过不成了，1991年的圣诞节也很有可能过不成。美国小麦种植者协会也宣称，取消对华最惠国待遇的代价之高是美国小麦种植者所承担不起的。❷

对于国会拿中国最惠国待遇说事，中国驻美大使朱启祯立即采取了措施。1990年5月16日，他在洛杉矶世界事务理事会发表讲话指出：如果取消了中国的最惠国待遇，就将对中美经济和贸易关系造成破坏性影响，并会导致两国总的关系大倒退。他呼吁美国政府和国会对这一问题给予足够重视，并本着中美关系和两国人民的长远利益采取明智的行动。❸显然，朱启祯不仅仅是在警告，更是在陈述一个客观事实。根据中方统计，中国1989年从美国进口达78.6亿美元，1990年也达到了65.8亿美元。❹如果美国取消给予中国最惠国待遇地位，那么中国无疑也会取消给予美国的最惠国待遇地位，从而导致两国的贸易受损。

对于中国的警告，美国国会并未予以重视。10月16日，国会众议院以384票对30票通过了不批准布什无条件延长中国最惠国待遇地位的决定。这充分表明，在美国国会反对无条件给予中国最惠国待遇问题的人占绝对多数。虽然由于海湾危机爆发，美国在解决海湾问题上有求于中国，加之国会即将闭会，参议院

❶ Statement by Press Secretary Fitzwater on the Renewal of Most-Favored-Nation Trade Status for China, May 24,1990. http://www.presidency.ucsb.edu/ws/index.php?pid=18518&st=&st1=.

❷ 陶文钊.中美关系史(1972—2000)[M].北京:中国社会科学出版社,2007:259.

❸ 宫力.峰谷间的震荡——1979年以来的中美关系[M].北京:中国青年出版社,1996:229.

❹ 陶文钊.中美关系史(1972—2000)[M].北京:中国社会科学出版社,2007:404.

没有将决议付诸表决，从而使中国的最惠国待遇地位无条件延长了1年，但是这并不意味着对中国最惠国待遇问题的斗争已经终结。相反，它意味着一场关于中国最惠国待遇问题的激烈较量正在酝酿之中。

1991年，美国国内关于中国最惠国待遇地位问题的较量重新燃起。在四五月间，国会内部已经出现了各种有关的议案。有些议员将人权、贸易逆差、计划生育、劳改犯产品、武器扩散、知识产权等问题与最惠国待遇问题联系起来，反对无条件给予中国最惠国待遇地位，要求对给予中国最惠国待遇地位附加严格的条件。有些议员甚至反对延长中国的最惠国待遇地位。

针对这种情况，布什采取了一些积极措施。1991年4月29日，他在记者招待会上说：“与中国保持理性的关系是重要的，与中国保持贸易关系是重要的。切断所有联系或者在经济上迫使中国屈服，不是促进变化的办法。中美关系打开以来，中国已经发生了很多有益的变化。最近的战争非常需要我们至少尽力与中国保持理性的关系，因为我们需要联合国付出努力的国际制裁，如果我们与中国为敌，他们就可能会否决安理会的决议。”❶此后，他又多次通过记者招待会、演说阐述给予中国最惠国待遇地位的重要性。5月29日，布什将无条件延长中国最惠国待遇地位的决定正式通知国会。他还亲自对一些国会议员进行游说，劝他们支持无条件给予中国最惠国待遇地位。7月10日，众议院以2/3的多数票通过了有条件延长中国最惠国待遇地位的“佩洛西议案”。为了影响参议院的表决，布什与国会两党议员中的中间派联盟达成妥协，还让贝克到国会进行游说。23日，虽然参议院通过了“佩洛西议案”，但是通过票数没有达到2/3多数，从而为布什否决该议案提供了条件。1992年3月，布什否决国会两院提交的最后议案成立，对华最惠国待遇又无条件延长一年。

中国密切关注美国国内有关中国最惠国待遇问题的斗争，对国会干涉中国内政的行为进行及时批驳，并采取积极措施，推动美国无条件延长中国最惠国待遇地位。5月8日，朱启祯在世界新闻协会举行的午餐会上对美国新闻、企业和学术界人士详细阐述了中国对中美关系和最惠国待遇问题的立场，指出了美国取消对华最惠国待遇的危害。他说：最惠国待遇是中美两国相互给予对方的贸易优惠条件。美国单方面取消中国的最惠国待遇或者在延长这一待遇时附加某种条件，

❶ Remarks and a Question-and-Answer Session with the National Association of Farm Broadcasters, April 29, 1991. http://www.presidency.ucsb.edu/ws/index.php?pid=19526&st=&st1=.

不仅会直接地严重损害两国间的经贸关系，而且会严重损害两国其他方面的关系，对美国及香港和澳门也会造成不利影响。●同时，一方面，中国政府对布什宣布无条件延长中国最惠国待遇的决定表示赞赏和欢迎；另一方面，中国外交部发言人多次发表谈话，抗议美国国会干涉中国内政，表示坚决拒绝接受最惠国待遇附带任何条件。

1992年是美国大选年，国会内的民主党议员准备再次在中国问题上做文章，对华最惠国待遇问题再次引起争议。6月2日，布什通告国会，计划无条件延长中国的最惠国待遇地位一年。在解释布什延长对华最惠国待遇的决定时，白宫新闻秘书发表声明说道：总统在做出这一重大决定时强调，"如果我们要影响中国，孤立中国就是错误的"。给予中国最惠国待遇将充分促进中国移民自由。我们想使中国改进人权的步伐更快、范围更广，取消最惠国待遇就达不到这些目标。在没有充分正常关系的情况下，保持与中国建设性接触的政策符合美国利益。中美不扩散对话取得了成功。通过加入核不扩散条约和宣布遵守导弹技术控制机制准则，中国已经承认了国际不扩散标准。由于没有取消对华最惠国待遇，我们取得了积极的成果。取消最惠国待遇将使美国商人、投资者和消费者付出沉重的代价。它意味着美国就业减少、商业萧条，使美国消费者的进口多支付几十亿美元。总而言之，我们与中国人直接接触的政策是一种成功的政策。为了更有效地保护美国的利益，"促进中国积极变化"，我们打算保持这种接触政策。●但是，这并没有打消反对者在此问题上发难的计划。

为了反对布什总统的决定，一些民主党议员提出了附加条件的议案。1992年7月，众议院以339票对62票通过了对中国最惠国待遇问题附加条件的议案。该议案主要针对中国的国有企业，在人权、军控和贸易等领域附加了一些苛刻的条件。9月，参议院又通过了该议案，从而否定了布什无条件延长中国最惠国待遇的决定。

9月28日，布什否决了国会参众两院通过的H.R.5318号法案。布什在否决该法案时致信众议院说道：他完全赞同法案的目标。但是，在推进这些目标方面，对给予中国最惠国待遇地位附加广泛的条件不可能取得更快的进展。在信中，布

---

❶ 宫力. 峰谷间的震荡——1979年以来的中美关系[M]. 北京：中国青年出版社，1996:239.

❷ Statement by Press Secretary Fitzwater on Continuation of China's Most-Favored-Nation Trade Status, June 2, 1992. http://www.presidency.ucsb.edu/ws/index.php?pid=21039&st=&st1=.

什陈述了中国在防扩散、保护知识产权、改善人权状况和禁止监狱产品出口等方面取得的进展，同时指出了取消中国最惠国待遇的危害，说明了否决该法案的理由。他说："H.R.5318号法案给我们的双边贸易附加了不切实际的限制，其受害者是那些朝气蓬勃、以市场为取向的中国南部地区和香港以及那些支持改革、依赖通过外部接触获得支持的人。"同时，法案不仅仅会对中国产生影响，而且还会损害美国的利益。"我们今年对中国的出口将增加到80亿美元。中国对取消最惠国待遇地位的报复，将使我们付出失去这个正在成长的市场和成千上万美国人失业的代价。在中国正在采取我们贸易谈判人员努力获得的开放市场的措施的时候，我们将把我们的市场份额让给那些在对华贸易中没有附加限制的外国竞争者。"此外，布什还指出，最惠国待遇是对华接触政策的基础，H.R.5318号法案不仅破坏了这个基础，而且侵犯了总统为了美国利益进行外交谈判的绝对权威。为了维护美国经济和对外政策的利益，他不批准这项法案。❶

布什否决了H.R.5318号法案后，国会继续进行了推翻总统否决的努力。9月30日，众议院又以345票对74票推翻了布什总统的否决。但是，参议院的表决没有获得推翻总统否决的2/3多数票。结果，布什无条件延长中国1993—1994年最惠国待遇地位的决定自动生效。

然而，这只是表明对华最惠国待遇之争告一段落，更激烈的斗争还在后头。在布什政府任内，由于布什曾经在中国呆过一段时间，对中国比较了解，所以在对华最惠国待遇问题上采取了比较明智的立场。关于最惠国待遇的斗争主要是在美国白宫和国会山之间展开，中国虽然对布什给予了支持，但是没有花费太多的力气。最惠国待遇问题之争虽然对两国关系投下了阴影，但是暂时没有对两国关系带来大的消极影响。

二、贸易不平衡问题

中国对美开放以后，两国之间的贸易迅速发展起来。本来，美国是发达国家，中国是发展中国家，两国经济具有互补性，双方的贸易冲突不会太大。但是，中国改革开放充分释放出来的巨大社会生产力和庞大的人口，使得中国劳动

---

❶ George Bush, Message to the House of Representatives Returning without Approval the United States—China Act of 1992, September 28, 1992. http://www.presidency.ucsb.edu/ws/index.php?pid=21524&st=&st1=.

密集型产品出口不断增多。同时，由于中国经济不发达，总体上进口比较小。因此，随着贸易额的不断增大，中美两国之间的贸易不平衡逐渐显现出来，从而给两国关系带来了一定的影响。

从表4-5可以看出，从1980年到1989年，中美双方贸易统计数据存在很大的差异。在双边贸易总额方面，除了1980年两国统计数据相差不大以外，其余年份均相差较大，甚至相差几十亿美元之多。从总体上看，美方的统计数据比中方的统计数据要大。1989年，中方统计的数据为122.7亿美元，美方统计的数据为177.96亿美元，相差55.26亿美元。在双边贸易平衡方面，根据中方统计数据，从1980年起，中国一直处于入超地位。而根据美方统计数据，只有1980年到1982年，美方才处于出超地位。1982年以后，美国不仅一直处于入超地位，而且贸易逆差的数额非常大。显然，中美双边贸易统计数据差距如此之大，肯定是由多方面原因造成的。但是，美方不仅坚持自己在中美贸易中存在巨额逆差，而且认为造成美方巨额逆差的主要原因是中国对美出口增长过快，要求中方限制对美出口。

表4-5 1979—1989年中美贸易统计情况

| | 美方统计数据(百万美元) | | | | 中方统计数据(万美元) | | | |
	进口	出口	总额	平衡	平衡	总额	进口	出口
1980	1058.3	3754.4	4812.7	2696.1	-284915	481127	383021	98106
1981	1865.3	3602.7	5468.0	1737.4	-287674	588832	438253	150579
1982	2283.7	2912.1	5195.8	628.4	-209750	533600	371675	161925
1983	2244.1	2176.1	4420.2	-68.0	-60150	402384	232167	172017
1984	3064.8	3004.0	6068.8	-60.8	-136367	596307	366338	229971
1985	3861.7	3851.7	7713.4	-9.9	-172176	702496	437336	265160
1986	4770.9	3105.4	7876.3	-1665.5	-106066	599325	352709	246643
1987	6293.5	3488.4	9781.8	-2805.1	-84670	677202	380936	296266
1988	8512.2	5022.9	13515.3	-3489.3	-244197	826189	565193	320996
1989*	11988.5	5807.4	17795.9	-6181.0	-34.5	122.7	78.6	44.1

资料来源：陶文钊.中美关系史(1972—2000)[M].北京：中国社会科学出版社,2007:171,403,404.

*1989年中方贸易统计数据的单位为"亿美元"。

　　在开放初期的中国对美贸易中，中国向美国出口的商品主要是纺织品和服装、原油和成品油、矿物原料、玩具、农副产品、畜产品和陶瓷等附加值低的初级产品和制成品。在这些商品中，纺织品增长较快，成为中国对美出口的最大宗商品。因此，在两国贸易争端中，纺织品贸易尤为突出。1980年9月17日，中美签订了第一个纺织品贸易协定，允许中国纺织品在美国有秩序地推销。虽然协定没有反映出当时中国纺织品对美出口的水平，但是中国仍然根据协定将对美出口严格地控制在规定的范围内。此后，中国对美纺织品出口虽然有所增加，但是在美国纺织品进口中所占的份额仍然非常小。1981年，中国对美纺织品出口按中方统计为4.2亿美元，按美方统计为5.9亿美元，仅占美国全年纺织品进口总额100亿美元的4.2%到5.9%。❶然而，美国仍然认为增长过快，美国政府多次提出协商，要求扩大中国对美纺织品出口限制范围，降低配额。到1981年夏，美国将对中国纺织品出口的限制由最初规定的8种增加到了15种，另有4种正在谈判。❷

　　1982年，中美第一个纺织品贸易协定即将到期。为了解决双方的贸易争端，8月，两国开始就新的纺织品贸易协定进行谈判。在第一轮谈判中，美方代表要求大幅度扩大中国纺织品对美出口的限制范围，降低限额水平，将中国对美出口的年增长率降到1%以下，而且要求修改协商条款，使美方有任意行动的自由。中方认为，在纺织品贸易中，中国作为美国市场的新参加者，其应享受的公正待遇完全没有得到充分考虑。中国对美纺织品出口不是按照贸易的实际需要与可能来发展，而是处于不公平的严格控制之下。现行协议的特定限额水平不但不能反映协议缔结时中国出口已达到的水平，反而低于这个水平，增长率也大大低于国际上公认的对新出口者应给予的合理增长率。在受配额限制的类别方面，中国对美纺织品的出口也失去了合理发展的可能性。因此，中国提出新的协议要考虑中国的实际，明显改善中国所享受的待遇。❸双方立场差距太大，没有取得结果，此后的几轮谈判也大体如此。

　　在这样的情况下，美国发起了中美建交后两国之间的第一场贸易战。1983年1月13日，美国国务院发言人宣布，由于美中间第一个纺织品协议已经于

❶ 陶文钊. 中美关系史(1972—2000)[M]. 北京:中国社会科学出版社,2007:170.
❷ 宫力. 峰谷间的震荡——1979年以来的中美关系[M]. 北京:中国青年出版社,1996:111.
❸ 宫力. 峰谷间的震荡——1979年以来的中美关系[M]. 北京:中国青年出版社,1996:112.

1982年底到期，新协议谈判迄今未取得进展，美国决定对中国纺织品进口实行单方面限制。对此，中国方面做出了反应。19日，中国对外经济贸易部外贸管理局负责人授权宣布，鉴于美国决定对32类中国纺织品实行单方面限制，中国决定立即停止批准今年从美国进口棉花、化学纤维和大豆的新合同，削减从美国进口其他农产品的计划。❶

毫无疑问，贸易战的结果是双边贸易额下降。这显然对中美双方都是不利的，特别是对中方的影响更大。因此，双方继续就纺织品贸易协定进行谈判。经过反复讨价还价，在中方做出了较大让步的基础上，1983年9月，中美终于达成了第二个纺织品贸易协定。中国输美纺织品配额品类为31类，总共34个品种，1983—1987年配额增长率为5%。❷此外，加上美国单方面宣布对58个品种实行配额限制，美国对华纺织品配额品种实际上增加到了90多个。此后，中美纺织品贸易在配额限制下继续发展，中国对美纺织品出口增长速度仍然比较快，因此美国不断单方面采取措施限制中国纺织品输美。然而，双方对此都采取了谨慎态度。随着第二个协定的到期，1987年，双方又达成了第三个纺织品贸易协定。根据协定，中国对美纺织品的出口遭到了更加严格和更加广泛的限制，中国对美纺织品和成衣的出口增长率下降到3%，但是仍然超过台湾、香港和韩国对美出口增长率。❸

除了对中国纺织品出口进行配额限制以外，美国还对中国的矿物、能源等方面出口实行配额限制。然而，中美贸易不平衡仍然存在，两国贸易统计差距也在扩大。对此，中美双方多次进行协商。美国总体上将美国出现逆差的原因推到中国头上，一方面继续要求限制中国对美出口，另一方面要求中国进一步对美开放市场。美国希望中国降低关税壁垒，改革贸易体制，放宽进口限制，保护知识产权等，以便利美国对中国出口。而中国则认为，中国在对美贸易中处于逆差地位，美国的对华贸易逆差是表面上的现象，这是由美国统计方面的原因造成的，美国海关根据原产地原则，将第三方转口到美国的中国产品归入了中国对美直接出口的范围。同时，美国实施对华技术出口管制，也是导致美国对华出口增长较慢的重要原因。此外，中国对美出口增加只不过是其他国家对美出口市场份额的

❶ 陶文钊. 中美关系史(1972—2000)[M]. 北京:中国社会科学出版社,2007:171.

❷ 刘阳. 对中美贸易摩擦的专题法律研究[M]. 大连:东北财经大学出版社,2006:63.

❸ 熊志勇. 中国与美国:迈向新世界的回顾[M]. 北京:世界知识出版社,1995:299.

转移，并没有导致美国贸易逆差的增加。中国要求美国放宽对华技术出口限制，放弃对华贸易中的歧视性规定和贸易保护主义，促进对华出口。显然，中美之间对贸易不平衡的看法存在较大的差异。因此，虽然两国对此多次协商，但是没有取得明显进展。

三、人权问题

1978年12月16日，卡特在记者招待会上说，中美建交增加了美国人民了解中国人民的新机会。●诚然，中国对美开放架起了两国人民相互了解的桥梁。但是，两国人民相互了解的过程实际上是两种不同文化交汇、两种不同观念碰撞的过程。事实上，中美两国在人权问题上有着根本不同的看法。中国认为人权首先是人的生存权和发展权，然后才是人的政治权利和自由。美国则片面强调人的政治权利和自由，并坚持以自己的标准评判其他国家的人权问题。中美建交初期，由于需要联合中国抗衡苏联，因此美国基本上没有对中国挥起其"人权大棒"。里根政府上台后，随着美国实力地位逐渐恢复，人权问题逐渐成为中美关系中的一个新问题，并引起了一连串事件。

1982年7月，中国网球运动员胡娜在美国旧金山参加国际网球比赛期间，被引诱离队出走。1983年4月4日，美国政府宣布给予胡娜以"政治庇护"。中国领导人对此非常关注。胡娜刚出走不久，8月17日，邓小平就在接见美国驻华大使恒安石时，敦促美国政府从两国关系的大局出发认真解决这一问题，以堵塞中美关系中的"这些漏洞"。9月8日，邓小平在会见美国前总统尼克松时又说：最近我们有个网球队员留在美国，你们美国报纸也说是美国人做了一些不干不净的手脚把她挖走了。像网球队员这样的事情不解决，我们的日子也能过。但是它向我们提出一个问题，中国今后还敢派什么人去交流呢？●但是，美国不顾中国政府的抗议和反复交涉，坚持给胡娜以"政治避难"。在反复交涉无果后，4月7日，中国文化部宣布：自即日起，停止执行根据中美文化协定制定的《中华人民共和国政府和美利坚合众国政府1982和1983年文化交流执行计划》中尚未执行

● Jimmy Carter, Diplomatic Relations between the United States and the People's Republic of China Remarks at a White House Briefing Following the Address to the Nation, December 15, 1978. http://www.presidency. ucsb.edu/ws/index.php?pid=30310&st=&st1=.

● 宫力. 峰谷间的震荡——1979年以来的中美关系[M]. 北京：中国青年出版社，1996:116-117.

的全部项目。中国体育总会也决定停止1983年中美体育双边交往，不参加1983年在美国举行的10项体育赛事。❶

中国实行计划生育政策以后，美国开始对此提出非议，指责中国政府，并抵制联合国人口活动基金在中国的援助活动。1985年，美国国会指责联合国人口活动基金在中国"支持或参与执行强制性堕胎或节制生育的计划"，从其应该提供给活动基金的资金中扣除1000万美元，以抵消联合国人口活动基金提供给中国的援助金额。1986年，美国再次以此为由扣除了2500万美元资金。❷8月1日，美国众议院外交委员会还通过了一项决议，攻击中国的计划生育政策，并以中国改变人口政策作为改善中美关系的条件之一。1987年，美国国会又以同样的理由通知联合国人口活动基金，继续扣除原定当年应该提供给人口活动基金的资金。对于美国的这种片面行为，中国政府和联合国人口活动基金都进行了反驳。1986年8月4日，《人民日报》发表评论员文章指出：中国计划生育工作取得的成绩是世界上有目共睹的，美国众议院外委会的做法给改善中美关系设置了障碍。❸1987年8月13日，联合国人口活动基金总干事萨迪克发表声明，断然拒绝了美国的无理指责，指出美国国际开发署虽然在中国进行了多次调查，但是提不出任何对人口活动基金在中国开展活动进行指控的证据。

美国还指责中国政府在西藏侵犯人权。1987年6月18日，美国国会众议院通过了关于中国人权问题和关于中国在西藏侵犯人权两项修正案。《关于中国在西藏侵犯人权》的修正案不顾西藏是中国领土不可分割的一部分的客观事实，指责中国"以军事力量对西藏强制实施统治"，并说西藏数以千计的寺庙被毁，监禁和大规模饥荒使100多万西藏人丧生。❹对于美国众议院歪曲客观事实、干涉中国内政的行为，中国表示强烈抗议。1989年3月21日，中国驻美大使韩叙会见美国国务院代理助理国务卿克拉克，就美国国会参议院通过西藏问题决议一事，对美国政府提出抗议，要求美国政府停止干涉中国内政。他说：西藏自治区是中国不可分割的一部分，西藏事务是中国内部事务，任何外国政府、议会、组织和个人都无权干涉。中国政府坚决反对任何人用任何借口插手中国西藏事务，支持分裂主义活动。美国政府曾多次表示，承认西藏是中国的一部分，是中国内

❶ 陶文钊.中美关系史(1972—2000)[M].北京:中国社会科学出版社,2007:176-177.

❷ 宫力.峰谷间的震荡——1979年以来的中美关系[M].北京:中国青年出版社,1996:166.

❸ 熊志勇.中国与美国:迈向新世界的回顾[M].北京:世界知识出版社,1995:317.

❹ 宫力.峰谷间的震荡——1979年以来的中美关系[M].北京:中国青年出版社,1996:168.

政，美国不进行干涉。我们要求美国政府能恪守自己的诺言，从维护中美友好关系大局出发，采取切实措施，防止这种事情再次发生。❶

此外，美国还对中国的监狱管理制度进行干涉，指责中国羁押政治犯、使用劳改犯，要求中国保障犯人的基本人权，允许国际人权组织等机构探访中国监狱。美国还指责中国向美方出口监狱劳动产品，1991年3月，美国国会众议员沃尔夫一手炮制的"北京第一监狱向美国出口案"引起了两国激烈的贸易摩擦。经过艰难谈判，1992年，双方签署了中美劳改产品谅解备忘录，暂时消除了两国在这一问题上的矛盾，但并未彻底解决这一问题。

小　结

中美关系从解冻到建交在很大程度上是在苏联因素的驱动下前进的。在整个20世纪80年代，苏联因素始终是美国观察中美关系的一个参照物，中美关系的好坏明显受到了美苏关系的影响与制约。可以说，苏联因素是中美关系稳定发展的主要基础。显然，中美关系稳定发展又为中国从美国引进资金、技术和设备创造了良好的双边关系环境，确保了中国对美政策性开放的实施。为了联合中国抗衡苏联的霸权扩张，维护美国的霸权，防止美苏之间发生权力转移，美国抛开了政治制度和意识形态问题上的偏见，不仅逐渐放松了对中国战略物资的出口限制，从而为中国引进美国的先进技术提供了条件，而且在中国的最惠国待遇地位问题上采取了明智立场，从而为两国经济贸易关系的迅速发展奠定了基础。但是，随着苏联威胁逐渐消退，美国对华态度日益强硬。及至苏联解体，美国联华抗苏的需求不复存在，便对中国内政采取了赤裸裸的干涉政策，导致中美关系迅速滑坡，中国对美政策性开放也受到了巨大的冲击。

在中国方面，建交初期苏联因素也是居于主导地位的。及至苏联深陷阿富汗、美苏争霸出现互有攻守的新态势、世界和平运动迅速发展，中国领导人敏锐地捕捉到了时代主题变化的新信息，逐渐萌发了和平与发展的时代主题观，便着

---

❶ 刘连第. 中美关系重要文献资料选编[G]. 北京：时事出版社，1996：71.

手调整自己的外交战略。1982年，中共十二大确立了独立自主的和平外交政策，形成了真正不结盟、不打牌的外交方略，强调对美开放中的经济因素，苏联因素逐渐被从中美关系中排除出去，对美开放的影响逐渐增强。而随着中国外交政策的调整，美国也调整了对华战略。虽然苏联因素继续主导着美国对华政策，但是经济因素逐渐受到重视。从此，中国开放战略逐渐从幕后走向前台，由对外政策的工具逐渐转变成中美关系的基本内容。毫无疑问，这种变化为苏联突然解体后中美关系的继续发展奠定了基础。

然而，中国开放战略对中美关系的影响也是双重的。一方面，中国对美开放不断扩大，增加了两国利益的契合点，两国经济相互依存不断加强。同时，中美彼此了解不断增多，两国的认知偏见和隔阂慢慢减少。这有利于两国在中美关系中采取更加明智的政策，也有利于增强两国人民对发展中美关系的支持，从而有利于促进中美关系稳定健康发展。另一方面，经济开放成为中美关系的重要内容，增加了两国对经济利益的重视程度。在追求相对收益的情况下，它无疑会增加两国经济利益的摩擦和冲突。同时，中美两国社会制度不同、意识形态各异、价值观念有别、文化背景悬殊，两国在彼此开放过程中可能出现文化和价值观的冲突。特别是美国是一个使命观和优越感非常强烈的国家。无论是历史还是现实中，推广美国的政治制度和价值观念是其重要的对外政策目标。随着苏联因素的消失，美国对华开放中的政治制度、意识形态因素也逐渐加强。在强调经济开放的同时，美国非常强调中国的政治开放。这些都对中美关系的稳定发展造成了消极的影响。因此，在中国实行政策性开放阶段，中国开放战略对中美关系既产生了积极的影响，也开始产生消极的影响。

此外，随着苏联走向解体，美苏之间发生权力转移的可能性不复存在，美国不需要继续增强中国以抗衡苏联。相反，中国变得强大还有可能挑战美国的霸权，从而引发中美之间权力转移的可能性。作为国家富强的主要路径，开放战略推动了中国的迅速发展，也引起了美国的怀疑和担心。实际上，美国开始陷入了两难困境：一方面担心中国强大，另一方面又担心中国开放战略发生逆转。因此，美国开始限制中国的政策性开放，禁止向中国出口先进技术，迫使中国在付出较大成本的基础上加入国际机制。这为中美关系的稳定发展设置了障碍，也预示着20世纪80年代以后的中美关系必然在更加尖锐的矛盾与冲突中发展。

第五章　制度性开放与中美关系曲折发展

从20世纪80年代初正式设立深圳、珠海、厦门和汕头4个经济特区，到20世纪90年代初初步形成经济特区—沿海开放城市—沿海开放区—沿江及内陆省会城市—沿边开放城市的全方位、多层次、宽领域的对外开放格局，中国的政策性开放取得了巨大的成功。随着开放环境的变化，仅仅以特殊经济政策和经济管理制度促进开放已经不能适应形势发展的客观需要了。进入20世纪90年代，制度性开放成为中国开放战略的重点。围绕中国复关/入世，中美两国进行了长期的讨价还价，从而导致两国关系持续处于不稳定状态。直到2001年中国正式加入世界贸易组织，中美关系主要是在与中国制度性开放的对立与统一中曲折前进的。

第一节　中国复关/入世的漫长历程

中国开放战略实施以后，中国经济与世界经济的联系日益密切，加入世界经济机制成为中国进一步开放的必然要求。作为当今世界最主要的国际经济机制，世界贸易组织是由关税及贸易总协定演化而来的，被称为"经济联合国"，在国际经济中发挥着十分重要的作用。1986年，中国正式提出恢复在关贸总协定中的缔约国地位。经过长期艰难谈判，中国于2001年正式加入世界贸易组织。这个艰难而漫长的历史过程可以分为两个时期。

一、申请恢复关贸总协定缔约国地位时期

关税及贸易总协定不是一个正式的国际经济组织，而是一项关于关税和贸易政策的多边条约。它是建立在战后初期美国的经济霸权之上的。第二次世界大战使西欧国家刮干了黄金桶，使美国大发了战争财。从表5-1可以看出，第二次世界大战后，美国工业生产能力大大增强，经济实力迅猛增长。从1939年到1945

年，美国国内生产总值增长了90.59%。1939年，美国国内生产总值是英国、法国、德国、日本、意大利和奥地利六国国内生产总值总和的78.43%，到1945年猛增到200.04%。其他方面的数据也反映出美国战后初期的这种庞大经济实力地位。战后初期，美国的工业产量占资本主义世界的1/2，出口贸易占1/3，黄金储备占3/4。美国还是世界最大的债权国，资本输出占世界第一位。❶

表5-1   1939—1945年主要资本主义国家国内生产总值水平比较　　　　单位:百万美元

国别	英国	法国	德国	日本	意大利	奥地利	合计	美国
1939	286953	198944	241103	196044	151092	27431	1101567	864007
1945	331347	101189	194682	98711	85432	11803	823164	1646690

资料来源:Angus Maddison. Monitoring the World Economy(1820—1992)[M]. Development Centre of the Organisation for Economic Cooperation and Development, 1995: 180-183.

在庞大经济实力的支撑下，美国建立了一系列国际经济机制来维护其经济霸权，关税及贸易总协定就是其中之一。为了确立有利于美国的自由贸易体系，美国设想成立国际贸易组织，提议联合国经济及社会理事会召开世界贸易和就业会议。1946年10月，国际贸易组织第一次筹备会议在伦敦召开。此后，美国开始与有关国家进行减让关税的谈判。1947年4月，第二次筹备会议在古巴哈瓦那召开。但是，由于其他国家在关税削减方面存在很大的分歧而没有成功。因此，美国国会拒绝批准会议通过的《哈瓦那国际贸易组织大宪章》。此后，有关国家继续就关税问题进行谈判，并达成了123项双边减免关税协议。有关方面将这些协议和《哈瓦那国际贸易组织大宪章》的有关条文合在一起构成《关税及贸易总协定》，作为国际贸易组织的过渡措施于1948年1月1日生效。协定确立了缔约国在国际贸易中共同遵守无歧视待遇、最惠国待遇、内国民待遇、互惠、透明度、关税减让和取消数量限制等基本原则❷，成为处理战后国际贸易问题的基本机制。

中国是关税及贸易总协定创始缔约国。但是，1950年，台湾当局宣布退出关税及贸易总协定。事实上，此时中华人民共和国已经取代国民政府成为中国的唯一合法政府，台湾当局退出关贸总协定的决定应该是无效的。但是，当时美国

---

❶ 方连庆,刘金质,王炳元. 战后国际关系史(1945—1999)[M]. 北京:北京大学出版社,1999:43.

❷ 樊勇明. 西方国际政治经济学[M]. 上海:上海人民出版社,2001:192-193.

对中国实行孤立和封锁政策，新中国在关贸总协定中没有取得任何地位。1965年，台湾当局又在关贸总协定中取得了观察员资格。1971年，中华人民共和国恢复了在联合国的一切合法席位，台湾当局在关贸总协定中的观察员资格被取消。但是，中国没有要求恢复在关贸总协定中的缔约国地位。这就导致了日后中国恢复在关贸总协定中缔约国地位的艰难谈判历程。

随着中国开放战略的逐步实施，中国恢复在关贸总协定中缔约国地位的事情逐渐提上议事日程。1982年，中国在关贸总协定中获得了观察员资格。此后，中国逐渐参加了关贸总协定的有关活动。1986年，中国正式申请恢复在关贸总协定中缔约国地位，从而正式迈出了复关的漫长历程。以1989年为界，从1986年7月到1994年12月，中国的复关谈判可以分为两个阶段。1987年，中国向关贸总协定理事会提交了中国对外贸易制度备忘录，理事会随即决定成立中国问题工作组。1988年，中国工作组正式开始运作。到1989年4月，共举行了7次会议，完成了对中国外贸制度的审议。同时，中国与有关国家的双边谈判也取得了实质性进展。1986年11月，中美双方就中国复关问题在北京开始双边谈判，美国代表纽科克就中国的贸易制度、贸易透明度和市场准入等问题提出了5项基本要求。1988年12月，中美在华盛顿进行第4轮谈判，双方就贸易往来问题各自提出了议定书草案，开始进入实质性谈判阶段。在1989年5月中美第5轮谈判中，美方基本满足了中国提出的要求，谈判取得了实质性进展。12月，关贸总协定中国工作组第8次会议在日内瓦举行，实际上开始重新审议中国的外贸制度，中国复关谈判差不多回到了原点。

从1989年12月关贸总协定第8次工作组会议开始，到1994年12月，中国复关谈判进入了第二个阶段。起初，由于以美国为首的西方国家对中国实施制裁，中国工作组实际上采取了拖的态度，中国复关谈判处于停滞状态。

1992年春，邓小平视察武昌、深圳、珠海和上海，并发表了重要讲话，中国的改革开放彻底摆脱了姓"社"还是姓"资"的争论。10月，中国共产党第十四次全国代表大会明确提出了建立社会主义市场经济体制的目标模式，中国新一轮改革开放大潮迅速掀起。21日，关贸总协定中国工作组第11次会议在日内瓦开始举行，中国代表团团长佟志广专门介绍了十四大对中国社会主义市场经济的新定位。会上，工作组主席吉拉德提出了中国复关的非正式议定书框架讨论文件——"初步综合问题清单"，并建立了议定书非正式磋商机制。中国复关进入了实质性谈判阶段。●然而，1993年，乌拉圭多边贸易谈判最终达成协议，决定于1995年1月1日正式成立世界贸易组织。届时，关税及贸易总协定将终止自己的历史使命。中国如果不能在此前恢复关贸总协定缔约国地位，就没有资格成为世界贸易组织的创始成员，复关谈判的成果就会付诸东流，中国入世的代价也会更高。因此，中国将复关的最后期限定在1994年年底以前。为了实现这一目标，中国做出很大的让步。但是，以美国为首的西方国家以滚动式要价方式不断提高价码，阻碍中国顺利达到自己的目标。

1994年6月，关贸总协定中国工作组召开第17次会议。美国坚持中国必须以发达国家身份复关/入世：①中国原则上作为发达国家。②乌拉圭回合在农业领域达成的削减国内外补贴的发展中国家待遇不适用于中国。③在知识产权保护方面，实行新协定义务的过渡期，中国不能适用发展中国家5年的过渡期，要与发达国家一样，适用1年的过渡期。④国际收支对策、输入货物的关税估计、资格认定等条款，也适用发达国家的待遇。●美国等国家的要价大大高于中国可能承受的让步，第17次工作组会议没有取得突破。对于美国的漫天要价，中国感到非常不满。8月29日，对外贸易经济合作部部长吴仪在与美国商务部长布朗会谈时指出，中国参加关贸总协定的基本立场是权利与义务的平衡，它只能承担与其经济发展水平相适应的义务，并全面享受关贸总协定和世界贸易组织成员的权利，包括赋予发展中国家的权利。对于美国等国家的漫天要价，吴仪说道，中国不会为复关而不惜一切代价，也不可能期望中国会拿国家的根本利益做交易。同时，吴仪警告说，如果中国被拒之于关贸总协定和世界贸易组织门外，中国将不再受已作承诺的约束。复关问题是中美双边关系中的一个重要方面，美国对中国复关的要价要适可而止。●

此后，中国虽然进一步做出了让步，但是复关仍然没有取得进展。为了给有关缔约方施加压力，中国决定在1994年年底以前结束中国复关实质性谈判，超过这一时限中国将不再做出新让步。1994年11月28日，中国代表团团长龙永图向有关方面通报了中国政府的决定。他说：中国政府提出在1994年年底结束实质性谈判的具体含义是，超过这一时限后，中国在复关议定书及市场准入谈判中

❶ 巩小华,宋连生. 中国入世全景写真[M]. 北京:中国言实出版社,2001:24.

❷ 周溢潢. 中美关系风云录[M]. 太原:山西人民出版社,2003:436—437.

❸ 刘连第. 中美关系重要文献资料选编[G]. 北京:时事出版社,1996:150.

不再做新的实质性出价，但将就议定书、报告书的文字修改以及农产品和服务贸易3个减让表的审定继续工作；超过这一时限后，中方不再主动要求同各缔约方举行双边磋商，也不再主动要求举行中国工作组会议，但中国代表团将应关贸秘书处和将来的世界贸易组织秘书处的要求，继续参加谈判，直至解决中国加入世界贸易组织问题。❶在中国的压力下，有关缔约方增加了谈判的紧迫感。但是，他们的要价仍然非常高。12月20日，中国工作组第19次会议召开，中国工作组主席吉拉德宣布谈判失败。

中国复关谈判历时8年，最后以失败而结束。之所以出现这种情况，主要是因为美国的阻扰。正如中国代表团团长谷永江在中国工作组第19次会议上指出的，最近一个月来，中国代表团为结束谈判做了巨大努力，但本次会议仍未能就结束中国复关的实质性谈判达成一致意见，这完全是极个别缔约方由于他们政治上的需要，蓄意阻挠，缺乏诚意，漫天要价的结果。❷事实上，中国复关谈判主要是和美国谈判。而"美国主要关心的是自己的商业利益，对中国复关议定书具体条款的谈判态度消极。一位关贸总协定官员对此评论说，美国是要看到'钞票的颜色'后方肯最后决定是否让中国入关。"❸在与美国进行的谈判中，最艰难的是市场准入和知识产权谈判。

关于市场准入问题，中美在20世纪80年代中期就进行过商谈。据美方统计，进入20世纪90年代，美国对华贸易逆差进一步增加。1990年美方对华逆差为104亿美元，1991年增加到128亿美元，市场准入问题进一步激化。1991年6月，中美在北京就市场准入问题进行第一轮会谈。美国不仅以使用"301条款"施压，而且以推迟复关谈判相威胁。8月20日，双方在华盛顿开始第二轮会谈。在会谈中，美方提出关于减少中国市场准入壁垒的建议案，包括具体行动建议和开放市场的时间表，涉及到透明度、进口替代、进口许可证等许多问题，并坚持中国在一个月内正式回应美国提出的具体步骤和时间表。对此，中国进行了积极回应，但是美方认为回应方案不具体。此后，美方进一步提出苛刻的要求。到1992年8月，市场准入问题经过7轮会谈后失败，美国贸易代表办公室立即宣布对中国实施贸易报复，中国宣布采取反报复措施。在此情况下，双方继续进行磋

❶ 巩小华，宋连生. 中国入世全景写真[M]. 北京：中国言实出版社，2001:40.
❷ 刘连第. 中美关系重要文献资料选编[G]. 北京：时事出版社，1996:164.
❸ 巩小华，宋连生. 中国入世全景写真[M]. 北京：中国言实出版社，2001:36.

商，并且于10月份达成了协议，签署了《中美市场准入备忘录》，从而避免了一场贸易战。❶

知识产权问题在20世纪80年代也已经出现，90年代更加突出。1989年和1990年，美国贸易代表希尔斯在"特别301条款"年度审查报告中，连续两年将中国列为"重点观察名单"。1991年，贸易代表办公室又将中国列入"重点外国"。对此，中国与美国进行了磋商。但是，没有取得进展。11月26日，希尔斯宣布了拟对中国出口美国的106种商品加征100%关税的清单。中国也将价值12亿美元的美国商品列入反报复清单。1992年1月，中美在华盛顿继续谈判，参照关贸总协定乌拉圭回合就知识产权问题达成的最新结果，两国签订了关于保护知识产权的谅解备忘。1994年6月，美国又针对与计算机行业相关的产品宣布对中国进行"特别301条款"调查。为此，两国进行了7轮磋商没有取得成果，美中又先后公布了报复与反报复清单。为了避免贸易战，在国内大公司的压力下，美国贸易副代表巴尔舍夫斯基前来北京进行商谈。1995年2月，达成了《中美知识产权保护协议》。1996年4月，美国"特别301条款"年度审查报告以没有认真执行协议为由，再次将中国列入"重点外国"名单，并于5月15日宣布对价值30亿美元的中国商品征收惩罚性关税。对此，中国一方面宣布反报复清单，一方面加大保护知识产权的执法力度。6月17日，双方就知识产权问题达成了第三个协议，从而再次避免了一场贸易战。❷

二、申请加入世界贸易组织时期

1995年1月1日，世界贸易组织正式成立。由于世贸组织与关贸总协定并存一年，因此中国继续与有关缔约方就复关问题进行磋商。但是，由于美国阻挠，复关谈判未取得实质性进展。1996年1月1日，关税及贸易总协定停止运行，中国复关谈判变成了入世谈判。

1996年2月12日，中美举行第十次双边磋商，中国逐条答复美国1995年11月提出的所谓入世"路线图"28条。此后，中国与有关方面继续进行了多轮磋商。3月，中国入世工作组召开了第一次会议，中国继续坚持以发展中国家身份加入世界贸易组织。同时，为了推动入世谈判，中国还做出了巨大的实质性努

❶ 巩小华，宋连生. 中国入世全景写真[M]. 北京：中国言实出版社，2001:21~22.
❷ 陶文钊. 中美关系史（1972—2000）[M]. 北京：中国社会科学出版社，2007:409~413.

力。4月,中国开始兑现江泽民在亚太经合组织大阪会议上的承诺,把4000多种进口产品关税下调了30%,我国进口关税总水平从30%降低到了23%,取消了170多种进口产品的配额制,取消了大部分外资企业的进口减免税优惠政策。11月27日,中国正式宣布不再使用国际货币基金组织协定第14条第2款的过渡性安排,自1996年12月1日起,接受国际货币基金组织协定第8条第2款、第3款、第4款的义务,实行人民币在经常项目下的可兑换。❶

其间,虽然中国与欧盟立场逐渐接近,与美国就知识产权问题达成了协议,但是与美国的谈判仍未取得根本性突破。美国坚持把中美之间的市场准入问题与中国入世挂钩,将解决市场准入问题作为美国同意中国入世的前提。7月16日,美国代理贸易代表巴尔舍夫斯基在亚太经合组织贸易部长会议结束后宣称,中国在加入世界贸易组织前必须采取措施,就市场准入作出认真的明确承诺。9月25日,她又在中美商务贸易联委会第十次会议召开前夕对记者发表谈话说,尽管中国口头上说想加入世界贸易组织,但是对加入并不真正感兴趣。除非中国在关税、农产品标准等问题上作出商业上有重大意义的承诺,美国才可能认真考虑中国加入世界贸易组织的问题。❷

1996年11月,江泽民和克林顿在马尼拉亚太经济合作组织非正式首脑会议期间会晤,决定1997和1998年实现互访。这在一定程度上为中国入世谈判营造了良好的氛围。1996年12月中旬到1997年1月底,中方先后与加拿大、日本、欧盟和美国就中国加入世界贸易组织问题举行了双边磋商,如此规模和密度的磋商,在中国申请复关、入世的谈判中尚属首次。❸1997年3月初,世界贸易组织中国工作组第三次会议召开,有关各方就中国加入世界贸易组织议定书中的外贸经营权条款进行了磋商,谈判取得了较大进展。同时,为进一步扫除中美磋商的障碍,中国国务院新闻办公室发表《关于中美贸易平衡问题》的白皮书,全面阐述了中国政府在贸易平衡问题上的立场。

4月,世界贸易组织总干事鲁杰罗应邀访问中国。访问期间,他参观了上海浦东新区和北京附近比较落后的农村。对外贸易经济合作部部长吴仪和国务院总理李鹏先后与鲁杰罗就中国加入世界贸易组织的问题进行了会谈,进一步表明了

❶ 巩小华,宋连生. 中国入世全景写真[M]. 北京:中国言实出版社,2001:58.

❷ 刘连第. 中美关系的轨迹:1993年—2000年大事纵览[G]. 北京:时事出版社,2001:375-376.

❸ 巩小华,宋连生. 中国入世全景写真[M]. 北京:中国言实出版社,2001:68.

中国方面的立场。吴仪不无强硬地指出："中国早日加入世贸组织，不仅有利于中国，也有利于所有世贸组织成员，有利于整个世界经济贸易的发展"，"今后主要谈判方的要价，应在WTO和乌拉圭回合协议的框架及范围之内适可而止，并具有明确的法律依据；同时还应考虑到中国作为发展中国家的实际水平，依据其现有的社会与经济承受能力，体现出足够的灵活性。不能把未来的潜力误当作现实，对中国经济发展作出不切实际的估计"，"中国希望尽快加入世贸组织，但也耐心做好了出现新的困难、新的障碍的准备"。李鹏说道："听说你参观了北京附近的贫困村庄。在首都周围尚有一些贫困的地方，这足以证明中国的发展还不平衡，中国还是一个发展中国家。因此，对中国的要求不能超越中国现在经济发展的水平，更不能把中国加入世贸组织的问题政治化，否则是不公平的。"❶鲁杰罗访华在一定程度上推动了中国入世谈判的进程。

此后，中国与有关方面的谈判进展比较顺利。中国工作组第四次会议就中国加入世界贸易组织议定书中关于非歧视原则和司法审议两项主要条款达成了协议。❷到1997年年底，中国已与35个世界贸易组织成员举行了双边市场准入协议谈判，与其中20多个国家的谈判接近了尾声，与其中十几个国家的谈判已经结束，与其中9个国家签署了协议，还与其他一些国家进行了技术核对，与欧盟的谈判也在加紧进行。❸但是，这丝毫也不意味着中国入世谈判即将完成。事实上，作为关键谈判方的美国仍然坚持漫天要价，两国的双边谈判并没有取得突破。不仅如此，美国似乎并没有表现出积极支持中国加入世界贸易组织的诚意，中国入世仍然面临非常艰巨的任务。在中国工作组第五次会议结束后，世贸组织中国工作组主席吉拉德宣布谈判取得了重大进展。白宫发言人麦柯里却说，中国争取加入世界贸易组织的努力几乎没有进展。巴尔舍夫斯基宣称，尽管受到10月份举行美中首脑会晤的压力，但美国一点也不急，迄今中国的努力与加入必须具备的条件还有一段距离。❹

在中国入世问题上，美国采取了比较狡猾的做法。一方面，以原则上支持拉住中国，避免中国采取较激的措施甚至退出谈判。另一方面，在具体问题上不断要价，逐步加码，以迫使中国对美国做出最大限度的让步，企求一夜之间全部打

❶ 巩小华,宋连生. 中国入世全景写真[M]. 北京:中国言实出版社,2001:70-71.

❷ 刘连第. 中美关系的轨迹:1993—2000年大事纵览[G]. 北京:时事出版社,2001:386.

❸ 巩小华,宋连生. 中国入世全景写真[M]. 北京:中国言实出版社,2001:74.

❹ 刘连第. 中美关系的轨迹:1993—2000年大事纵览[G]. 北京:时事出版社,2001:388.

开中国对美开放的市场。10月6日，美国商务部长戴利在香港美国商会宣称，中国市场的开放程度仍不足以加入世界贸易组织。我们没有看到本来希望看到的进展。我相信会取得进展，但说实话，目前很难。中国从10月1日起降低4800多种商品进口税是一个非常积极的步骤，但经销权控制、进口许可证等非关税壁垒依然存在。总之，市场准入是中国加入世贸组织的关键。❶在1998年访华期间，克林顿抱怨中国的市场对美国开放不够，特别是金融保险业市场。对此，中国打算在市场准入方面给美国以最大限度的让步，包括在金融保险业和移动电话业务方面做出比较大的让步，在基础电信方面也做出让步，并作出开放时间表上的承诺，同时要求克林顿也承诺给中国永久性最惠国待遇、1999年年底让中国加入世界贸易组织、取消1989年以来对中国的制裁、取消对非市场经济国家的歧视，但是克林顿找各种理由加以拒绝了。❷

1999年，国务院总理朱镕基访美，双方就中国入世的谈判进入关键时期。为了使谈判取得成功，双方都进行了积极的准备。特别是中国采取了一些实际的措施，以便能够促使中美两国达成共识。1月12日，朱镕基通过来访的美国联邦储备委员会主席格林斯潘发出了一个信息：尽管中国经济的发展速度在放慢，但中国最终决定开放市场，包括电信、银行、保险和农业，以加入世界贸易组织。27日，中国人民银行行长戴相龙又宣布，年内取消外资银行在中国设立营业性分支机构的地域限制，从现在的上海、北京、天津、深圳等23个城市和海南省扩展到所有中心城市，试点经营人民币业务。❸美方也开始采取积极、务实的态度，赞成中国加入世界贸易组织的声音逐渐增多。商务部长戴利则宣称，中国在历史上一直对美关闭市场，正确的解决办法是让中国加入世界贸易组织，这样做正是为了打开中国市场。对于朱镕基访美期间达成中国入世协议的可能性，助理国务卿罗思在国会众议院国际关系委员会作证时说，美方将尽全力在朱总理访美前敲定。副国务卿艾森施塔特说道，朱总理下个月访美时可以使中国有机会达成一项从商业角度来说切实可行的协议。❹此外，中美双方还进行了一系列紧张而密集的谈判，并且取得了一些进展。

然而，共和党控制的美国国会对中美关系改善采取了抵制的态度。他们利用

---

❶ 刘连第. 中美关系的轨迹：1993—2000年大事纵览[G]. 北京：时事出版社，2001：390.

❷ 巩小华，宋连生. 中国人世全景写真[M]. 北京：中国言实出版社，2001：83.

❸ 巩小华，宋连生. 中国人世全景写真[M]. 北京：中国言实出版社，2001：84.

❹ 刘连第. 中美关系的轨迹：1993—2000年大事纵览[G]. 北京：时事出版社，2001：417—420.

所谓中国窃取美国核技术和卫星技术、李文和案件、台湾问题等，干扰中美就中国入世达成协议，从而给朱镕基访美能否就入世问题达成协议蒙上了阴影。3月30日，美国贸易代表巴尔舍夫斯基访华，就中国入世问题进行磋商。虽然中方做出了巨大的让步，但是美方没有作出积极的回应。4月2日，白宫发言人洛克哈特在回答记者"朱镕基访美时中美双方达成中国入世协议的可能性"时说道，我们的谈判策略不是根据日历，而是基于为美国商业获得越来越好的交易，是基于我们的国家利益。我对形势的理解是，虽然谈判已经取得了很大的进展，但双方仍然存在一些重要的差距。我们将继续进行谈判。❶显然，美方的立场已经从年初后退了，中美入世谈判又遇到了波折。

为了争取入世谈判出现突破，面对这种不利形势，朱镕基依然于4月6日开始访美。这是1984年赵紫阳访美以来，中国总理首次访美。在7日晚的预备会上，朱镕基和克林顿达成了部分共识。然而，就在双方8日上午会谈刚刚结束时，美国贸易代表办公室单方面将尚未签署的"中美联合声明"散发出去，引起了中方强烈不满。经过紧张的谈判，直到10日才重新达成了《联合声明》。声明指出：中美两国已经大大推进了中华人民共和国加入世界贸易组织的共同目标。农业合作协议以及在广泛的市场准入和议定书问题上所取得的重大共识，进一步推动了这个目标的实现。美国坚决支持中华人民共和国于1999年加入世界贸易组织。因此，克林顿总统和朱镕基总理指示各自的贸易部长继续进行双边谈判，以便满意地解决遗留的重要问题，并尽快在强有力的商业条件下达成协议。❷克林顿担心国会反对而没有与朱镕基达成中国入世的协议，引起了美国国内的广泛批评。在国会内，它不仅激怒了那些反对与中国签订任何协议的人，而且激怒了那些认为必须签订协议的人。商业界的批评更加强烈。当白宫星期一在老行政楼印第安条约室通报贸易协定时，像着了火似的。在国内强大压力下，克林顿建议朱镕基发表五天内的第三个联合声明，或者立即恢复谈判，或者派美方谈判人员前往北京重开谈判。但朱镕基要求美方谈判人员前往北京继续谈判。❸

❶ Press Briefing by Joe Lockhart, April 2, 1999. http://www.presidency.ucsb.edu/ws/index.php?pid=47721&st=&st1=.

❷ Joint Statement by President Bill Clinton and Premier Zhu Rongji, April 10, 1999. http://www.presidency.ucsb.edu/ws/index.php?pid=57393&st=&st1=.

❸ David E. Sanger. How Push by China and U.S. Business Won over Clinton[N]. The New York Times, 1999-04-15.

1999年4月22日，中美双方在北京重开谈判，但是没有达成协议。5月8日，以美国为首的北约袭击中国驻南斯拉夫大使馆，中美入世谈判中断。尽管美国多次表示希望恢复与中国的入世谈判，但是中国认为恢复入世谈判的条件尚不具备，气氛还不好。但是，中国并没有中断入世谈判的历史进程。除了与美国、欧盟的谈判中断以外，中国与世界贸易组织其他成员的谈判仍然按计划进行，并且先后与日本、澳大利亚等国完成了中国入世双边谈判。

9月，江泽民与克林顿在亚太经合组织奥克兰首脑会议期间会晤，决定恢复中国入世双边谈判。13日，中国外经贸部部长石广生与美国贸易代表巴尔舍夫斯基就中国入世举行了会谈，但是没有达成协议。双方阐述了各自的立场并表示继续就此进行会谈，争取早日达成协议。11月，双方在北京继续进行谈判，由于在电信、保险以及纺织品等方面的分歧，谈判濒临破裂，美方代表声称13日回国。最后，在朱镕基的关心下，双方继续进行谈判。15日，中美双方签署了关于中国加入世界贸易组织的双边协议，结束了长达13年的谈判。2000年，美国国会两院先后通过了对华永久正常贸易待遇议案，从而排除了美国内部对中国加入世界贸易组织的重大障碍。

中美双边协定的达成为中国入世谈判排除了障碍。此后，中国与其他世贸成员继续谈判。除与欧盟谈判较为艰难外，与其他成员谈判进展顺利。2000年1月，中国与欧盟在布鲁塞尔举行谈判，历时两天半没有达成最终协议。5月，双方代表在北京继续举行谈判并于19日达成了协议。2001年9月13日，中国与墨西哥在日内瓦达成双边协议。至此，中国与世界贸易组织所有37个成员的双边谈判全部结束。

2000年6月19日到23日，世界贸易组织中国工作组第16次会议召开，中国入世谈判的重点转移到起草法律文书方面。6月28日到7月4日，中国工作组第17次会议完成了中国加入世界贸易组织多边文件的起草工作。2001年9月，中国工作组第18次会议通过中国加入世贸组织多边文件，中国加入世贸组织谈判全部结束。11月，世贸组织第4次部长级会议审议并通过中国加入世贸组织的决定。此后，随着中国入世过渡期的结束，中国基本上完成了制度性开放的历史进程。

第二节　中美关系对中国复关/入世谈判的影响

新中国成立后的40多年中，中美关系发展的动力主要来自外部，其所受的外部影响远远大于两国关系的内在制约。特别是美国将中美关系置于美苏冷战的大背景中，以苏联因素定位和处理中美关系。1991年苏联解体后，中美关系的主要外部动力消失，中美关系逐渐由外源型向中美双方内在因素起主要作用的内驱型转变。这个转变过程，实际上是美国对中国以及中美关系再认识、再定位的过程，大致呈现出3个阶段：定位模糊期、定位清晰期和定位逆转期。这导致了中美关系的不稳定，从而给中国复关/入世造成了很大的消极影响。

一、美国对华定位模糊期

苏联突然解体，对美国的对华政策产生了巨大的冲击。在失去判断和处理对华关系参照物的情况下，美国对华政策定位难度加大。1993年1月，克林顿总统入主白宫，在对外政策上抛弃了其前任的对华政策，又没有提出自己的完整对华政策。美国对华定位模糊，对华政策混乱，中美关系麻烦不断，从而迟滞了中国恢复在关贸总协定中缔约国地位的历史进程。

1. 苏联解体对美国对华政策的影响

冷战时期，美国的最大威胁来自苏联的霸权挑战。为了维护美国的霸权地位，对付苏联的扩张是美国外交政策的核心因素。美国在对外关系中以苏划线，敌友阵线分明。在中美关系中，美国对中国的战略定位经历了从"敌人"到"友好的非盟国"的转变。1991年苏联突然解体以后，美国外交战略中军事安全因素的影响减弱，经济因素的影响上升。由于在对华政策上长期以苏联划线，因此美国在冷战结束后的对华战略定位问题上出现了麻烦。

20世纪80年代末，美国经济出现了严重的衰退。但是，在当时苏联威胁依然存在的情况下，军事安全因素居于首位，人们对经济的关注相对较弱。苏联解体后，来自苏联的威胁消失，美国的注意力更多转向了经济。1991年10月，克林顿在乔治城大学演讲时宣称，我们的经济实力必须成为我们定义国家安全政策的中心要素。❶事实上，克林顿竞选总统成功在很大程度上也是得益于其打出了经济的大旗。1993年克林顿入主白宫以后，经济因素被置于重要的位置，经济进步被置于美国"对外政策的中心"，发展经济、增进安全和扩展民主成为克林顿政府优先考虑的3个议题。1993年1月18日，他在乔治城大学发表演说时说道，本届政府的外交政策建立在三根支柱之上：第一，将我们国家的经济安全置于外交政策的首要目标；第二，我们的外交政策基于重建我们的武装力量，以应对对我们的国家安全与国际和平的新的和连续的威胁；最后，我的政府的外交政策将植根于团结我们的国家、现在全世界如此多的人向往的民主原则和制度；❷1994年，克林顿政府对外交政策重心做了一定调整，重新将安全问题置于外交政策的首位，经济因素屈居第二。1994年5月3日，克林顿在CNN访谈时说，上任以来，我的战略优先考虑三个方面的利益：①制定应对这个新时代安全挑战的政策，并增强执行这些政策所必需的防卫实力；②使我们国家的全球经济利益成为我们外交政策不可或缺的基本组成部分；③在国外促进民主的发展。❸

在20世纪六七十年代，美国改善和发展对华关系是基于对抗苏联的扩张。20世纪80年代末，苏联扩张势头放缓后，美国国内对中国的认识发生了巨大的变化。1982年，美国国内87%的精英和64%的公众认为中国在政治、经济和安全方面对美国是重要的，1990年则分别只有73%和47%的精英和公众仍然持这种看法。在回答"从长远看中国和苏联谁是美国的友好国家或盟友"时，认为是中国的只占认为是苏联的一半。❹苏联解体后，中国在美国对外战略中的地位进一步被削弱。正如美国一名参议员说的，冷战已经结束，当我们翻开中国牌时，却发现只是一张"小二"。❺克林顿本人也持类似的观点。"政府继续娇惯中国"，"就我们而言，当冷战时期中国是苏联力量的平衡器时，这样的忍耐可能是有意义的。但是，当我们的敌人已经承认了失败的时候，现在打中国牌就没有意义

❶ Philip Auerswald, Christian Duttweiler, John Garofano. Clinton's Foreign Policy[M]. Hague：Kluwer Law International, 2003：19.

❷ William J. Clinton. A New Era of Peril and Promise[J]. US Department of State Dispatch, 1993(5).

❸ Interview on CNN's "Global Forum with President Clinton", May 3, 1994. http://www.presidency.ucsb.edu/ws/index.php?pid=50095&st=&st1=.

❹ 陶文钊. 冷战后的美国对华政策[M]. 重庆：重庆出版社, 2006：4.

❺ 陶文钊. 中美关系史(1972—2000)[M]. 北京：中国社会科学出版社, 2007：336.

了"。❶不仅如此，随着苏联的突然消失以及中国的迅速发展，美国国内政治精英对中国的怀疑和担心增加。因此，冷战结束后，美国对于中国的战略定位一直是非常模糊的，存在着激烈的争论。

在此背景下，克林顿政府在抛弃布什对华政策的同时，没有形成一项统一、完整的对华新政策。有人认为，从1993年1月到1996年5月，克林顿政府的对华政策有三大缺陷：①缺乏一个战略框架，基本按照个案来处理中美关系中的各种问题；②过分强调中美关系中的人权问题，把人权问题凌驾于中美关系中其他问题之上，把它作为观察两国关系的透镜，从而扭曲了两国关系；③由于政策本身不明确，在政策实施上，政府内没有一个部门将对华政策统管起来，各部门自行其是，显得比较混乱。❷

2. 中美关系在麻烦中前进

1993年1月20日，克林顿就任美国第42任总统。中国外交部发言人在记者招待会上对克林顿就任美国总统表示祝贺，并指出中国政府愿意在中美三个联合公报原则基础上，和美国新政府共同为中美关系的改善和发展做出努力。❸但是，在克林顿政府对外政策重心转移、对华定位模糊、对华政策混乱的影响下，中美关系麻烦不断。

第一，将最惠国待遇与人权问题挂钩。在国外推广美式民主是克林顿政府外交政策的三大支柱之一，国务院多数对华政策决策人赞成对中国实施人权外交。1993年1月13日，克里斯托弗在参院外委会审议他出任国务卿的听证会上宣称，美国的政策将是"谋求促进中国出现从共产主义到民主制度的广泛的、和平的演变，办法是鼓励那个伟大的、非常重要的国家内那些力求实现经济和政治自由化的势力"。负责亚太事务的助理国务卿洛德也建议对中国实施人权外交，以促使中国向"更人道的体制"转变。不仅如此，据2月6日的香港《南华早报》报道，他还私下告诉参院外委会成员，他主张并倾向于在延长中国最惠国贸易地位时由白宫提出"合理"的条件。这是克林顿政府官员首次明确指出对1993年

❶ Philip Auerswald, Christian Duttweiler, John Garofano. Clinton's Foreign Policy[M]. Hague: Kluwer Law International, 2003:17.

❷ 陶文钊. 冷战后的美国对华政策[M]. 重庆：重庆出版社，2006:22.

❸ 刘连第. 中美关系的轨迹：1993—2000年大事纵览[G]. 北京：时事出版社，2001:3.

延长中国最惠国贸易待遇将附加条件。❶在这样的情况下，5月28日，克林顿发布行政命令宣布将中国的最惠国待遇与人权状况挂钩。他还责成国务卿就是否在1994年延长中国的最惠国待遇提出建议。在提出建议时，国务卿必须广泛评估中国的人权状况是否取得了全面而重要的进展，包括：开始采取措施遵守世界人权宣言；释放因非暴力表达政治和宗教信仰而被关押的中国公民，并提出可以接受的解释；保证善待犯人，允许国际人道机构和人权组织探访监狱；保护西藏独特的宗教和文化遗产；允许国际无线电广播和电视进入中国。❷

第二，蛮横制造银河号事件。1993年7月23日，美国指控中国银河号货轮将制造化学武器的原料运往伊朗，指责中国违反《禁止化学武器公约》，派军舰和飞机跟踪银河号货轮进行侦察、拍照。不仅如此，美国还向有关国家施加压力，不许银河号在既定港口停靠、补充给养和卸货，给银河号的正常商业活动造成了巨大的影响。8月24日，沙特阿拉伯和中方人员在达曼港对货轮进行了彻底检查，结果没有发现美方宣称的硫二甘醇和亚硫酰氯之类的化学物品。9月，中国、沙特和美国官员共同签署了证明文件，证明船上没有制造化学武器的原料。对此，中国外交部在发表声明谴责美国的霸权主义和强权政治后，指出银河号事件给中国在政治上和经济上造成了重大损失，中国强烈要求美国立即消除其错误所造成的恶劣影响，要求美方向中方公开道歉，赔偿中国所蒙受的一切经济损失。❸

第三，破坏两岸关系的稳定。克林顿上台后，美国不仅继续向台湾出售武器，而且不断加强与台湾的关系。1994年4月30日，克林顿签署国会通过的《1994—1995财政年度对外关系授权法》。该法所附的修正案公然将"与台湾关系法"置于中美三个联合公报之上。10月25日，克林顿又签署了国会两院通过的《1994年移民及国籍技术修正法案》，其中包含了允许台湾"总统"和高级官员访美的条款。在共和党中期选举控制了美国国会两院以后，国会也大力要求邀请李登辉访问美国。1995年1月12日，众议院国际关系委员会举行听证会，委员会主席吉尔曼和前国务卿贝克表示支持李登辉访问美国，对共和党保守派很有影响的传统基金会建议允许李登辉访美，以此作为加强"美台关系"的一个步

❶ 刘连第. 中美关系的轨迹：1993—2000年大事纵览[G]. 北京：时事出版社，2001：3-4.

❷ William J. Clinton, Conditions for Renewal of Most-Favored-Nation Status for the Peoples Republic of China in 1994, May 28, 1993. http://www.presidency.ucsb.edu/ws/index.php?pid=61546&st=&st1=.

❸ 刘连第. 中美关系的轨迹：1993—2000年大事纵览[G]. 北京：时事出版社，2001：15.

骤。❶对此，美国政府起初持反对的态度，反复向中方保证不让李登辉访美。但是，在国会压力下，5月19日，美国政府突然通知台湾允许李登辉以私人身份访美。虽然中国反复交涉和强烈抗议，但是李登辉还是于6月7日到11日访问了美国，并从事了大量分裂祖国的政治性活动。16日，中国驻美大使李道豫奉命回国述职，美国驻华大使芮效俭任期届满离任回国，导致了两国之间3个月在对方没有大使的不正常局面。

为了震慑台独势力，1995年七八月间，中国人民解放军在台湾岛以北东海水域进行导弹演习。对此，美国国会要求政府根据"与台湾关系法"向国会报告事态。12月9日，美国尼米兹号航空母舰在两国关系正常化以后首次从台湾海峡通过，引起了中国的"高度关注"。

此外，美国还抵制中国申办2000年奥运会，总统和副总统会见达赖喇嘛，指责中国向巴基斯坦扩散导弹技术，国家安全助理安东尼·莱克还认为中国是没有实行民主制度和市场经济的"逆潮流"国家，等等。这些都在一定程度上恶化了两国关系。

显然，美国此时的对华定位仍然处于摸索阶段，对华政策很不稳定。通过几场斗争，美国进一步了解了中国在人权问题、台湾问题等问题上的立场和态度，对中国重要性的认识也加深了。1993年11月，克林顿在接受全国广播公司电视采访时说："我认为不能孤立像中国这样的大国、像中国这样对未来世界重要的大国。但是，我们对不能容忍的事情也不可能视而不见，这是我们已经在做的事情。我们在尽力寻求适当的折中办法，我相信我们能够找到。"❷1994年10月，美国国防部长佩里在中国国防大学发表演说时宣称："没有中美之间的合作，亚洲稳定和安全面临的挑战就没有一个能够被成功应对。我们每一方都拥有特别的影响，都必须适当运用这种影响。维持地区稳定是中美合作的任务，也是中美关系的战略基础。"❸这些认识对于美国正确对华定位是重要的。事实上，银河号事件发生以后，美国采取了一些改善双边关系的措施。在1993年亚太经合组织西雅图非正式首脑会议期间，江泽民和克林顿进行了会晤。同时，两国还恢复了军

❶ 陶文钊. 中美关系史(1972—2000)[M]. 北京：中国社会科学出版社，2007：336.

❷ Interview with Timothy Russert and Tom Brokaw on "Meet the Press", November 7, 1993. http://www.presidency.ucsb.edu/ws/index.php?pid=46080&st=&st1=.

❸ William Perry. The Sino–U.S. Relationship and its Impact on World Peace[J]. The Disam Journal, Winter 1994—1995.

事交往和高层对话。1994年，克林顿又宣布将最惠国待遇问题与人权问题脱钩。特别是在经济领域，两国关系仍然非常密切。这些为中美关系的进一步改善奠定了基础。

3. 中国复关谈判停滞不前

克林顿上台以后，中美关系进入了美国对华定位不清、政策混乱的时期，两国关系麻烦不断，从而对中国复关谈判产生了不利的影响。

第一，中美关系的总体环境不利于双方就中国复关达成协议。克林顿政府没有一个明确的、连贯的对华政策，没有将中美关系提到应有的高度，对中美关系采取个案处理的方式来对待。因此，从1993年克林顿上台以后，两国关系处于非常不稳定的状态。仅仅在1993年，两国就因为对华最惠国待遇、人权、中国申办奥运会、银河号事件、美国向台湾出售武器、导弹技术扩散等问题而搞得非常紧张。特别是克林顿政府不仅大力发展与台湾的官方关系，而且想邀请李登辉出席西雅图亚太经合组织领导人非正式会晤。1994年两国关系刚刚得到微小改善，克林顿政府又在台湾问题上制造事端。9月7日，克林顿政府对美台关系做出调整：①美国政府官员将与台湾当局进行较高层次的接触，美国愿意同台湾进行次内阁部长级的经济对话，允许美台官员在除白宫、国务院以外的机构进行会晤；②除必要的过境外，美国将不允许台湾高级领导人访问美国；③美国允许来自经济和技术机构的美国高级官员访问台湾；④美国支持台湾加入关贸总协定并寻求在一些国际组织中听到台湾的声音，但不支持台湾加入像联合国那样要求只有国家地位才能参加的国际组织；⑤美国同意台"北美事务协调委员会"驻美办事处更名为"台北驻美经济文化代表处"。❶克林顿政府调整对台政策引起了中国的强烈抗议。正是在这种对台政策的鼓动下，1995年6月，李登辉访问美国，导致中美关系迅速恶化，并最终引发了两国1996年在台湾海域军事对峙。

第二，美国外交政策重点的转移增加了双方达成中国复关协议的难度。克林顿政府更加重视经济利益，最初将经济利益置于外交政策的首位。为了获得最大限度的利益，美国在中国复关谈判中提出了很高的价码，并且采取滚动要价的方式逐步加码以迫使中国做出更多的让步。同时，中国开放战略实施以来，中美经贸关系中出现了一些问题。美方认为，中国的贸易体制妨碍了美国商品的出口，

---

❶ 刘连第.中美关系的轨迹：1993—2000年大事纵览[G].北京：时事出版社,2001:45.

是导致中美贸易中美国逆差增多的主要原因；中国对美国知识产权保护不力，也给美国商人造成了重大的损失。因此，美国一直以复关问题威胁中国在市场准入和知识产权保护问题上对美国让步。1995年10月，克林顿在纽约与江泽民会晤时非常强烈地确认，我们愿意看到中国在世界贸易组织中成为一个主要的、日益成长的经济力量，但是中国应该在商业上提供可以接受的条件。❶主要由于美国要价太高，中国失去了恢复关贸总协定缔约国地位的时机。1995年1月1日世界贸易组织成立后，美国继续在中美双边谈判中制造障碍。虽然江泽民在亚太经合组织大阪会议期间宣布，从1996年起，对涉及中国6000种进口产品中的4000多种产品实现不小于30%的进口关税降低，取消174种进口产品的配额和许可证，但是坎特坚持中国不具备加入世界贸易组织的条件。❷

二、美国对华定位清晰期

克林顿执政初期的对华关系，使克林顿政府逐渐认识到了发展中美关系的重要意义。经过长期探索与观望，美国对华定位逐渐变得明朗起来。美国国内对华政策的大辩论，也以所谓接触派的意见占上风而暂时宣告结束。1997年和1998年，江泽民与克林顿实现了互访，双方确立了战略伙伴关系，两国关系得到了极大改善。在这样的背景下，双方就中国入世谈判的步伐加快。虽然其间遭到了以美国为首的北约袭击南斯拉夫大使馆事件的冲击，但是双方迅速恢复了中国入世谈判，并且达成了协议。

1.建设性战略伙伴关系的确立

中美在台湾海域的对峙引起了美国对两国关系的反思，并开始逐步调整对华政策。1996年5月17日，国务卿克里斯托弗在外交委员会发表演说，比较系统地提出了克林顿政府的对华政策方针，为克林顿政府在第二任期内调整对华政策奠定了基础。他说："基于我们长久的'一个中国'政策，克林顿政府处理对华关系以如下三项原则为指导：①像我开始说的，我们相信中国发展成一个安全、开放和成功的国家完全符合美国的利益；②我们支持中国完全融入并积极参与国

---

❶ Press Briefing by Assistant Secretary of State for East Asian and Pacific Affairs Winston Lord and Director of Asian Affairs Robert Suettinger, October 24, 1995. http://www.presidency.ucsb.edu/ws/index.php?pid=59457&st=&st1=.

❷ 陶文钊. 冷战后的美国对华政策[M]. 重庆:重庆出版社,2006:146.

际社会;③在寻求通过对话和接触处理我们同中国的分歧的同时,我们将毫不犹豫地采取必要的措施维护我们的利益。"此外,他还提出了要与中国接触和对话的一些具体措施:鉴于我们利益的广泛性和中国对我们未来的安全和福利的重要性,我相信发展我们两国之间更加经常的对话的时代已经到来了。在我们的首都保持内阁级官员的定期磋商有利于我们坦率地交流观点,提供更加有效的管理特殊问题的措施,允许我们在全面关系的更加广泛的战略框架内解决单个问题。❶

　　克林顿开始其第二任期后,对华政策开始摆脱其第一任期时的理想主义色彩,逐渐变得务实和成熟,接触和对话成为美国政府处理对华关系的主要方式。1997年2月,克林顿在议会联合会议上指出,为了我们的利益和理想,我们必须寻求与中国更加深入的对话。一个被孤立的中国无助于美国,在世界上发挥适当作用的中国有益于美国。我将去中国,我已邀请中国主席来这里。这不是因为我们在每一件事情上认识都一致,而是因为与中国接触是应对停止核试验之类我们共同面临的挑战和坦率地解决我们像人权之类根本分歧的最好方法。❷奥尔布赖特在国务卿提名听证会上说:"长期以来,美国的对华政策在国会和美国人民中存在着争议。在适当平衡这种政策的不同方面存在健康的分歧。但是,不应该怀疑这种关系的重要性,不应该怀疑需要寻求一项融合而不是孤立这个世界上人口最多的国家、我们第四大贸易伙伴的战略。"❸

　　然而,克林顿政府正在着手调整对华政策之时,以理查德·伯恩斯坦和罗斯·芒罗合作出版的《即将到来的美中冲突》一书为引线,围绕中国经济和军事实力是否构成对美威胁、中国的战略意图与发展方向是否与美国利益发生冲突、美国对中国应该采取接触还是遏制政策等主题,美国内部对华政策辩论达到了新高潮,结果支持对华接触政策的意见占了上风。这场辩论在美国内部初步形成了对华政策共识,为克林顿政府调整对华政策营造了比较好的国内政策环境。正如参议员纳恩所言,"美中两国现在被一张密密的利益网交织在一起。这些利益有一部分是相同的,一部分则是相悖的。正因为承认了这一现实,现在在华盛顿以

---

❶ Warren Christopher, American Interests and the U.S.-China Relations, May 17, 1996. Foreign Policy Back-grounder, USIS, May 20, 1996.

❷ William J. Clinton, Address Before a Joint Session of the Congress on the State of the Union, (1997-2-4) http://www.presidency.ucsb.edu/ws/index.php?pid=53358&st=&st1=.

❸ Madeleine K. Albright. Promoting America's Interests and Ideals through Diplomacy[J]. U.S. Department of State Dispatch, February 1997.

及美国人民中间正慢慢地在对华政策上形成了一种新的但是非常脆弱的共识。这种慢慢形成的脆弱共识，既反对对中国持敌对态度的极端做法，也反对热情接受中国的条件，而是谋求同中国进行合作，同时现实地接受在价值观与利益方面存在的分歧。"❶

基于这样的国内背景，美国政府开始对江泽民在西雅图与克林顿会晤时提议的中美建立面向21世纪的战略伙伴关系作出回应。1997年7月1日，国务卿奥尔布赖特在应邀参加香港主权移交仪式期间，向钱其琛转达了克林顿致江泽民的信，提议两国建立"战略伙伴关系"。❷同时，据《华盛顿邮报》报道，美国总统国家安全事务助理伯杰也在给刘华秋的信中表示美国希望"使两国关系从单纯的接触和对话上升为战略伙伴关系"。❸7月27日，钱其琛与奥尔布赖特在马来西亚参加东盟地区论坛和东盟对话伙伴国会议期间进行了会谈，并在联合记者招待会上讨论了"中美战略伙伴关系"的问题。事实上，所谓伙伴关系，它不同于以往的军事同盟、势力范围、国家集团及大家庭内部的"伙伴"关系，具有自己的鲜明特点：结伴而不结盟，并立而不对抗，友好而不排他，合作而不控制。中美两国都是世界上的大国，存在着广泛的共同利益汇合点。同时，两国在政治制度、意识形态、价值观念和文化背景等方面又存在着根本的利益分歧。显然，伙伴关系不失为处理彼此关系的健康模式。

1997年10月26日，江泽民开始对美国进行国事访问。访问前夕，克林顿专门发表了电视讲话，全面阐述发展对华关系对美国的积极意义，为确立中美战略伙伴关系制造氛围。在江泽民访问期间，两国元首通过广泛的交流与会谈终于达成了中美建设性战略伙伴关系的共识。在双方于10月29日发表的《中美联合声明》中，两国元首决定通过加强合作应对国际挑战、促进世界和平与发展，致力于在中美两国间建立建设性战略伙伴关系。❹然而，美国国内反对改善对华关系的力量仍然非常强大。克林顿1998年访华遭到了国内一部分人的强烈反对。但是，克林顿顶住国内反对声浪实现了访华，维护了建设性战略伙伴关系的发展目标。1999年中国驻南斯拉夫大使馆被炸以后，克林顿政府宣称，美国信守与中

---

❶ 埃兹拉·沃格尔. 与中国共处：21世纪的美中关系[M]. 北京：新华出版社，1998:252-253.

❷ 陶文钊. 冷战后的美国对华政策[M]. 重庆：重庆出版社，2006:31.

❸ 刘连第. 中美关系的轨迹：1993—2000年大事纵览[G]. 北京：时事出版社，2001:159.

❹ Joint United States-China Statement, October 29, 1997. http://www.presidency.ucsb.edu/ws/index.php?pid=53470&st=&st1=.

国发展关系的承诺，将继续努力以达到两国元首提出的建立面向21世纪建设性战略伙伴关系的目标。❶

2. 中美元首互访的实现

随着美国对华政策定位的逐渐明晰，中美关系开始驶入发展的快车道。这主要表现在1997年和1998年江泽民主席和克林顿总统成功实现互访上。中美元首互访不是偶然的，而是两国关系发展的必然结果。在经过两国反复接触之后，双方对彼此的国家利益关切、共同利益和意见分歧都有了一个比较全面和客观的把握。这为两国在务实的基础上发展关系奠定了基础。正如美国代理国务卿塔尔诺夫1997年2月20日在美中协会、外交关系委员会等团体发起的《上海公报》发表25周年纪念会上的讲话中指出的，"中国事件的一个结果是，美国决定将中国在人权问题上的进步与它的最惠国贸易地位联系起来。然而，结果是最惠国待遇这根大棒既威胁了我们的利益，也威胁了中国的利益。我们与中国的经济关系，也可以说整个关系绑在一起。因此，克林顿政府抛弃了过去5年给对华政策的范围和实质蒙上阴影的最惠国待遇争论，走向与中国的全面接触和新的战略对话。我们寻求这种对话，把它作为拓展在共同问题上的合作范围和坦率、尊重、耐心地处理我们的分歧的最好途径。"❷同时，克林顿竞选连任获胜，为美国在不断增加对华认知的基础上发展关系提供了条件。正是在这样的背景下，克林顿与江泽民商定在1997年和1998年实现互访，推动中美关系发展。

为了确保江泽民访美成功，中美双方都进行了充分的准备。1997年7月，钱其琛和奥尔布赖特在马来西亚举行了两国外长6个月内的第4次会晤，为江泽民访美做准备。正如奥尔布赖特说的，"我们两国元首期待今年秋天会晤，我们今天将讨论正在进行的首脑会晤的准备工作。我们的目的是为美国和中国之间建立良好和建设性的关系奠定基础"❸。8月，美国总统国家安全事务助理伯杰应邀访华，专程来为江泽民访美做准备。江泽民、李鹏、钱其琛、刘华秋等与伯杰进行了会谈。江泽民在会见伯杰时指出，我期待着同总统共商发展中美关系大计，

---

❶ Press Statement by James P. Rubin, May 8, 1999. http://1997—2001.state.gov/www/briefings/statements/1999/ps990508.html.

❷ Peter Tarnoff. Building a New Consensus on China[J]. U.S. Department of State Dispatch, February 1997.

❸ Press remarks with Chinese Foreign Minister Qian Qichen, July 26, 1997. http://1997—2001.state.gov/www/statements/970726.html.

把一个长期稳定、健康合作的中美关系带入21世纪。伯杰说道，克林顿总统正期待着主席阁下访美，希望此次国事访问成为两国关系的新起点，成为两国友好合作关系的里程碑。●为了统一国内对发展中美关系的认识，继9月9日在美利坚大学发表演说时强调江泽民访美的意义后，10月24日，克林顿在美国之音发表讲话，专门阐述了中美关系和对华政策，指出了与中国合作对美国维护6个方面利益的重大意义：①创建一个和平、繁荣与稳定的世界；②维护亚洲的和平与稳定；③防止大规模杀伤性武器和尖端武器扩散到不稳定地区和流氓国家及恐怖组织；④打击贩毒和国际有组织犯罪；⑤使全球贸易和投资尽可能的自由、公平和开放；⑥确保今天的进步不牺牲明天的利益。●同时，中国也采取了一些具体措施，如颁布《核出口管制条例》、加入桑戈委员会等，缓和美国的关切。

经过充分准备，1997年10月26日到11月3日，江泽民应邀对美国进行国事访问。这是中国国家元首12年来首次访问美国，也具有重大的意义。从江泽民抵达华盛顿当天起，两国元首进行了小范围和大范围的广泛会谈，确定了建设性战略合作伙伴关系的新目标，提出了处理两国关系的基本原则和具体措施。声明宣布：双方同意从长远的观点出发，在中美三个联合公报的原则基础上处理两国关系。中方强调台湾问题是中美关系中最重要、最敏感的核心问题。恪守中美三个联合公报的原则，妥善处理台湾问题，是中美关系健康、稳定发展的关键。美方重申坚持"一个中国"政策和中美三个联合公报确定的原则。作为进一步推进中美关系、加强两国在国际领域合作的框架，声明还规定了两国元首定期访问对方首都、内阁和次内阁级官员定期互访、建立元首热线、海上军事安全磋商等具体措施，明确了一些具体合作领域。●江泽民还与国会议员、企业精英、大学师生等各界人士进行了广泛交流与对话，两国还签订了一些合作文件，访问取得了巨大成功，基本达到了"增进了解、扩大共识、发展合作、共创未来"的目的。诚如美国负责东亚事务的助理国务卿帮办谢淑丽所言，"此次首脑会晤为同中国合作推进美国各方面的利益奠定了良好的基础。双方在相当广泛的领域取得了具体进展，也为两国关系确定了一个全面定义和框架，从而为未来合作打下了良好

● 刘连第. 中美关系的轨迹：1993年—2000年大事纵览[G]. 北京：时事出版社, 2001:164.

● William J. Clinton. China and the National Interest[J]. U.S. Department of State Dispatch, November 1997.

● Joint United States-China Statement, October 29, 1997. http://www.presidency.ucsb.edu/ws/index.php?pid=53470&st=&st1=.

基础。"❶

　　江泽民访美以后，两国在不同层面的互访与磋商有序展开，为1998年克林顿访华打下了良好的基础。为了确保克林顿访华成功，两国又进行了积极的准备。1998年4月，美国副国务卿皮林、国务卿奥尔布赖特先后访华，为克林顿访华做准备。6月11日，克林顿在国家地理学会专门就两国关系发表讲话。在讲话中，他再一次阐述了与中国接触的意义，分析了美国内部在发展对华关系上的分歧并得出了孤立中国不可能、不可取的结论。他说：美中关系在很大程度上将帮助我们决定新世纪对于美国人民是否是一个安全、和平与繁荣的世纪。一个稳定、开放和繁荣的中国，一个对建设更加和平的世界承担责任的中国，显然是非常符合美国利益的。有些美国人认为，由于中国"制度不民主和侵犯人权"，我们应该孤立和遏制中国，以推迟中国增强"成为美国下一个主要敌人"的能力。有些人认为，仅仅增强商业关系就将不可避免地导致一个更加开放、更加民主的中国。但是，寻求孤立中国显然是行不通的，更重要的是选择孤立而不是接触不可能导致一个更加安全的世界。❷美国政府还对国会反对克林顿访华做了大量说服工作，不仅安排了很多政府官员前往国会作证，而且发动了分属两党的3位前总统、8位前国务卿、6位前国防部长、5位前财政部长和5位前总统国家安全事务助理联名致国会公开信，支持与中国接触，支持克林顿访华，还邀请著名的汉学家何汉理和罗迪到白宫会见记者，谈论与中国接触的意义。❸

　　在进行积极而充分的准备以后，1998年6月25日，克林顿开始提前进行对中国的国事访问。通过为期9天的访问，中美关系又向前推进了一步。在两国元首的会谈中，两国决定不把各自控制下的战略核武器瞄准对方，向全世界表明了中美两国不是敌人而是伙伴。克林顿在台湾问题上向江泽民再次重申了美国"一个中国"的政策承诺。两国元首还就经济、环保、能源、防扩散和人权等领域的合作或对话广泛交换了看法。❹访问期间，两国发表了关于《生物武器公约》的联合声明、关于杀伤人员地雷问题的联合声明、关于南亚问题的联合声明，签署

❶ 陶文钊. 中美关系史（1972—2000）[M]. 北京：中国社会科学出版社，2007：368-369.

❷ William J. Clinton, Remarks at the National Geographic Society, June 11, 1998. http://www.presidency.ucsb.edu/ws/index.php?pid=56121&st=&st1=.

❸ 陶文钊. 中美关系史（1972—2000）[M]. 北京：中国社会科学出版社，2007：378-379.

❹ The President's News Conference with President Jiang Zemin of China in Beijing, June 27, 1998. http://www.presidency.ucsb.edu/ws/index.php?pid=56229&st=&st1=.

了举行联合军事演习的协议、中美和平利用核技术合作协定等文件，签署了总额近20亿美元的经贸合作项目合同或协议。此外，克林顿还在上海与各界人士进行了广泛的交谈，公开表示了美国对台"三不"的政策承诺。

江泽民与克林顿的互访将两国关系带入了稳定发展的轨道，极大地增强了中美关系对抗突发事变的能力。1999年5月8日，以美国为首的北约袭击了中国驻南斯拉夫大使馆，两国关系一下子跌入谷底。但是，通过积极而妥善的处理，两国关系迅速得到了恢复，从而将一个和平与稳定的中美关系带入了21世纪。

3. 中国入世谈判取得重大突破

在两国关系改善的推动下，中国加入世界贸易组织进程明显加快。从1989年6月到1996年底，美国在中国复关/入世的问题上实际上采取了拖延战术，不断制造事端阻扰中国顺利复关/入世的历史进程。事实上，直到江泽民和克林顿成功实现互访之前，美国对中国入世的态度仍然是比较消极的。正如前述，1997年8月7日，巴尔舍夫斯基对记者说，尽管受到10月举行美中首脑会晤的压力，但是美国一点也不急。迄今，中国的努力与加入必须具备的条件还有一段距离。❶江泽民与克林顿的成功互访，为中美就中国入世举行双边谈判并达成协议创造了良好的条件。1999年4月6日，朱镕基访问美国。通过双方反复谈判，中美两国就中国加入世界贸易组织的问题取得了重大的突破。在中美联合声明中，美国明确表示坚决支持中国在1999年加入世界贸易组织。在星期二晚上，当朱镕基重新与纽约华尔道夫投资者和商务主管开始会谈时，他自信地说这笔交易已经完成了99%。❷中国驻南斯拉夫大使馆被炸后，中国虽然暂时中断了与美国、欧盟就中国入世进行谈判，但是继续与日本和澳大利亚等美国的重要盟国进行谈判，并达成了双边协议。在1999年9月江泽民与克林顿在奥克兰举行会晤以后，双方立即恢复了关于中国加入世界贸易组织的双边谈判。经过双方艰苦努力，1999年11月，中美达成了中国入世的双边协议。这不仅完成了中美之间的双边谈判，而且推动了中国与其他缔约方的双边谈判。

同时，随着中美关系的改善，两国关于对华贸易最惠国待遇地位问题的解决也进入了一个新的阶段。在经济贸易问题上，中国多次要求美国永久性解决中国

❶ 刘连第. 中美关系的轨迹：1993—2000年大事纵览[G]. 北京：时事出版社，2001:388.

❷ David E. Sanger. How Push by China and U.S. Business Won over Clinton[N]. The New York Times，1999-04-15.

的最惠国待遇问题,用实际行动推动中美关系的发展。1996年10月,吴仪在会见全美集团首席执行副总裁、全美集装箱租赁公司董事长范礼世时表示,中美经贸关系近来有所缓和,其标志是上月举行了中美商贸联委会会议。希望美国政府以实际行动作出明智选择。最需解决两个重要问题,一是美国用实际行动支持中国加入世贸组织,二是永久性解决中国最惠国待遇问题,以便同中国发展长期稳定的关系。❶但是,美国拒绝永久性解决对华最惠国待遇问题,希望将此作为一个工具,在需要的时候对中国施加压力。据洛杉矶《国际日报》报道,美国商务部长坎特表示:总统反对永久给予中国最惠国待遇,而坚持现行的一年一次延续的办法。他说,现在不是时候,还不能考虑这种选择。通过一年一次延续办法,可以给中国一个压力,促使它像一个真正的世界大国那样行动,成为国际社会的一部分。❷

中美就中国入世达成双边协议后,美国政府开始考虑给予中国永久性正常贸易待遇。鉴于国内反对势力强大,克林顿政府进行了大量的准备工作。2000年1月,美国政府成立由白宫办公厅主任波德斯塔牵头的专门小组,发起说服国会给予中国永久性正常贸易关系待遇的全面宣传攻势。19日,克林顿召开顾问团会议,重点讨论如何促使国会通过对华永久性正常贸易待遇,以支持中国加入世界贸易组织。同时,克林顿还多次发表谈话,敦促国会通过中国的永久性贸易关系立法。他说:"美国必须给予中国永久性正常贸易待遇,否则将冒丧失我们谈判协议取得的所有好处的危险,包括特别进口保护和通过世界贸易组织争端解决机制强制中国执行承诺的权利。如果国会拒绝给予中国永久性贸易关系,我们的亚洲和欧洲竞争者将收获这些好处,我们美国的农民和商人可能被远远甩在后面。"❸美国政府其他成员也被动员起来,发动了一场声势浩大的宣传攻势,全面阐述通过中国永久性贸易关系立法的必要性。1月27日,贸易代表巴尔舍夫斯基在美国市长大会致词时呼吁市长支持给予中国正常贸易关系待遇,并警告说,如果国会否决这项议案,美国企业将会被欧日竞争对手挤出这个世界头号市场。2月2日,总统国家安全事务助理伯杰在华盛顿对外交和外贸人士发表演讲时,敦促国会放弃每年一次审议中国正常贸易关系地位的做法,给予中国永久性正常贸

❶ 刘连第. 中美关系的轨迹:1993—2000年大事纵览[G]. 北京:时事出版社,2001:378.

❷ 刘连第. 中美关系的轨迹:1993—2000年大事纵览[G]. 北京:时事出版社,2001:375.

❸ William J. Clinton, Letter to Congressional Leaders on Permanent Normal Trade Relations With China, January 24, 2000. http://www.presidency.ucsb.edu/ws/index.php?pid=58698&st=&st1=.

易关系地位，走出每年审议一次的怪圈。❶此外，美国一些企业、公司等也大力宣传并敦促政府和国会给予中国永久性正常贸易关系。

在这样的背景下，2000年3月8日，克林顿向国会提交了对华永久性正常贸易关系议案。经过两个多月的激烈争论，5月24日，国会众议院表决通过了对华永久性正常贸易关系议案。9月19日，国会参议院也在经过激烈辩论后通过了该议案。10月10日，克林顿签署了众议院第4444号议案，从而使对华永久性正常贸易关系成为法律。这不仅为中美关系的健康稳定发展奠定了基础，而且使中国入世又向前推进了一步。正如克林顿在签署该议案的仪式上所言，今天对于美国来说是一个伟大的日子，对于世界来说是一个充满希望的日子。这个仪式标志着我们努力的高潮。这种努力是由尼克松总统在大约30年前开始的，在这种努力的基础上，卡特总统实现了对华关系的正常化。两党总统坚定地寻求与中国在各个方面实现与中国的正常关系，以保护我们的利益，推进我们的价值观念。今天，我们朝中国加入世界贸易组织迈出了重要的一步，朝应对这个新世纪一些主要挑战迈出了重要的一步。❷

三、美国对华定位逆转期

美国的政党政治对中美关系的稳定发展具有巨大的影响。事实上，在美国对华政策上，美国内部长期存在巨大的分歧，对华政策问题往往成为两党竞选争论的重要话题。因此，随着执政党的更替，美国的对华政策也会发生一定的变化。在世纪之交的中美关系就是如此。共和党的小布什入主白宫后，全面地审视了克林顿政府的对华政策，推翻了克林顿政府的中美关系战略定位，从而引起了中美关系的震荡，但对中国入世没有产生什么消极影响。

1. 小布什逆转对华战略定位

乔治·沃克·布什上台后，在新保守主义思潮的影响下，对美国的对华政策进行了重新评估和定位。在入主白宫之初，布什公然宣布，中国不是美国的战略伙伴，而是一个战略竞争对手，从而推翻了克林顿政府对中国"战略伙伴"的基本定位。

---

❶ 刘连第. 中美关系的轨迹：1993—2000年大事纵览[G]. 北京：时事出版社，2001：443.

❷ William J. Clinton, Remarks on Signing Legislation on Permanent Normal Trade Relations with China, October 10, 2000. http://www.presidency.ucsb.edu/ws/index.php?pid=1246&st=&st1=.

　　早在竞选获胜以前，布什及其共和党已经将中国定位为"战略竞争者"。1999年8月，布什在接受CNN访谈时对克林顿政府的对华定位进行强烈的批评。他说："总统把中国称为战略伙伴已经犯了一个错误。我认为他给中国发出了一个很糟糕的信号，等于是说'好吧，如果你们决定对台湾采取攻击行动，必要的话我们不做出反应'。下一任总统应该明白，对于中国，我们虽然能够找到一些意见一致的领域，例如开放他们的市场，但是他们需要被看作竞争者，一个战略竞争者。"●2000年是美国大选年，共和党继续攻击克林顿政府的对华政策，其竞选纲领在批判克林顿的对华政策的同时，表明了共和党对中国的基本政策趋向。纲领宣称：克林顿总统的北京之行是被误导的对华政策的例证，导致了令人尴尬的总统叩头和对我们长期的盟友日本的公然侮辱；美国政府保守核机密的失败正在使中国实现弹道导弹力量的现代化，从而增加了对我们国家和我们盟友的威胁；美国在亚洲的关键挑战是中华人民共和国；中国是美国一个战略竞争者而不是一个战略伙伴。我们对待中国既不怀恶意也不抱幻想。新的共和党政府虽然理解中国的重要性，但是不会将中国置于其亚洲政策的核心。●

　　然而，将中国定位为"战略竞争者"不仅不符合中美关系的现实，而且是与美国的国家利益相冲突的。诚然，中国的发展与美国存在一定竞争性。但是，两国合作的领域是十分宽广的。而且，历史事实反复表明，一个国家是否对世界和平与安全构成威胁，不在于其实力的强弱，而在于其实行什么样的对外政策。新中国实行独立自主的和平外交政策，在反对霸权主义和强权政治的同时，坚持自己不称霸、不当头。1978年5月7日，邓小平在会见马达加斯加经济贸易代表团时指出："作为一个社会主义国家，中国永远属于第三世界，永远不称霸。"1990年12月24日，邓小平在同中央几位负责人谈话时进一步指出："第三世界有一些国家希望中国当头。但是我们千万不要当头，这是一个根本国策。这个头我们当不起，自己力量也不够。当了绝无好处，许多主动都失掉了。中国永远站在第三世界一边，中国永远不称霸，中国也永远不当头。"●因此，从中国的对外政策来看，中国不会挑战美国霸权。相反，由于自证预言的作用，如果美国坚持将中国

● Bush backs Taiwan, blasts Clinton policy: Presidential aspirants Dole, McCain also warn Beijing[N]. China News, 1999-08-16.

● Republican Party Platform of 2000, July 31, 2000. http://www.presidency.ucsb.edu/ws/index.php?pid=25849&st=&st1=.

● 邓小平. 邓小平文选(第3卷)[M]. 北京:人民出版社,1993:363.

当成敌人,就有可能使中美双方彼此真正成为敌人。这对美国利益显然是不利的。小布什上台之初的中美关系已经证明了这一点。

通过几个月交往,到2001年7月,布什政府开始改变对华"战略竞争对手"的战略定位。2001年7月底,国务卿鲍威尔访华,美国开始调整对华强硬政策。在访问期间,鲍威尔强调中国不是美国的敌人,两国致力于寻求合作。从7月以后,布什政府不再用"竞争者"来定位中美关系。❶布什政府的对华政策开始走向积极,为"9·11"事件后美国迅速调整对华战略定位创造了条件。

2.中美关系再次遭受挫折

布什推翻克林顿政府的对华战略定位,给中美关系带来了新的不稳定因素。在新保守主义思想的影响下,布什政府上台后对华态度非常强硬。在台湾问题上,布什在竞选时就批评克林顿对中国过于"软弱"。他于1999年8月接受CNN电视采访时说:"谈到台湾,我们需要采取非常坚决的立场","美国总统比尔·克林顿应该清楚表明,美国将坚持'与台湾关系法'的精神与规定"。他还声称要用美国的武装力量"保卫"台湾。❷在入主白宫以后,布什政府将其竞选期间对台湾政策的设想带进了实际的政策运作之中。一方面,大规模向台湾出售武器,表示要武力"协防"台湾。2001年4月,美国答应向台湾出售4艘基德级驱逐舰、8艘柴油动力潜艇、12架P-3C反潜飞机、12架MH-53E扫雷直升机、54艘AAV7A1两栖突击装甲车等,是美国历来最大的单笔售台武器。在接受美国广播公司节目主持人查尔斯·吉布森采访时,布什公开表示放弃一旦台海发生战端美国在是否动武问题上的"模糊政策","尽其所能帮助台湾自卫"。❸另一方面,美国大力提升台湾的"国际地位",提升"美台关系"的级别。4月,美国国会众议院通过决议支持台湾加入世界卫生组织。5月,美国允许陈水扁"过境"纽约并与一些国会议员见面。此后,又允许李登辉访美。这些极大地怂恿了以陈水扁的民进党为代表的"台独"势力,既破坏了两岸关系和平发展的环境,也破坏了中美关系发展的基础,导致两国关系的恶化。

2001年4月1日,中美两国在南海发生了撞机事件。美方军用侦察机在中国

❶ 陶文钊.冷战后的美国对华政策[M].重庆:重庆出版社,2006:38.

❷ Bush backs Taiwan, blasts Clinton policy: Presidential aspirants Dole, McCain also warn Beijing[N]. China News,1999-08-16.

❸ 陶文钊.冷战后的美国对华政策[M].重庆:重庆出版社,2006:104-105.

海南岛东南海域上空活动，撞毁正在正常执行飞机任务的中国战机并私自在海南岛降落。2日，布什发表讲话为美国军用飞机入侵中国领空辩解，要求中方确保美方机组人员安全并送交美方，让美国飞机返回美国。他说："美国海军海上巡逻飞机在南中国海上空的国际空域执行例行检查任务时，与尾随我们飞机的两架中国战机中的一架相撞"，"我们优先考虑机组人员立即和安全返回，并在没有进一步毁坏和改动的情况下归还我们的飞机"，"第一步是让我们使馆人员立即前往探视机组人员"。此外，他还指责中国没有对美国的要求进行立即回应是与通常的外交实践不相符的，与中国表达的改善我们两国关系的愿望也是不一致的。在讲话中，布什漠视中国飞行人员的安危，只是在讲话的最后才提到愿意帮助寻找失踪飞机和飞行人员。❶对此，江泽民发表谈话指出，美方应该就军机相撞事件向中国人民道歉，并做一些有利于中美关系发展的事，而不是发表颠倒是非、不利于中美关系的言论。❷但是，国务卿鲍威尔拒绝道歉。经过中方严正交涉，鲍威尔和布什才先后对撞机事件表示"遗憾"。5日，布什在记者招待会上说："我对中国飞行员失踪表示遗憾，我对中国损失一架飞机表示遗憾。"但布什在表示"遗憾"时声称：中国必须认识到，现在是我们的人员回家的时候了。❸经过双方反复交涉，11日，美国驻华大使普理赫向中国外交部长唐家璇递交了致歉信，美国飞行人员旋即回国，美国飞机也于7月拆运完毕。

此外，布什政府在西藏问题、人权问题等方面制造事端，也极大地破坏了中美关系的发展。直到南海撞机事件处理完毕后，随着布什政府对华定位逐步转向积极，中美关系才基本上稳定下来。

3. 中国最终加入世界贸易组织

尽管布什政府反对克林顿政府的对华政策，但是在中国加入世界贸易组织问题上，布什政府与克林顿政府的立场基本是一致的。在2000年1月5日美联社向主要总统候选人提出的测问中，民主党主要候选人如副总统戈尔、布拉德利和共和党的小布什、哈奇以及麦凯恩都明确支持中国加入世贸组织并呼吁国会批准给

❶ George W. Bush, Remarks on the United States Navy Surveillance Aircraft Incident in the South China Sea, April 2, 2001. http://www.presidency.ucsb.edu/ws/index.php?pid=45667&st=&st1=.

❷ 熊志勇. 百年中美关系[M]. 北京：世界知识出版社，2006:424.

❸ Remarks and a Question-and-Answer Session with the American Society of Newspaper Editors, April 5, 2001. http://www.presidency.ucsb.edu/ws/index.php?pid=45678&st=&st1=.

予中国永久正常贸易关系待遇。●共和党也支持中国加入世界贸易组织，其竞选纲领宣称，共和党人支持中国加入世界贸易组织。●因此，布什政府逆转对华战略定位对中国加入世界贸易组织没有产生什么消极影响。

布什政府上台以后，很快就在困扰克林顿政府时期中美双方关于中国入世谈判的农业补贴问题上取得了基本共识。2001年3月，美方向中方提交的建议与中国一贯坚持的以发展中国家身份加入世界贸易组织的原则立场基本一致，从而成为双方谈判的基础。虽然由于撞机事件的冲击，中美双方就中国加入世界贸易组织谈判的步伐有所放缓，但是并没有影响中国入世的基本进程。正如布什在4月5日的记者招待会上再次提出的，他是一个中国加入世界贸易组织的倡导者。●6月中旬，中美就中国入世的所有遗留问题都达成了共识。7月19日，布什政府又宣布，政府强烈反对不同意（从而撤销）给予中国正常贸易关系的议案，并指出由于中国还没有加入世界贸易组织，所以给予中国年度正常贸易关系是维持我们当前贸易关系的根本。●12月11日，中国正式加入了世界贸易组织。27日，布什签署命令，给予中国的永久性正常贸易关系从2002年1月1日起生效。至此，中国制度性开放的目标基本实现。正如白宫副新闻秘书所言，布什签署对华永久性正常贸易关系的命令，"是美中贸易关系正常化和欢迎中国进入以规则为基础的全球贸易体制的最后一步"●。

第三节 复关/入世谈判对中美关系的影响

中国全面融入世界经济体系，不仅是中国开放战略进一步发展的要求，而且是美国试图改造中国、缓解中国迅速发展对美压力的需要。美国学者哈里·哈丁指出，中国的政治和经济改革重新激起了美国人长期以来怀有的一种兴

❶ 刘连第. 中美关系的轨迹：1993—2000年大事纵览[G]. 北京：时事出版社，2001：441.

❷ Republican Party Platform of 2000, July 31, 2000. http://www.presidency.ucsb.edu/ws/index.php?pid=25849&st=&st1=.

❸ Remarks and a Question-and-Answer Session with the American Society of Newspaper Editors, April 5, 2001. http://www.presidency.ucsb.edu/ws/index.php?pid=45678&st=&st1=.

❹ Statement of Administration Policy：H.J.Res. 50, July 19, 2001. http://www.presidency.ucsb.edu/ws/index.php?pid=24614&st=&st1=.

❺ Statement by the Deputy Press Secretary：President Grants Permanent Trade Status to China, December 27, 2001. http://www.presidency.ucsb.edu/ws/index.php?pid=79284&st=&st1=.

趣，即促使中国接受美国的价值观，按照美国的办法重新铸造中国的经济和政治制度。同样的事情，在中国人看来是促进他们国家社会主义改革的一种伙伴关系，而美国人则认为是鼓励中国政治和经济自由化的一种努力。❶因此，中国复关/入世符合中美双方各自的利益，从总体上说对中美关系稳定发展具有积极的促进作用。但是，在苏联因素消失后，美国想趁机获得最大的经济利益，在中国复关/入世谈判中不断提高价码，致使谈判过程充满矛盾，从而加剧了中美关系的波动。

一、中国必须全面融入国际社会

中国是一个发展中的社会主义国家，长期被孤立在世界市场经济体制之外。中国不仅在很大程度上被剥夺了在国际经济机制中的发言权，而且丧失了许多经济发展的国际机遇。随着中国开放战略逐步实施，中国逐渐认识到了融入既有国际经济机制的意义，要求加入既有国际经济机制。因此，1986年正式申请恢复关税及贸易总协定缔约国地位以后，中国不惜付出巨大努力，通过15年艰辛而漫长的谈判争取加入到世界贸易组织中。这是国际国内因素综合作用的结果。

1. 世界经济全球化的必然要求

经济全球化是人们逐渐将经济生活由区域拓展到全球，在世界范围内配置资源、发展生产、开拓市场的过程。它是与人类的经济活动相伴而生的。但是，人类经济生活真正从区域拓展到全球是地理大发现以后的事情。地理大发现将世界从空间上联结到了一起。在地理大发现以后，随着工业革命的发展、世界市场的出现以及殖民扩张的全球化，到19世纪末20世纪初，全球各地均被卷入了世界经济生活，"单独的个人随着他们的活动的扩大为世界历史性的活动，越来越受到异己的力量的支配（他们把这种压迫想象为所谓宇宙精神等的圈套），受到日益扩大的、归根到底表现为世界市场的力量的支配"❷。

两次世界大战的发生极大地促进了全球化的发展。在战争的残酷洗礼中，世界各地人民真正开始将自己与世界联系起来。然而，由于意识形态的偏见，两次

---

❶ 哈里·哈丁. 美中关系的现状与前景[M]. 北京:新华出版社,1993:12.
❷ 马克思恩格斯选集(第1卷)[M]. 北京:人民出版社,1972:42.

世界大战结束后均发生了将社会主义国家排斥于统一的世界经济生活之外的现象。第二次世界大战结束后，美国对以苏联为首的社会主义国家实行冷战政策，逐渐形成了两大阵营对峙的国际关系格局。在此背景下，斯大林提出了"两个平行世界市场"的理论。1952年，他在《苏联社会主义经济问题》中指出："两个对立阵营存在之经济结果，就是统一的无所不包的世界市场瓦解了，因而现在就有了两个平行的也是互相对立的世界市场。"❶随后，斯大林关于两个平行世界市场的论断得到了苏共十九大高度评价，成为苏联对外经济政策的基本理论，从而对世界经济全球化造成了很大的消极影响。在人为割裂的情况下，世界经济全球化被迟滞了40多年。

20世纪80年代末90年代初，国际格局正在发生着深刻的变化，两个平行并立的世界市场逐渐彻底消失，意识形态和经济制度的壁垒被拆除。这为经济全球化的迅猛发展创造了条件。转型国家的现代化追求、完整统一世界市场的出现和全球一体开放心态的形成，极大地促进了国际资本的再次大规模跨国运动。在国际资本大规模跨国流动的驱使下，跨越国界的大规模人员流动、货物流动、技术流动、服务流动也迅速发展，经济全球化成为全球化的主体。这给各国经济生活带来了极大的影响。在经济优先的时代大旗下，无论是发达国家和地区还是发展中国家和地区，都在积极突破经济发展本土要素的限制，在全球范围内配置资源、谋划生产、拓展市场，经济竞争更趋激烈。任何国家要想繁荣和富强，就必须积极融入经济全球化潮流，抢抓发展机遇，规避经济风险，增强处理国际经济事务的能力。作为一个后发展国家，中国要实现现代化和中华民族的伟大复兴，就必须抢抓经济全球化的历史机遇，积极融入世界经济全球化的大潮，利用国内国际两个市场、两种资源发展自己。

2. 市场经济认识不断深化的结果

中国对市场经济的认识经历了一个曲折的过程。在新中国成立之初，中国加入了以苏联为首的社会主义阵营，在经济建设中教条式地接受了苏联的经济理论，实行高度集中的计划经济体制，否定商品经济和商品市场。1978年，十一届三中全会重新认识了商品经济的意义，匡正了过去彻底消灭商品经济的错误做法，允许商品经济存在和发展。此后，随着改革开放的不断推进，中国对市场经

---

❶斯大林. 苏联社会主义经济问题[M]. 北京：人民出版社，1952:27.

济的再认识逐渐取得突破。1981年，十一届六中全会提出"必须在公有制基础上实行计划经济，同时发挥市场调节的辅助作用"。1982年，十二大报告又提出"正确贯彻计划经济为主、市场调节为辅的原则，是经济体制改革中的一个根本性问题"●。1984年，十二届三中全会明确提出了"社会主义商品经济"的新命题，指出社会主义商品经济是"公有制基础上的有计划的商品经济"，要"建立自觉运用价值规律的计划体制，发展社会主义商品经济"。❷这标志着中国对商品经济的认识取得了重大突破，对中国开放战略的深化产生了重要的影响。在很大程度上可以说，正是在这个基础上，中国恢复在关税及贸易总协定中缔约国地位的问题被提上了对外开放的议事日程。

有商品就必然有市场。1987年，中国共产党召开第十三次全国代表大会。大会比较全面地探索了计划与市场的关系，为在计划与市场问题上的根本突破打下了基础。大会报告指出，社会主义有计划商品经济的体制，应该是计划与市场内在统一的体制。在这个问题上，需要明确几个基本观念。第一，社会主义商品经济同资本主义商品经济的本质区别，在于所有制基础不同。建立在公有制基础上的社会主义商品经济为在全社会自觉保持国民经济的协调发展提供了可能，我们的任务就是要善于运用计划调节和市场调节这两种形式和手段，把这种可能变为现实。第二，必须把计划工作建立在商品交换和价值规律的基础上。第三，计划和市场的作用范围都是覆盖全社会的。新的经济运行机制，总体上来说应当是"国家调节市场，市场引导企业"的机制。❸1992年春天，邓小平南方谈话，从根本上打破了对计划与市场的传统认识。他说："计划多一点还是市场多一点，不是社会主义与资本主义的本质区别。计划经济不等于社会主义，资本主义也有计划；市场经济不等于资本主义，社会主义也有市场。计划和市场都是经济手段。"❹邓小平的重要讲话彻底廓清了中国人长期在姓"社"与姓"资"、在计划与市场关系问题上存在的思想迷雾，为确立社会主义市场经济体制奠定了重要的理论基础。10月，中国共产党召开具有历史意义的第十四次全国代表大会，提出了建立社会主义市场经济体制的目标模式。在党的十四大报告中，江泽民指

❶ 胡耀邦. 全面开创社会主义现代化建设的新局面[OL]. 1982-09-08. http://www.gov.cn/test/2007-08/28/content_729792.htm.

❷ 中共中央关于经济体制改革的决定[J]. 中华人民共和国国务院公报, 1984(26).

❸ 赵紫阳. 沿着有中国特色的社会主义道路前进[J]. 党的建设, 1987(Z1).

❹ 邓小平. 邓小平文选(第3卷)[M]. 北京: 人民出版社, 1993:373.

出："经济体制改革的目标，是在坚持公有制和按劳分配为主体、其他经济成分和分配方式为补充的基础上，建立和完善社会主义市场经济体制。"❶

社会主义市场经济体制目标模式的确立对中国开放战略提出了新要求。无论从理论还是从实践来说，作为市场经济的重要组成部分，中国社会主义市场经济不可能脱离于世界市场体系而存在，社会主义市场经济也必需融入全球市场体系。同时，作为市场经济的重要类型，社会主义市场经济与资本主义市场经济既有区别更有联系，两者完全可以共存于统一的世界市场体系之中。事实上，中国社会主义市场经济的形成与发展是和中国复关/入世相互作用的。社会主义市场经济要求中国复关/入世，而复关/入世又要求中国发展和完善社会主义市场经济。

3. 中国对外开放发展的必然产物

开放战略实施以后，通过特殊经济政策与经济管理制度，中国大力引进国外资金和先进技术及管理经验，发展外向型经济。在国内经济高速发展的同时，中国与世界的联系也日益密切，中国经济逐渐与世界经济形成了一个紧密联系的有机整体。

从对外贸易看，开放战略实施以来，中国对外贸易迅速增长，2001年成为世界第六大贸易大国。根据世界贸易组织的有关数据，当年世界商品贸易总额超过123107亿美元，其中出口60000亿美元，进口63107亿美元。而中国商品贸易总额5110亿美元，其中出口2672亿美元，进口2438亿美元，分别占世界贸易总额的4.2%、4.5%和3.9%；世界商业服务贸易总额约29143亿美元，其中出口14667亿美元，进口14476亿美元。而中国商业服务贸易总额约716亿美元，其中出口327亿美元，进口389亿美元，分别占世界贸易总额的2.5%、2.2%和2.7%。从1990年到2000年，世界商品贸易出口和进口的年均增长率均为6%，而中国分别为15%和16%。世界商业服务贸易进口和出口的年均增长率分别为7%和6%，而中国分别为18%和24%。❷

根据中华人民共和国商务部的统计数据，表5-2的数据显示出，从1978年到2001年，中国对外贸易总额差不多增加了23.7倍，其中出口增加了约26.3倍，进口增长了约21.4倍。在1978年到2001年24年中，除了8年为一位数或负增长

---

❶ 江泽民. 加快改革开放和现代化建设步伐 夺取有中国特色社会主义事业的更大胜利[J]. 党的建设，1992.

❷ The World Trade Organization. World Trade Report 2003[R]. Geneva:World Trade Organization,2003:11-12.

外（进口为9年），其余16年基本上为两位数的高速增长，而出现负增长的年份集中在1982年、1983年、1990年和1998年这4年。这显然与中美关系、国际环境的变化有很大的关系。1982年前后，中美双方围绕售台武器问题发生了争执。1989年以后，美国为首的西方国家对中国实施制裁。1998年前后，东南亚发生了金融危机。

表5-2　1978—2001年中国对外贸易情况：总额、进出口额及其增长率

年份	1978	1979	1980	1981	1982	1983	1984	1985	1986	1987	1988	1989
总额/亿美元	206.4	293.3	378.2	440.2	416.1	436.2	535.5	696.0	738.5	826.5	1027.8	1116.8
增减/%	39.4	42.0	28.9	16.4	-5.5	4.8	22.8	30.0	6.1	11.9	24.4	8.7
出口/亿美元	97.5	136.6	182.7	220.1	223.2	222.3	261.4	273.5	309.4	394.4	475.2	525.4
增减/%	28.4	40.2	33.8	20.4	1.4	-0.4	17.6	4.6	13.1	27.5	20.5	10.6
进口/亿美元	108.9	156.8	195.5	220.2	192.9	213.9	274.1	422.5	429.0	432.2	552.7	591.4
增减/%	51.0	43.9	24.7	12.6	-12.4	10.9	28.1	54.1	1.5	0.7	27.9	7.0
年份	1990	1991	1992	1993	1994	1995	1996	1997	1998	1999	2000	2001
总额/亿美元	1154.4	1357.0	1655.3	1957.0	2366.2	2808.6	2898.8	3251.6	3239.5	3606.3	4743.0	5096.5
增减/%	3.4	17.6	22.0	18.2	20.9	18.7	3.2	12.2	-0.4	11.3	31.5	7.5
出口/亿美元	620.9	719.1	849.4	917.4	1210.1	1487.8	1510.5	1827.9	1837.1	1949.3	2492.0	2661.0
增减/%	18.2	15.8	18.1	8.0	31.9	23.0	1.5	21.0	0.5	6.1	27.8	6.8
进口/亿美元	533.5	637.9	805.9	1039.6	1156.2	1320.8	1388.3	1423.7	1402.4	1657.0	2250.9	2435.5
增减/%	-9.8	19.6	26.3	29.0	11.2	14.2	5.1	2.5	-1.5	18.2	35.8	8.2

资料来源：中华人民共和国商务部。

随着中国对外开放的不断深入，国际贸易在中国经济增长中的作用不断增强。从国内外研究外贸对经济增长的影响普遍使用的参数——贸易依存度来看，表5-3显示出，从1978年到2001年，中国商品贸易总额占国内生产总值的百分比总体上呈上升趋势，并且上升速度比较快，由14.2%上升到了38.5%。其中，商品和服务出口占国内生产总值的百分比由6.6%增加到22.6%，进口由7.1%增加到20.5%。在中国正式申请恢复关贸总协定缔约国地位的1986年，中国外贸依存度达到24.8%。同时，从表5-2和表5-4可以看出，中国国内生产总值增幅小于对外贸易增幅。从1978年到1986年，中国国内生产总值由1481.8亿美元增加到2978.3亿美元，增加了100.99%，比同期贸易增长低157个百分点。事实上，从1978年到2001年，中国国内生产总值和商品贸易增长曲线的走势基本同步，

但商品贸易年增长率比国内生产总值年增长率稍高。这说明商品贸易额的增长与国内生产总值的增长存在比较密切的关系。

表5-3　1978—2001年中国商品贸易、商品和服务出口、商品和服务进口占GDP的比重(%)

年份	商品	出口	进口	年份	商品	出口	进口	年份	商品	出口	进口
1978	14.2	6.6	7.1	1986	24.8	11.7	14.6	1994	42.3	24.6	22.7
1979	16.6	8.5	9.4	1987	30.6	16.2	16.3	1995	38.6	23.1	20.9
1980	20.1	10.6	11.0	1988	33.2	16.9	18.3	1996	33.9	20.1	18.0
1981	22.7	12.6	12.1	1989	32.5	16.6	17.6	1997	34.1	21.8	17.3
1982	20.5	12.3	10.1	1990	32.3	19.0	15.6	1998	31.8	20.3	16.0
1983	19.1	10.9	9.9	1991	35.8	20.8	17.2	1999	33.3	20.4	17.6
1984	20.8	11.3	11.3	1992	39.2	22.3	20.5	2000	39.6	23.3	20.9
1985	22.7	9.9	14.1	1993	44.4	23.3	25.4	2001	38.5	22.6	20.5

资料来源：The World Bank, World Development Indicators 2009.

此外，国外直接投资对中国经济发展也发挥了重要作用。世界贸易组织一份报告指出，"维持稳定与以加入世界贸易组织达到顶点的坚实的市场改革相结合，对20世纪90年代中国创纪录的产出和贸易增长作出了特殊的贡献。促成这一杰出表现的因素之一是劳动密集型制造业部门从日本和其他亚洲发达经济体转移到中国沿海地区带动了高水平的国外直接投资的流入。"[1]表5-4显示，中美关系正常化以后，中国经济与外商对华直接投资总体上都呈增长态势。从1983年到2001年，中国国内生产总值由2284.6亿美元增加到13248.0亿美元，增长了近5倍；外商对华直接投资由9.2亿美元增加到468.8亿美元，增长了近50倍。受亚洲金融危机原因素影响，外商对华直接投资的增长势头在1989、1990、1998、1999年有所减弱甚至出现了负增长，中国国内生产总值的增速也明显放缓。诚然，国内生产总值增长减速有多方面原因，但与外商投资也不无关系。事实上，中国国内生产总值的变化与外商直接投资的变化大致呈正相关关系。这表明外商直接投资与中国经济发展有比较密切的联系（见图5-1）。

---

[1] The World Trade Organization. World Trade Report 2003[R]. Geneva：World Trade Organization，2003:4.

表5-4　1978—2001年中国国内生产总值与外商直接投资总额及增长率

年份	GDP/亿美元	增长/%	FDI/%	增长/%	年份	GDP/亿美元	增长/%	FDI/%	增长/%
1978	1481.8	11.7			1990	3569.4	3.8	34.9	2.8
1979	1766.3	7.6			1991	3794.7	9.2	43.7	25.2
1980	1894.0	7.8	17.7	—	1992	4226.0	14.2	110.1	152.1
1981	1941.1	5.2			1993	4405.0	14.0	275.2	150.0
1982	2031.8	9.1			1994	5592.2	13.1	337.7	22.7
1983	2284.6	10.9	9.2	—	1995	7280.1	10.9	375.2	11.1
1984	2574.3	15.2	14.2	54.9	1996	8560.8	10.0	417.3	11.2
1985	3066.7	13.5	19.6	37.8	1997	9526.5	9.3	452.6	8.5
1986	2978.3	8.8	22.4	14.7	1998	10194.6	7.8	454.6	0.5
1987	2703.7	11.6	23.1	3.1	1999	10832.8	7.6	403.2	−11.3
1988	3095.2	11.3	31.9	38.0	2000	11984.8	8.4	407.2	1.0
1989	3439.7	4.1	33.9	6.2	2001	13248.0	8.3	468.8	15.1

资料来源：The World Bank；The Ministry of Commerce of the People's Republic of China.

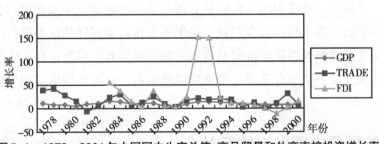

图5-1　1978—2001年中国国内生产总值、商品贸易和外商直接投资增长率

　　事实上，外资在中国资本形成中占有比较重要的地位，对缓解中国现代化建设资金的不足发挥了重要的作用。从表5-5可以看出，20世纪90年代，外商对华直接投资迅速增加。从1993年到2002年，中国实际使用的外资金额在全社会固定资产投资中的比重一直保持两位数，最高时达到了17.08%。这无疑对20世纪90年代中国经济高速增长产生了重要的影响。

表5-5 1991—2001年中国实际使用外资金额占全社会固定资产投资的比例

年份	投资/亿美元	外资/亿美元	占比/%
1991	1050.97	43.66	4.15
1992	1465.22	110.08	7.51
1993	2268.71	275.15	12.13
1994	1977.34	337.67	17.08
1995	2397.23	375.21	15.65
1996	2763.22	417.26	15.10
1997	3059.97	452.57	14.79
1998	3437.29	454.62	13.23
1999	3608	403.18	11.17
2000	3944.26	407.15	10.32
2001	4458.11	468.46	10.51

资料来源:中华人民共和国商务部外国投资管理司。

因此,中国经济与世界经济的密切联系,要求中国必须积极融入到既有国际经济机制中去,以规避于我不利的经济运行规则,营造稳定、安全的经济发展环境。事实上,随着中国与国际社会的关系不断密切,中国国家利益的范围也在逐步拓展。为了维护自身利益,中国不仅仅需要遵守和维护既有国际经济规则,而且必须参与国际经济贸易规则的制定和完善。只有这样,中国才可以真正与其他国家公平享有全球化带来的经济机遇,尽可能快地实现中国经济现代化。

二、美国需要中国融入国际社会

中国是一个社会主义大国,也是世界上最大的市场之一。无论是从政治还是从经济角度来看,中国在国际舞台上都占有非常重要的一席。邓小平说:"所谓多极,中国算一极。中国不要贬低自己,怎么样也算一极。"[1]作为当今世界的霸权国,为了维护自身的全球利益,美国根本不可能忽视中国。因此,将中国纳入美国控制的国际政治、经济机制,成为美国维护其国家利益的重要

---

[1] 邓小平. 邓小平文选(第3卷)[M]. 北京:人民出版社,1993:353.

战略目标。克里斯托弗说道，美国的目的并不是孤立中国，而是要让它更彻底地同国际社会和全球经济结成一体。●美国支持中国融入国际社会，主要出于以下目的：

1. 打开中国巨大的市场

中国是世界上人口最多的国家。开放战略实施以后，中国经济迅速发展，人们的购买能力逐步提高。作为新兴的大市场，中国对美国等发达国家具有无比的商业诱惑力。但是，美国认为中国的经济贸易体制不利于美国在中国拓展商业利益。1993年5月，美国财政部长劳埃德·本特森在接受采访时说道：中国对美国的出口激增，但是严重的保护主义使美国产品无法进入中国市场。中国采取的不平等市场准入原则，确实是令人关注的问题。●因此，打开中国的巨大市场是美国支持中国加入国际经济机制的重要目标。正如巴尔舍夫斯基所言，中国经济的蓬勃发展以及中国是美国公司的巨大潜在市场，使美国拥有一次扩大对华贸易的历史性机遇。无论从全球的战略角度来看，还是从美国国内角度来看，打开中国市场都与美国利害攸关，美国将为此竭尽全力。●克林顿也认为，中国接受世界贸易组织成员的责任，将为美国进入中国市场提供大量机会，同时将加速中国国内变革和促进中国接受法治。●

中国对美国开放市场具有重大的意义。美国商品流入中国缓解了美国就业的压力，"向中国和香港的出口为美国增加了40万个工作岗位"●。中国为美国资本提供了安全稳定、利润丰厚的市场。此外，中国价廉物美的商品为美国居民节省了生活开支，减轻了生活压力。1998年7月9日，巴尔舍夫斯基在参议院财政委员会听证会上说，不延长中国的最惠国待遇将使美国消费者每年增加近6亿美元开销。因此，发展对华经济关系，延长最惠国待遇，支持中国加入全球经贸机制，成为美国上下的普遍共识。1994年5月5日，近800家美国企业给克林顿总

● Warren Christopher. My Trip to Beijing Was Necessary[N]. Washington Post, 1994-03-22.

● 刘连第. 中美关系的轨迹：1993—2000年大事纵览[G]. 北京：时事出版社，2001:319.

● 刘连第. 中美关系的轨迹：1993—2000年大事纵览[G]. 北京：时事出版社，2001:320.

● William J. Clinton, Remarks to the United States Institute of Peace, April 7, 1999. http://www.presidency.ucsb.edu/ws/index.php?pid=57368&st=&st1=.

● William J. Clinton, Statement on the Decision to Extend Normal Trade Relations Status with China, June 3, 1999. http://www.presidency.ucsb.edu/ws/index.php?pid=57668&st=&st1=.

统写信，呼吁继续延长中国最惠国待遇，并使贸易与人权问题脱钩。●1999年朱镕基访美期间，克林顿政府没有与中方就中国加入世界贸易组织达成协议，引起了美国商业界的强烈不满。美国国际集团主席格林伯格指责财政部长鲁宾，说政府"错过了火车"。在白宫举行的贸易协议通报会上，美中商业委员会主席柯白近乎吼叫地对克林顿总统首席经济顾问斯珀林说，美国政府在一份能够给美国企业带来数十亿美元的协议面前退缩了。其他商业行政总裁们也愤怒地吼叫。●在2000年美国内部围绕中国正常贸易关系立法的争论中，以美国商会和商业圆桌为首的支持给予中国永久性贸易关系的大企业，组织了强大的游说团，投入了自《北美自由贸易协定》签订以来最大的一笔游说资金1200多万美元。商业团体的电子邮件和传真犹如雪片般飞往国会，包括13位诺贝尔奖获得者、10多位历届总统经济顾问在内的149位美国知名经济学家联名发表公开信，强烈支持中国加入世界贸易组织。●

显然，这些人强烈支持给予中国永久性经济待遇、支持中国加入世界贸易组织不是基于感情因素，更不是出于维护中国的经济利益，而首先是为了发展美国的在华经济利益。正如克林顿所言，我决心在商业上可行条件的基础上寻求关于中国入世的协议。这不是对中国的恩惠，而是打开和改革中国市场的一个途径，是使中国遵守全球贸易规则的一个途径。●

2. 引导中国的国际行为

将中国接纳入国际机制，以此影响中国的行为，是美国鼓励和支持中国加入世界贸易组织的重要考量之一。克林顿指出："我们致力于将中国带入全球机制之中，促使中国遵守关于人权、大规模杀伤性武器、犯罪与毒品、移民、环境和贸易等方面的国际规范。"●中国开放战略实施以后，经济迅速发展，综合国力显著增强。这给苏联解体后的美国带来了一定的压力。根据权力转移理论，中国的

● 刘连第. 中美关系的轨迹：1993—2000年大事纵览[G]. 北京：时事出版社，2001:333.

● David E. Sanger. How Push by China and U.S. Business Won over Clinton[N]. The New York Times，1999-04-15.

● 陶文钊. 中美关系史（1972—2000）[M]. 北京：中国社会科学出版社，2007:450.

● William J. Clinton，Statement on the Decision to Extend Normal Trade Relations Status with China，June 3，1999.

● William J. Clinton，Statement on the Decision to Extend Normal Trade Relations Status with China，June 3，1999.

发展必然挑战美国主导的国际秩序。特别是作为一个没有完全融入美国主导的国际体系的国家，中国的迅速发展更加引起了美国的担忧。美国著名经济学家、哈佛大学教授德怀特·帕金斯在《中国的经济转变如何塑造自己的未来》一文中指出："中国变得富强是符合美国的利益的，如果这种富强是通过中国融入国际经济与政治体系实现的话。看着中国变成一个置身于这种体系之外的强国，这不符合美国的利益。"●

在美国国内有些人看来，中国如果游离于美国主导的国际机制之外，其行为就不可能受到国际社会的有效约束，从而给美国带来更大的危险。克林顿说道："如果我们不把中国带入世界贸易组织，那么我们的每一种担心都会变得更大，问题将会变得更糟。"●反之，如果将中国接纳入既有的国际机制之中，就可以促使中国接受既有的游戏规则，在一定程度上化解美中之间的矛盾。"合作派现实主义者认为，中国正处在大国兴起的早期，现在还有时间来建造一个由中国参加的安全体制，它能够最大限度地化解未来美中冲突。"●可见，美国内部的基本共识是，鼓励和支持中国加入美国主导的国际机制，以此限制中国发展的方向和进程。

中国是联合国的重要成员，已经加入国际货币基金组织、世界银行和亚洲发展银行等全球或地区机制。但是，中国不是全球性贸易机制的正式成员。将中国纳入国际机制，主要是让中国加入国际贸易机制，并在一定程度上将其与核不扩散机制等联结起来。"中国参与世贸组织是美国长期利益之所在。尽管中国不可能创建一个规则不同的类似体制，以取代世贸组织，但是如果世贸组织没有了中国，美国也就失去了一个敦促中国遵守世贸体制的重要渠道。"●因此，美国鼓励和支持中国恢复关税及贸易总协定缔约国地位，支持中国加入世界贸易组织。即使在20世纪80年代末90年代初中美关系极端困难时期，美国也声称支持中国恢复关税及贸易总协定的缔约国地位。1994年6月9日，美国贸易代表坎特对中国外经贸部部长助理龙永图说："美将继续致力于支持中国参加关贸总协定和世界贸易组织的努力，但中国应像所有国家一样承担多边贸易体

● 埃兹拉·沃格尔. 与中国共处:21世纪的美中关系[M]. 北京:新华出版社,1998:138.

❷ William J. Clinton, Remarks to the Business Council, February 24, 2000. http://www.presidency.ucsb.edu/ws/index.php?pid=58166&st=&st1=.

❸ 伊莉莎白·埃克诺米,米歇尔·奥克森伯格. 中国参与世界[M]. 北京:新华出版社,2001:10.

❹ 伊莉莎白·埃克诺米,米歇尔·奥克森伯格. 中国参与世界[M]. 北京:新华出版社,2001:198.

制的责任。"❶

3.改造中国的政治制度

美利坚是一个具有典型传教士精神的民族。美国人具有强烈的优越感，自诩其自由、民主制度是世界上最完美的，希望将美国的自由民主精神传遍全球。同时，美国对共产主义制度存有强烈的偏见，认为共产主义就是极权、专制和扩张的代名词。美国不仅极力阻止共产主义思想在第三世界的传播，而且尽力将走上了社会主义道路的国家拉回美国主导的国际政治经济体系。正如保罗·肯尼迪说的，美国还鼓励后来被称为"第三世界"的所有国家效法美国人的自助、企业家精神、自由贸易和民主等原则，对中国尤其寄予厚望。❷

中国实施开放战略，使美国人看到了希望。美国认为，对外开放会加强中国内部的经济和政治自由思想，进而会推动中国政治上的变革。因此，美国积极支持和鼓励中国对外开放，以此作为和平演变中国的途径。1993年，克里斯托弗在提名为国务卿的国会听证会上宣称："我们的政策是，通过鼓励那个伟大国家经济和政治自由化的力量，寻求促进中国从共产主义到民主制度的和平演变。"❸东欧剧变曾激起美国人对中国的强烈幻想。美国上下对北京高度关注，并且不断对中国施加压力，妄图以压促变。然而，在幻想破灭之后，美国虽然带头对中国实施了制裁，但是并没有中断与中国的商业关系。在克林顿政府1993年对中国实施制裁期间，白宫官员也宣称中国商品照样可以向美国出售。

事实上，美国非常担心中国退回封闭状态。因为中国回到孤立、封闭状态不符合美国的利益，更不利于美国实施以贸易促变革的战略。美国认为，自由贸易是传播自由制度的重要途径之一。没有哪个国家能够既与美国进行经济贸易，又能够坚拒美国的自由民主思想于国门之外。克林顿指出，"贸易也是保持中国社会变革的力量，它通过传授方法、增加接触和传播观念来促进自由。"❹如果中国退回20世纪70年代以前的孤立状态，那么中国以市场为取向的经济改革就会中断，中国内部那些倾向于西方的变革力量就会受到打击。1992年3月2日，布什

---

❶ 刘连第. 中美关系的轨迹：1993—2000年大事纵览[G]. 北京：时事出版社，2001:336-337.

❷ Paul Kennedy. The Rise and Fall of the Great Powers[M]. New York：Vintage Books，1989：360-361.

❸ Warren Christopher. Statement at Senate Confirmation Hearing[J].US Department of State Dispatch，1993(4).

❹ William J. Clinton，Statement on the Decision to Extend Normal Trade Relations Status with China，June 3，1999.

在否决国会通过的 HR2112 号议案时明确指出："附带条件的最惠国待遇严重损害中国倾向西方的、正在现代化的那群人，削弱香港，增强民主和经济改革的反对力量。"❶克林顿也认为，脱离接触和对抗政策只会加强中国那些反对更开放、更自由的人。❷因此，美国希望将中国纳入美国主导的国际经济机制，进一步密切中国与国际社会的联系，以防止中国开放和改革的逆转。正如巴尔舍夫斯基所说，中国加入世界贸易组织符合美国利益，因为我们希望看到中国进行经济改革、遵守法制、中国规章制度符合国际准则。❸

三、复关/入世谈判对中美关系的影响

在中国融入国际经济体系的问题上，中美两国存在着巨大的利益汇合点。正是这种相互需求将中美两国联系起来了。在20世纪90年代，中美关系虽然麻烦不断，但是基本上属于斗而不破，两国之间沟通和对话并没有中断。可以说，中国开放战略是保持两国关系稳定的重要因素之一，发挥了减震器和缓压阀的作用。1999年5月8日，以美国为首的北约袭击了中国驻南斯拉夫大使馆。面对这种公然侵略中国领土和主权的行为，中国政府保持了理性和克制的态度，从而确保了中美关系没有脱离稳定发展的轨道。正如5月13日江泽民在欢迎驻南斯拉夫使馆人员大会上发表讲话指出的，中国不会因为这次事件而偏离发展经济、进行改革开放的政策，中国要坚定不移地以经济建设为中心，集中力量发展生产力，增强综合国力，应对霸权主义和强权政治的挑战；以美国为首的北约袭击驻南使馆的暴行不能阻挡中国改革开放的步伐，中国要一如既往地在平等互利的基础上开展对外经济技术交流和合作……坚定不移地保持社会稳定，保证改革开放和经济建设的持续健康发展。❹

然而，中美双方在中国恢复关税及贸易总协定缔约国地位/加入世界贸易组织的问题上也存在很大的分歧。这主要表现在中国以何种身份复关/入世的问题上。中国是一个发展中国家，理所当然只能以发展中国家的身份加入国际贸易机

---

❶ George Bush, Message to the House of Representatives Returning without Approval the United States—China Act of 1991, March 2, 1992. http://www.presidency.ucsb.edu/ws/index.php?pid=20673&st=&st1=.

❷ William J. Clinton, Statement on the Decision to Extend Normal Trade Relations Status with China, June 3, 1999.

❸ 刘连第. 中美关系的轨迹：1993—2000年大事纵览[G]. 北京：时事出版社，2001:359.

❹ 江泽民. 在欢迎我国驻南斯拉夫联盟共和国工作人员大会上的讲话[J]. 求是，1999(11).

制,享受发展中国家应该享有的全部权利,履行相应的成员义务。但是,美国坚持中国原则上以发达国家身份加入国际贸易机制,认为中国的贸易水平已经超过了大多数发达国家水平。这就与中国谋求以恢复关税及贸易总协定/加入世界贸易组织来改善中国的经济贸易环境,促进中国经济发展的根本目标发生了冲突。显然,中国申请加入国际经贸机制首先是为了维护自己的发展权益,是为了充分利用国际贸易和投资机制,营造更加良好的开放环境,而不是满足发达国家进入中国市场的要求。问题的关键是,虽然中国经济取得了较大发展,但仍然是一个发展中国家,以发达国家身份加入国际经贸机制与中国经济发展实际不符。因此,以发达国家身份加入世界贸易组织不仅将会使中国加入国际经贸机制丧失积极意义,而且会使中国经济发展付出高昂的代价。中国理所当然坚决拒绝在此问题上做出让步。

同时,美国还要求彻底打开中国市场,寻求最大的商业利益。中国开放战略实施以后,中美双边贸易迅速增加,贸易不平衡问题日益凸显。贸易不平衡本来是一种正常现象。但是,美方认为中美之间贸易不平衡很不正常。从表2-7可以看出,根据美方统计数据,整个20世纪90年代,美国在对华贸易中不仅一直处于贸易逆差地位而且数额巨大,增加速度很快。1990年,美国对华贸易逆差为104亿美元,到2000年高达838亿美元,增加了705.8%。中国成了美国最大的贸易逆差来源国,美中贸易逆差占美国外贸总逆差的四分之一。❶这与中国的统计数据存在巨大的出入。根据中方统计,从1990年到1991年,中国处于入超地位。从1993年开始,中国才逐渐出现贸易顺差。1994年,中国贸易顺差为62.8亿美元,2000年为297.4亿美元,增加了373.6%。为了解决贸易逆差问题,两国进行了长期的磋商,但是基本上没有解决问题。美方坚持认为,中国的贸易政策妨碍美国商品进入中国市场,要求中国采取措施对美国开放市场。1995年11月3日,美国贸易代表坎特对记者说,不能进入中国市场是美国1995年对华贸易逆差将达到400亿美元的一个主要原因。我们不能允许这种情况继续下去。它也不能导致中国迅速加入世界贸易组织。❷

此外,美国认为中国国内盗版严重,对美国的知识产权缺乏保护,导致美国产生了巨大的商业损失。美国便将中国的知识产权保护与中国复关/入世联系起

❶ 陶文钊. 中美关系史(1972—2000)[M]. 北京:中国社会科学出版社,2007:407.

❷ 刘连第. 中美关系的轨迹:1993—2000年大事纵览[G]. 北京:时事出版社,2001:365.

来，以此对中国进行要挟。1995年2月，中美第9轮知识产权磋商达成协议后，坎特在记者招待会上说：协议并不直接同中国加入世界贸易组织有联系，但它将有助于消除某些问题。❶因此，在20世纪90年代前半期，中美双方围绕知识产权问题进行了长时间的谈判。而在谈判过程中，美国又动辄以制裁相威胁，中美双方几次走到了贸易战的边缘。1996年2月28日，坎特对记者说，中国要避免因侵犯美国知识产权而受到经济制裁必须采取4项步骤：①停止华南34家制造盗版产品的工厂；②严格海关条例以防盗版产品出口；③延长1995年2月26日签署的一项双边反盗版协议中商定的特别执行期；④采取步骤向美产品开放国内市场。❷

市场准入和知识产权问题与中国复关/入世基本上没有必然联系。只不过美国想抓住中国复关的机会迫使中国在这两个问题上做出让步，以获取最大的经济利益，从而导致两国在20世纪90年代就中国加入国际经贸机制问题进行了长期讨价还价。显然，这主要是美国经济利益驱动的结果。正如巴尔舍夫斯基说的，美国只根据商业条件，而不能根据任何别的条件。这不是国家政治问题，这是钱的问题。如果中国要加入世界贸易组织，它就必须开放它的贸易体制。❸同时，它也与国际形势的变化存在着极大的关系，是与国际格局的转换分不开的。美国对华关系中的经济利益长期存在，贸易逆差和知识产权等问题也不是20世纪90年代的新现象。正如玛格丽特·M.皮尔逊指出的，在1989年中期时议定书草案框架并不强迫中国接受市场原则以成为缔约方，现在世贸成员国却要迫使中国在越来越紧的时间内完全接受市场原则。❹

美国在中国进入国际经贸机制问题上漫天要价的蛮横态度，对中美关系产生了一定的消极影响。一方面，中美两国长达10多年的谈判本身就充满了矛盾和斗争，两国为了市场准入和知识产权等问题几次走到了贸易战的边缘，极大地加剧了国际格局转换对中美关系造成的冲击，使两国关系迟迟不能稳定下来。对此，皮尔斯指出，1995和1996年，外国在知识产权问题上施压促使美中签署了几个协议。这表明，美国力图使中国遵守国际规范的努力是可行的（从达成了协议这一意义上来讲是如此，但并不见得执行）。但是，即使这种边缘政策能够导

---

❶ 刘连第. 中美关系的轨迹：1993—2000年大事纵览[G]. 北京：时事出版社,2001:357.

❷ 刘连第. 中美关系的轨迹：1993—2000年大事纵览[G]. 北京：时事出版社,2001:368.

❸ 刘连第. 中美关系的轨迹：1993—2000年大事纵览[G]. 北京：时事出版社,2001:360.

❹ 伊莉莎白·埃克诺米，米歇尔·奥克森伯格. 中国参与世界[M]. 北京：新华出版社,2001:179.

致协议的签署，美国的大棒政策所导致的剑拔弩张，对中美关系其他方面也产生了严重的影响。如果中美关系整体上好一些的话，这种影响也不至于这么糟。❶另一方面，中美两国的互信受到了损害。美国在谈判中漫天要价的态度，使中国怀疑美国支持中国融入国际经贸机制的诚意。正如吴仪1994年访美时对布朗说的，美国是唯一以书面方式承诺坚定支持中国复关的国家，但在实际行动上表现出缺乏诚意，希望美方言行一致，真正支持中国复关。❷同样，美国也对中国加入国际经贸机制的诚意表示怀疑，认为中国表面上想加入国际经贸机制，实际上不愿意加入。1995年4月4日，关贸总协定中国工作组主席吉拉德在会见正在日内瓦访问的中国外经贸部部长吴仪时指出，关贸缔约方和关贸中国工作组的成员由于收到了来自中国的不同的信息，对中国在复关谈判问题上到底有多少诚意产生了怀疑。❸1999年9月，中美双方在奥克兰谈判期间没有达成协议，美方又有人怀疑中国是否真的愿意在年内加入世界贸易组织。显然，这种互不信任不仅对中美入世谈判带来了消极影响，而且在中美双边关系的其他方面也产生了消极影响。1996年9月25日，在中美商务贸易联委会第十次会议召开前夕，美国商务部长坎特就对记者发表谈话：美国不会指望出现戏剧性突破，但双方正建立一种具有互惠性质的正常的并可望是有成效的贸易关系。❹显然，美国对中国缺乏必要的信任与信心。

❶ 伊莉莎白·埃克诺米,米歇尔·奥克森伯格. 中国参与世界[M]. 北京:新华出版社,2001:198.

❷ 刘连第. 中美关系的轨迹:1993—2000年大事纵览[G]. 北京:时事出版社,2001:331.

❸ 巩小华,宋连生.中国入世全景写真[M]. 北京:中国言实出版社,2001:51.

❹ 刘连第. 中美关系的轨迹:1993—2000年大事纵览[G]. 北京:时事出版社,2001:376.

小　结

中美关系的解冻与发展是以对付苏联的扩张肇始的。但是，这并不意味着中美关系的动力仅仅源于外在矛盾的运动。事实上，经济因素始终是中美关系发展的内在动力，只不过在军事安全优先的时代经济因素处于从属地位。冷战结束以后，经济因素在国际关系中的地位和作用上升，苏联因素从中美关系中彻底消失，经济因素的作用迅速突显。中美关系开始由苏联因素推动的外源型关系向开放战略推动的内驱型关系转变，中国开放战略成为中美关系的基本动力。

一方面，中美在中国融入国际经济机制方面的利益契合，为两国关系的稳定发展提供了基础和保障。冷战结束以后，经济全球化浪潮迅猛发展，人类真正进入了全球化时代。在经济全球化的作用下，任何国家只有积极主动地融入国际社会，捕捉时代发展的机遇、迎接全球化浪潮的挑战、规避经济建设的风险，才能够真正走向繁荣富强进而更好地维护自己的国家利益。开放战略实施以后，中国与世界经济的联系更加密切，与国际社会的相互依赖程度不断加深。只有进一步融入国际社会，才能更好地赢得比较优势，加快社会主义现代化建设。作为当今世界最发达的国家，美国不仅天然具有强烈的使命观，而且具有悠久的商业主义传统。历史上，"大多数美国人以传教士眼光看待中国，寻求打开中国的心灵，或者以贸易者眼光看待中国，寻求打开中国的市场"❶。苏联解体以后，经济因素在国际关系中的地位显著上升。维护安全、发展经济和扩展民主成为克林顿政府对外政策的三根支柱。对于美国来说，中国主动融入美国主导的国际经济机制，不仅为美国改造中国的社会政治制度提供了条件，而且为美国打开中国巨大的市场提供了机遇，更为美国引导中国的发展方向、约束中国的国际行为提供了途径。因此，美国非常担心中国开放战略的逆转。在中国融入国际机制的问题上，美国采取了坚定支持和积极鼓励的态度。

另一方面，中美在中国融入国际经济机制方面的利益冲突，成为两国关系不稳定的重要因素。当今世界体系是市场体系，任何国家要融入国际经济机制就必

---

❶ William J. Clinton, Remarks to the United States Institute of Peace, April 7, 1999.

须接受市场原则。虽然中国希望完全融入国际社会，但是中国的经济体制与世界通行的市场原则并不完全吻合。作为一个发展中国家，中国也有必要利用适当的措施保护自己的弱势产业，维护国家经济利益和发展权益。然而，美国希望借助中国融入国际经贸机制的机会，彻底打开中国市场，牟取最大的商业利益。同时，美国还想尽可能地剥夺中国在国际经贸机制中的发展优势，挤压中国参与国际经济活动的空间，以延缓中国的发展进程。正如有学者指出的，"美国政府还申明，如果中国在入世之前不进行大的变革，以达到世贸组织标准，将来世贸组织强迫中国做出改变的余地就会很小，中国就会保持它的优势地位。"❶显然，两国在中国加入国际经济机制问题上的这些利益冲突，为两国关系的不稳定埋下了隐患。

苏联解体以前，两国利益的冲突面被抑制了，复关谈判进展顺利。苏联解体以后，两国在中国复关问题上的矛盾立即显露出来，复关谈判变得更加复杂，不容易达成共识。

不仅如此，由于克林顿政府的对华战略定位长时间没有得到解决，中美之间的矛盾和冲突增多，从而破坏了中国复关/入世谈判所需要的良好双边关系环境。好在中国开放战略实施以后，两国已经建立了非常广泛的联系渠道，两国在中国加入国际经济机制问题上存在着广泛的利益契合点，中美之间的矛盾得以化险为夷。同时，美国在中国复关/入世谈判中的立场和态度，对两国的互信也产生了一定的消极影响，从而削弱了两国合作的基础。这在一定程度上也加剧了两国关系的不稳定。从1993年到2001年，中美关系就是在中国恢复关税及贸易总协定缔约国地位/加入世界贸易组织的统一与对立中曲折发展的。

---

❶ 伊莉莎白·埃克诺米，米歇尔·奥克森伯格. 中国参与世界[M]. 北京:新华出版社,2001:179.

第六章 战略性开放与中美关系走向成熟

通过20多年改革开放，世纪之交，开放战略面临的国内外环境发生了深刻的变化。在国内，虽然中国仍然是一个发展中国家，但是中国的经济规模、贸易总量、外汇储备等均居世界前列。过去那种以让利来追求量的扩张的开放模式已经不适应开放战略的发展要求了。中国必须提升对外开放的质量，实现由经济大国向经济强国、由贸易大国向贸易强国、由模仿大国向创新大国、由制造大国向科技大国发展。在国外，中国开放战略虽然给国际社会带来了巨大的实惠，但是也产生了一定的冲击。虽然中国已经是世界贸易组织的成员，但是经济贸易竞争更加激烈。虽然中国与有关国家利益相互交织，共同利益显著增多，但是利益冲突仍然存在。这引起了以美国为首的国际社会强烈关切。为了适应形势发展的新变化，中国开始对开放战略调整升级，实施互利共赢的开放战略。中国主动承担开放责任，积极参与应对经济全球化过程中出现的问题和挑战，推动了中美关系稳定发展。

第一节 互利共赢开放战略的形成与实施

平等、互利是新中国开展对外经济关系的基本原则和战略方针。但是，在新中国成立初的30年间，中国的对外经济关系主要是以中国无偿援助发展中国家的形式展开的。开放战略实施以后，这种状况逐渐改变。十二大指出，"实行对外开放，按照平等互利的原则扩大对外经济技术交流，是我国坚定不移的战略方针"[1]。随着开放战略的成功，十六届五中全会明确提出"互利共赢的开放战略"。将"互利共赢"上升到战略层面，不仅是语词表述的变化，更意味着中国开放战略的重心和内涵发生了调整和升级。互利共赢的开放战略顺应国内外形势发展的要求，取得了积极成果。

---

[1] 胡耀邦. 全面开创社会主义现代化建设的新局面[OL]. 1982-09-08. http://www.gov.cn/test/2007-08/28/content_729792.htm.

一、中国开放战略带来的消极影响

开放战略实施以来，中国经济长期持续高速增长，对世界经济发展的贡献不断增大，国际社会普遍分享了中国开放的红利。中国是世界贸易的主要驱动力，是世界经济增长的重要引擎。2000—2004年，中国对世界商品和服务贸易出口新增量贡献率达到11.3%，仅次于美、德，居世界第三位；对世界商品和服务贸易进口新增量贡献率达到11.2%，高于美、德，居世界第一位；中国经济对世界按购买力平价计算的国内生产总值新增量的贡献率达到23.1%，分别比美国、欧盟和日本高6个、13.3个和19.2个百分点，成为世界第一大贡献国。❶但是，这只是问题的一个方面。中国加入世界贸易组织以后，随着中国经济贸易进一步高速发展，一些既有的问题进一步激化，一些新产生的问题开始影响中国与其他国家的关系，从而引起了国际社会的紧张。

1. 经济贸易摩擦加剧

开放战略实施以来，中国对外贸易迅猛发展，贸易顺差不断增加。根据中华人民共和国商务部公布的统计数据，1978年，中国进出口总额仅为206.4亿美元，2001年增加到5096.5亿美元，增加了2369.2%。中国加入世界贸易组织以后，对外贸易发展更加迅速。从表6-1可以看出，2000年，中国商品进出口额分别占全球商品贸易总额的3.4%和3.9%，分别居世界第八和第七位。2002年，中国进出口所占的比重分别达到全球商品贸易总额的4.4%和5.0%，分别居世界第六和第五位。中国商品进出口年增长率大大高于全球商品贸易增长率。2001年，世界贸易自1982年以来第一次出现负增长，下降了1.5%。❷在全球商品贸易大范围出现负增长的情况下，中国商品进出口却分别增长了8%和7%。同时，中国出口所占国际市场份额长期高于进口所占国际市场份额，对外贸易长期处于顺差状态，商品进出口不平衡的状况比较明显，贸易盈余增幅比较大。2005年，中国贸易盈余超过1000亿美元，比2001年增加了451.3%；2007年超过2000亿美元，比2005年增加了156.7%。

❶ 胡鞍钢，门洪华. 入世五年：中国应进一步对外开放[J]. 开放导报，2007(1).

❷ International Trade Statistics 2002[M]. Geneva：World Trade Organization，2002:1.

表6-1　2000—2012年中国商品贸易占全球商品贸易的比重及增长率

年份	进口					出口				
	全球/亿美元	中国/亿美元	增长/%	占比/%	排位	全球/亿美元	中国/亿美元	增长/%	占比/%	排位
2000	66920	2251	36	3.4	7	64995	2493	28	3.9	7
2001	64429	2436	8	3.8	6	62334	2662	7	4.3	6
2002	66942	2952	21	4.4	6	65370	3256	22	5.0	5
2003	78145	4131	40	5.3	3	76383	4379	34	5.8	4
2004	95200	5612	36	5.9	3	92817	5933	35	6.5	3
2005	108337	6600	18	6.1	3	105744	7620	28	7.3	3
2006	124257	7915	20	6.4	3	122071	9689	27	8.0	3
2007	143102	9560	21	6.7	2	141125	12178	26	8.7	2
2008	165441	11325	18	6.9	2	162635	14283	17	8.9	2
2009	127482	10059	−26	7.9	2	126301	12016	−16	9.6	1
2010	154896	13962	39	9.1	2	153925	15778	31	10.4	1
2011	184904	17435	25	9.5	2	184145	18984	20	10.4	1
2012	185591	18181	4	9.8	2	184475	20488	8	11.1	1

资料来源：The World Bank, International Trade Statistics, 2001—2013.

对外贸易迅速发展必然导致贸易摩擦迅速增加。中国加入世界贸易组织后，无论是发达国家还是发展中国家，针对中国的贸易报复行为明显增多。以反倾销为例，改革开放以来，针对中国的反倾销案件呈加速发展趋势。20世纪70年代，国际上针对中国的反倾销案仅2起，80年代平均每年6起，90年代平均每年32起，而2001—2003年总共有150起，平均每年50起。●作为世界上最大的贸易国，美国与中国的贸易摩擦更加激烈。从1975年发起第一起337调查至2007年10月，美国共对中国发起75起337调查，占立案总数的12%，其中80%是2002年以

●苏娜，汪霞. 入世过渡期结束后中国应对反倾销的问题刍议[J]. 江苏商论，2007(5).

来发起的。仅2007年1至10月，美国就对我国发起14起337调查，占同期立案总数的50%以上。❶2006年，发展中国家对中国发起的反倾销案也大幅增加。截至2006年12月11日，发展中国家对中国新发起反倾销调查共39起。其中，巴西9起、印度8起、土耳其4起、墨西哥和泰国各3起、埃及和哥伦比亚各2起，其余9个国家和地区国家各1起。❷到2006年，中国已经连续11年成为全球反倾销最多的国家。

不仅如此，在加入世界贸易组织以后，中国对外贸易遇到的关税壁垒虽然大为减少，但是技术贸易壁垒等大为增加。作为发展中国家，中国在生产技术指标体系建设方面与发达国家存在较大差距，产品难以完全满足有关国家安全、环保、卫生等方面指标要求。在技术贸易壁垒影响下，中国贸易遭受了重大损失。从1995年到2007年5月，世贸组织各成员国通报影响贸易的新规则共23897件，其中技术性贸易措施16974件，占总数的71%。仅2006年，中国就有15%的出口企业受到技术性贸易壁垒的影响，造成贸易机会损失1400多亿美元，占当年中国出口贸易总额的15%。❸

2. 外资利用竞争激烈

发展资金不足是发展中国家普遍面临的发展难题。中国实行开放战略的主要目的就是要引进国外资金和先进技术，以突破经济发展的瓶颈，加速中国现代化的历史进程。这就不可避免地导致中国与其他发展中国家特别是周边国家形成竞资关系。中国开放战略实施以来，随着投资环境的逐步改善，外商来华投资不断增加。开放战略实施之初，中国利用外资的数额非常小，从1978年到1982年的5年间，外商对华直接投资总共才17.7亿美元。随着中国社会主义市场经济逐步发育，这种状况在20世纪90年代迅速改变。1992年，外商对华直接投资110.1亿美元，同比增长152.1%，突破了100亿美元大关。此后，外资继续增加，2001年达到了468.8亿美元。

中国加入世界贸易组织以后，国内投资环境明显改善，外资流入的速度进一步加快。2002年，中国实际使用对外直接投资金额首次跃居全球第一。表6-2显示出，2002年，流入发展中经济体的对外直接投资比上年下降了20.83%，而中

---

❶ 陈文敬,李纲,李健. 振兴之路:中国对外开放30年[M]. 北京:中国经济出版社,2008:288–289.

❷ 史勤艳. 不容忽视的趋势:发展中国家对华反倾销"唱主角"[J]. WTO经济导刊,2007(1–2).

❸ 陈文敬,李纲,李健. 振兴之路:中国对外开放30年[M]. 北京:中国经济出版社,2008:288.

国实际利用的对外直接投资增加了12.51%。显然，中国挤占了其他发展中经济体吸收对外直接投资的份额。实际上，中国加入世界贸易组织之初，国际上吸引对外直接投资的竞争更加激烈，中国也遇到了强劲的竞争。2007年的东盟投资报告指出，自从2002年对外直接投资回升以来，东盟过去5年吸引对外直接投资相当显著。然而，过去5年吸引对外直接投资的竞争也变得更加激烈。❶2002年，中国实际利用对外直接投资在流入发展中经济体对外直接投资中所占的份额达到峰值32.53%，此后逐渐下降。但是，从2001年到2005年，中国实际使用的对外直接投资一直占流入发展中经济体对外直接投资的20%以上，到2007年仍然占16.54%。

表6-2　2001—2007年中国实际使用对外直接投资占发展中
经济体吸收对外直接投资的比例

年份	全球/亿美元	发展中经济体/亿美元	东亚、南亚和东南亚/亿美元	中国/亿美元	占发展中经济体之比/(%)	占东亚、南亚和东南亚之比/(%)
2001	7351.46	2048.01	943.65	468.8	22.89	49.68
2002	6511.89	1621.45	886.13	527.45	32.53	59.52
2003	5595.76	1720.33	969.15	535.05	31.10	55.21
2004	6481.46	2332.27	1377.05	606.30	26.00	44.03
2005	9162.77	3342.85	1650.93	724.08	21.66	43.86
2006	13058.52	3790.70	1995.31	694.68	18.33	34.82
2007	18333.24	4997.47	2478.40	826.58	16.54	33.35

资料来源：中华人民共和国商务部外国投资管理司。

　　任何国家的国内外行为都必须考虑其对他国特别是周边国家和地区的影响。就中国吸引外资来说，在中国周边，除了日本和亚洲四小龙以外，所有经济体都处于现代化阶段，都在大力吸引对外直接投资。因此，以中国周边地区为参照系，考察中国开放战略对流向发展中国家的国际直接投资的影响更有意义。然而，表6-2的数据显示出，在东亚、南亚和东南亚地区吸收对外直接投资的格局中，中国吸收外资的能力更加突出。从2001年到2007年，中国实际使用对外直

---

❶ ASEAN Investment Report 2007[R].ASEAN,2007:4.

接投资金额一直占东亚、南亚和东南亚三地之和的1/3以上。这说明中国与周边地区的竞资现象更加明显。

3. 资源环境压力加大

开放战略实施以来，中国经济取得了长期持续高速增长。但是，从总体上说，这种增长是建立在能源和资源大量消耗的基础上的，在很大程度上是以牺牲资源和环境为代价的，仍然属于"高投入、高消耗、高污染"为特征的粗放型增长。据测算，在中国，平均每创造1美元所消耗的能源是美国的4.3倍，是德国和法国的7.7倍，是日本的11.5倍。[1]对于中国这种粗放型经济增长的后果，联合国环境奖获得者布朗指出：如果中国经济继续以目前的速度和模式发展，到2031年，人口将达到14亿的中国每天将消耗掉9900万桶石油，比目前的全球石油总产量还要多18%；将吃掉全球2/3的粮食；用纸量将是目前全球纸产量的两倍；汽车保有量将达到11亿辆，比2005年8亿辆的全球汽车总量还多，届时中国修建的公路和停车场将与中国目前的耕地面积一样大。[2]显然，这种资源消耗水平是任何国家都承受不了的。

中国是一个人口大国，人均资源占有量处于世界后列。目前，中国人均矿产占有量约为世界人均水平的1/2，人均耕地面积和水资源量约为世界人均水平的1/3，人均森林面积仅为世界人均水平的1/6，人均石油、天然气和煤炭量分别为世界平均水平的约1/10、1/20和3/5。[3]虽然布朗的说法不无危言耸听之嫌，但是它确实反映了部分事实。随着工业化进程不断深入，中国已经迅速发展成为一个初级产品进口大国，从20世纪90年代中期开始成了初级产品净进口国。2007年，初级产品进口额高达2430亿美元，增加了29.8%；初级产品贸易逆差达1814亿美元，比2006年高35.2%。[4]

以石油为例，中国是一个石油消费大国和进口大国。2003年，石油消费量首次超过日本，成为仅次于美国的世界第二大石油消费国。[5]根据国家统计局的数据，表6-3显示，2004年，中国原油进口量突破1亿吨，达到1.2亿吨。如

❶ 学习中共十六届五中全会精神导读[M]. 北京：中共中央党校出版社，2005:157.
❷ 杰夫·内史密斯. 世界将为中国的富裕付出高昂代价[N]. 参考消息，2006-01-08.
❸ 陈文敬，李纲，李健. 振兴之路：中国对外开放30年[M]. 北京：中国经济出版社，2008:242.
❹ 陈文敬，李纲，李健. 振兴之路：中国对外开放30年[M]. 北京：中国经济出版社，2008:224.
❺ 侯珺然，周丽. 日本保障石油安全的措施及对我国的启示[J]. 日本问题研究，2008(4).

果按照实际原油消费量计算，当年原油对外依存度达到了40.8%。2005年，中国原油对外依存度略有下降，此后便一路攀升，2009年首次超过了50%。为保障石油供应，中国三大石油公司的触角伸向全球，从而引起了有关国家的怀疑和担心。2005年中海油并购优尼科的失败，在某种程度上就是这种担忧的折射。

表6-3　2002—2012年中国原油进口量与消费量比较

年　份	进口量/万吨	出口量/万吨	消费量/万吨	依存度/%
2002	6941	767	22544	27.4
2003	9102	813	24922	33.3
2004	12272	549	28749	40.8
2005	12682	807	30086	39.5
2006	14517	634	32245	43.1
2007	16316	388	34032	46.8
2008	17888	424	35498	49.2
2009	20365	507	38129	52.1
2010	23768	303	42875	54.7
2011	25378	251	43966	56.6
2012*	27103	244	47613	56.4

资料来源：National Bureau of Statistics of China.

* 2012年原油消费量为国家发改委公布的原油表观消费量。

　　资源的高消耗必然造成环境的高污染。在一定意义上可以说，开放战略实施30多年来，中国经济的快速增长是以牺牲环境为代价的。中国经济超常规的发展是建立在自然资源的超常规利用、污染物的超常规排放之上的。数据表明，2004年，中国对世界经济的总贡献率为4.3%。但是，当年中国消耗了全球30%的煤炭、27%的钢铁、25%的铝材和40%的水泥。而自然资源的过度开采又导致了水土严重流失。据测算，中国全国平均每年因人为活动新增水土流失面积多达

1万平方公里，每年流失土壤总量达50亿吨，占世界年流失量的19.2%。❶

此外，在开放过程中，在片面追求外资心理的作用下，国外一些已经被限制生产的污染严重项目也被转移到国内来。在贪大求全观念的影响下，经济的飞速发展导致城市的超常规扩张，发展规模得不到控制，人口急剧集中，引起水资源短缺，能源供应紧张，交通拥挤，污染加剧，环境失衡。由于环境问题的跨国性，中国国内的环境污染也会影响周边地区的环境发展，甚至对全球环境产生不良后果，从而加大周边国家和地区乃至全球生态环境安全的压力，进而引发国际矛盾和争端。

4. 战略安全压力增大

第二次世界大战后，国际机制迅速发展，国际关系逐渐走向规范化和有序化。但是，这并没有从根本上改变国际政治是权力政治的本质。国际社会在很大程度上仍然处于无政府状态，"丛林法则"仍然支配着国与国之间关系。米尔斯海默认为，"国际政治一直就是一项残酷而危险的交易，而且现在可能还是如此"，"每个国家压倒一切的目标是最大化其所占有的世界权力份额，这意味着一国获取权力要以牺牲他国为代价"❷。根据现实主义国际政治理论的逻辑，一国力量的增强必然导致向外扩张，以寻求与自身实力一致的国际地位，直到建立世界霸权。在国家力量诸要素中，经济力量是最基本的，经济力量变化迟早会引起国际关系的变革。在考察了1500年以来的经济变化与军事冲突以后，保罗·肯尼迪认为，尽管列宁的经济发展不平衡规律是论述资本主义/帝国主义国家的，但是这个规律看来对所有国家是共通的。不管它们赞同什么样的政治经济模式，经济增长率的不平衡迟早会引起世界政治和军事平衡的变动。这正是20世纪以前4个世纪内大国发展所遵循的历史模式。❸

开放战略实施以来，中国保持了长期高速增长，经济实力显著增强。从表6-4可以看出，开放战略实施以后，中国与美国等发达国家的经济实力差距迅速缩小。1978年，中国国内生产总值为1481.8亿美元，2001年达到了13248.0亿美元，增长了794.05%。2005年，中国国内生产总值又突破了2万亿美元；1978

❶ 学习中共十六届五中全会精神导读[M]. 北京：中共中央党校出版社，2005：151，157.

❷ John J. Mearsheimer. The Tragedy of Great Power Politics[M]. New York：W.W.Norton & Company，2001：2.

❸ Paul Kennedy. The Rise and Fall of the Great Powers[M]. New York：Vintage Books，1989：436–437.

年，中国国内生产总值仅为美国国内生产总值的6.51%，2001年达到了13.15%，2008年进一步达到30.46%。如果按购买力评价计算，中国与美国国内生产总值的差距还小得多。2005年，中国国内生产总值是德国的80.1%。2007年，中国超过德国成为世界第三大经济体，仅次于美国和日本。中国经济力量的增强无疑具有重要的意义。肯尼迪认为，"中国更长远的作战能力中最有意义的方面在于它引人注目地飞速发展的经济。"❶

表6-4　1978—2008年中国与美国国内生产总值比较

年份	美国/亿美元	中国/亿美元	占比/%
1978	22769	1481.8	6.51
2001	100759	13248.0	13.15
2002	104176	14538.3	13.96
2003	109080	16409.6	15.04
2004	116309	19316.4	16.61
2005	123761	22359.1	18.07
2006	131329	26578.8	20.24
2007	137514	33822.7	24.60
2008	142043	43261.9	30.46

资料来源：The World Bank, World Development Indicators 2009.

根据西方战略家经济实力增强必然导致军事实力增强的逻辑，中国的发展引起了国际社会尤其是美国的怀疑和担心。由于当今世界上的国际机制是在美国主导下建立的，反映了美国的利益和主导地位。美国担心中国强大起来后会要求改变既有的游戏规则，从而挑战其霸权。"据推测，获得了与美国平等的全球地位的强大中国将着手改变一些'交通规则'，以更好地反映它自己的利益和偏好。"❷东南亚地区一些国家则担心中国实力强大以后会武力解决南中国海争端，更担心中国将影响扩展到东南亚地区。虽然东盟国家在中国推行贸易自由化、开放市场等方面获益，但是，"这并不意味着东盟成为中国的附属或同盟，甚至冒

❶ Paul Kennedy. The Rise and Fall of the Great Powers[M]. New York：Vintage Books，1989：451.

❷ Zalmay M. Khalizad，Abram N. Shulsky，Daniel L. Byman，et al.The United States and a Rising China：Strategic and Military Implication[R]. Rand，1999：19.

这种危险。没有哪个东盟国家认为这是一个有吸引力的选择","大多数东盟创始成员和新成员对中国改革前的颠覆因素和干涉它们的内政保持清醒的认识,警惕远逝的危险将来再现。"❶日本、印度等周边大国也对中国快速发展存有忧虑,担心中国成为东亚地区的主导者。

针对国际社会对中国快速发展的担忧,中国一方面向国际社会反复宣示"中国对内一心一意致力于社会主义现代化建设,对外坚持奉行独立自主的和平外交政策,我们内外政策的根本原则决不会改变。我们将一如既往地为维护地区与世界和平作出不懈的努力"❷;另一方面积极承担应有的国际责任,推进与周边国家睦邻友好,互利合作。但是,这并没有纾缓国际社会对中国崛起的担忧。米尔斯海默认为,中国之所以这么做,"那只是中国现在还没有足够的发展和强大,所以中国需要这么做。如果将来中国强大了,一定会控制这些国家,限制它们的发展,这也符合中国的利益"❸。

二、互利共赢开放战略的最终确立

互利共赢开放战略是一个具有丰富内涵的范畴,涉及经济与社会等方面内容。在经济方面,就是摒弃国际社会长期存在的只顾自己发展的观念,在中国发展的同时兼顾其他国家的合理关切,以中国发展促进地区和世界共同发展,让国际社会分享中国发展的红利。在社会方面,就是打破国际关系史上的"霸权兴衰律",坚持走和平发展道路,妥善解决开放战略中出现的问题,在积极参与国际事务的同时,遵守国际社会的通行规则,并承担相应的国际责任,维护国际社会的和平与稳定,倡导构建和谐世界。正如《中国的和平发展道路》白皮书指出的,建设一个持久和平、共同繁荣的和谐世界,是世界各国人民的共同心愿,是中国走和平发展道路的崇高目标。中国坚持实行互利共赢的对外开放战略,把既符合本国利益、又能促进共同发展,作为处理与各国经贸关系的基本原则,坚持在平等、互利、互惠的基础上同世界各国发展经贸关系,不断为全球贸易持续增长作出贡献。❹互利共赢开放战略从形成到确立,经历了

---

❶ William H. Overholt. Asia, America, and the Transformation of Geopolitics[M]. Cambridge: Cambridge University Press, 2008:183.

❷ 江泽民论有中国特色社会主义[G]. 北京:中央文献出版社, 2002:531.

❸ Realist View of China. http://globetrotter.berkeley.edu/people2/Mearsheimer/mearsheimer-con6.html.

❹ 中华人民共和国国务院新闻办公室. 中国的和平发展道路[N]. 人民日报, 2005-12-23.

一个较长的过程。

1. 对外开放路径的调整

中国开放战略实施之初，主要是引进国外资金和先进技术，发展外向型经济，主要是着眼于中国自身的发展。随着开放战略的巨大成功，"引进来"已经不能满足中国发展的需要了。20世纪90年代，中国开始思考开放战略的调整升级。1992年，党的十四大对"引进来"提出了新要求，萌发了"走出去"思想。大会报告指出：扩大出口贸易，改善出口商品结构，提高出口商品的质量和档次，同时适当增加进口，更多地利用国外资源和引进先进技术。深化外贸体制改革，尽快建立适应社会主义市场经济发展的、符合国际贸易规范的新型外贸体制。赋予有条件的企业、科技单位以外贸自营权。积极扩大我国企业的对外投资和跨国经营。❶

经过长期酝酿，"走出去"思想逐渐被提升到战略高度，与"引进来"一起成为中国开放战略的两个基本方面，成为国家经济发展的重要战略。1997年12月，江泽民在接见全国外资工作会议代表时指出：我们不仅要积极吸引外国企业到中国投资办厂，也要积极引导和组织国内有实力的企业走出去，到国外去投资办厂，利用当地的市场和资源。在努力扩大商品出口的同时，必须下大气力研究和部署如何走出去搞经济技术合作。"引进来"和"走出去"，是我们对外开放基本国策两个紧密联系、相互促进的方面，缺一不可。这个指导思想一定要明确。有步骤地组织和支持一批国有大中型骨干企业走出去，形成开拓国外投资市场的初步规模。这是一个大战略，既是对外开放的重要战略，也是经济发展的重要战略。❷此后，江泽民又多次对走出去战略进行了全面而深刻的阐发和论述。

2002年11月，党的十六大进一步对走出去战略进行了阐述，强调要将引进来和走出去结合起来。江泽民在大会报告中指出：实施"走出去"战略是对外开放新阶段的重大举措。鼓励和支持有比较优势的各种所有制企业对外投资，带动商品和劳务出口，形成一批有实力的跨国企业和著名品牌。积极参与区域经济交流和合作。❸作为中国对外开放战略调整升级的基本方向，对外投资战略和区域

❶ 江泽民. 加快改革开放和现代化建设步伐 夺取有中国特色社会主义事业的更大胜利[J]. 党的建设，1992(Z1).

❷ 江泽民. 江泽民文选(第2卷)[M]. 北京：人民出版社，2006:92.

❸ 江泽民. 全面建设小康社会 开创中国特色社会主义事业新局面[N]. 人民日报，2002-11-09.

经济合作战略被逐步确立为党的重大方针和政策。

综观走出去战略的形成过程及江泽民的有关论述，走出去战略当时主要是着眼于中国自身的长远战略利益和经济安全目标。正如江泽民指出的，"只有大胆地积极地走出去，才能弥补我们国内资源和市场的不足；才能把我们的技术、设备、产品带出去，我们也才更有条件引进更新的技术，发展新的产业；才能由小到大逐步形成我们自己的跨国公司，以利更好地参与经济全球化的竞争；也才能更好地促进发展中国家的经济发展，从而增强反对霸权主义和强权政治、维护世界和平的国际力量。在这个问题上，不仅要从我国现在的实际出发，还要着眼于国家长远的发展和安全。所以，无论从哪方面考虑，加强对外合作都是一个大战略，应该不失时机地抓紧部署和实施"，"这同西部大开发一样，也是关系我国发展全局和前途的重大战略之举"。❶实际上，虽然中国已经认识到开展对外投资和区域经济合作是对其他经济体发展经济的有力支持，但是中国当时并没有完全从这个层面进行足够的战略思考。

2. 社会发展目标的提升

中国开放战略主要是建立在"先富+后富=共富"模式之上的。这个模式的基本逻辑是：允许一部分地区和一部分人通过对外开放先富起来，然后通过先富起来的地区和个人，引导和帮助后富起来的地区和个人富裕起来，从而实现全体人民的共同富裕。1988年，邓小平在听取关于价格和工资改革初步方案汇报时明确指出："沿海地区要加快对外开放，使这个拥有两亿人口的广大地带较快地先发展起来，从而带动内地更好地发展，这是一个事关大局的问题。内地要顾全这个大局。反过来，发展到一定的时候，又要求沿海拿出更多力量来帮助内地发展，这也是个大局。那时沿海也要服从这个大局。"❷经过20多年的改革开放，东南沿海地区富裕起来了，中西部地区为此付出了一定的代价但仍处于不发达状态。为了解决开放战略中出现的区域经济发展不平衡及贫富悬殊加剧等社会经济问题，中国一方面提出了西部大开发战略、振兴东北老工业基地战略和中部崛起战略，另一方面又从社会发展战略的高度提出"和谐社会"的战略构想，实现了从"小康社会"到"和谐社会"的社会发展战略提升。

从战略层面来说，党的十六大已经萌生建设"和谐社会"的思想。大会报告

---

❶ 江泽民. 江泽民文选(第2卷)[M]. 北京：人民出版社，2006：569.

❷ 邓小平. 邓小平文选(第3卷)[M]. 北京：人民出版社，1993：277-278.

从4个方面全面阐述了建设小康社会的奋斗目标，指出："我们要在本世纪头二十年，集中力量，全面建设惠及十几亿人口的更高水平的小康社会，使经济更加发展、民主更加健全、科教更加进步、文化更加繁荣、社会更加和谐、人民生活更加殷实。"[1]2003年，十六届三中全会全面提出了"五个统筹"的思想，将人与自然的和谐提到了新高度，形成了科学发展观。全会通过的《中共中央关于完善社会主义市场经济体制若干问题的决定》指出："按照统筹城乡发展、统筹区域发展、统筹经济社会发展、统筹人与自然和谐发展、统筹国内发展和对外开放的要求"，"协调好改革进程中的各种利益关系。坚持以人为本，树立全面、协调、可持续的发展观，促进经济社会和人的全面发展"。[2]这为社会主义和谐社会思想的最终形成奠定了理论基础。2004年，十六届四中全会将构建社会主义和谐社会的能力作为党的执政能力的重要内容提出来，提出了"构建社会主义和谐社会"的概念，要求"把和谐社会建设摆在重要位置"。[3]

2005年2月，中共中央专门举办省部级主要领导干部提高构建社会主义和谐社会能力研讨班。胡锦涛在开班式上就和谐社会建设问题发表重要讲话，明确界定了和谐社会的内容和要求。他说："根据马克思主义基本原理和我国社会主义建设的实践经验，根据新世纪新阶段我国经济社会发展的新要求和我国社会出现的新趋势新特点，我们所要建设的社会主义和谐社会，应该是民主法治、公平正义、诚信友爱、充满活力、安定有序、人与自然和谐相处的社会。"[4]至此，和谐社会的基本思想已经形成。10月，十六届五中全会提出构建社会主义和谐社会的重要任务，建议将其纳入十一五规划。2006年，中央召开专门以构建社会主义和谐社会为主题的十六届六中全会，对建设社会主义和谐社会进行全面部署，通过了《中共中央关于构建社会主义和谐社会若干重大问题的决定》，从而形成了构建社会主义和谐社会的完整思想。

在国内形成和谐社会战略思想后，面对充斥世界的一系列不和谐音符，从中国人民的根本利益和世界人民的共同利益出发，胡锦涛创造性地将建设和谐社会的思想运用于构建国际秩序的实践，形成了"和谐世界"的战略理念。2005年4月，胡锦涛在印度尼西亚出席亚非峰会时第一次正式提出"和谐世界"的命题。

[1] 江泽民. 全面建设小康社会 开创中国特色社会主义事业新局面[N]. 人民日报,2002-11-09.
[2] 中共中央关于完善社会主义市场经济体制若干问题的决定[N]. 人民日报,2003-10-22.
[3] 中共中央关于加强党的执政能力建设的决定[N]. 人民日报,2004-09-27.
[4] 中共中央文献研究室. 十六大以来重要文献选编[G]. 中. 北京:中央文献出版社,2006:706.

5月，胡锦涛访问俄国，发表《中俄关于21世纪国际秩序的联合声明》，首次将"和谐世界"的概念载入国际文件中；9月，胡锦涛出席联合国成立60周年首脑会议，发表题为《努力建设持久和平、共同繁荣的和谐世界》的重要讲话，系统阐述了和谐世界的理念，倡导构建和谐世界。12月，国务院新闻办公室发表《中国的和平发展道路》，指出："和谐世界应该是民主的世界，和睦的世界，公正的世界，包容的世界。"[1]至此，中国将自己关于国际新秩序的新诉求——"和谐世界"正式宣示于国际社会。2006年，十六届六中全会将和谐世界作为中国的根本追求载入了全会通过的决议，提出"按照和平共处五项原则和其他公认的国际关系准则同世界各国发展友好关系，推动建设持久和平、共同繁荣的和谐世界。"[2]

2007年10月，党的十七大将建设持久和平、共同繁荣的和谐世界写进了大会报告，并全面阐述了和谐世界的基本内涵，提出了和谐世界的现实路径，形成了构建和谐世界的系统思想。报告指出：政治上相互尊重、平等协商，共同推进国际关系民主化；经济上相互合作、优势互补，共同推动经济全球化朝着均衡、普惠、共赢方向发展；文化上相互借鉴、求同存异，尊重世界多样性，共同促进人类文明繁荣进步；安全上相互信任、加强合作，坚持用和平方式而不是战争手段解决国际争端，共同维护世界和平稳定；环保上相互帮助、协力推进，共同呵护人类赖以生存的地球家园。共同分享发展机遇，共同应对各种挑战，推进人类和平与发展的崇高事业，事关各国人民的根本利益，也是各国人民的共同心愿。我们主张，各国人民携手努力，推动建设持久和平、共同繁荣的和谐世界。为此，应该遵循联合国宪章宗旨和原则，恪守国际法和公认的国际关系准则，在国际关系中弘扬民主、和睦、协作、共赢精神。[3]和谐世界是中国对国际秩序的新诉求，是中国国内社会发展目标在全球社会发展目标方面的新体现，不仅要求中国在国内实现利益均衡普惠发展，而且要求推进世界各国与中国一道实现全球利益均衡普惠发展，"在国际关系中，弘扬平等互信、包容互鉴、合作共赢精神，共同维护国际公平正义"[4]。

[1] 中华人民共和国国务院新闻办公室. 中国的和平发展道路[N]. 人民日报, 2005-12-23.

[2] 中共中央关于构建社会主义和谐社会若干重大问题的决定[J]. 求是, 2006(20).

[3] 胡锦涛. 高举中国特色社会主义伟大旗帜 为夺取全面建设小康社会新胜利而奋斗[N]. 人民日报, 2007-10-25.

[4] 胡锦涛. 坚定不移沿着中国特色社会主义道路前进 为全面建成小康社会而奋斗[J]. 求是, 2012(22).

3. 互利共赢开放战略的确立

互利共赢开放战略是与和谐世界观紧密相联的，两者的形成、确立与发展基本上是同步的。互利共赢开放战略是构建和谐世界的基本路径，和谐世界是实现互利共赢开放战略的根本保障。古语云：不患贫而患不均，不患寡而患不安。贫富悬殊是导致社会不稳定的主要因素。发达国家的发展不可能建立在发展中国家长期贫困的基础上，没有南北方国家共同发展就不可能有世界和谐。因此，新中国一直将对发展中国家的援助作为一项政治任务。对外开放战略实施之初，中国对发展中国家的无偿援助减少。可以说，作为一个发展中国家，中国这样做也是为了提高自己更好地援助发展中国家的能力，并不意味着中国放弃援助发展中国家发展的国际主义义务。正如邓小平在会见马达加斯加政府经济贸易代表团时指出的，"我们现在还很穷，在无产阶级国际主义义务方面，还不可能做得很多，贡献还很小。到实现了四个现代化，国民经济发展了，我们对人类特别是对第三世界的贡献可能会多一点"●。中国不仅没有中断对发展中国家的援助，而且主动承诺发展起来后援助发展中国家脱贫致富。1986年6月21日，邓小平在会见马里总统特拉奥雷时指出："要教育我们的子孙后代，即使发展起来了，还是要把自己看成是第三世界，不要忘记第三世界所有的穷朋友，要帮助第三世界穷朋友摆脱贫困。实现中等发达水平的中国，仍不忘帮助穷朋友，这才能真正体现出中国是在搞社会主义。"●

经过几十年的改革开放，中国不仅已经具备了一定的经济实力，而且中国经济的发展也更加离不开广大发展中国家的发展。在中国加入世界贸易组织以后，开放战略面临的国际国内环境更加复杂。胡锦涛指出："没有普遍发展和共同繁荣，世界难享太平。经济全球化趋势的深入发展，使各国利益相互交织、各国发展与全球发展日益密不可分。经济全球化应该使各国特别是广大发展中国家普遍受益，而不应造成贫者愈贫、富者愈富的两极分化。"●因此，在"走出去"过程中，中国逐渐形成了互利共赢的开放理念，并最终形成并确立了互利共赢的开放战略。2004年，十六届四中全会要求党不断提高应对国际局势和处理国际事务的能力，"全面认识和把握国际因素对我国的影响，不断提高同国际社会交往的

● 邓小平. 邓小平文选(第2卷)[M]. 北京：人民出版社，1994:112.
● 邓小平思想年谱(1975—1997)[M]. 北京：中央文献出版社，1998.
● 胡锦涛. 努力建设持久和平\共同繁荣的和谐世界[N]. 人民日报，2005-09-16.

本领。全面分析和妥善应对来自外部环境的机遇和挑战，善于扬长避短，坚持平等互利、共赢共存，充分利用有利因素，积极化解不利因素，努力变挑战为机遇"❶。

随着中国入世过渡期即将结束，2005年，党的十六届五中全会明确提出了"实施互利共赢的开放战略"。在《关于制定国民经济和社会发展第十一个五年规划建议的说明》中，温家宝着重从3个方面阐述了互利共赢开放战略的基本目标：要实施互利共赢的开放战略，把既符合我国利益、又能促进共同发展，作为处理与各国经贸关系的基本准则。一是加快转变对外贸易增长方式，积极发展对外贸易，优化进出口商品结构，努力实现进出口基本平衡。二是继续积极有效利用外资，着力提高利用外资质量，加强对外资的产业和区域投向引导。三是支持有条件的企业"走出去"，按照国际通行规则到境外投资。❷这标志着中国开放战略的价值取向正在发生变化，由量的扩张转向质的提高，由追求单方面发展转向双向共赢，由大力引进来转向积极走出去，从而推动经济全球化朝公平、普惠、共赢的方向发展。

2006年，党的十六届六中全会又从构建和谐社会与和谐世界的高度，强调互利共赢开放战略对于营造和平稳定的国际环境、促进中国与世界各国共同发展的重要意义。会议通过的决定指出："高举和平、发展、合作的旗帜，坚持独立自主的和平外交政策，坚定不移地走和平发展道路，实施互利共赢的开放战略，维护国家主权、安全、发展利益，积极争取和平稳定的国际环境、睦邻友好的周边环境、平等互利的合作环境、互信协作的安全环境、客观友善的舆论环境。坚持对外开放的基本国策，提高对外开放水平，积极发展对外经济技术合作，大力开展对外文化交流，更好地利用国际国内两个市场、两种资源，注重加强互利合作、实现共同发展。"❸

2007年，胡锦涛在中国共产党第十七次全国代表大会上宣告中国将始终不渝奉行互利共赢的开放战略，明确提出以中国的发展促进世界的发展。这既是中国对国际社会质疑中国发展的正面回应，又是中国对促进世界共同发展的庄严承诺，标志着中国互利共赢开放战略的最终确立。他说："我们将继续以自

❶ 中共中央关于加强党的执政能力建设的决定[N]. 人民日报, 2004-09-27.

❷ 温家宝. 关于制定国民经济和社会发展第十一个五年规划建议的说明[N]. 人民日报, 2005-10-20.

❸ 中共中央关于构建社会主义和谐社会若干重大问题的决定[J]. 求是, 2006(20).

已的发展促进地区和世界共同发展，扩大同各方利益的汇合点，在实现本国发展的同时兼顾对方特别是发展中国家的正当关切。我们将继续按照通行的国际经贸规则，扩大市场准入，依法保护合作者权益。我们支持国际社会帮助发展中国家增强自主发展能力、改善民生，缩小南北差距。我们支持完善国际贸易和金融体制，推进贸易和投资自由化便利化，通过磋商协作妥善处理经贸摩擦。中国决不做损人利己、以邻为壑的事情。"❶这成为进入新世纪后指导中国对外开放的基本思想。

世界经济危机爆发后，中国与各国一道积极参与应对，为世界和平、稳定、发展与繁荣做出了重大的积极贡献。在应对经济危机的过程中，中国进一步坚定了实施互利共赢开放战略的决心。十八大报告鲜明地指出："中国将始终不渝奉行互利共赢的开放战略，通过深化合作促进世界经济强劲、可持续、平衡增长。中国致力于缩小南北差距，支持发展中国家增强自主发展能力。中国将加强同主要经济体宏观经济政策协调，通过协商妥善解决经贸摩擦。中国坚持权利与义务相平衡，积极参与全球经济治理，推动贸易和投资自由化便利化，反对各种形式的保护主义。"❷这是中国就促进互利共赢对国际社会的庄严承诺，也是就推动经济全球化均衡普惠发展对国际社会的重大倡议。互利共赢是中国对外开放恪守的基本原则，成为开放战略的基本价值取向。

三、互利共赢开放战略取得的成果

对外开放是一种双向活动，互利是对外开放的基本特质。没有互利，开放就失去了原动力。但是，这种互利是消极的、被动的，会造成绝对收益与相对收益的严重背离，从而导致"富者愈富，贫者愈贫"和"强者愈强，弱者愈弱"的两极分化现象。中国开放战略的互利共赢则是积极的、主动的，是中国有意识地缩小开放双方相对收益的差距，使中国对外开放惠己富人，推动经济全球化朝公平普惠方向发展，促进世界各国共同发展繁荣。互利共赢的开放战略虽然在十七大才最终确立，但此前中国已经在对外开放中践行互利共赢的理念。事实上，互利

---

❶ 胡锦涛.高举中国特色社会主义伟大旗帜 为夺取全面建设小康社会新胜利而奋斗[N].人民日报，2007-10-25.

❷ 胡锦涛.坚定不移沿着中国特色社会主义道路前进 为全面建成小康社会而奋斗[J].求是，2012(22).

共赢开放战略就是在这种实践摸索中逐渐形成的。互利共赢开放战略形成、确立与发展的过程,就是中国开放战略造福世界各国的过程,就是以中国发展促进世界各国共同发展的过程。

1. "走出去"战略取得了重大成就

在"走出去"战略正式实施以前,中国企业已经开始零星走出国门。但是,前往国外创业的企业不多,投资规模也不大。据《人民日报》报道,20世纪末,中国企业对外投资额仅6亿多美元,不到全球对外投资总额约1万亿美元的0.1%;发达国家输出国际直接投资与引进国际直接投资的比例平均166∶100,发展中国家平均为18∶100,中国1.5∶100。在全世界每年1万亿美元左右的国际工程承包金额中,中国仅拿到1%多一点。❶2001年,"十五"计划纲要明确将"走出去"确立为"扩大对外开放,发展开放型经济"的基本内容。这种状况发生了很大的变化。

在"走出去"战略推动下,中国企业到境外投资的积极性高涨,前往境外投资的企业迅速增多,投资步伐明显加快。从企业数量来看,根据中华人民共和国商务部发布的统计公报,2002年底,境外中资企业6960家,到2008年底增加到1.2万家,到2012年底继续增加到近2.2万家,分布在全球179个国家或地区,投资主体有1.6万家境内企业。从投资金额看,2002年,中国对外直接投资净额27亿美元。表6-5的数据显示,2004年开始,中国对外直接投资迅速增加,2012年达到878亿美元,进入世界三大投资国之列。即使在国际金融危机肆虐的2009年,中国对外直接投资也实现了1.1%的增长。2013年,中国非金融类对外直接投资达到901.7亿美元,其中流入中国香港、东盟、欧盟、澳大利亚、美国、俄罗斯、日本的投资达到654.5亿美元,占72.6%,同比增长9.1%。❷大量中国资金的投入,为包括发达国家经济在内的全球经济复苏提供了有力的支持。

从资金流向来看,从2007年到2012年,中国对外直接投资净额共3702.1亿美元,其中亚非拉地区3165.8亿美元,占85.5%。对于面临发展资金缺口的发展中国家来说,中国企业直接投资无疑是一个推进现代化不可多得的历史机遇。事实上,中国企业走出去投资兴业为投资对象国增加了税收,创造了就业机会;中

---

❶ 龚雯,王政. 我国实施"走出去"战略成果回放[N]. 人民日报,2003-04-11.

❷ 2013年我国对外投资和经济合作情况简述[OL]. http://www.mofcom.gov.cn/article/difang/jilin/201401/20140100477508.shtml.

国企业积极主动地参与当地社会经济建设，有利于造福当地百姓、改善民生，从而促进当地经济社会发展。据统计，2011年，境外中资企业向投资所在国缴纳的各种税金总额超过了220亿美元；年末在企业就业的人数达到122万，其中雇佣外方员工88.8万人。❶

表6-5　2003—2012年中国对外直接投资净额及流向　　　　　　单位:亿美元

年份	亚洲	非洲	欧洲	拉丁美洲	北美洲	大洋洲	合计
2003	15.1	0.8	1.5	10.4	0.6	0.3	28.5
2004	30.1	3.2	1.6	17.6	1.26	1.2	55.0
2005	44.8	3.9	4.0	64.7	3.2	2.0	122.6
2006	76.6	5.2	6.0	84.7	2.6	1.3	176.3
2007	165.9	15.7	15.4	49.0	11.3	7.7	265.1
2008	435.5	54.9	8.8	36.8	3.6	19.5	559.1
2009	404.1	14.4	33.5	73.3	15.2	24.8	565.3
2010	448.9	21.1	67.6	105.4	26.2	18.9	688.1
2011	454.9	31.7	82.5	119.4	24.8	33.2	746.5
2012	647.8	25.2	70.4	61.7	48.8	24.2	878.0

资料来源: 中华人民共和国商务部;中华人民共和国统计局。

中国是世界上人口最多的国家。改革开放以来，随着教育事业的发展，中国公民受教育程度普遍提高，加之中国人具有吃苦耐劳精神，劳动力素质较高。对外劳务合作不仅有利于中国缓解就业压力、增加外汇收入，而且有利于相关国家缓解劳动力缺乏压力、扩大消费、增加税收。作为"走出去"战略的重要内容，作为实现互利共赢的重要途径，21世纪，中国对外劳务合作迅速发展。从人数来看，对外劳务合作派出人数与年末在外人数均有较大增长。从2004年到2012年，对外劳务合作项下派出人数增加了60.9%，年末在外人数增加了20.5%。2013年，中国对外劳务合作派出各类劳务人员52.7万人，其中劳务合作项下派出25.6万人；年末在外各类劳务人员达85.3万人。❷从金额来看，截至2002年底，累计完成营业额237.6亿美元，合同额295.2亿美元。其中，2002年完成营

❶ 中华人民共和国商务部. 中国对外投资合作发展报告2011~2012[R].2012:6.

❷ 商务部合作司. 2013年我国对外劳务合作业务简明统计[OL]. http://fec.mofcom.gov.cn/article/tjzl/lwhz/201401/1796137_1.html.

业额307141万美元,新签合同额275167万美元。❶截至2009年底,对外劳务合作累计完成营业额648亿美元,合同额达674亿美元。其中,2009年完成营业额89.1亿美元,新签合同额74.7亿美元。❷

对外工程承包业务发展也非常迅速。表6-6显示,从2003年到2012年,对外承包工程合同数、合同金额、完成营业额和年末在外人数虽然受世界经济危机等因素影响而有所波动,但总体呈上升趋势,增长幅度都比较大。2013年,对外承包工程业务完成营业额1371.4亿美元,同比增长17.6%;新签合同额1716.3亿美元,同比增长9.6%;年末在外人数27.1万人;新签合同额在5000万美元以上的项目685个,合计1347.8亿美元,占新签合同总额的78.5%。其中,上亿美元的项目392个,较上年同期增加63个。截至2013年底,我国对外承包工程业务累计签订合同额11698亿美元,完成营业额7927亿美元。❸

表6-6　2003—2012年中国对外承包工程与对外劳务合作情况

年份	对外承包工程合同数(份)	对外承包工程合同金额(亿美元)	对外承包工程完成营业额(亿美元)	对外承包工程年末在外人数(人)	对外劳务合作派出劳务人数(人)	对外劳务合作年末在外人数(人)
2003	3708	176.7	138.4	94000		429700
2004	6694	238.4	174.7	114700	173000	419400
2005	9502	296.1	217.6	144800	183400	418700
2006	12996	660.1	299.9	198598	214800	475200
2007	6282	776.2	406.4	236002	214900	505100
2008	5411	1045.6	566.1	271613	224900	467110
2009	7280	1262.1	777.1	326861	180100	450277
2010	9544	1343.7	921.7	376510	186800	470095
2011	6381	1423.3	1034.2	324000	209100	488409
2012	6710	1565.3	1166.0	344618	278380	505563

资料来源:中华人民共和国国家统计局。

---

❶ 商务部合作司. 2002年国外经济合作简明统计[OL]. http://hzs.mofcom.gov.cn/aarticle/date/200301/20030100064412.html.

❷ 商务部合作司. 2009年我国对外投资合作业务简况[OL]. http://hzs.mofcom.gov.cn/aarticle/date/201001/20100106752425.html.

❸ 2013年我国对外投资和经济合作情况简述[OL]. http://www.mofcom.gov.cn/article/difang/jilin/201401/20140100477508.shtml.

值得指出的是，中国企业国外投资在亚非拉地区占比很大。表6-5显示，2003年中国企业对外投资直接流量所占比重为：亚洲52.72%、非洲2.62%、拉丁美洲36.37%，总共占91.71%。2006年，亚非拉地区所占比重进一步上升到94.43%，此后虽有较大幅度下降，但2012年仍占83.7%。同时，伴随资金流入的是技术和管理经验的流入，是人才的流入。作为发展中国家，相对于发达国家的技术来说，中国的技术项目和产品更容易与发展中国家的实际与需求对接，而且中国的投资和技术从来不附带任何政治条件。因此，对于受资金与技术瓶颈制约的发展中国家来说，中国投资的增加无疑是一个利好因素。而对于中国来说，国内企业到发展中国家投资兴业，不仅可以锻炼国内企业跨国经营的本领，培育和壮大自己的跨国企业，而且可以将部分出口转移到发展中国家内部，有利于促进对外贸易收支平衡。此外，中国能源与资源企业走向世界，在一定程度上也有利于保障中国的能源与资源安全。

2. 区域经济合作取得了重大成就

与世界经济全球化相伴随的是区域经济一体化。为了应对经济全球化浪潮的挑战，世界上很多地区都走上区域经济合作的道路。中国所处的东亚是一个多样性非常突出的地区，区域主义道路远没有欧洲和北美那样平坦。作为互利共赢开放战略的重要组成部分，区域经济合作在十七大正式提出自由贸易区战略之前已经起步。到2007年，中国正在建设的自由贸易区有5个，正在商谈的自由贸易区有7个，共涉及29个国家和地区，涵盖对外贸易总额的1/4。❶

互利共赢开放战略逐渐确立以后，中国推进区域经济合作的力度增强，步伐明显加快。十八大提出："统筹双边、多边、区域次区域开放合作，加快实施自由贸易区战略，推动同周边国家互联互通。"❷2013年11月，十八届三中全会又指出："坚持世界贸易体制规则，坚持双边、多边、区域次区域开放合作，扩大同各国各地区利益汇合点，以周边为基础加快实施自由贸易区战略。改革市场准入、海关监管、检验检疫等管理体制，加快环境保护、投资保护、政府采购、电子商务等新议题谈判，形成面向全球的高标准自由贸易区网络。"❸根据中国自由贸易区服务网发布的数据，目前中国正在建设的自由贸易区有18个，涉及31个

❶ 陈文敬,李纲,李健.振兴之路：中国对外开放30年[M].北京：中国经济出版社,2008:251.

❷ 胡锦涛.坚定不移沿着中国特色社会主义道路前进 为全面建成小康社会而奋斗[J].求是,2012(22).

❸ 中共中央关于全面深化改革若干重大问题的决定[N].人民日报,2013-11-16.

国家和地区。此外，中国还加入了《亚太贸易协定》，中印区域贸易安排联合研究已经完成，中国与哥伦比亚等也正在就自由贸易区开展联合可行性研究。以中国周边地区为基础，中国初步构建了一个覆盖亚洲、拉丁美洲、欧洲、大洋洲部分国家和地区的自由贸易区网络框架。

作为亚太地区一支重要的战略力量，东盟是中国构建和谐周边的突破口，在中国开放战略中占有重要的地位。2002年11月，中国与东盟签订《全面经济合作框架协议》，在经济、贸易和投资等方面提出了全面合作的目标，从而启动了建设自由贸易区的历史进程。2004年11月，双方签署《货物贸易协议》，规定双方自2005年7月起对约7000个税目的产品实施降税。2009年8月，双方又签署《自由贸易区投资协议》，建设自由贸易区的主要谈判正式结束。2010年1月1日，世界上人口最多的自由贸易区如期建成。中国-东盟经济关系迅速密切，90%以上的货物贸易实现了零关税。为提高自贸区的开放程度，双方在走过战略关系的"黄金十年"后，又在努力开创双边关系的"钻石十年"。2013年9月，国务院总理李克强提出打造升级版中国-东盟自由贸易区。10月，在出席第16次中国-东盟领导人会议期间，李克强建议启动中国-东盟自贸区升级版谈判，力争到2020年双边贸易额达到1万亿美元，让东盟国家更多从区域一体化和中国经济增长中受益。❶2014年3月，中国-东盟自贸区联委会第五次会议在成都举行，筹备升级版中国东盟自由贸易区谈判成为会议重要内容。目前，中国已经向东盟提交了升级版倡议草案，但东盟内部意见存在分歧。

在东北亚地区，自2002年提出中日韩自由贸易区设想以来，由于政治关系的制约，中国与东北亚国家区域经济合作的进展比较慢。2012年5月，中日韩签署自由贸易投资协议。11月，三国宣布启动自由贸易区谈判。2013年3月，首轮谈判在韩国首尔举行。目前，中日韩自由贸易区谈判已经举行4轮，三方就谈判的基本原则和方针、谈判范围和商品准入方式、货物贸易谈判模式、货物贸易降税模式、服务贸易和投资开放方式、自贸协定范围和领域等进行了讨论和磋商，并就货物贸易降税模式达成了共识，自由贸易区建设取得了一定的进展。

3. 中非经济合作取得了重大成就

中非双方有着长久而深厚的友谊，中国历来重视与非洲的合作关系。非洲大

---

❶ 启动中国 – 东盟自贸区升级版谈判[N]. 深圳商报，2013–10–10.

陆资源丰富，经济普遍欠发展，是中国对外开放的重要对象之一。进入21世纪，面对经济全球化的新挑战，为推动南南合作，谋求共同发展，加强中非在新形势下的友好合作关系，中非双方共同倡议成立了中非合作论坛。2000年10月，双方在北京举行了中非合作论坛第一届部长级会议，通过了《北京宣言》和《中非经济和社会发展合作纲领》两个历史性文件，决定在21世纪建立和发展长期稳定、平等互利的新型伙伴关系，建立了中非合作论坛机制。2003年12月，第二届部长级会议在埃塞俄比亚首都亚的斯亚贝巴举行，通过了《亚的斯亚贝巴行动计划》，为此后3年中非合作制定了总体规划。在论坛框架下，中国宣布继续增加对非洲国家的援助，3年内为非洲培养各类人才1万名，给予同中国有外交关系的最不发达国家部分输华商品零关税待遇。

随着中国互利共赢开放战略的逐步确立，合作论坛框架下的中非经济贸易合作关系进一步加强。2006年，中非合作论坛首届首脑会议在北京举行，通过了《中非合作论坛北京峰会宣言》，确定了中非"政治上平等互信、经济上合作共赢、文化上交流互鉴的新型战略伙伴关系"❶的新目标。根据宣言精神，会议制定并通过了《北京行动计划》，为双方在2007—2009年进行政治、经济、国际事务和社会发展等领域合作确定了基本框架。为推动中非新型战略伙伴关系发展，促进中非在更大范围、更广领域、更高层次上合作，中国宣布将采取8个方面的政策措施，包括扩大对非援助规模，提供优惠贷款和优惠出口买方信贷，设立鼓励和支持中国企业到非洲投资的中非发展基金，援建非盟会议中心，免债，免关税，在非洲国家建立境外经济贸易合作区以及提供人才、技术、医疗、教育等方面援助。❷

2009年11月，中非合作论坛第四届部长级会议在埃及沙姆沙伊赫举行，对2010—2012年的中非合作进行全面部署，通过了《沙姆沙伊赫行动计划》。中国承诺3年内在农业、环保、投资、减免债务、市场准入、气候变化、科技合作、医疗、教育、人文交流8个方面采取新举措，推动中非合作务实发展。2012年7月，中非合作论坛第五届部长级会议在北京举行，通过《北京宣言》和《北京行动计划》，全面规划了2013—2015年中非合作的发展方向与重点领域。中国政府宣布了支持非洲和平发展、加强中非合作的5大重点领域：投融资、援助、非洲

❶ 中非合作论坛北京峰会宣言[N]. 人民日报,2006-11-06.

❷ 胡锦涛. 在中非合作论坛北京峰会开幕式上的讲话[N]. 人民日报,2006-11-05.

一体化、民间交往、非洲和平与安全。在双方共同努力下，目前会议后续行动的落实工作已取得阶段性成果。

在中非合作论坛框架下，双方经济贸易关系迅速发展，双方人民得到了实实在在的利益，互利共赢的开放战略在中非经济关系中取得了丰硕的成果。2011年，中非贸易额达到1663亿美元，比2006年增加了2倍；中国累计对非直接投资达到150多亿美元，项目遍及非洲50个国家。[1]在双方合作推动下，中国连续5年成为非洲第一大贸易伙伴国。2013年，中非贸易额突破2000亿美元，达到2102亿美元，同比增长5.9%。其中，中国对非洲出口928亿美元，从非洲进口1174亿美元，同比分别增长8.8%和3.8%。目前，在非洲投资的中国企业有2500多家，非直接投资存量达到250亿美元，涉及道路、电力、水利基础设施建设、制造业、农产品加工业、资源开发、金融、商贸物流等多个领域。[2]在中非合作稳步推进的背景下，2014年5月5日，国务院总理李克强出访非盟总部，提出中国愿与非洲积极推进产业合作、金融合作、减贫合作、生态环保合作、人文交流合作、和平安全合作6大工程，打造中非全面合作的升级版。[3]中非合作开始朝更高目标迈进。

此外，中国认真履行入世的各项承诺，不断完善健全社会主义市场经济的法律和制度体系，积极推动解决国外在对华反倾销调查中的非市场经济地位问题。2004年新西兰率先承认中国的完全市场经济地位后，到2010年5月，又有80个国家和地区承认了中国的完全市场经济地位。[4]同时，中国在改善对外贸易结构、提高利用外资质量、引进先进技术和服务业开放等方面也取得了较大进展。

第二节　中美关系推动中国战略性开放

1949年6月，毛泽东在新政协筹备会上指出："任何外国政府，只要它愿意断绝对于中国反动派的关系，不再勾结或援助中国反动派，并向人民的中国采取真正的而不是虚伪的友好态度，我们就愿意同它在平等、互利和互相尊重领土主

❶ 胡锦涛. 开创中非新型战略伙伴关系新局面[N]. 人民日报, 2012-07-20.

❷ 郭凯. 共同谱写中非合作新篇章[N]. 经济日报, 2014-05-05.

❸ 李克强. 开创中非合作更加美好的未来[N]. 人民日报, 2014-05-06.

❹ Ding Qingfen. US Unlikely to Grant China Market Economy Status Soon[N]. China Daily, 2010-03-12.

权的原则的基础之上，谈判建立外交关系的问题。" ❶1953年12月，中国又提出了互相尊重主权和领土完整、互不侵犯、互不干涉内政、平等互利、和平共处五项原则。事实上，平等互利是新中国处理对外关系的一贯原则。然而，之所以在新世纪将互利共赢上升到战略高度，最主要是因为国际社会对中国快速发展的担心增大。为了纾缓国际社会的焦虑，争取和平有利的国际环境，中国需要对国际社会的担心做出积极回应。作为世界上唯一的超级大国，美国是中国进行积极回应的主要对象之一。因此，中美关系对中国互利共赢开放战略的形成与实施产生了重大影响。

一、利益冲突要求中国实施战略性开放

　　美国是当今世界的霸权国，利益和影响遍布全球。中国是世界上人口最多、经济增长最快的新兴大国，利益和影响的范围正在不断扩大。随着中国在国际舞台上影响的不断增强，中美两国的利益交汇面也不断扩大，从而不可避免地会产生一定的利益冲突。事实上，中国开放战略实施以后，两国的利益冲突就已经逐渐显现，只不过进入21世纪后更加突出。这集中反映在战略利益与经济利益两个层面，要求中国必须从互利共赢的战略高度加以主动应对。

1. 战略利益冲突

　　第二次世界大战结束后，美国成为世界上力量超强的大国。而中国则是一个领土辽阔、人口众多、具有大国潜质的社会主义国家。根据权力转移理论，中美两国之间存在着固有的结构性矛盾。但是，当时中国贫穷落后，加之苏联的存在，这种结构性矛盾并没有显现出来。开放战略实施以后，中国经济长期持续高速发展，综合国力显著增强。1991年，苏联突然解体，中国的国际地位大幅提升。中美之间的结构性矛盾也迅速凸显出来。作为世界上唯一的超级大国，美国将中国视为最有可能挑战其霸权地位的国家，从各方面牵制中国的发展，甚至希望以压促变，使中国放弃社会主义制度。然而，面对风云变幻的国际形势，中国不仅没有步苏联、东欧的后尘，而且经济继续高速发展。这更加引起了美国的警惕。

　　小布什上台后，美国将中国视为战略竞争对手，对中国防范和遏制的一面显得更加突出。2001年9月，美国国防部公布的《四年防务评估报告》将中国确定

---

❶ 中华人民共和国外交部，中共中央文献研究室.毛泽东外交文选[M].北京：中央文献出版社，世界知识出版社，1994:91.

为美国的威胁。报告指出：尽管美国近期不会面对一个同等的竞争对手，但是存在地区大国发展出足够能力威胁对美国利益至关重要的地区的稳定的可能性。特别是亚洲正逐渐成为一个容易出现大规模军事竞争的地区。一个拥有巨大资源基础的军事竞争者可能在这个地区出现。从孟加拉湾到日本海的东亚沿海是一个特别具有挑战性的区域。❶

"9·11"事件发生后，面对安全形势的急剧变化，布什政府的安全观和世界秩序观发生了重大的变化。美国决意凭借其超强的经济、军事和制度实力，建立一个自罗马帝国消亡以来的"新帝国"，追求所谓的"绝对安全"。塞巴斯蒂安·毛雷比指出：对于布什政府来说，新帝国主义的逻辑太有说服力了，以致不能抵制。今天，美国甚至是一个更不情愿的帝国主义者。但是，新的帝国时刻已经来临。根据它的实力，美国注定要扮演领导角色。问题不是美国是否要填补欧洲帝国消失产生的真空，而是它是否认识到这是它正在做的事情。只有华盛顿认识到了这一责任，它的反应才能前后一贯。❷阿富汗战争结束后，美国开始推行"布什主义"，建立美利坚"新帝国"成为美国追求的首要目标。罗伯特·杰维斯认为，布什主义有4个组成部分，其他几个组成部分结合到一块，最后一个部分就是建立美国的霸权、美国第一或者美利坚帝国。❸

相对于美国来说，中国经济真正进入高速增长期是在20世纪90年代。从表6-7可以看出，从1979年到2008年，中国国内生产总值年增长率普遍大大高于美国。但是，在20世纪80年代，中国与美国国内生产总值总量的差距不是缩小了，而是扩大了。中国经济的真正起飞是在20世纪90年代开始的。从1992年到2008年，中国国内生产总值年增长率出现了两个持续5年以两位数增长的高速增长期，中美之间经济总量的差距迅速缩小。1979年，中国国内生产总值总量是美国的6.94%，1992年下降为6.72%，2000年则上升到12.27%，2008年进一步上升到30.46%。根据表中的数据，中国经济总量是以加速度的形式赶超美国的。进入21世纪后，中国的赶超能力进一步增强。从1993年到2000年8年间，中美之间国内生产总值的差距仅缩小了6个百分点，而2001年到2008年8年间则减少了18个百分点。

❶ Quadrennial Defense Review Report[R]. U.S. Department of Defense, 2001:4.

❷ Sebastian Mallaby. The Reluctant Imperialist[J]. Foreign Affairs, March–April 2002.

❸ Robert Jervis. Understanding the Bush Doctrine[J]. Political Science Quarterly, Fall 2003.

表6-7　1979—2008年中美国内生产总值总量和增长率对比

年份	总量/亿美元		增长率%		年份	总量/亿美元		增长率%	
	美国	中国	美国	中国		美国	中国	美国	中国
1979	25445	1766	3.2	7.6	1999	92162	10833	4.5	7.6
1980	27689	1894	−0.2	7.8	2000	97648	11985	3.7	8.4
1981	31054	1941	2.5	5.2	2001	100759	13248	0.8	8.3
1992	62868	4227	3.3	14.2	2002	104176	14538	1.6	9.1
1993	66043	4405	2.7	14.0	2003	109080	16410	2.5	10.0
1994	70175	5592	4.1	13.1	2004	116309	19316	3.6	10.1
1995	73423	7280	2.5	10.9	2005	123761	22359	3.1	10.4
1996	77623	8561	3.7	10.0	2006	131329	26579	2.9	11.6
1997	82509	9527	4.5	9.3	2007	137514	33823	2.0	13.0
1998	86946	10195	4.2	7.8	2008	142043	43262	1.1	9.0

资料来源：The World Bank, World Development Indicators 2009.

不仅如此，与西方国家在20世纪80年代末90年代初的预期相反，中国国内政治秩序保持了长期持续稳定。在抗击特大洪水灾害、非典、禽流感、特大地震等自然灾害过程中，政府的组织管理和动员能力、国民素质和民族凝聚力等得到了充分的显现。包括美国在内的发达国家则一度普遍陷入严重的世界经济危机当中。这一切都意味着中国与美国的实力差距已经大大缩小。全球经济危机发生后，中美经济差距缩小的速度更快。表6-8显示出，2012年，中国GDP总量82271亿美元，占美国162446亿美元的50.65%。仅4年时间，中美国内生产总值的差距就缩小了20个百分点。

表6-8　2008—2012年中美国内生产总值总量和增长率对比

年份		2008	2009	2010	2011	2012
总量/亿美元	美国	147203	144179	149583	155338	162446
	中国	45218	49913	59305	73219	82271
增长率/%	美国	−0.3	−2.8	2.5	1.8	2.8
	中国	9.6	9.2	10.4	9.3	7.8

资料来源：The World Bank.

对于中国经济实力的迅速增强，美国的心理是矛盾的。一方面，中国经济的迅速增长拉动了世界经济的发展，也给美国带来了巨大的经济利益。另一方面，中国实力的迅速增长意味着中国对美国霸权的压力增大，而美国是不容许任何其他国家或者国家集团拥有挑战其霸权地位的实力的。2002年6月1日，布什在西点军校的毕业典礼上宣称："美国拥有并打算保持超越挑战的军事实力，以便使其他地区破坏稳定的军备竞赛毫无意义，将竞争限定在贸易与其他和平方式之内。"❶因此，美国国内对中国的发展感到担心。美国国防部2002年的核态势评估报告指出，由于中国正在发展的战略目标和正在前进中的核力量和非核力量现代化，中国是一个可能卷入目前和潜在事件的国家。因此，报告将中国列为美国核打击的7个对象国之一，指出如果"中国与台湾发生军事对抗"，五角大楼将准备使用核武器。❷很明显，这份报告是在"9·11"事件之前完成的。当时，美国将中国视为战略竞争者，核态势评估报告提出这样的看法并不令人惊奇，但它也反映出美国确实对中国的快速发展表示怀疑和担心。

事实上，即使在"9·11"事件以后美国也没有放弃对中国发展的怀疑和担心。2003年7月，国防部发表中国军事力量年度报告说："北京增加其常规弹道导弹的精确性和毁坏性，给美国在西太平洋的军事力量、包括台湾在内的盟友构成了不断增长的重大挑战。"❸2005年的中国军力报告又指出："中国军事现代化的现行态势给中国提供了能在亚洲采取一连串军事行动的实力，对在该地区活动的现代军事力量构成了可信的潜在威胁。"❹2006年2月，《四年防务评估报告》宣称："在主要新兴国家中，中国具有在军事上与美国竞争的最大潜力"，"外界对中国支撑其军事现代化的动机、决策以及关键能力知之甚少。"报告还重申了2005年中国军力评估报告的观点，中国军事力量建设的步伐和范围已经使地区军事平衡处于危险之中。❺奥巴马执政后，中美关系保持了良好的发展势头，两国间的互信进一步增加。但是，美国政府仍然没有放弃对中国的怀疑和担心。

---

❶ Commencement Address at the United States Military Academy in West Point, New York, June 1, 2002. http://www.presidency.ucsb.edu/ws/index.php?pid=62730&st=&st1=.

❷ Charles J. Moxley, Jr. 2002 Nuclear Posture Review Strategic and Legal Ramifications[OL]. http://www.lasg.org/legal/2002_NPR_Moxley.pdf.

❸ Annual Report on the Military Power of the People's Republic of China[R]. U.S. Department of Defense, 2003:22.

❹ The Military Power of the People's Republic of China[R]. Office of the Secretary of Defense, 2005:13.

❺ Quadrennial Defense Review Report[R]. U.S. Department of Defense, 2006:29.

2010年2月，《四年防务评估报告》指出："关于中国军事现代化的步伐、范围以及最终目标，中国只让外界分享了有限的信息，这引起了大量对于其长期目标合情合理的疑问。"●国防部2013年致国会的年度报告认为：中国不断增长的军事能力和战略决策缺乏透明度，增加了周边国家对中国意图的担心。●2014年3月，《四年防务评估报告》在谈及亚太地区发展趋势时指出："由于这个地区的国家继续发展它们的军事和安全能力，危险更大。长期存在的主权争端和自然资源诉求造成的紧张将引发破坏性竞争甚至爆发冲突，从而逆转该地正在上升的和平、稳定和繁荣势头，特别是中国快速、全面的军事现代化与中国领导人关于军事能力和军事意图相对缺乏透明度、公开性相伴。"●显然，不管出于什么考虑，这些判断都表明美国对中国缺乏足够的信任，对中国快速发展仍然存在疑虑。

美国还认为，中国为了获取石油等能源资源，与国际社会的努力背道而驰，不断发展与那些侵犯人权、治理不善的资源富国的经济、政治与军事关系，影响了以美国为首的国际社会对这些国家施加影响的努力。2006年的中国军力评估报告宣称："更令人担忧的是中国与这些国家如伊朗、苏丹、缅甸、津巴布韦、古巴、委内瑞拉的政治、经济联系。这些国家是国际社会影响它们朝着核不扩散、政治改革、维护稳定和（或）尊重人权方向发展的对象。""中国传统武器和军事技术转让记录表明，欧盟和其他第三方卖给中国的武器，可能导致中国公司拓展海外市场的那些政权的处境得到改善，包括那些遭受关注的国家。在记录中，中国军事援助的主要接受国伊朗、缅甸、苏丹和津巴布韦，都是当前欧盟武器禁运的对象。"中国继续保持或加强与它们的"政治、经济与军事关系，削弱了国际社会影响这些国家的努力"●。

2. 经济利益冲突

随着中国对外开放的深化、对外经济关系的扩大，中美经济联系进一步密切，两国经济利益的交汇不断增多，经济相互依存关系不断加深。目前，中国是

---

❶ Quadrennial Defense Review Report[R]. U.S. Department of Defense, 2010:31.

❷ Military and Security Developments Involving the People's Republic of China[R]. Office of the Secretary of Defense, 2013:16.

❸ Quadrennial Defense Review Report[R]. U.S. Department of Defense, 2014:4.

❹ Military Power of the People's Republic of China[R]. Office of the Secretary of Defense, 2006:9, 23, 3.

美国第二大贸易伙伴国、第三大出口市场、第二大进口来源地和第一大国债持有国,美国是中国第一大贸易伙伴国、第一大出口市场和第二大直接投资国。❶显然,密切的经济联系既有利于增加国家间的利益契合点,也容易增加国家间的利益冲突点。在中美经济关系进一步密切的同时,两国的经济利益冲突也更加激烈。

第一,贸易不平衡加剧。贸易不平衡本来是一种正常的现象,绝对的贸易平衡是不存在的。但是,如果贸易不平衡太大,就会产生一系列问题。这对于贸易双方显然都是不利的,对于贸易大国来说更是如此。中国开放战略实施以来,随着双边贸易额的逐渐增加,美国对华贸易逆差问题逐渐显现。中国加入世界贸易组织以后,中国商品的出口环境得到改善,出口额迅速扩大,中美贸易迅速增长,两国之间的贸易不平衡问题突出起来。根据中方统计数据,2003年,中美贸易突破1000亿美元,如果不考虑世界经济危机时期的情况,此后就基本上是两年一个台阶,到2013年突破了5000亿美元。中美双边贸易的迅速发展,引起了美国对华贸易逆差的快速增加。表6-9显示出,从2001年到2013年,美国对华贸易逆差长期居高不下,除2009年外一直保持增长态势。不仅如此,双方在美国对华贸易逆差额方面存在巨大的统计差距。美方统计认为,2002年,美国对华贸易逆差超过了1000亿美元,2005年超过了2000亿美元;中方统计表明,美国对华贸易逆差在2005年才超过1000亿美元,2011年才超过2000亿美元。显然,无论根据中方还是美方的数据,中美间巨大的贸易不平衡是确实存在的,而且存现快速增长之势。这就难免增加两国间的贸易摩擦。

表6-9 2001—2012年中美贸易统计   单位:亿美元

年份	中方统计			美方统计		
	进口	出口	平衡	进口	出口	平衡
2001	262	543	281	1023	192	−831
2002	272	699	427	1252	221	−1031
2003	339	925	586	1524	284	−1240
2004	447	1249	802	1967	344	−1623
2005	486	1629	1143	2435	412	−2023
2006	592	2034	1442	2878	537	−2341

❶ 甄炳禧. 合作共赢的中美经贸关系[J]. 国际问题研究,2009(1).

续表

年份	中方统计			美方统计		
	进口	出口	平衡	进口	出口	平衡
2007	694	2327	1633	3214	629	−2585
2008	814	2524	1710	3378	697	−2681
2009	775	2208	1433	2964	695	−2269
2010	1021	2833	1812	3650	919	−2731
2011	1221	3245	2024	3994	1040	−2954
2012	1329	3518	2189	4256	1105	−3151
2013	1526	3684	2158	4404	1220	−3184

资料来源：National Bureau of Statistics of China, United States Census Bureau.

　　毫无疑问，巨额贸易逆差是多方面原因造成的。但是，中国价廉物美的商品对美国人确实具有强大的吸引力。这导致中国商品对美出口迅速增加，同时也对美国相关行业产生了一定的冲击。据美方统计，2004年底取消纺织品配额后，美纺织工业失业人数1个月内增加了1.2万人，原因就是中国纺织品洪水般涌入美国。[1]中国商品对美出口剧增引起了美国制造业界人士的强烈不满。据美国制造业协会2003年5月公布的调查报告《对华贸易对美国制造业的影响》，75%的受访美国制造业人士认为美国制造业正面临巨大危机，64%的受访者认为中国发展成为出口大国是对他们生存的最大威胁。[2]在此背景下，美国对华实施反倾销、反补贴、反规避、保障措施和特保调查案件增多，贸易摩擦变成一种经常性现象。从1980年到2004年底，美国累计对中国产品发起了110起反倾销调查、19起保障措施调查（包括5起特定产品保障措施调查和12起纺织品特保措施调查）。[3]这些贸易救济调查半数发生在中国经济真正开始快速发展的20世纪90年代，中国加入世界贸易组织后则进一步增多。表6-10显示出，从2004年到2013年，美国共对中国发起贸易救济调查约131起，占同期国际上对中国发起的贸易救济调查案800起的16.4%，平均每年有13.1起，其中还有些属于反倾销、反补贴合并调查的"双反"案件。中国成为遭遇反倾销调查、反补贴调查最多的国

❶ 吴启春,程小雯. 对华激辩再考中美关系[J]. 瞭望新闻周刊,2005(25).

❷ 牛向东. 美国迫人民币升值采取的手段和我们的对策[J]. 金融研究,2004(3).

❸ 中华人民共和国商务部. 国别贸易投资环境报告2005[R]. 2005:116.

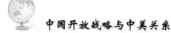

家。特别是在中国加入世界贸易组织之初,美国对中国发起的贸易救济调查非常频繁,从2004年到2007年,平均每年高达18.3起。

表6-10　2004—2013年全球及美国对中国发起的贸易救济调查情况　　　单位:起

年份	2004	2005	2006	2007	2008	2009	2010	2011	2012	2013
全球	57	63	86	81	93	116	66	69	77	92
美国	18	34	4	17	11	13	6	9	8	11

资料来源:中华人民共和国商务部进出口公平贸易局。

　　第二,知识产权纠纷增多。美国是世界上技术最发达的国家,对知识产权的保护特别重视。同时,美国也以保护知识产权为借口,打击其他国家的贸易能力。中国对美开放以后,随着中美贸易关系的发展,知识产权问题逐渐成为两国关系中的一个重要议题。20世纪90年代,两国围绕知识产权问题进行了多轮谈判,也曾达成了一些重要的共识。但是,美国指责中国对有关协议执行不力,认为中国对知识产权保护分散,从而给美国造成了重大的经济损失。进入21世纪以后,在中国入世推动下,中美贸易增长更加迅速,知识产权问题变得更加突出。虽然中国保护知识产权的能力大大增强,保护知识产权的力度显著加大,但是美国仍然认为中国做得不够,指责中国伪造、盗版等现象严重,两国关于知识产权的争端不仅没有缓和反而更加激烈。美国频繁动用337条款对中国输美商品实行调查,打击中国企业的出口潜力,给中国政府施压。表6-11显示,进入新世纪以来,美国对中国发起的337调查明显增多,从2002年到2013年总共发起了159起,平均每年13.3起,远远高于2001年以前的13起。

表6-11　2001—2013年美国对华337调查案件数　　　单位:起

年份	2001年以前	2002	2003	2004	2005	2006	2007	2008	2009	2010	2011	2012	2013
件数	13	5	8	11	7	13	17	11	8	25	17	18	19

资料来源:中华人民共和国商务部进出口公平贸易局。

　　第三,人民币汇率争论激烈。在20世纪90年代中期,中国开始实行人民币与美元汇率挂钩的货币制度。然而,随着美国对华贸易逆差不断增加,随着中国外汇储备不断增多，自2002年以来，人民币汇率问题逐渐成为中美经济关系的核心议题。在美国内部各相关利益集团的推动下，以国会为主角，美国不断指责中国操纵人民币汇率，认为人民币汇率被低估导致了美国对华贸易逆差，要求人民币升值。从2003年到2007年，美国国会两院提出了数十项提案和议案，要求中国政府大幅度升值人民币，否则将对中国进行制裁和惩罚。❶在利益集团和国会的推动下，美国政府也直接加入了人民币汇率的博弈。2003年9月2日，美国财政部长斯诺访华，被有些媒体称为"汇率之旅"，人民币汇率问题成为重要议题。此后，美国政府多次要求人民币升值，国会也多次举行有关人民币汇率问题的听证会，提出提案和议案，甚至要求将中国列入"汇率操纵国"，以对中国施加压力。

在内外环境的双重作用下，2005年7月，中国放弃人民币与美元挂钩的单一货币政策，改革人民币汇率形成机制，开始实行一篮子货币政策，人民币对美元名义汇率有所升高。目前，人民币对美元汇率累计已升值了37%。但是，这对美国缓解贸易逆差并没有产生什么影响，美国对华贸易逆差继续增多。事实上，人民币汇率与美国对华贸易逆差增多没有必然的联系。人民币汇率问题已经不仅仅是一个经济问题，在一定程度上已经变成了一个政治问题，成了美国内部有些人搞贸易保护主义、延缓中国经济贸易发展的工具。世界经济危机发生后，美国有求中国的一面增强，对人民币汇率问题的指责一度有所减弱但并没有停息，美国认为人民币升值不够。

美国虽然至今没有将中国列入"汇率操纵国"，但是对人民币升值施压的步伐没有停止。2010年3月，美国总统奥巴马在进出口银行年会上发表讲话，再次要求中国改革汇率形成机制。他说："像我以前说的，中国实行更加朝向市场的汇率，对于全球恢复平衡的努力将发挥必不可少的作用。"❷2012年1月，在世界贸易组织汇率问题论坛召开前夕，美国国会参议院财政委员会主席马克斯·鲍库和众议院筹款委员会主席戴夫·坎普又致信财政部长盖特纳和美国贸易代表让·柯克，敦促奥巴马政府利用汇率问题论坛对中国施压，借助多边压力迫使人民币升值。2014年2月底到3月，人民币对美元境内即期汇率下跌2.5%。这本来是市

❶ 屠新泉，张汉林. 中美人民币汇率之争的新较量[J]. 国际贸易，2007(11).

❷ Barack Obama, Remarks at the Export-Import Bank's Annual Conference, March 11, 2010. http://www. presidency.ucsb.edu/ws/index.php?pid=87647&st=&st1=.

场作用的结果，却引起了美国财政部极大关注。美国认为，就速度和规模来说，这次贬值是前所未有的，是中国人民银行继续调低参考汇率、干预现汇市场削弱了人民币，呼吁中国定期公布对外汇市场干预情况，提高货币政策框架可信度，增强汇率和金融市场透明度。❶在此背景下，5月13日，财政部长雅各布·卢访华，人民币汇率问题再度成为重要议题。

第四，能源资源竞争加剧。中美两国都是能源资源消费大国。以战略资源石油为例，根据BP公司发布的世界能源统计年鉴，2002年，中美两国每天消费原油25023千桶，占世界日石油消费量78470千桶的31.9%。2005年，美国石油消费量达到最高点，中美两国每天消费27746千桶，占世界日石油消费量的32.9%。此后，美国石油消费量开始下降，但中国石油消费量持续上升。2012年，美国日石油消费下降到18555千桶，但中国上升到了10221千桶，两国合计占世界石油消费量的32.1%。2003年中国成为世界第二大石油消费国、第三大石油进口国，40%多的石油依靠进口。据预测，2025年可能增加到80%，每天进口950万到1500万桶。❷事实上，由于能源资源的不可再生性，中美两国在能源资源市场上存在一定的博弈关系，中国石油进口的增加意味着美国石油公司进口的石油将会减少。因此，中美两国对世界能源资源市场的高度依赖性，就难免导致两国能源资源竞争加剧。

中美在战略与经济等层面存在的利益冲突，是妨碍两国关系健康、稳定发展的主要因素。如果两国应对不善，中美关系就有可能陷入"大国兴衰"的历史逻辑。鹬蚌相争，渔翁得利。这种局面无疑对中美双方都是不利的。对于中国来说，开放战略实施以后，虽然中国与美国的实力差距不断缩小，但是美国仍然是世界上唯一的超级大国，综合国力远远强于中国，仍然可以对中国的和平发展产生致命性的破坏作用。同时，虽然中国对美国的需求大大减少，但是由于台湾问题、西藏问题以及"东突"恐怖组织等问题还将长期存在，中国在根本国家利益的维护方面仍然需要美国的合作和支持。此外，作为一个追求和平发展的负责任大国，作为既有国际体系的主要受益者之一，中国在维护既有国际秩序的稳定方面与美国具有重大的共同利益，与美国合作是实现中国和平发展战略的最优选

---

❶ Report to Congress on International Economic and Exchange Rate Policies[R]. U.S. Department of the Treasury, 2014:15, 16.

❷ The Military Power of the People's Republic of China[R]. Office of the Secretary of Defense, 2005:10.

择。相反，如果不能妥善解决中美之间的这些利益冲突，就难以有稳定的中美关系，就难以维持实施开放战略所需的良好国际环境，更不用说美国在攸关中国根本利益的问题上进行合作。

不仅如此，解决中美经济利益冲突的有些重要措施，如完善市场经济体系、发展开放型经济等，与中国的发展目标是一致的。问题不在于解决不解决，而在于怎样解决、何时解决，以便找到利益的最佳汇合点，使彼此受益更大、损失更小。但是，鉴于中美关系的复杂性，这个最佳汇合点显然是相对的、动态的。因此，中国在解决中美利益冲突方面采取了积极的态度，主动实施互利共赢的开放战略，在利益不发生大冲突的前提下积极照顾美国的合理利益关切。早在2003年，温家宝就提出了中美公平贸易和经济合作的五条原则。①互利共赢。从大处着眼，既要考虑自己利益，又要考虑对方利益。②把发展放在首位。通过扩大经贸合作来化解分歧。③发挥双边经贸协调机制作用。及时沟通和磋商，避免矛盾激化。④平等协商。求大同存小异，不动辄设限和制裁。⑤不把经贸问题政治化。显然，这是妥善处理中美经贸摩擦的基本原则，不仅有利于实现中美两国的利益，也有利于维护其他国家的利益，既符合中美关系发展的现实，也符合和平、发展、合作、共赢的时代潮流。诚如温家宝所言，"这五条原则的核心和精髓是六个字：发展，平等，互利。发展是动力，平等是前提，互利是目的。我想，这完全符合我们两国之间发展建设性合作关系的要求。"❶

二、定位积极推动中国实施战略性开放

国家关系的战略定位是对国家关系性质的基本认知和总体判断，是发展国家关系的基础，对国家间关系的发展具有直接影响。毛泽东指出："谁是我们的敌人？谁是我们的朋友？这个问题是革命的首要问题。"❷苏联解体后，美国对华政策长期不能适应变化了的实际，对中国及中美关系的战略定位迟迟没有解决。这在一定程度上影响了中美关系稳定、健康发展。但是，"9·11"事件发生以后，这种状况得以改变，美国对华战略定位的几次调整都比较积极。这在一定程度上促进了中国积极参与处理国际事务，推动了中国互利共赢开放战略的确立与发展。

---

❶ 温家宝. 共同开创中美经贸合作的新局面[OL]. 2003-12-09. http://www.fmprc.gov.cn/ce/cgrj/chn/xwdt/t133727.htm.

❷ 毛泽东. 毛泽东选集(第1卷)[M]. 北京：人民出版社，1991:3.

1. 美国对华定位的积极调整

"9·11"事件不仅加快了美国政府对华战略定位调整的步伐，而且确定了美国政府对华战略定位调整的基本方向。事件发生后，布什政府对中国的认知朝着积极的方向迅速发展。从"建设性合作关系"到"负责任的利益攸关方"，再到奥巴马政府时期的"应对共同挑战的伙伴关系"，美国政府的对华战略定位比较稳定。

第一，建设性合作关系。"9·11"事件为布什政府进行积极的对华战略定位提供了契机。2001年9月11日，恐怖主义分子劫持几架民航客机撞击美国纽约世界贸易中心和华盛顿五角大楼。这是自珍珠港事件以来美国本土遭到外部力量的首次袭击，在美国国内以及世界上引起了巨大震动。美国内部迅速改变了对国家安全威胁的传统认知，认为威胁美国安全的既不是中国也不是俄罗斯，而是国际恐怖主义组织。为了争取中国合作打击国际恐怖主义势力，美国加快了对华战略定位调整的步伐。

2001年10月，亚太经合组织领导人非正式会晤在上海举行，布什在国内形势非常紧张的情况下赶往上海赴会。这表明布什政府的对华认知朝积极方向发展。在前往上海前夕，布什接受亚洲编辑圆桌采访时声称：我希望和江泽民进行坦率的对话。我将告诉他，良好的中美关系对于中国和美国来说有多么重要。布什还表示，他支持一个"一个中国"政策，期望和平地消除分歧。他相信中美将建立一种非常具有建设性的关系。❶"建设性关系"开始成为美国对华战略定位的新表述。19日，布什在与江泽民进行会晤后对"建设性关系"进一步进行了充实和完善，加上了两个定语：坦诚和合作。在与江泽民共同举行的记者招待会上，布什声称：中国是一个大国，美国需要与中国发展建设性关系。我们寻求建立一种坦诚的、建设性的和合作的关系。❷

布什政府对华战略定位走向积极是由多方面因素决定的，国际恐怖主义袭击事件只是重要原因之一。事实上，在恐怖主义袭击事件发生以前，美国调整对华战略定位的进程已经开始了。但是，"9·11"事件对美国调整对华战略定位起了

---

❶ George W. Bush, Interview with Asian Editors, October 16, 2001. http://www.presidency.ucsb.edu/ws/index.php?pid=73434&st=&st1=.

❷ George W. Bush, The President's News Conference with President Jiang Zemin of China in Shanghai, China, October 19, 2001. http://www.presidency.ucsb.edu/ws/index.php?pid=64116&st=&st1=.

推动作用。一方面，国际恐怖主义已经对美国构成了现实威胁，美国已经处于与国际恐怖主义的不对称战争之中，而中国对美国的威胁只不过是美国臆想的产物，缺乏事实的论证。另一方面，为了迅速赢得打击阿富汗塔利班和基地组织的不对称战争，美国需要中国的大力支持与合作。国际恐怖主义袭击发生后，2001年9月12日，布什立即跟各大国领导人通电话，寻求建立打击恐怖主义的国际联盟。正如白宫发言人阿里·弗莱舍在记者招待会上说的，布什与江泽民的通话持续了将近十分钟，双方同意共同合作打击恐怖主义。这是总统寻求世界联合打击恐怖主义的联盟的另一个迹象。❶同时，恐怖袭击也惊醒了美国：即使打击塔利班政权和基地组织的战争结束了，非传统安全因素仍然是美国安全的重大威胁，在防止大规模杀伤性武器与极端势力结合的问题上，美国离不开中国的支持与合作。因此，将中国视为美国的战略竞争对手甚至敌人，既不符合美国的当前利益也不符合美国的长远利益。

第二，负责任的利益攸关方。随着"反恐"战争逐渐结束，2005年，美国内部展开了一场激烈的对华政策辩论，"中国威胁论"再次抬头。在政府内部，对中国的消极看法也在上升，对华战略定位又开始出现变化。5月31日，布什在记者招待会上说：与中国的关系是非常复杂的关系。中国是一个新兴国家，正在消耗越来越多的自然资源、创造就业机会和出口大量货物。❷7月19日，在和澳大利亚总理约翰·霍华德举行联合记者招待会时，他又说：中美关系虽然是良好的关系，但也是很复杂的关系。澳大利亚可以与美国一道对中国施加压力，加强中国接受某些普世价值观、少数民族权利价值观、言论自由价值观、宗教信仰自由价值观和我们共同具有的价值观的需要，同时可以向中国人提供一个明智的信息，要中国对阻止邻国发展核武器发挥积极作用。❸显然，这种认识反映了布什政府的矛盾心理，表明美国对中国未来发展的不确定性还存有很大的怀疑和担心。正如美国副国务卿佐利克在纽约美中关系全国委员会的演讲中所说的，"关于中国怎样使用他的力量的不确定性，导致美国还有其他国家对中国两面下注的

❶ Press Briefing by Ari Fleischer, September 12, 2001. http://www.presidency.ucsb.edu/ws/index.php?pid=47562&st=&st1=.

❷ The President's News Conference, May 31, 2005. http://www.presidency.ucsb.edu/ws/index.php?pid=73921&st=&st1=.

❸ The President's News Conference with Prime Minister John Howard of Australia, July 19, 2005. http://www.presidency.ucsb.edu/ws/index.php?pid=63983&st=&st1=.

关系。虽然许多国家期望中国和平崛起，但没有哪个国家愿意拿自己的前途对此做赌注"●。

　　然而，随着中国经济实力的增强、中美相互依赖的加深，美国已经难以像20世纪那样对待中国了。因此，美国对中国采取了"接纳+防范"的政策。一方面，承认中国的大国地位，将中国纳入美国主导的国际体系，促使中国遵守通行的国际规则并承担相应的国际责任；另一方面，又加强与日本等盟国的合作，从军事和战略上防范中国，预防中国对美国主导的国际秩序的颠覆性变革。事实上，接纳和防范的目的是一致的，都是为了避免中国发展起来后挑战美国的霸权。

　　正是在这样的认知背景下，2005年9月21日，美国副国务卿佐利克在美中关系全国委员会发表演说时提出了美国对华定位的新说法：利益攸关方。他认为，中美双方互有合作的需要。中国需要一个有利的国际环境，期望受到尊重，希望自己的观点和利益得到认可。但是，中国不像苏联那样寻求扩展激进的反美的意识形态，不想和美国冲突。没有中国的更大合作，美国就难以支撑一个开放的国际经济体系。作为一个利益攸关者，中国应该承担国际经济问题的责任。美国需要向中国打开国际体系的大门，促使中国成为国际体系中负责任的利益攸关方。●通观佐利克的演讲，我们可以看出，利益攸关方与坦率的、建设性的、复杂的、合作的关系的调子基本上是一致的。承认并接纳中国的大国地位，既可以使中国承担更多的国际义务，减轻美国的国际责任和义务，又可以规范中国的行为，避免对美国霸权的挑战。因此，其本质仍然是防范中国对美国霸权的挑战。

　　第三，应对共同挑战的伙伴关系。奥巴马上台后，对华政策与"9·11"事件后布什政府的对华政策没有发生大的变化，表现出了较大的延续性。但是，面对国际金融危机的蔓延和全球性问题的凸显，奥巴马政府对华战略定位显得更加积极，对华政策显得更加稳健和成熟。事实上，面对中国综合国力持续增强、美国国力显著下降的现实，奥巴马政府上台伊始就对中国在国际事务中发挥的作用非常重视，继续发展与中国的建设性合作关系成为奥巴马对华决策圈的共识。2009年1月13日，希拉里·克林顿在参议院对外关系委员会举行的任命其为国

　　● Zoellick, Whither China: from Member to Responsibility?, September 21, 2005. http://2001-2009.state.gov/s/d/former/zoellick/rem/53682.htm.

　　● Zoellick, Whither China: from Member to Responsibility?, September 21, 2005. http://2001-2009.state.gov/s/d/former/zoellick/rem/53682.htm.

务卿的听证会上说："在这个变化着的全球版图上，中国是一个至关重要的角色。我们要与中国建立积极的合作关系，深化和加强在一些问题上的联系，坦率地解决长期存在的分歧。但是，这不是一种单方面的努力，我们要做的事情很多有待于中国对其国内外的将来所做出的选择。"❶显然，美国已经认识到中国的发展和战略选择已经不是美国所能够控制的事情，中美之间的互动与合作成为世界繁荣与发展的关键。正如奥巴马所言，"美中关系将塑造21世纪"。❷

美国是世界上最发达的大国，国家利益遍布全球。中国是世界上经济发展最快的大国，国家利益的范围正在向全球拓展。两国的国家利益相互交织，共同点在不断增多。随着中国综合国力的进一步增强，中美关系已经远远超出了双边范畴，不是一般意义上的双边关系。虽然中国领导人早就注意到了这一点，但是美国对于与中国的全球合作并不积极，直到全球金融危机发生以后。2009年4月1日，中美两国元首在伦敦金融峰会前夕会晤，一致同意"共同建设21世纪积极合作全面的中美关系"。7月27日，中美首轮战略经济对话开幕。奥巴马在开幕致辞中说，中美间的战略经济对话"是推进我们两国之间积极的、建设性的和全面的关系的必要步骤"。❸11月16日，奥巴马在上海重申了这一提法。可以说，这是奥巴马政府对中美关系的一个基本认知。17日，奥巴马与胡锦涛会晤，再次确定了中美关系的基本战略定位。《中美联合声明》宣称："双方重申致力于建设二十一世纪积极、合作、全面的中美关系，并将采取切实行动，稳步建立应对共同挑战的伙伴关系。"❹中美关系这种战略定位实现了布什政府与奥巴马政府对华关系的平稳过渡，从而使中美关系进一步稳定下来。

第四，中美新型大国关系。布什政府与奥巴马政府对华战略定位的平稳过渡并不意味着美国内部对华战略定位的最终解决。事实上，美国对华战略定位是随着国际形势和两国关系的变化而变化的，是动态的而非一成不变的。可以说，应对共同挑战的伙伴关系主要是国际金融危机的产物。随着国际金融危机逐渐过去，随着中美结构性竞争加强，双方都在积极探讨新时期中美关系的战略定位。

---

❶ Hillary Rodham Clinton, Statement before the Senate Foreign Relations Committee, January 13, 2009. http://www.state.gov/secretary/rm/2009a/01/115196.htm.

❷ Barack Obama, Remarks at the United States–China Strategic and Economic Dialogue, July 27, 2009. http://www.presidency.ucsb.edu/ws/index.php?pid=86473&st=&st1=.

❸ Barack Obama, Remarks at the United States–China Strategic and Economic Dialogue, July 27, 2009.

❹ Joint Statement by the United States of America and the Republic of China, November 17, 2009. http://www.presidency.ucsb. edu/ws/index.php?pid=86914&st=&st1=.

2010年5月，国务委员戴秉国在中美第二轮战略与经济对话上提出"开创全球化时代不同社会制度、文化传统和发展阶段的国家相互尊重、和谐相处、合作共赢的新型大国关系"。❶2011年1月，胡锦涛访美，举行了奥巴马上任以来与胡锦涛的第8次会晤，就中美关系的战略定位达成了新共识。在两国元首联合新闻发布会上，奥巴马说："积极的、建设性的、合作的中美关系有利于美国，也有利于中国。"胡锦涛说："我们都同意推进积极、合作、全面的中美关系，并致力于建立相互尊重、互利共赢的合作伙伴关系，以更好地造福于两国及世界人民。"❷为了落实两国元首的新共识，2012年2月，习近平访美倡议建立中美新型大国关系。他在出席美国友好团体欢迎午宴时发表演讲指出，中美关系站在新的历史起点上，应该努力把两国合作伙伴关系塑造成21世纪的新型大国关系。❸不久，在第四轮中美战略与经济对话上，胡锦涛在致辞中指出："无论国际风云如何变幻，无论中美两国国内情况如何发展，双方都应该坚定推进合作伙伴关系建设，努力发展让两国人民放心、让各国人民安心的新型大国关系。"❹2012年11月，新型大国关系被写入十八大报告，成为中国外交战略的重要内容，成为中国对中美关系战略定位的新共识。

对于中国倡导中美新型大国关系，美方进行了积极回应。2012年三四月间，国务卿希拉里先后在美国和平研究所和海军学院发表演说，对中美关系进行了比较客观的分析，认为两国不应陷入不健康竞争，而应在竞争与合作中实现互利双赢。"2012年的中美关系是完全不同的，是史无前例的"，"我们正在共同建立一种模式，使我们在合作与竞争中达到稳定的、彼此可以接受的平衡"。❺"今天的中国不是苏联"，"只要我们都采取有利于地区和全球利益的方式发展，繁荣的中国有利于美国，繁荣的美国也有益于中国"。❻针对中美关系中错综复杂的问

---

❶ 戴秉国在第二轮中美战略与经济对话开幕式上的致辞[OL]. http://www.chinanews.com/gn/news/2010/05-25/2302977.shtml.

❷ The President's News Conference With President Hu Jintao of China, January 19, 2011, http://www.presidency.ucsb.edu/ws/index.php?pid=88927&st=&st1=.

❸ 习近平. 共创中美合作伙伴关系的美好明天[N]. 人民日报, 2012-02-17.

❹ 胡锦涛. 推进互利共赢合作 发展新型大国关系[N]. 人民日报, 2012-05-04.

❺ Hillary Rodham Clinton, Remarks at the U.S. Institute of Peace China Conference, March 7, 2012. http://www.state.gov/secretary/20092013clinton/rm/2012/03/185402.htm.

❻ Hillary Rodham Clinton, Forrestal Lecture at the Naval Academy, April 10, 2012. http://www.state.gov/secretary/20092013clinton/rm/2012/04/187693.htm.

题，希拉里在第四轮战略与经济对话会上表示致力于建立中美合作伙伴关系。她说："我们也知道建设一个合作、坚韧和互利共赢的中美关系不容易"，但"美国仍致力于建设一个互利共赢、互相尊重的合作伙伴关系"。❶然而，中美因素不是孤立存在的，美国国内政治因素对中美关系的战略定位具有重大影响，对华政策在很大程度上成了美国国内政治斗争的工具，随着美国国内政治斗争的变化而发生微妙变化。2012年是美国大选年，中美关系再次成为辩论的重要议题。2012年10月，奥巴马在总统选举辩论中宣称：中国既是一个对手也是一个潜在伙伴。❷从字面上看，这多少有点消极意味。对手是现实的，伙伴是潜在的。但是，它没有影响中美关系战略定位的积极走向。

差不多与奥巴马竞选连任同时，中国领导层也实现了新老交替。中美新一届领导如何规划和处理两国关系成为国际社会关注的焦点。2013年6月，习近平应邀与奥巴马在美国加利福尼亚州安纳伯格庄园会晤。通过长时间非正式而坦率晤谈，两国元首就中美关系定位达成了新共识：建立中美新型大国关系。正如美国总统国家安全顾问多尼仑在会晤后的新闻发布会上所言，"奥巴马总统和习主席面临的挑战是，将在这里描绘我们关系新航向的愿望变为现实，建立习主席和奥巴马总统所言的新型大国关系"❸。中美新型大国关系的战略定位，是中国积极推动的产物，是两国寻求摆脱新兴大国与守成大国必然走向冲突和对抗的历史逻辑、造福两国及世界其他各国人民的结果，为两国关系健康稳定发展指明了方向、奠定了基础。

2. 中国积极回应美国调整对华定位

开放战略使中国的经济获得了长期高速发展，极大地增强了中国的综合国力。因此，中国对于既有的国际体系基本上是满意的，中国不会主动地去挑战美国主导的国际体系。正如金灿荣教授指出的，"在不断变动的权力结构中，中国的政策是相对稳定的，对现有的国际秩序持满意态度。因此，中美关系的关键还是取决于美国如何应对。如果美国能够真正接纳一个崛起的中国，中美关系将保

---

❶ Hillary Rodham Clinton, Remarks at U.S.–China Strategic and Economic Dialogue Opening Session, May 3, 2012. http://www.state.gov/secretary/20092013clinton/rm/2012/05/189213.htm.

❷ James Wong. Obama Reveals His Warning on China[N]. The New York Times, 2012-10-24.

❸ Press Briefing by National Security Advisor Tom Donilon, June 8, 2013. http://www.presidency.ucsb.edu/ws/index.php?pid=103690&st=&st1=.

持合作和稳定，反之，中国'威胁'则有可能成为'自我证实的预言'"❶。但是，中国对国际社会也是有一定期望的。中国希望自己获得国际社会的尊重，希望获得参与国际事务的机会，希望参与国际游戏规则的制定，以便更好地维护自己的国家利益。

　　然而，小布什上台之初，将中国定位为战略竞争对手。美国担心中国强大后会要求改变美国主导的国际规则，将中国的强大视为对美国的威胁，中美之间合作的余地大大减少。"9·11"事件之后，美国改变了对中国的战略定位，欢迎中国的强大、和平与繁荣。2002年9月的《美国国家安全战略》指出："美国与中国的关系是我们促进稳定、和平与繁荣的亚太地区战略的重要组成部分。我们欢迎一个强大、和平与繁荣的中国的出现。"但是，美国此时仍然主要是希望中国遵守既有的国际规则，根据国际规则改变中国自身的行为和制度，并在地区问题上与美国合作。报告宣称："美国寻求与变化中的中国发展建设性关系，我们已经在两国利益一致的问题上，包括当前的反恐战争与促进朝鲜半岛稳定，进行了良好的合作"，"市场规则的力量和世界贸易组织对透明度和责任程度的要求，将促进中国的开放与法治，以帮助建立对商业和公民的基本保护"，"我们期望中国信守不扩散承诺"。❷

　　2005年，美国再次调整对华战略定位，准备接纳并要求中国与美国一起维护和重构国际体系。副国务卿佐利克声称："我们现在需要鼓励中国成为国际制度中负责任的利益攸关者。作为负责任的利益攸关者，中国不仅仅是一个成员，它应该和我们一起工作，维持已经使之获得成功的国际制度。"❸2006年的中国军力报告也指出："美国欢迎一个和平、繁荣的中国崛起。美国的政策是，鼓励中国作为一个负责任的利益攸关者参与全球体系，并对中国从中获得了巨大利益的全球体系的健康和成功承担更大的责任。"❹奥巴马政府上台后，面对席卷全球的金融危机，中国的重要性进一步显现出来，美国承认并接纳中国参与并制定国际规则的积极性更高，在美国国内甚至出现了"两国集团"、"中美国"的新提法。这虽然未免有点过于理想主义的色彩，但是也从另一个角度反映出美国对中

❶ 金灿荣.中美关系的关键在于美国[J].国际问题研究,2009(1).

❷ The National Security Strategy of the United States of America[R]. The White House,2002:27,28.

❸ Zoellick, Whither China: from Member to Responsibility?, September 21, 2005. http://2001—2009.state. gov/s/d/former/zoellick/rem/53682.htm.

❹ Office of the Secretary of Defense, Military Power of the People's Republic of China 2006, p.I.

国的认可度大大提高，反映出中国和美国地位更加平等。事实上，与布什政府在对华战略定位上一直处于主动不同，在奥巴马政府的对华战略定位中，中国至少与美国发挥了同等的作用。

美国接纳和鼓励中国参与国际事务，是为了让中国分担国际责任，减轻美国的国际压力和负担。但是，参与国际事务不仅是中国争取和平有利的国际环境、延长战略机遇期的需要，而且是中华民族伟大复兴的题中之义。事实上，美国政府改变对中国崛起的态度，不仅是因为中国的迅速发展，而且是因为布什政府的政策失误导致美国综合国力相对下降，也是因为国际金融危机带来的巨大冲击。因此，美国政府接纳和鼓励中国参与国际事务既是一个挑战，更是一个机遇。为了维护国家的根本利益，促进中美关系稳定健康发展，中国对此做出了积极的回应。

2005年7月，中国主动启动人民币汇率改革。10月，十六届五中全会正式提出了互利共赢的开放战略。12月，国务院新闻办公室发表《中国的和平发展道路》白皮书，在全面阐述中国的和平发展道路的基础上对互利共赢的开放战略进行了具体阐述，强调以自身发展促进世界的和平与发展。白皮书指出："中国坚持实行互利共赢的对外开放战略，把既符合本国利益、又能促进共同发展，作为处理与各国经贸关系的基本原则，坚持在平等、互利、互惠的基础上同世界各国发展经贸关系，不断为全球贸易持续增长作出贡献。"❶2007年10月，十七大又从构建和谐世界的高度对互利共赢的开放战略进行了论述，将互利共赢的开放战略写进了大会报告，庄严宣告：中国将始终不渝奉行互利共赢的开放战略。以自己的发展促进地区和世界共同发展，在实现本国发展的同时兼顾对方特别是发展中国家的正当关切。按照通行的国际经贸规则，扩大市场准入，依法保护合作者权益。支持国际社会帮助发展中国家增强自主发展能力、改善民生，缩小南北差距。支持完善国际贸易和金融体制，推进贸易和投资自由化便利化，通过磋商协作妥善处理经贸摩擦。❷

国际金融危机发生后，中国充分发挥社会主义制度集中力量办大事的优势，采取积极有效的宏观经济举措，通过财政和货币手段，加强基础设施建设，确保

---

❶ 中华人民共和国国务院新闻办公室. 中国的和平发展道路[N]. 人民日报,2005-12-23.
❷ 胡锦涛. 高举中国特色社会主义伟大旗帜 为夺取全面建设小康社会新胜利而奋斗[N]. 人民日报,2007-10-25.

国内经济增长，以此拉动世界经济增长和复苏。同时，积极参与相关国际会议，共商应对危机之策。2008年7月，胡锦涛在日本出席八国集团与发展中国家领导人对话会，提议站在全球和战略高度、着眼长远，从体制机制等基础问题入手，建设可持续发展的世界经济体系、包容有序的国际金融体系、公正合理的国际贸易体系和公平有效的全球发展体系，促进世界经济均衡、协调、可持续发展。❶在华盛顿金融峰会上，胡锦涛又提出了4项重点改革措施、减少危机对发展中国家特别是最不发达国家损害的3点建议，承诺继续本着负责任的态度参与维护国际金融稳定、促进世界经济发展的国际合作。❷2009年4月，胡锦涛在伦敦金融峰会上再次表示："面对国际金融危机冲击，我们将继续坚持对外开放的基本国策，始终不渝奉行互利共赢的开放战略。"❸

2010年是深圳经济特区成立30周年。面对改革开放以来国内外环境的新变化新特点，在充分肯定开放成就的同时，中国更加强调提升开放型经济水平，促进互利共赢。胡锦涛指出：要全面提升开放型经济水平，把"引进来"和"走出去"更好结合起来，扩大开放领域，提高开放质量，创新外贸增长方式、优化进出口结构，创新利用外资方式、优化利用外资结构，创新对外投资和合作方式、加大实施"走出去"战略力度，形成经济全球化条件下参与国际经济合作和竞争新优势。❹为了营造和平稳定的国际环境、维护和争取和平发展的重要战略机遇期，结合后金融危机时代国际社会对中国的新期望，根据"十二五"时期发展的主题、主线和目标任务，十七届五中全会对"十二五"时期实施互利共赢的开放战略进行了总体部署，明确了提高对外开放水平的4项重点任务。全会指出："必须实行更加积极主动的开放战略，不断拓展新的开放领域和空间，扩大和深化同各方利益的汇合点，完善更加适应发展开放型经济要求的体制机制，有效防范风险，以开放促发展、促改革、促创新。"❺

2011年是中国加入世界贸易组织10周年。入世10年，中国已经成为世界第二大经济体、第一大出口国、第二大进口国。与中国经济快速发展相比，以美国

❶ 胡锦涛. 在八国集团同发展中国家领导人对话会议上的讲话[N]. 人民日报:海外版,2008-07-10.

❷ 胡锦涛. 通力合作 共度时艰[N]. 人民日报,2008-11-16.

❸ 胡锦涛. 携手合作 同舟共济[N]. 人民日报,2009-04-03.

❹ 胡锦涛. 在深圳经济特区建立30周年庆祝大会上的讲话[N]. 人民日报,2010-09-07.

❺ 中共中央关于制定国民经济和社会发展第十二个五年规划的建议[J]. 求是,2010(21).

为首的发达国家在国际金融危机打击下，经济发展继续萎靡不振。国际社会对中国的预期正在发生微妙变化。"从某种意义上讲，中国的低调已经再也无法消解外部世界对'中国崛起'的认知，世界越来越期待中国在各种国际事务上发出自己的声音，这必然带来各国依据自身国家利益在对华关系上或积极或消极的预期。就目前的趋势上看，美国对华的防范意识上升已经凸显，'两面下注'政策当中'遏制'的一面逐渐加强。"❶面对这种情况，为了纾缓国际社会的焦虑，继2005年发表《中国的和平发展道路》白皮书以后，9月6日，国务院新闻办公室又发表《中国的和平发展》白皮书，充分释放中国和平发展的诚意和善意。针对长期困扰中美关系的贸易不平衡问题，中国坚持推动双边贸易平衡发展，积极推动问题妥善解决。胡锦涛指出："我们将加强同主要顺差来源国的经济合作，通过共同努力逐步解决贸易不平衡问题。我们也希望有关国家尽快承认中国完全市场经济地位，放松高新技术产品对中国出口管制，方便中国企业前往投资，为双边贸易平衡发展创造条件。"❷

为此，中国不断完善市场环境、法律环境和经营环境，放宽市场准入，为外资提供更加广阔的舞台；坚持出口和进口并重的外贸政策，推动对外贸易平衡发展；大力实施"走出去"战略，鼓励有条件的企业到国外投资经营；完善援外机制，增加对发展中国家援助，增强发展中国家自主发展能力；积极参与全球经济治理和区域经济合作，促进世界经济均衡、普惠发展。在此基础上，2012年11月，十八大再次庄严宣告中国始终不渝坚持互利共赢的开放战略，并结合金融危机后世界经济发展的新变化新特点对互利共赢的开放战略进行了新阐述。

2013年1月28日，习近平主持十八届中共中央政治局第三次集体学习，专门研究坚定不移走和平发展道路问题。这是时隔9年后中央政治局集体学习再次涉及外交议题。习近平强调坚定不移走和平发展道路、始终不渝坚持互利共赢的开放战略，指出："我们要树立世界眼光，更好把国内发展与对外开放统一起来，把中国发展与世界发展联系起来，把中国人民利益同各国人民共同利益结合起来，不断扩大同各国的互利合作，以更加积极的姿态参与国际事务，共同应对全球性挑战，努力为全球发展作出贡献。"❸和平发展、互利共赢是中国开放战略

---

❶ 金灿荣，段皓文. 后危机时代的大国关系格局与新动向[J]. 湖北大学学报:哲学社会科学版,2013(1).

❷ 胡锦涛. 在中国加入世界贸易组织10周年高层论坛上的讲话[N]. 人民日报,2011-12-12.

❸ 更好统筹国内国际两个大局 夯实走和平发展道路的基础[N]. 人民日报,2013-01-30.

的基本价值取向，可以说也是新一届中央领导集体对美国客观定位中美关系的积极回应。

第三节　战略性开放促进中美关系稳定发展

在2005年十六届五中全会正式提出互利共赢开放战略以前，中国已经在对外开放中贯彻互利共赢理念。2003年，温家宝访美时提出了处理中美经贸关系的五条原则，第一条就是互利共赢。事实上，在对美开放的实践中，在不影响中国核心利益的前提下，中国历来比较注意照顾美国的合理关切。国际金融危机爆发后，中国多次积极采取措施扩大从美国的进口。从2006年到2011年，中国政府每年派出的投资贸易促进团累计从美国采购金额超过了1000亿美元。●这在一定程度上缓和了中美贸易不平衡争端，促进了美国经济的发展，从而形成了中国互利共赢开放战略与美国对华战略定位良性互动的状态。在互利共赢开放战略推动下，美国对华战略定位进一步走向积极。美国对华战略定位走向积极又推动了中国追求与美国互利共赢。这不仅推动了中美关系的恢复与发展，而且保障了中美关系的持久稳定。正是在这样的背景下，从2001年9月至今，中美关系不仅已经连续13年保持了稳定发展状态，而且这种稳定状态还有望继续保持下去。这显然是中美关系正常化以来的新现象。

一、首脑会晤经常化

首脑外交是国家交往的最高层次，首脑会晤的频密程度是国家关系的晴雨表。从2001年到2014年，两国元首除了在亚太经济合作组织领导人非正式会晤及其他重大国际场合举行会晤以外，中美之间的首脑访问有8次。小布什在任期间，正式与非正式访华4次。2009年1月，奥巴马就任美国总统，4月与中国国家主席胡锦涛在伦敦金融峰会前夕举行了首次会晤，11月对中国进行了为期3天的国事访问。在奥巴马第一任期内，两国国家元首会晤12次，平均每年3次。2013年3月，习近平当选中国国家主席，6月与奥巴马在加利福尼亚州安纳伯格庄园举行了元首会晤。两国元首会晤的这种频密程度在中美关系史上是罕见的。

---

❶ 习近平. 共创中美合作伙伴关系的美好明天[N]. 人民日报,2012-02-17.

"9·11"事件发生后，江泽民及时与布什通电话，双方表示同意加强合作，共同打击恐怖主义。正是在中国积极配合下，美国政府花较小的成本赢得了阿富汗战争。这为中美继续合作奠定了基础，迎来了两国关系改善与发展的春天。2002年2月，布什对中国进行工作访问。在与布什会谈时，江泽民提出了维护和发展两国关系的积极势头、充实建设性合作关系的4点意见，表达了与美国合作的意愿：①双方应进一步加强高层战略对话以及各级别、各部门之间的接触，增进了解和信任；②双方应加深在各领域的交流与合作，以造福于两国人民；③双方应在相互尊重、求同存异的基础上妥善处理彼此间分歧，特别是台湾问题；④双方应当把中美关系放在世界范围内来考虑，在共同维护世界和平、促进人类文明进步方面应经常沟通，加强合作。❶布什赞同江泽民提出的发展中美关系的意见，欢迎中国与美国合作。他说："我欢迎中国在我们的反恐战争中合作，我鼓励中国在朝鲜半岛、东南亚和南亚邻居中继续成为一支和平的力量，作为世界贸易组织的完全成员，中国现在是全球贸易机制中的完全伙伴，有权利和义务塑造和执行开放贸易的规则。"❷通过会谈，双方同意加强高层战略对话及各级别、各部门接触，同意在经贸、能源、科技、环保、艾滋病防治、执法等领域开展交流与合作，同意加强反恐磋商与合作以充实双方中长期反恐交流与合作机制，决定于年内举行两国经济、商贸和科技3个联委会会议。这不仅大大充实了两国建设性合作关系的内容，而且拓宽了两国互利合作的范围。

2002年10月，江泽民应邀访美。访问前夕，两国签订了总金额达47亿美元的5个经贸合作项目。10月21日，布什在其私人农场与江泽民会晤，商定恢复两军交往并于近期举行国防部副部长级防务磋商及其他交流项目，决定建立关于战略安全、多边军控和防扩散副外长级磋商机制。在会晤后的联合记者招待会上，江泽民积极回应美国对中国综合国力增强的关切。他说："中国要实现现代化，还有很长的路要走，我们的中心任务和长期目标是发展经济，不断提高人民生活水平，中国从不搞扩张，也不搞霸权，衷心希望世界和平。即使中国将来发达了，也不会对别国构成威胁。事实已经并将继续证明，中国是维护世界和地区和平的坚定力量。"❸布什宣称美国和中国是全球反恐的盟友，敦

---

❶ 吴绮敏. 江泽民主席与布什总统会谈[N]. 人民日报:海外版,2002-02-22.

❷ The President's News Conference with President Jiang Zemin of China in Beijing, February 21, 2002. http://www.presidency.ucsb.edu/ws/index.php?pid=63513&st=&st1=.

❸ 江主席与布什总统共同会见记者[N]. 光明日报,2002-10-27.

促中国在伊拉克问题上继续合作，表示两国将继续合作促进朝鲜半岛无核武器化并和平解决朝核问题。❶

2003年12月，国务院总理温家宝访美。双方就经贸问题、台海问题和朝核问题等深入地交换了意见，达成了广泛共识。在经贸问题上，温家宝提出了公平发展中美经贸关系的5条原则，并表示中国已经在积极采取措施消除美国的贸易逆差。在台湾问题上，布什首次表示反对"台独"。在朝核问题上，双方表示继续推动朝鲜半岛无核化。通过商谈，双方商定中美第六次国防部副部长年度防务磋商和第四次反恐磋商将于2004年初在北京举行。此外，正如《基督教科学箴言报》载文指出的，在中国新任总理温家宝首次访美之际，一个应该得到更多关注的首要问题是被称为"中国的和平崛起"的中国外交政策新举措。由于美国在亚洲的威望和权力相对衰落，新政策对亚洲和美国将产生深远的影响。总之，中国发出的信息是"我们是来帮忙的"，而美国发出的信息是在反恐战争中"要么是我们的朋友要么是我们的敌人"。❷温家宝访美也向美国发出了两个重要的信号：和平崛起与互利共赢，充分显示了中国与美国合作的诚意与信心。在哈佛大学的演讲中，温家宝说道："今天的中国，是一个改革开放与和平崛起的大国，明天的中国，是一个热爱和平和充满希望的大国，我们已下定决心，争取和平的国际环境和稳定的国内环境，集中精力发展自己，又以自己的发展促进世界的和平与发展"。❸无疑，这对缓解美国对中国崛起的关切发挥了一定的作用，对西方国家"妖魔化中国"也是一个有力的驳斥。

布什开始其第二任期后，中美关系虽然出现了一些不和谐音符，但是并没有改变稳定发展的基本状态。中国继续推进与美国互利共赢，确保中美关系稳定发展。2005年11月，布什访华，胡锦涛、温家宝分别与他举行了会谈和会见。两国元首就经贸合作、台湾问题、禽流感防治、朝核问题等双边及地区和国际问题交换了看法，一致同意全面推进21世纪中美建设性合作关系。胡锦涛还提出了促进互利共赢、发展中美关系的5点意见：①保持两国高层交往的积极势头；②共同开创中美经贸合作的新局面；③加强两国在能源领域的互利合

❶ The President's News Conference with President Jiang Zemin of China in Crawford, Texas, October 25, 2002. http://www.presidency.ucsb.edu/ws/index.php?pid=18&st=&st1=.

❷ Robert W. Radtke. China's 'Peaceful Rise' Overshadowing US influence in Asia?[N]. The Christian Science Monitor, 2003-12-08.

❸ 温家宝. 把目光投向中国[J]. 对外大传播, 2004(4).

作；④加强两国在反恐、防扩散、防控禽流感问题上的合作；⑤扩大两国在人文领域的交流与合作。❶胡锦涛表示中国将加强知识产权保护，加大打击侵犯知识产权犯罪的力度，并强调中国坚持走和平发展道路。

2006年4月，胡锦涛就任国家主席后首次访问美国。这是一次寻求与美国建设性合作的访问。双方就战略关系、台湾问题、经贸合作等问题进行了广泛的会谈，再次肯定了全面推进中美建设性合作关系。胡锦涛表示中国坚持和平发展道路，愿意与美国在全球范围内开展合作，实现互利共赢。在耶鲁大学演讲时，胡锦涛宣称："今天，中国高举和平、发展、合作的旗帜，奉行独立自主的和平外交政策，坚定不移地走和平发展道路，既通过维护世界和平来发展自己，又通过自身的发展来促进世界和平。中国坚持实施互利共赢的对外开放战略，真诚愿意同各国广泛开展合作，真诚愿意兼收并蓄、博采各种文明之长，以合作谋和平、以合作促发展，推动建设一个持久和平、共同繁荣的和谐世界。"❷访问进一步增进了美国对中国的了解，使中美关系在后反恐时代避免了倒退与滑坡，从而推动了中美关系持续稳定发展。

奥巴马入主白宫以后，中美关系总体上继续保持了稳定发展的良好势头。2009年11月，奥巴马对中国进行国事访问，成为中美关系史上第二位上任第一年就访问中国的美国总统。这充分表明了中国对国际社会影响上升的程度，也充分表明了奥巴马政府对中美关系的重视程度。在历时近66小时的访问中，胡锦涛与奥巴马进行了深入的建设性会谈，吴邦国、温家宝会见了奥巴马。在会谈期间，两国元首不仅就两国政治、经济、军事、贸易等方面的内容进行了深入的会谈，而且就金融危机、气候变化、能源问题、朝鲜与伊朗核问题以及阿富汗问题等重大地区和全球问题广泛交换了看法。会谈后发表的《中美联合声明》包括中美关系、建立和深化双边战略互信、经济合作和全球复苏、地区及全球性问题以及气候变化、能源与环境5个方面的重要内容，从而使中美合作的范围真正拓展到了全球。会谈期间，两国元首还对中美关系进行了更加积极的战略定位，从而再次为中美关系稳定发展提供了战略性保障。

为增进了解和信任，促进两国在全球及地区合作，开创两国关系新局面，2011年1月，国家主席胡锦涛对美国进行国事访问。对于胡锦涛此次到访，美国

❶ 王莉. 胡锦涛主席与布什总统举行会谈[N]. 人民日报,2005-11-21.
❷ 胡锦涛. 在美国耶鲁大学的演讲[N]. 人民日报,2006-04-23.

主动采取了最高规格，举行全套正式外交典礼和礼仪，包括在白宫南草坪举行欢迎仪式、阅兵等，并且13年来首次为中国元首举办国宴。在历时约68小时访问过程中，胡锦涛会见了副总统约瑟夫·拜登及国会领导人，两国元首就当前世界经济形势、朝鲜半岛局势、伊朗核问题、苏丹问题以及气候变化等双方共同关心的重大国际和地区问题坦诚地交换了意见，就中美战略互信、经贸合作、人文交流及未来发展等双边关系中的重大问题进行了广泛深入的探讨，就加强中美关系、促进高层交往、应对地区和全球挑战、建设全面互利的经济伙伴关系、气候变化及能源环境合作、扩展人文交流等达成了广泛的共识，发表了《中美联合声明》，为两国关系的未来发展确定了方向、奠定了基调。《中美联合声明》指出："中美致力于共同努力建设相互尊重、互利共赢的合作伙伴关系，以推进两国共同利益、应对二十一世纪的机遇和挑战。" ❶

中国新一届中央领导集体形成后，中美关系向何处去？对此，包括美国在内的国际社会普遍关注。2013年6月，国家主席习近平应邀前往美国与奥巴马会晤。虽然这次会晤的最终敲定显得有点突然，但是取得的成果颇为丰硕。在庄园会晤中，习近平和奥巴马交流了8个多小时，就中美关系、台湾问题、网络安全、朝核问题、南海问题等进行了深入、坦率、建设性的会谈，达成了重要的共识。特别是在中美关系问题上，两国元首都强调中美关系的重要性，就建立互相尊重、合作共赢的中美新型大国关系进行了深入、真诚、坦率的讨论，同意加强各个领域各个层次的沟通、交流与合作，造福两国及世界其他各国人民。针对两国交流的薄弱环节，两国元首强调改善和发展两军关系的重要意义。正如奥巴马所言，这是能够推动中美新型大国关系取得具体进展的一个范例。❷为此，两国元首商定，中国国防部长将应邀适时访美，中国将应邀参加2014年环太平洋军事演习，推动建立中美新型军事关系。两国元首还同意今后继续通过互访、会晤、通信、通话等方式保持密切联系，从而推动良好私人关系的建立。安纳伯格会晤是中美关系在新的历史起点上的一次重要会晤，对于谋划中美关系未来、绘制中美关系发展蓝图、促进两国跨太平洋持续合作具有重大意义。

---

❶ 中美联合声明[N]. 人民日报，2011-01-20.

❷ Remarks Following a Meeting With President Xi Jinping of China and an Exchange With Reporters in Rancho Mirage，California，June 7，2013. http://www.presidency.ucsb.edu/ws/index.php?pid=103760&st=&st1=.

二、双边关系机制化

　　国际关系机制化能够增强国际社会应对突发事件和风险的能力，是国际关系平稳发展的重要保障。中国开放战略实施以来，中美关系的发展过程就是一个不断机制化的过程，从经济领域开始到安全再到人文领域，陆陆续续建立了一系列交流对话的机制。进入21世纪，在元首互访推动下，为了加强互利合作，中美关系机制化的速度明显加快、水平显著提高。为了落实两国元首互访的成果，2002年12月，中国人民解放军副总参谋长熊光楷访美并与美国国防部副部长费思举行了布什任内首次副部长级防务磋商。2003年10月，中央军委副主席、国务委员兼国防部长曹刚川访美，标志着撞机事件后中断的两国军事关系恢复了正常。2004年，全国人大与美国国会参议院启动了每年举行一次正式会议的会议机制，两国外长还开通了直通电话。2005年8月，中美双方在北京举行了首次高层战略对话，就广泛的议题交换了看法。2006年12月，两国战略经济对话又在北京成功启动，双方主管经济工作的高官广泛参加了首轮对话。在双方积极推动下，目前，两国已经建立了涵盖政治、经济、军事、执法、科技、教育、能源、环保、航空等方面90多个政府间对话和磋商机制，两国政府部门负责人互访也非常频繁，外交部长互访也逐渐走向机制化。

　　中美战略对话与中美战略经济对话是布什政府期间中美高层互动的主要机制，也是促进中国建设性地参与国际事务的两个重要平台。通过中美战略对话和中美战略经济对话，两国对事关两国重大利益的双边、地区以及全球性重大问题交换看法、协调立场。这不仅对于保持中美关系的和平与稳定，而且对于促进亚太地区以及世界和平与发展发挥了重要作用，成了实现两国互利共赢的有益桥梁。

　　战略对话主要着眼于战略与政治领域的问题，定期在中美两国轮流举行。2005年8月，首次战略对话在北京启动。双方就中美关系和共同关心的重大国际和地区问题交换了意见，充分肯定了战略对话的意义。到2008年12月，中美战略对话共举行了6次。通过战略对话，中美双方不仅就相互关心的双边、地区和国际问题深入、坦诚地交换了意见，而且增进了中美之间的相互理解和信任。"两年多来，中美双方利用这一机制就事关中美关系的深层次、战略性重大问题进行了富有成效的沟通交流，增进了彼此了解和信任，促进了双方在各领域的

合作。"❶

战略经济对话主要着眼于战略与经济层面，每年两次，轮流在中美两国举行。到2008年12月，中美战略经济对话共进行了5次。2006年12月，首次中美战略经济对话在北京举行。双方围绕"中国的发展道路和中国经济发展战略"，就城乡均衡发展、中国经济可持续增长、促进贸易与投资、能源、环境与可持续发展5个专题进行讨论。2007年5月，华盛顿对话集中讨论服务业、能源与环境、经济平衡增长和创新等议题。12月，北京对话签署了关于食品和饲料安全合作、药品和医疗器械安全合作等协议，就金融服务、产品质量和食品安全、能源和环保、透明度、投资、中国市场经济地位、经济平衡增长等领域合作达成了广泛共识。2008年6月，安纳波利斯对话签署了《中美能源环境十年合作框架》文件，同意正式启动中美双边投资保护协定谈判。12月，北京对话围绕"奠定长久的中美经济伙伴关系的基石"这一主题，就管理宏观经济风险、促进经济平衡增长的战略、加强能源和环境合作、应对贸易挑战、促进开放的投资环境、国际经济合作等议题进行讨论。❷

2009年4月1日，胡锦涛与奥巴马在伦敦会晤，就中美关系与共同关心的重大国际和地区问题广泛地交换了意见，一致同意建立中美战略与经济对话机制。❸中美战略对话与中美战略经济对话合而为一，被提升到了一个更高的战略层面。根据两国元首的共识，7月27日，首轮中美战略与经济对话在华盛顿举行。战略对话由国务委员戴秉国和美国国务卿希拉里·克林顿主持，主要讨论中美关系、国际和地区及全球性问题。经济对话由国务院副总理王岐山和美国财政部长蒂莫西·盖特纳主持，围绕合作应对国际金融危机，主要讨论反金融危机的政策措施、经济可持续增长、金融体系改革、贸易投资合作等重大议题。通过为期两天坦诚、深入的沟通和交流，首轮经济与战略对话取得了重要的成果。2010年5月24日，第二轮战略与经济对话在北京举行，胡锦涛出席了开幕式。双方有关部门在战略对话框架下就能源安全、气候变化、联合国维和、反恐等进行对口磋商，在经济对话框架下围绕"确保持续发展、互利共赢的中美经济合作伙伴关系"就经济复苏和增长、贸易和投资、金融市场稳定和改革以及国际金融体系改

---

❶ 第五次中美战略对话结束[N]. 人民日报,2008-01-19.

❷ 吴成良,李锋,韦冬泽. 奠定长久经济伙伴关系的基石[N]. 人民日报,2008-12-4.

❸ 熊争艳,谢栋风. 中美决定建立战略与经济对话机制[N]. 新华每日电讯,2009-04-02.

革等议题进行探讨。会议取得了丰硕成果，美国还答应将迅速承认中国的市场经济地位。截至目前，中美战略与经济对话已经举行了6轮。该机制为双方在事关两国战略性、长期性和全局性的问题上进行沟通提供了一个更高的平台，"有助于双方加深了解、扩大共识、减少分歧、增进互信、促进合作，有助于双方在解决全球金融危机、地区安全关切、全球可持续发展、气候变化等共同挑战方面进行合作"❶。

中美人文交流高层磋商机制是奥巴马政府时期中美间形成的又一个重要交流对话机制。随着中美人文交流增多，人文交流对促进两国关系的重要性上升，两国间开展人文对话显得更有必要。根据两国元首会晤达成的共识，2010年5月，中美人文交流高层磋商机制在北京正式成立，每年举行一次，国务委员刘延东与国务卿希拉里分别代表两国政府签署了《关于建立中美人文交流高层磋商机制的谅解备忘录》。首轮磋商期间，双方就教育、科技、文化、体育等领域共同关心的问题开展了深入的交流，还启动了一系列人文交流项目。到目前为止，中美人文交流高层磋商已经举行了4轮，取得了积极成果。磋商对增进两国政府和人民的相互理解和信任、推动建立中美新型大国关系、促进中美关系健康稳定发展具有十分重要的意义。正如习近平致第4轮中美人文交流高层磋商的贺信指出的，构建不冲突不对抗、相互尊重、合作共赢的中美新型大国关系，必须依靠两国民众和各界积极支持和广泛参与。❷

中美商贸联合委员会是两国间历史悠久的一个对话机制，主要是为了解决两国间的经贸摩擦。1983年5月，中美商贸联合委员会在北京举行，国务委员陈慕华与美国商务部长鲍德里奇共同主持。通过3天交流磋商，双方同意就工业技术合作和投资保护签订协议或协定。目前，中美商贸联合委员会共举行了24次会议，对加强两国相互了解、促进双边经贸关系稳定、推进中美经贸合作发挥了重大的积极影响，事实上成了两国经贸摩擦的灭火器。

中美军事关系是两国关系的重要组成部分，是衡量中美关系发展的重要标尺。目前，两军交流机制不少。1997年，两国国防部建立了副部长级防务磋商机制。这是两国国防部间最高级别的定期对话机制，到2013年底共举行了14次磋商会议。1998年，根据江泽民访美期间两国元首达成的共识，两国建立了中

❶ 首轮中美战略与经济对话联合新闻稿[N]. 人民日报,2009-07-30.
❷ 王传军. 中美人文交流高层磋商成果丰硕[N]. 光明日报,2013-11-24.

美海上军事安全磋商机制，到2012年底共举行年度会晤9次、专门会议2次、工作小组会议15次。2005年，中美又启动了国防部工作会晤机制，到2012年已经举行了8次会晤。2011年5月，双方宣布在中美战略与经济对话框架下开展战略安全对话，至今已经举行了3次对话。此外，两国国防部建立了直通电话，开展了防务政策对话、人道主义救援减灾交流等。这些对于促进交流、避免误判、增进互信发挥了积极的作用。

三、对台政策理性化

台湾问题是中美关系的核心问题，正确对待、妥善处理台湾问题，事关中美关系稳定。开放战略实施以来，大陆利用军事、外交、法律、舆论手段遏制"台独"势力的能力显著增强，开放战略成为推动两岸关系和平发展的主要因素。❶在台湾问题上，中美既存在根本冲突又存在可以合作的利益契合点。对于中国来说，台湾是中国领土主权不可分割的组成部分，属于国家核心利益，反对台湾独立是中国对台政策最基本的原则。但大陆并不愿意看到两岸真正兵戎相见，而是坚持在一个中国的前提下什么都可以谈。进入21世纪，大陆虽然没有承诺放弃使用武力，但是大力推动两岸关系和平发展，实现两岸互利共赢，从而极大降低了两岸武力相向的风险。对于美国来说，台湾问题在很大程度上只是牵制大陆的一张牌，并不涉及美国根本利益，更不用说核心利益。一旦台湾独立，台湾在牵制大陆方面的意义将荡然无存。随着大陆综合国力显著增强，美国与大陆的利益远远大于与台湾的利益，因为台湾而与大陆闹翻关系显然不符合美国的根本利益。不仅如此，中国崛起已经成为客观事实，台湾问题在中美关系中的战略意义已经下降。因此，反对台湾独立成为两国的共同利益。在互利共赢的推动下，美国的对台政策变得更加理性和务实。

在放弃了"战略竞争者"的对华战略定位后，布什政府在台湾问题上回到了"一个中国"的政策轨道上来，表示不支持台湾独立。2002年8月，陈水扁抛出"一边一国"论后，美国国家安全委员会发言人麦科马克宣称："我们的政策是一个中国政策，我们不支持台湾独立。"美国国务院也宣称美国的"一个中国"政策没有变。❷但是，美国并没有放弃支持台湾的政策，将"与台湾关系法"和中

❶ 刘梅芳. 开放战略与两岸关系和平发展[J]. 湖北大学学报：哲学社会科学版，2011(3).
❷ 美官员说坚持一个中国政策[N]. 辽宁日报，2002-08-09.

美三个联合公报混在一起，作为美国对台政策的依据。2002年10月，江泽民访美。布什声称："关于台湾，我向主席强调，我们基于三个联合公报和与台湾关系法的'一个中国'政策没有变。"❶2003年8月，白宫发言人斯科特·麦克莱伦宣称："我们已经清楚地表明，我们将坚定地遵守'与台湾关系法'，我们将尽力帮助台湾。"❷

　　然而，这种情况开始慢慢发生变化。9月，陈水扁提出"公投立宪"，开始搞"法理台独"，两岸关系立即紧张起来，国务院台办副主任王在希甚至对台湾发出了武力警告。11月21日，温家宝在接受《华盛顿邮报》记者采访时也宣称，"中国人民会不惜一切代价，维护祖国的统一。"❸面对迅速紧张的台海局势，在中国政府努力争取下，美国开始微调对台政策，由过去"不支持台湾独立"发展到"反对单方面改变现状"。12月4日，麦克莱伦在新闻发布会上说："美国反对任何单方面改变台湾现状的企图。这是我们的政策，对北京可能使用武力及台湾自己采取任何行动改变台湾独立或统一的现状都是适用的。"❹12月9日，布什在与温家宝会谈后的联合记者招待会上声称："我们反对中国或台湾任何单方面改变现状的决定。台湾领导人的言行表明他想单方面决定改变现状，对此我们是反对的。"❺美国政府的立场对台湾当局形成了相当大的压力。正如戴维·布朗撰文指出的，总统国家安全助理赖斯"呼吁台北遵守一个中国政策"，布什总统也"发出了毫无疑问权威性的任何单方面采取改变现状的步骤的警示信息"，"他发出这一警示信息的方式，应该说清楚了台湾没有一张能够将美国拖进与中国冲突的空白支票"。❻在中美两国政府的联合压力下，陈水扁的"法理台独"图谋遭到了一定程度的遏止。

　　2004年3月，陈水扁又提出"新宪公投""台湾正名"，再次引起了大陆的担

---

❶ The President's News Conference with President Jiang Zemin of China in Crawford, Texas, October 25, 2002. http://www.presidency.ucsb.edu/ws/index.php?pid=18&st=&st1=.

❷ Press Briefing by Scott McClellan, August 1, 2003. http://www.presidency.ucsb.edu/ws/index.php?pid=61139&st=&st1=.

❸ 不惜一切代价维护祖国统一[N]. 四川日报,2003-11-25.

❹ Press Briefing by Scott McClellan, December 4, 2003. http://www.presidency.ucsb.edu/ws/index.php?pid=61604&st=&st1=.

❺ Remarks Following Discussions with Premier Wen Jiabao of China and an Exchange with Reporters, December 9, 2003. http://www.presidency.ucsb.edu/ws/index.php?pid=778&st=&st1=.

❻ David G. Brown, Illusions and political spin in Taipei. http://www.atimes.com/atimes/China/EL11Ad02.html.

心和警惕。5月17日，中台办、国台办发表声明指出："如果台湾当权者铤而走险，胆敢制造'台独'重大事变，中国人民将不惜一切代价，坚决彻底地粉碎'台独'分裂图谋。"❶为了防止"台独"影响中美关系稳定发展，国务卿鲍威尔5月28日明确指出："我们不支持台湾方面的任何独立运动，也不支持任何一方的单方面行动。"❷陈水扁发表"双十"讲话后，10月25日，鲍威尔访华期间接受凤凰卫视评论员阮次山采访时再次宣称："我们的政策很清楚，只有一个中国，台湾不是独立的，台湾并不是享有主权的国家，这是我们的一贯政策，一项坚定不移的政策。"❸11月20日，胡锦涛与布什在圣地亚哥出席亚太经济合作组织领导人非正式会晤期间举行会晤，就反对陈水扁搞"法理台独"再次达成了共识。

为了打击"台独"嚣张气焰，2005年3月，中国全国人大制定并通过了《反分裂国家法》。在《反分裂国家法》出台之前，国台办主任陈云林专程前往美国进行了沟通。《反分裂国家法》出台后，美国反应比较低调，并且对台湾的激烈反应采取了抑制态度。❹2007年，陈水扁顽固推动"入联公投"，美国政府再次出面施压。国务院副发言人凯西说道："我们不支持台湾无论是加入联合国还是加入任何其他只有主权国家才能加入的机构。"❺国务卿赖斯宣称："我们反对任何威胁使用武力，反对任何一边单方面采取行动改变现状。我们有一个中国政策，我们不支持台湾独立。"❻在中美双方及国际社会的强大压力下，陈水扁分裂祖国的言行再次受到抑制。

奥巴马政府基本上继承了布什政府的对台政策。2009年11月16日，他在上海回答学生提问时说："我过去已清楚表明，我的政府完全支持几十年来反映在三个联合公报中的'一个中国'政策。至于我们与台湾的关系以及我们与中华人民共和国的关系，我不想改变政策与方法。"❼显然，所谓不改变政策与方法，就是既要发展对华关系又要继续支持台湾，向台湾出售武器。在北京与胡

---

❶ 将不惜一切代价粉碎"台独"[N]. 中国国防报，2004-05-18.

❷ Foreign Press Center Briefing, May 28, 2004. http://2002-2009-fpc.state.gov/32930.htm.

❸ 鲍威尔：只有一个中国，台湾无"国家主权"[OL]. http://tw.people.com.cn/GB/14810/14858/2943656.html.

❹ 陶文钊. 冷战后的美国对华政策[M]. 重庆：重庆出版社，2006:115.

❺ Current Foreign Policy Issues, Foreign Press Center, August 1, 2007. http://2002-2009-fpc.state.gov/89918.htm.

❻ Press Conference by Secretary of State Condoleezza Rice. http://2001-2009.state.gov/secretary/rm/2007/12/97945.htm.

❼ Remarks at a Town Hall Meeting and a Question-and-Answer Session in Shanghai, November 16, 2009. http://www.presidency.ucsb.edu/ws/index.php?pid=86909&st=&st1=.

锦涛会谈时，奥巴马表示尊重中国的主权和领土完整，再次重申"一个中国"政策的坚定承诺。❶在2011年的《中美联合声明》中，美国重申2009年《中美联合声明》有关台湾问题的立场："奉行一个中国政策，遵守中美三个联合公报的原则"，"支持两岸关系和平发展，期待两岸加强经济、政治及其他领域的对话与互动，建立更加积极稳定的关系"。❷奥巴马的讲话及关于台湾问题的立场表明，美国利用台湾牵制中国的"两手"政策在奥巴马政府期间不会改变。但是，与布什政府相比，奥巴马政府的对台政策也有细微变化。它没有像布什政府那样强烈反复地将"与台湾关系法"和中美三个联合公报搅和在一起作为美国对台政策的依据。随着中国经济实力继续增强、美国对华需求继续增多，台湾问题在中美关系中的重要性下降。虽不排除"售武"之类导致两国关系紧张之事，但奥巴马政府在台湾问题上相对理性，没有让台湾问题太过干扰中美关系稳定发展。

四、经贸关系务实化

中国加入世界贸易组织推动了中美双边贸易的发展。根据中方的统计数据，2003年，中美双边贸易额首次突破了1000亿美元大关，达到了1263.3亿美元，比2002年增长了30%，达到了1993年以来的最高增长水平。随着双边贸易迅速发展，两国在经济贸易领域不可避免地产生了一些问题，主要是贸易逆差问题、人民币汇率问题和知识产权问题。这些问题引起了美国各界的普遍关注，成为影响中美关系稳定的主要因素之一。然而，这不是中国单方面能解决的，需要双方共同努力。诚如温家宝所言，"经贸关系是两国关系的经济基础。互利共赢的中美经贸关系，不仅给两国人民带来了实实在在的经济利益，而且成为中美关系发展的重要基础和强大动力，美中贸易逆差扩大，这不是我们所追求的。但是，靠减少中国对美国的出口，这不是一个好办法。因为这样做，既不利于中国，也无助于解决美国内失业问题，反而会严重损害美国广大消费者和美国在华企业的利益。"❸因此，为了维护中美关系的稳定，两国特别是中国采取了比较务实的态

---

❶ Remarks Following a Meeting With President Hu Jintao of China in Beijing, November 17, 2009. http://www.presidency.ucsb.edu/ws/index.php?pid=86895&st=&st1=.

❷ 中美联合声明[N]. 人民日报, 2011-01-20.

❸ 温家宝. 共同开创中美经贸合作的新局面[EB/OL]. 2003-12-09 http://www.fmprc.gov.cn/ce/cgrj/chn/xwdt/t133727.htm.

度，促进双方合作共赢。

对于两国在经济贸易领域存在的问题，中国主张从中美关系的全局出发，着眼于长远、着眼于未来，从战略高度、长远角度思考解决问题的方法。温家宝指出："我们对待中美贸易问题，要有这种高瞻远瞩的战略眼光"，"所有这些问题，是在中美贸易发展中出现的问题，是可以取得共识，也是可以逐步得到解决的，不应该也不可能影响中美经贸发展大局"。❶在贸易不平衡问题上，2005年，胡锦涛在纽约与布什会晤时表示："愿同美方一起努力，在发展贸易合作中逐步解决贸易不平衡问题；中方将继续履行加入世界贸易组织所作的各项承诺，也希望美方放宽对华出口特别是高技术出口的限制，采取相应的促进两国贸易平衡的积极行动。"❷正是在这样的理念指导下，中国在调整贸易结构、改善贸易环境的同时，多次组织代表团前往美国采购。2003年11月12日，中国商务部采购团在美国签订了价值67亿美元的合同，购买30架波音飞机、4500辆汽车以及飞机引擎。❸2006年、2007年和2008年，中国在美国采购金额分别达到162亿、326亿和136亿美元。❹2009年，中国在美国19个州开展了百余项经贸促进活动，签署了价值数百亿美元的购买协议。❺2011年1月，为配合胡锦涛访美，中国商务部组织2个贸易投资促进团分7个分团赴美国西海岸、东海岸以及南部地区开展活动，签订了近600亿美元的贸易大单，仅波音飞机采购订单就达150亿美元，中方进口除飞机以外的美国商品达249亿美元。❻

在人民币汇率问题上，2003年9月，美国财政部长斯诺专程访华商谈人民币汇率问题。10月，美国贸易代表佐利克、商务部长埃文斯访华，人民币汇率问题仍然是主要议题，来自美国的压力继续增加。中国不认同人民币汇率导致美国贸易逆差的观点，在人民币汇率问题上也不接受外界压力。但是，改革人民币汇率形成机制是中国金融改革的必然趋势。因此，中国对人民币汇率形成机制改革

❶ 温家宝. 共同开创中美经贸合作的新局面[EB/OL]. 2003-12-09 http://www.fmprc.gov.cn/ce/cgrj/chn/xwdt/t133727.htm.

❷ 吴绮敏,何洪泽. 国家主席胡锦涛同美国总统布什会晤[N]. 人民日报,2005-09-15.

❸ 熊志勇. 百年中美关系[M]. 北京:世界知识出版社,2006:439.

❹ 郭鑫. 中美经贸领域"高调互动"深具"正面效应"[EB/OL]. http://news.xinhuanet.com/newscenter/2009-04/27/content_11267711.htm.

❺ 钟山. 推进中美经贸关系健康发展[EB/OL]. 2010-03-24 http://www.mofcom.gov.cn/aarticle/ae/ai/201003/20100306839038.html.

❻ 孙韶华. 中国巨额海外商购"给力"世界经济[N]. 经济参考报,2011-01-24.

持积极态度。2003年12月，温家宝访美期间多次就人民币汇率问题表达了中方立场。2005年7月，中国根据自己的经济情况改革人民币汇率形成机制，人民币汇率对美元升值2%，实行以市场供求为基础、参考一篮子货币进行调节、有管理的浮动汇率制度，人民币汇率的弹性不断增加。2010年6月，中国进一步改革人民币汇率形成机制，坚持以市场供求为基础、参考一篮子货币进行调节，增强人民币汇率弹性。到2011年8月，人民币对美元汇率升值30.2%，名义和实际有效汇率分别升值13.5%和23.1%。❶通过主动、渐进、稳妥的汇率形成机制改革，目前人民币汇率已经趋于合理均衡水平，但中国并未就此止步。新一届中央政府形成后，完善人民币汇率形成机制成为政府的重点工作。《政府工作报告》指出："保持人民币汇率在合理均衡水平上的基本稳定，扩大汇率双向浮动区间，推进人民币资本项目可兑换。"❷诚然，中国改革人民币汇率是根据自己经济发展的情况选择适当的时间逐步推进的。但是，它在一定程度上满足了美国要求人民币升值的诉求。事实上，在扩大内需、人民币升值等共同作用下，中国经常项目顺差占国内生产总值的比重由2007年10.5%下降到了2013年2.6%。❸这表明人民币汇率已经达到合理水平，有利于缓和两国在人民币汇率问题上的争端。

创新是一个民族的灵魂，是民族兴旺发达的不竭动力。对于一个国家来说，知识产权保护不仅仅是商业利益问题，而且是关系国家兴衰的发展战略问题。正如胡锦涛在访问微软时指出的，保护知识产权"不仅对中国扩大对外开放和改善投资环境"十分必要，而且"对于加强中国自主创新能力"也是不可或缺的。❹因此，在知识产权保护问题上，中美两国存在很大的利益汇合点。

在加入世界贸易组织以后，随着知识产权纠纷的增多，中国进一步完善知识产权保护的法律制度，加大保护知识产权的力度。2006年，中国首次出台了《保护知识产权行动纲要》。从2007年起，中国每年发布《中国保护知识产权行动计划》，完善知识产权保护的法律制度，加强知识产权保护的执法行动，推进知识产权保护的国际交流合作。中国还利用中美战略与经济对话机制，就知识产权保护问题与美国进行广泛深入的沟通协调，促进两国保护知识产权的交流与合

---

❶ 中国人民银行金融研究所. 人民币汇率形成机制改革进程回顾与展望[N]. 金融时报，2011-10-13.

❷ 李克强. 政府工作报告[N]. 人民日报，2014-03-15.

❸ 温家宝. 政府工作报告[N]. 人民日报，2013-03-19.

❹ 魏红欣. 胡锦涛访微软重申保护知识产权决心[N]. 国际金融报，2006-04-20.

作。同时，中国不断加大知识产权保护执法力度。2004年，查处两家中国企业侵犯美国微软公司著作权案件，查缴各类违法音像制品1.54亿张（盘），中国公安机关与美国国土安全部移民与海关执法局合作在上海破获一起涉嫌销售盗版DVD的重大案件，捣毁3个盗版DVD存放窝点，缴获21万余张盗版DVD。2005年1月，文化部、国家保护知识产权工作组办公室在全国开展违法音像制品统一销毁活动，集中销毁6335万多张（盘）各类违法音像制品。❶2010年初，国家"扫黄打非"工作小组在31个省区开展侵权盗版及非法出版物集中销毁活动，共销毁盗版音像制品、盗版图书、盗版电子出版物及非法报刊3638.93万件。❷随着知识产权保护力度不断加大，侵权盗版现象呈逐步下降趋势。从收缴侵权盗版物数量来看，2012年同比下降17%，2013年同比下降55%，2014年第一季度同比下降近32%。❸此外，中国还实现了政府办公软件正版化。

事实上，美国政府及多数行业协会在经贸问题上也采取了比较务实的态度，中美经贸争端基本上处于一个可控的范围内，可以说"斗而不破"已经成为双方处理经贸摩擦的一个重要"默契"。美国政府在不断对中国施压的同时也在抵制来自国会、部分产业协会的压力，避免经贸争端影响中美关系总体发展。为了解决经济贸易领域的问题，加强经贸合作，温家宝访美期间两国决定提升中美商贸联委会的级别，使之成为两国在经贸领域的高层次合作机制。该机制虽不尽圆满，但毕竟为双方提供了一个通过对话和协商解决贸易争端的重要平台，在某种程度上也确实发挥了经贸摩擦"灭火器"的作用，从而对中美关系稳定发展产生了积极影响。面对国际金融危机后贸易保护主义抬头的形势，2009年10月，第20届中美商贸联委会举行，双方一致承诺共同反对贸易和投资保护主义，恪守20国峰会共识，不出台新的贸易保护措施。两国新一届政府组成后，面对经贸摩擦增多的现象，2013年12月，第24届中美商贸联委会就知识产权、服务贸易、中国企业赴美投资等进行讨论，达成了多项共识，进一步增进了互信和利益契合点，为中美新型大国关系建设创造了条件。

在人民币汇率问题上，布什政府和奥巴马政府接连拒绝国会"将中国列为汇率操纵国"的要求，从未将中国列入汇率操纵国。"同中国有贸易往来的企业界

---

❶ 中华人民共和国国务院新闻办公室.中国知识产权保护的新进展[N].人民日报,2005-04-22.
❷ 刘声.3638万件盗版制品被集中销毁[N].中国青年报,2010-05-12.
❸ 白炜.全国集中销毁侵权盗版及非法出版物[N].中国文化报,2014-04-29.

普遍认为汇率跟美国的贸易平衡或就业没有太大的关联，给中国贴上汇率操纵国的标签只会引发双方更多的争执。"●2013年3月，美国国会通过《2013财年综合继续拨款法案》，其中第516条禁止部分政府部门购买中国信息设备产品，结果引起了广泛异议。白宫认为涉华条款对商业活动造成了干扰，一些商会、行业协会纷纷写信给国会领导人表示反对。美国商业软件联盟、美国贸易紧急委员会、信息技术产业委员会、美国半导体产业协会、美国信息技术办公室等11家团体联合致函国会，指出该条款设置了一个令人忧虑的先例，其效果会适得其反，将造成重大国际影响，令美国信息技术企业在全球市场处于不利竞争地位，敦促国会考虑采取更具建设性的方式来处理网络安全问题，并确保在其他立法中不要包含类似措辞。●

五、双边合作全球化

随着中国综合国力的不断增强，中美关系已经大大超出了双边范围。但是，布什政府最初主要将中国定位为一个地区大国，并不鼓励中国积极参与全球事务，以防止中国挑战其霸权。伊拉克战争以后，中美两国的实力差距进一步缩小，两国在全球层面合作的领域迅速增加。正如胡锦涛指出的，"中美关系已远远超出双边范畴，越来越具有全球意义。中美在推进联合国改革、解决地区热点问题、防范和应对恐怖主义、防止大规模杀伤性武器扩散、预防自然灾害、防控流行性疾病等重大问题上拥有广泛的共同利益，肩负着重大的共同责任"●。美国开始对中国积极参与全球性国际事务采取积极的态度。佐利克指出："在其外交政策方面，中国有很多机会成为一个负责任的利益攸关者。"●特别是在全球金融危机发生后，中美双方在国际事务中的合作由主要在地区层面迅速拓展到了全球层面。

布什政府时期，中美在反恐和防扩散方面进行了全面合作。在反恐问题上，虽然中国一贯反对使用武力，但是在美国的"反恐战争"中，中国破天荒对联合国安理会授权美国动武的决议投了赞成票，并且在建立反恐联合阵线、提供情

---

❶ 吕晓红. 美国财政部再度拒绝将中国列为汇率操纵国[J]. 时代金融, 2013(4).

❷ 吴成良. "限购令"滥用国家安全干扰商业活动[N]. 人民日报, 2013-05-09.

❸ 王莉. 中美关系越来越具全球意义[N]. 人民日报:海外版, 2005-11-21.

❹ Zoellick. Whither China:from Membership to Responsibility?[OL].2005-09-21. http://2001-2009.state.gov/s/d/former/zoellick/rem/53682.htm.

报、救助战争难民以及从经济上打击基地组织等方面进行了积极合作。阿富汗战争之后，两国在反恐领域继续合作，反恐交流与合作逐渐机制化。2002年，双方先后在驻对方使馆专门设立了负责对付恐怖行动、有组织犯罪和跨国犯罪等的机构。2003年，双方又举行了第三次、第四次反恐磋商。同时，反恐合作范围不断拓展。2002年8月，美国决定将"东突伊斯兰运动"列入国际恐怖组织，并于2004年正式将其确定为国际恐怖主义组织。10月，双方就中国加入集装箱安全倡议达成共识。2003年7月达成有关协议后，美国海关官员驻扎中国深沪港口。此外，两国还在经济反恐方面进行了长期合作，以切断国际恐怖主义组织的经济来源。

在朝鲜半岛无核化问题上，2002年10月，美国总统特使凯利访朝后宣称朝鲜已承认其浓缩铀开发计划，美朝关系迅速恶化，朝核问题再现危机。2003年1月，朝鲜宣布退出《不扩散核武器条约》。为了解决朝核危机，布什与江泽民通电话，双方同意在朝核问题上进行合作。此后，通过中国积极斡旋，中、美、朝三方于4月举行了会谈。8月，俄国、日本、韩国加入，三方会谈发展成六方会谈。截至2008年12月，六方会谈共进行了7轮。作为六方会谈的主席国，中国在六方会谈中发挥了重要的作用。通过近5年的艰难谈判，六方会谈虽然尚未实现朝鲜半岛无核化的目标，但是为有关方面开辟了一个沟通的渠道，对于维护东亚地区的稳定发挥了重要作用。

奥巴马入主白宫后，面对席卷全球的金融危机，美国更加需要与中国开展全球层面的合作，中美合作的范围迅速由地区层面扩展到全球层面。除了在反恐和防扩散等领域继续进行合作外，双方的合作议题迅速向气候变化、能源安全、航道安全、全球金融以及贸易自由化等议题拓展。特别是面对持续已久的全球金融危机，两国的合作更加引人瞩目。2009年4月1日，胡锦涛与奥巴马在伦敦金融峰会前夕会晤，决定提升中美经济对话的级别。在7月27日到28日的中美首轮战略与经济对话中，全球性议题成为双边对话的重要内容。除了应对当前面临的全球金融危机外，双方还就全球气候变化、发展清洁高效能源、环境安全、能源安全、流行性疾病、全球机构与治理、公共卫生挑战以及全球扶贫等议题进行了对话与沟通，并拟就了关于加强气候变化、能源和环境合作的谅解备忘录，决定建立气候变化政策对话与合作机制，两国在全球层面的合作全面展开。此后，全球贸易和投资秩序、国际金融体系、网络空间国际规则等均成为战略与经济对话的重大议题，两国全球性合作不断向纵深拓展。

小　结

国际政治是权力政治，国家利益是国家对外政策的根本动因。在国际关系中既没有永久的朋友，也没有永久的敌人，只有永久的利益。美国是当今世界的霸权国，确保其霸权利益不受挑战是美国对外政策的首要目标。中国是一个正在兴起的社会主义大国，在开放战略实施以来综合国力显著增强，国际地位极大提高。根据权力转移理论，中国的兴起将对美国霸权构成挑战，中美两国之间存在着尖锐的结构性矛盾。布什政府上台后将中国视为战略竞争对手就是这种结构性矛盾的典型反映。

然而，这只是问题的一个方面。随着中国开放战略的不断发展，中美经济相互依存程度显著提高，美国从中国开放中获得了巨大的利益。不仅在华企业普遍获得了丰厚的盈利，而且对华贸易增加了就业机会，中国价廉物美的日用生活品也大大提升了美国居民的购买力，减轻了生活压力。同时，随着非传统安全威胁的显著增多，应对国际社会挑战的压力迅速增大。对于维护既有的国际体系来说，美国明显感到力不从心，需要体系内其他国家分担国际责任。作为经济增长最快的大国，中国支持和参与既有国际体系无疑具有重大的意义。因此，美国对中国崛起存在明显的矛盾心理。

对于中国来说，现代化建设仍然处于关键的历史时期，需要一个和平、稳定的国际和周边环境。事实上，国际社会普遍对中国的快速发展感到担忧，中国周边国家也倾向于与美国发展关系来牵制中国崛起，对中国的发展环境构成了一定的压力，不利于中国争取和尽可能延长和平发展的重要战略机遇期。因此，中国必须尽可能缓解国际社会尤其是美国对中国迅速发展的焦虑，避免其对中国和平发展造成颠覆性危害。

在内外因素的综合作用下，进入21世纪，随着中国从制度上与国际接轨的过程逐渐结束，中国对开放战略进行了调整升级，将互利共赢提升到更高的战略层面，强调始终不渝奉行互利共赢的开放战略，继续以自己的发展促进地区和世界共同发展，在地区与世界发展中实现中国自身的发展。显然，这对缓解国际社会对中国迅速发展的担忧产生了积极的影响，也对中美关系稳定发展发挥了重大作用。

"9·11"事件后，中国积极合作的诚意与综合国力的增强，促使美国逐渐积极调整对华战略定位，由"建设性合作关系"到"负责任的利益攸关方"再到"积极合作全面的中美关系"，最后到"不冲突不对抗、相互尊重、互利共赢的新型大国关系"，美国逐渐承认并接纳中国参与美国主导的国际体系，要求中国分担国际责任，主动与中国在两国共同关心的地区和全球问题上开展合作。作为既有国际体系的重大获益者之一，中国对美国对华战略定位的调整进行了积极回应，实施互利共赢的开放战略，大力与美国发展建设性合作关系，主动分担重大地区和国际事务的责任和义务，积极推动美国对中美关系的战略定位朝积极方向发展。

国际金融危机爆发后，作为经济增长最快的大国，中国在国际经济稳定中的地位和作用进一步凸显。在全球经济治理过程中，中国积极参与、主动应对，中美合作迅速由主要在地区层面拓展到了全球层面。显然，中国的建设性姿态大大缓和了中美两国的结构性矛盾。为了实现互利共赢的合作，在两国关系不断推进的过程中，中美双方逐渐形成了一系列新的磋商和合作机制，双边关系机制化的广度和深度加强。两国元首会晤也变得非常频密，成为中美关系史上罕见的新现象。特别是在应对彼此的利益关切方面，两国都采取了比较理性和务实的态度。在台湾问题上，中国积极推进两岸关系和平发展，美国虽然继续向台湾出售武器但支持两岸关系和平发展，在一定程度上形成了反"台独"利益共同体；在经济贸易问题上，中国积极扩大内需，改革人民币汇率形成机制，推进知识产权保护，主动平衡美国对华贸易逆差；美国一方面向中国施压，另一方面注意避免经贸争端严重危及中美关系，将争端控制在一定的限度内，似乎在两国间形成了斗而不破的默契。

这些极大地增强了中美关系抵抗风险的能力，保障了中美关系稳定发展，促进了中美关系走向成熟。2013年6月，习近平新任国家主席不到3个月，便前往美国加利福尼亚州安纳伯格庄园与奥巴马举行会晤。这在中美关系史上是一个创举。从会晤的匆忙敲定到圆满完成，其中一系列细小情节，如用餐时长变化、不举行仪式等，共同释放出一个信息：中美关系已经发展到了不拘泥于形式与排场、能像老朋友一样推心置腹地交谈的程度。可以说，这也是中美关系走向成熟的表征之一。

值得指出的是，成熟不代表没有矛盾和冲突，而是意味着有处理矛盾和冲突的能力与机制，能避免矛盾与冲突影响两国关系健康稳定发展。虽然美国对中国参与全球事务持欢迎态度，但这种欢迎是有条件的，是以维护其全球主导地位为前提的。事实上，防范中国挑战其霸权利益始终是美国对华政策的主线。承认和接纳中国加入既有国际体系，不是打破而是维护美国主导的既有国际体系，是一种更加隐蔽的防范。互利共赢开放战略既符合美国这种维护霸权的需要，也有利于中国营造良好的发展环境，因而成为两国关系稳定的基本因素。

第七章 结 论

一、中美关系是影响中国开放战略的主要外部因素

开放是新中国的一贯政策。以十一届三中全会为界标，中国开放发生了历史性折变。这种历史性折变，不仅仅表现为此前的开放主要是面向以苏联为首的社会主义国家（主要是20世纪50年代），此后的开放主要是面向以美国为首的发达资本主义国家，还表现为此前的开放主要是一种普遍现象，此后的开放侧重于一项战略措施。因此，虽然新中国自成立起就一直向世界敞开自己的国门，但是中国开放战略始于十一届三中全会，并受中美关系正常化推动。20世纪70年代，中美关系的改善与中美关系正常化推动了中国开放战略的形成与确立；20世纪80年代，中美关系总体稳定保证了中国政策性开放顺利实施；20世纪90年代，中美关系波动起伏导致中国制度性开放几经曲折；进入21世纪以后，中美关系的发展推动了中国实施战略性开放。

与20世纪50年代美国封锁中国不同，自20世纪70年代起，美国主流一直推动中国开放，担心中国开放逆转。美国这样做既有经济和政治考虑，更有战略考虑。经济上，美国盯住中国的巨大市场，想分享中国的开放红利；政治上，美国盯住中国的自由经济力量，想以此改造中国的政治制度；在战略上，美国一方面利用中国制衡苏联（主要是20世纪七八十年代），另一方面利用国际体系诱导中国的国际行为，防范中国挑战美国的主导地位（这主要是进入在21世纪后）。因此，美国应对中国开放战略的措施，不是阻止中国开放而是诱导中国开放按照美国的目标发展。正是在与中美关系的良性互动中，中国开放战略不断发展和深化。

二、中国开放战略是中美关系发展的基本内在动力

中国开放战略是将中美两国联系起来的基本因素。中国开放战略实施以后，中美关系迅速发展，相互依存度大大提高。2007年，双边贸易额首次突破3000亿美元大关，彼此互为数一数二的贸易伙伴。目前，双方在各个领域建立了90多个交流磋商机制。随着中国综合国力的显著增强，中美关系也正在从不对称、不平等向对称、平等发展，首脑会晤成为一种经常性现象，合作范围由双边和地区扩展了到全球。随着中美各个层面的交往迅猛增加，两国之间的相互理解不断加深，开始比较务实地处理彼此的利益关切，极大地降低了中美两大文明发生冲突的可能性，为中美关系走向和谐奠定了基础。诚然，中美关系能够发展到今天的水平，是多方面因素综合作用的结果。但是，开放战略发挥了基础性作用，没有中国开放战略就不可能有这一切。

然而，中国开放战略也对中美关系造成了冲击。随着中国开放战略的成功，中国综合国力迅速增强。这引起了美国的担忧和疑虑。事实上，对于美国来说，第二次世界大战后的中美关系始终存在着权力转移因素。美国在新中国成立之初实行封锁政策，是担心中国成为苏联共产主义扩张的工具，想扼杀新中国于摇篮之中；20世纪七八十年代改善与发展对华关系，主要是想利用中国遏制苏联对美国霸权的挑战；苏联解体以后，随着中国继续迅速发展，美国认为美苏权力转移的可能转变成美中权力转移的可能，美国便采取各种可能的手段牵制中国发展。同时，随着经济相互依存的加深，两国之间的经济贸易摩擦也不断增多，这也在很大程度上妨碍了中美关系的稳定发展。但是，可以肯定的是，这些都是发展过程中的问题。随着中国互利共赢开放战略的不断实施，两国之间的矛盾和摩擦会逐步缓解，中美和谐相处是可能的。

三、开放战略与中美关系矛盾运动是世界和谐之路

中国开放战略与中美关系是一个矛盾的统一体，既相互促进又彼此制约。正是在开放战略与中美关系的矛盾运动中，世界变成了今天这个模样。奥巴马认为，美中关系将塑造21世纪。事实上，中美关系已经塑造了21世纪。开放战略在中美两国间架起了一座理解与沟通的桥梁，实现了世界上最发达大国与人口最多的发展中大国和解；在开放战略与中美关系相互作用下，持续40多年的冷战格局终结，中国成为国际社会主要的负责任大国之一。世纪之交，中国社会经济

持续高速发展，综合国力显著增强。这引起了国际社会主要是美国及中国周边国家的担心，中国的发展利益与美国的霸权利益呈现出更加明显的矛盾。面对国际社会对中国的担心，2005年，中国正式倡导构建和谐世界，明确提出互利共赢的开放战略。2013年，习近平与奥巴马在安纳伯格庄园会晤，达成中美新型大国关系的共识。这在一定程度上缓和了国际社会对中美关系的担心，也推动着中美关系稳定发展并逐步走向成熟。

和谐世界不是没有矛盾的世界，而是以协商对话方式和平解决矛盾的世界。中美关系是世界上最重要的双边关系之一，没有中美和谐就不可能有世界和谐。开放战略的成功增强了中国的综合国力，提升了中国的国际地位，增强了中国维护世界和平的能力。这为中美之间展开平等对话奠定了基础。同时，虽然中国走和平发展道路有其内在文化和制度原因，但中美关系的结构性矛盾也是中国走和平发展道路的重要因素之一。在和谐世界视野下，设想中美之间没有矛盾是不现实的也是有害的。中美之间存在矛盾是正常的，双方对此需要客观认识，理性对待。在开放战略作用下，中美关系会呈现出一种螺旋式上升状态，总体上由不平衡、不对称走向平衡、对称，由不成熟、不稳定走向成熟、稳定，由对抗、争吵走向合作、和谐。

四、中国实施开放战略要适当照顾美国的合理关切

中国开放战略是与中美关系紧密联系在一起的，良好的中美关系开放战略营造了所需的良好国际与周边环境。开放战略成功实施极大地增强了中国的综合国力，增强了中国维护国家权益的能力。但是，中国没有强大到足以忽视美国影响的程度。美国仍然是当今世界最强大的战略力量，是能够从外部影响中国实施开放战略的重要因素。中国目前正处在全面建成小康社会的关键时期，能否牢牢把握并尽可能延长和平发展的重要战略机遇期事关中华民族伟大复兴的成败。不仅如此，作为热爱和平的负责任大国、作为联合国安理会常任理事国，中国负有维护世界和平、促进各国发展的历史使命。即使中国将来强大了，也不能不尊重其他国家的合理关切，更何况美国是国际社会的主要战略力量，对世界和平与发展具有重大影响。

进入21世纪后，中国已经实现了开放战略的调整升级，互利共赢被提升到战略层面。这成为21世纪中美关系稳定的重要因素。正是在互利共赢开放战略

作用下，美国对华政策总体上更加积极。在处理台湾问题等中国基本关切方面也表现出了理性态度。值得指出的是，在中美关系中，美国思考的不仅仅是经济层面的问题，更主要的还是战略层面的问题。中国开放战略实施以来，美国已经在中美相互开放中获得巨大经济利益。对此，美国应该比谁都清楚。美国之所以继续利用经济问题挤压中国，主要还是因为担心中国迅速发展，担心中国排挤美国在东亚的影响。因此，中国需要在不损害国家根本利益的前提下，在区域经济合作、能源战略等方面适当照顾美国的合理关切，甚至理解美国牵制中国发展的心情，避免具体问题影响中美关系发展的大方向，为和平发展营造有利的环境。随着中国开放战略进一步成功，如何继续保持中美关系与中国开放战略良性互动是开放战略调整升级需要着重考虑的大问题。对此，中美新型大国关系的构建指明了方向，但有待进一步进行深入的思考与研究。

参考文献

一、中文文献

A、经典著作、党的文献及领导讲话

[1] 马克思恩格斯选集(第1卷, 第4卷)[M]. 北京: 人民出版社, 1972.

[2] 马克思恩格斯全集(第46卷)[M]. 北京: 人民出版社, 1979.

[3] 列宁选集(第2卷)[M]. 北京: 人民出版社, 1972.

[4] 斯大林. 苏联社会主义经济问题[M]. 北京: 人民出版社, 1952.

[5] 毛泽东. 毛泽东选集(第1卷)[M]. 北京: 人民出版社, 1991.

[6] 毛泽东外交文选[M]. 北京: 中央文献出版社、世界知识出版社, 1994.

[7] 周恩来外交活动大事记(1949–1975)[M]. 北京: 世界知识出版社, 1993.

[8] 邓小平. 邓小平文选(第2–3卷)[M]. 北京: 人民出版社, 1994, 1993。

[9] 邓小平思想年谱[OL]. 人民网.

[10] 胡耀邦. 全面开创社会主义现代化建设的新局面[OL]. 1982–09–08.

[11] 赵紫阳. 沿着有中国特色的社会主义道路前进[J]. 1987–10–25.

[12] 江泽民论有中国特色社会主义[G]. 北京: 中央文献出版社, 2002.

[13] 江泽民. 江泽民文选(第2卷)[M]. 北京: 人民出版社, 2006.

[14] 江泽民. 加快改革开放和现代化建设步伐 夺取有中国特色社会主义事业的更大胜利[J]. 1992–10–12.

[15] 江泽民. 在欢迎我国驻南斯拉夫联盟共和国工作人员大会上的讲话[J]. 1999–05–13.

[16] 江泽民. 全面建设小康社会开创中国特色社会主义事业新局面[N]. 2002–11–08.

[17] 胡锦涛. 在美国耶鲁大学的演讲[N]. 2006–04–21.

[18] 胡锦涛. 高举中国特色社会主义伟大旗帜为夺取全面建设小康社会新胜利而奋斗[N]. 2007–10–15.

[19] 胡锦涛. 通力合作 共度时艰[N]. 2008–11–15.

[20] 胡锦涛. 携手合作 同舟共济[N]. 2009–04–02.

[21] 温家宝. 把目光投向中国[J]. 2003–12–10.

[22]温家宝. 共同开创中美经贸合作的新局面[OL]. 2003-12-09.

[23] 温家宝. 关于制定国民经济和社会发展第十一个五年规划建议的说明[N]. 2005-10-08.

[24] 习近平. 共创中美合作伙伴关系的美好明天[N]. 2012-02-17.

[25] 李克强. 开创中非合作更加美好的未来[N]. 2014-05-06.

[26] 中共中央关于经济体制改革的决定[J]. 1984-10-20.

[27] 中共中央关于完善社会主义市场经济体制若干问题的决定[N]. 2003-10-14.

[28] 中共中央关于加强党的执政能力建设的决定[N]. 2004-09-19.

[29] 中共中央关于构建社会主义和谐社会若干重大问题的决定[J]. 2006-10-11.

B、著作和论文

[1] 阿瑟·刘易斯. 经济增长理论[M]. 上海：三联书店,上海人民出版社, 1994.

[2] 阿·舍甫琴柯. 与莫斯科决裂[M]. 北京：世界知识出版社, 1986.

[3] 埃兹拉·沃格尔. 与中国共处：21世纪的美中关系[M]. 北京：新华出版社, 1998.

[4] 班固. 汉书[M]. 长沙：岳麓书社, 1993.

[5] 波特. 世界海军史[M]. 北京：解放军出版社, 1992.

[6] 陈文敬, 李纲, 李健. 振兴之路：中国对外开放30年[M]. 北京：中国经济出版社, 2008.

[7] 程光泉. 全球化理论谱系[M]. 长沙：湖南人民出版社, 2002.

[8] 冬梅. 中美关系资料选编（1971.7-1981.7）[G]. 北京：时事出版社, 1982.

[9] 樊勇明. 西方国际政治经济学[M]. 上海：上海人民出版社, 2001.

[10] 方连庆. 现代国际关系史[M]. 北京：北京大学出版社, 1990.

[11] 方连庆, 刘金质, 王炳元. 战后国际关系史[M]. 北京：北京大学出版社, 1999.

[12] 方齐云, 王皓, 李卫兵, 等. 增长经济学[M]. 武汉：湖北人民出版社, 2002.

[13] 高波, 张志鹏. 发展经济学——要素、路径与战略[M]. 南京：南京大学出版社, 2008.

[14] 宫力. 峰谷间的震荡：1979年以来的中美关系[M]. 北京：中国青年出版社 1996.

[15] 宫力. 跨越鸿沟：1969-1979年中美关系的演变[M]. 郑州：河南人民出版社 1992.

[16] 龚雯, 王政. 我国实施"走出去"战略成果回放[M]. 人民日报, 2003-04-11.

[17] 巩小华, 宋连生. 中国入世全景写真[M]. 北京：中国言实出版社, 2001.

[18] 顾关福, 戴静. 小布什执政以来的中美关系[J]. 和平与发展, 2006(4).

[19] 哈里·杜鲁门. 杜鲁门回忆录（第2卷）[M]. 上海：三联书店, 1974.

[20] 哈里·哈丁. 美中关系的现状与前景[M]. 北京：新华出版社, 1993.。

[21] 哈拉尔德·米勒. 文明的共存[M]. 北京：新华出版社, 2002.

[22] 韩念龙. 当代中国外交[M]. 北京：中国社会科学出版社, 1988.

[23] 郝雨凡. 美国对华政策内幕[M]. 北京：台海出版社, 1998.

[24] 亨利·基辛格. 动乱年代：基辛格回忆录（第1, 2册）[M]. 北京：世界知识出版社, 1983.

[25] 胡鞍钢, 门洪华. 入世五年：中国应进一步对外开放[J]. 开放导报, 2007(1).

[26] 黄邦和. 通向现代世界 500 年[M]. 北京：北京大学出版社, 1994.

[27] 杰夫·内史密斯. 世界将为中国的富裕付出高昂代价[N]. 参考消息, 2006-01-08.

[28] 金灿荣. 中美关系的关键在于美国[J]. 国际问题研究, 2009(1).

[29] 拉西特, 斯塔尔. 世界政治[M]. 北京：华夏出版社, 2001.

[30] 李建民. 老问题新观察——大国角逐里海[J]. 世界知识, 2005(4).

[31] 理查德·尼克松. 不再有越战[M]. 北京：世界知识出版社, 1999.

[32] 理查德·尼克松. 尼克松回忆录[M]. 北京：商务印书馆, 1979.

[33] 李琮. 第三世界论[M]. 北京：世界知识出版社, 1993.

[34] 李庆余. 美国外交史——从独立战争至 2004 年[M]. 济南：山东画报出版社, 2008.

[35] 林连德. 当代中日贸易关系史[M]. 北京：中外对外贸易经济出版社, 1990.

[36] 刘连第. 中美关系的轨迹：1993 年—2000 年大事纵览[M]. 北京：时事出版社, 2001.

[37] 刘连第. 中美关系重要文献资料选编[M]. 北京：时事出版社, 1996.

[38] 刘绪贻, 杨生茂. 美国通史[M]. 北京：人民出版社, 2002.

[39] 刘阳. 对中美贸易摩擦的专题法律研究[M]. 大连：东北财经大学出版社, 2006.

[40] 刘自强. 中美关系正常化与中国对外开放的启动[J]. 理论月刊, 2008(5).

[41] 罗伯特·吉尔平. 国际关系政治经济学[M]. 北京：经济科学出版社, 1994.

[42] 马士. 中华帝国对外关系史[M]. 北京：商务印书馆, 1963.

[43] 迈克尔·H. 亨特. 意识形态与美国外交政策[M]. 北京：世界知识出版社, 1999.

[44] 门洪华. 开放与国家战略体系[M]. 北京：人民出版社, 2008.

[45] 倪世雄. 当代西方国家关系理论[M]. 上海：复旦大学出版社, 2005.

[46] 牛向东. 美国迫人民币升值采取的手段和我们的对策[J]. 金融研究, 2004(3).

[47] 钱穆. 论语新解[M]. 上海：三联书店, 2002.

[48] 乔治·凯南. 美国外交[M]. 北京：世界知识出版社, 1989.

[49] 塞缪尔·亨廷顿. 文明的冲突与世界秩序的重建[M]. 北京：新华出版社, 2002.

[50] 三好修. 苏联帝国主义的世界战略[M]. 北京：世界知识出版社, 1982.

[51] 山旭. 1978：邓小平和他触摸的世界[J]. 党史文苑, 2009(2).

[52] 石丁. 往事千年——历史长河中的精彩瞬间[M]. 北京：世界知识出版社, 2005.

[53] 石志夫. 中华人民共和国对外关系史[M]. 北京：北京大学出版社, 1994.

[54] 史勤艳. 不容忽视的趋势[J]. WTO 经济导刊, 2007(1-2).

[55] 陶文钊. 中美关系史[M]. 上海：上海人民出版社, 2004.

[56] 陶文钊. 中美关系史（1972—2000）[M]. 北京：中国社会科学出版社, 2007.

[57] 陶文钊. 冷战后的美国对华政策[M]. 重庆：重庆出版社, 2006.

[58] 田增佩. 改革开放以来的中国外交[M]. 北京：世界知识出版社, 1993.

[59] 童桐. 改革开放中的美国因素[J]. 世界知识, 2009(2).

[60] 托马斯·博克. 大洋彼岸的中国幻梦[M]. 北京:外文出版社, 2000.

[61] 王根礼, 周天珍. 外国首脑论中国[M]. 北京:红旗出版社, 1998.

[62] 王缉思. 文明与国际政治[M]. 上海:上海人民出版社, 1995.

[63] 王绳祖. 国际关系史[M]. 北京:法律出版社, 1986.

[64] 王泰平. 新中国外交50年[M]. 北京:北京出版社, 1999.

[65] 王铁涯. 中外旧约章汇编[G]. 上海:三联书店, 1957.

[66] 汪熙, 张耀辉. 析美国对华直接投资[J]. 复旦学报:社会科学版, 1996(2).

[67] 王先亭. 蒲安臣与"合作政策"[J]. 安徽师大学报, 1991(3).

[68] 王晓德. 美国文化与外交[M]. 上海:世界知识出版社, 2000.

[69] 王勇. 中美经贸关系[M]. 北京:中国市场出版社, 2007.

[70] 王永钦. 1966—1976年中美苏关系纪事[J]. 当代中国史研究, 1997(4, 6).

[71] 魏红欣. 胡锦涛访微软重申保护知识产权决心[N]. 国际金融报, 2006-04-20.

[72] 吴启春, 程小雯. 对华激辩再考中美关系[J]. 瞭望新闻周刊, 2005(25).

[73] 肖虹. 中美经贸关系史论[M]. 北京:世界知识出版社, 2001.

[74] 西里尔·布莱克编. 比较现代化[M]. 上海:上海译文出版社, 1996.

[75] 谢益显. 折冲与共处[M]. 郑州:河南人民出版社, 1990.

[76] 熊志勇. 百年中美关系[M]. 北京:世界知识出版社, 2006.

[77] 熊志勇. 中国与美国:迈向新世纪的回顾[M]. 北京:世界知识出版社, 1995.

[78] 修昔底德. 伯罗奔尼撒战争史[M]. 北京:商务印书馆, 1960.

[79] 学习中共十六届五中全会精神导读[M]. 北京:中共中央党校出版社, 2005.

[80] 杨生茂. 美国外交政策史[M]. 北京:人民出版社, 1991.

[81] 伊莉莎白·埃克诺米, 米歇尔·奥克森伯格. 中国参与世界[M]. 北京:新华出版社, 2001.

[82] 袁鹏. 论中美关系未来发展的空间[J]. 现代国际关系, 2005(4).

[83] 张箭. 地理大发现研究(15-17世纪)[M]. 北京:商务印书馆, 2002.

[84] 张锡镇. 当代东南亚政治[M]. 南宁:广西人民出版社, 1994.

[85] 张秀阁, 刘凤芹. 改革开放与中美关系[J]. 党史纵横, 2008(8).

[86] 赵佳楹. 中国近代外交史[M]. 太原:山西高校联合出版社, 1994.

[87] 甄炳禧. 合作共赢的中美经贸关系[J]. 国际问题研究, 2009(1).

[88] 中国社会科学院美国研究所. 中美关系十年[M]. 北京:商务印书馆, 1989.

[89] 中华人民共和国商务部. 国别贸易投资环境报告[R]. 2008, 2010.

[90] 周溢潢. 中美关系风云录[M]. 太原:山西人民出版社, 2003.

[91] 朱峰. 权力转移理论:霸权性现实主义?[J]. 国际政治研究, 2006(3).

[92] 兹比格涅夫·布热津斯基. 实力与原则[M]. 北京：世界知识出版社，1985.

二、英文文献

[1] A. F. K. Organski, Jacek Kugler. The War Ledger[M]. Chicago: The University of Chicago Press, 1980.

[2] Albright, Promoting America's Interests and Ideals through Diplomacy[J]. U.S. Department of State Dispatch, February 1997.

[3] Alexander Wendt. Social Theory of International Politics[M]. Cambridge: Cambridge University Press, 1999.

[4] Angus Maddison. Monitoring the World Economy(1820–1992)[M]. Paris: Development Centre of the Organisation for Economic Cooperation and Development, 1995.

[5] Annual Report on the Military Power of the People's Republic of China[R]. U.S. Department of Defense, 2003.

[6] ASEAN Investment Report 2007[R]. ASEAN, 2007.

[7] BP Statistical Review of World Energy[R]. BP, 2009.

[8] Condoleezza Rice. Promoting the National Interest[J]. Foreign Affairs, January/February, 2000.

[9] David E. Sanger. How Push by China and U.S. Business Won over Clinton[N]. The New York Times, 1999–04–15.

[10] Edward W. Said. Orientalism[M]. London: Routledge Kegan Paul Ltd, 1978.

[11] Foreign Relations of the United States, 1969–1976, Volume XVII, China, 1969–1972.

[12] George Modelski, William. Seapower in Global Politics: 1494–1993[M]. Washington: University of Washington Press, 1987.

[13] Hans J. Morgenthau. Politics Among Nations: the Struggle for Power and Peace[M]. Beijing: Peking University Press, 2005.

[14] Henry Kissinger. Diplomacy[M]. New York: Simon & Schuster, 1994.

[15] John J. Mearsheimer. The Tragedy of Great Power Politics[M]. New York: W. W. Norton & Company, 2001.

[16] Michel Oksenberg. A Decade of Sino–American Relations[J]. Foreign Affairs, Fall 1982.

[17] Military Power of the People's Republic of China[R]. Office of the Secretary of Defense, 2006.

[18] Paul Kennedy. The Rise and Fall of the Great Powers[M]. New York: Vintage Books, 1987.

[19] Philip Auerswald, Christian Duttweiler. Clinton's Foreign Policy[M]. Hague: Kluwer Law International, 2003.

[20] Quadrennial Defense Review Report[R]. U.S. Department of Defense, 2001.

[21] Quadrennial Defense Review Report[R]. U.S. Department of Defense, 2006.

[22] Quadrennial Defense Review Report[R]. U.S. Department of Defense, 2010.

[23] Richard Bernstein, Ross H. Munro.The Coming Conflict with America[J] , Foreign Affairs, March/ April, 1997.

[24] Richard Nixon. First Annual Report to the Congress on United States Foreign Policy[OL]. 1970– 02–18.

[25] Richard Nixon. Third Annual Report to the Congress on United States Foreign Policy[OL]. 1972– 02–09.

[26] Richard Nixon. Fourth Annual Report to the Congress on United States Foreign Policy[OL]. 1973– 05–03.

[27] Robert Gilpin. War and Change in World Politics[M]. Cambridge: Cambridge University Press, 1981.

[28] Robert Jervis. Perception and Misperception in International Politics[M]. Princeton: Princeton University Press, 1976.

[29] Robert Jervis. Understanding the Bush Doctrine[J]. Political Science Quarterly, Fall 2003.

[30] Ronald L. Tammen. Power Transitions: Strategies for the 21st Century[M]. New York: Seven Bridges Press, 2000.

[31] Samuel P. Huntington. The Clash of Civilizations[J]. Foreign Affairs, Summer 1993.

[32] S. P. Huntington.The Clash of Civilizations and the Remaking of World Order[M]. London: Simon & Schuster UK Ltd, 1997.

[33] Sebastian Mallaby. The Reluctant Imperialist[J]. Foreign Affairs, March–April 2002.

[34] Tarnoff. Building a New Consensus on China[J]. U.S. Department of State Dispatch, February 1997.

[35] The National Security Strategy of the United States of America[R]. The White House,2002.

[36] Military Power of the People's Republic of China[R]. Office of the Secretary of Defense, 2005.

[37] International Trade Statistics[M]. Geneva: World Trade Organization,2002–2014.

[38] World Development Indicators 2009[M]. Washington: World Bank,2009.

[39] United States Department of State. Foreign relations of the United States, 1949, Volume IX.

[40] United States Department of State. Foreign relations of the United States, 1950, Volume VI.

[41] United States Department of State. Foreign relations of the United States, 1951, Volume I.

[42] United States Department of State.Foreign relations of the United States, 1952–1954, Volume XIV.

[43] Warren Christopher.American Interests and the U.S.–China Relations[J]. U.S. Department of State Dispatch, 1996(22).

[44] Warren Christopher. My Trip to Beijing Was Necessary[N]. Washington Post,1994–03–22.

[45] William H. Overholt. Asia, America, and the Transformation of Geopolitics[M]. Cambridge: Cam bridge University Press, 2008.

[46] William J. Clinton. A New Era of Peril and Promise[J]. U.S. Department of State Dispatch, 1993(5).

[47] William J. Clinton. Remarks to the Pacific Basin Economic Council[J]. Weekly Compilation of

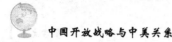

中国开放战略与中美关系

Presidential Documents,1996 (21).

[48] William J. Clinton. China and National Interest[J]. U.S. Department of State Dispatch, November 1997.

[49] William J. Clinton. Remarks at the National Geographic Society[J]. Weekly Compilation of Presidential Documents,1998 (24).

[50] William Perry. The Sino–U.S. Relationship and its Impact on World Peace[J]. The Disam Journal, Winter 1994–1995.

[51] World Trade Report 2003[R]. Geneva: World Trade Organization,2003.

[52] Zalmay M. Khalilzad, Abram N. Shulsky, Daniel L.Byman, et al.The United States and a Rising China [R]. Rand, 1999.

[53] Zoellick.Whither China: from Membership to Responsibility?[OL]. 2005–09–21.

[54] Zhiqun Zhu. US–China Relations in the 21st Century: Power Transition and Peace[M]. London: Routledge, 2006.

后　记

　　本书是我的博士后出站报告，完稿于2010年7月。

　　2008年9月，我到中国人民大学国际关系学院政治学博士后流动站开始博士后研究工作，投师于著名中美关系专家金灿荣先生门下。我当时既感到自豪也显得有点担心，所幸先生的幽默风趣和鼓励鞭策很快就打消了我的顾虑，使我迅速投身到了紧张的学习和研究中。在从事博士后研究期间，先生不辞劳苦的教诲和指导，使我受益匪浅。

　　在博士后研究课题的选题与研究中，金灿荣先生在思想上进行了有益的启发，在研究中给予了精心的指导。此外，在选题和评审过程中，中共中央党校康绍邦教授、胡为雄教授、刘建飞教授，中国现代国际关系研究院林利民研究员，中国人民大学李宝俊教授、黄大慧教授，北京大学王逸舟教授，国际关系学院赵晓春教授、张敏谦教授，湖北省委财经工作领导小组办公室赵凌云教授，湖北省社会科学院曾成贵研究员，江西师范大学张艳国教授，华中师范大学政治学研究院韦红教授，都提出了宝贵的意见。按理来说，在众多师长的指导下，我应该能够高质量地完成自己的研究工作，拿出像样的研究成果来。但是，由于我学艺不精，力有不逮，只好辜负各位师长的教诲了。如果说该研究还有什么成功之处的话，那么这肯定是金老师和其他各位师长指导的结果。

　　在从事博士后研究工作期间，我的硕士研究生导师侯献瑞教授、大学时期的老师孔定芳教授、益友黄文彬博士，不仅在学习和研究上给予了我很多帮助，而且在生活上给予了我无限关怀。中国博士后基金会基金处纪子英老师，中国人民大学博士后管理办公室李轶群老师、徐奕老师、李陈峰老师，中国人民大学国际关系学院博管办杜锋锋老师、李凡老师、朱凤余老师，中国人民大学资产与后勤管理处赵云凤老师，在学习和生活上给了我很多关心。

　　衷心感谢各位老师，他们不倦的教诲和无私的关怀，使我获得了不断攀登学术阶梯的本领和追求真理的信心；感谢我的父母、姐夫、姐姐、兄嫂、妻子和儿子，他们的无私付出，解除了我学习和研究的后顾之忧；感谢所有亲朋好友，他们的热忱鼓励，鞭策我完成了自己的学习和研究！

值得指出的是，该课题的研究利用了大量学界同仁的研究成果。虽然我都力求在研究成果的文本或注释中加以说明，但亦难免有挂一漏万之处。因此，我对所有我运用过其研究成果的学界同仁表示诚挚的谢意！同时，由于研究不够深入，成书仓促，拙作中肯定有许多不足之处，恳请学界同仁和读者批评指正。

最后，特别感谢中国博士后科学基金会，该课题的研究获得了基金会的资助；衷心感谢湖北省社会科学院，本书的出版得到了湖北省社会科学院文库的资助；同时，知识产权出版社在本书的出版过程中做了大量工作，特别是牛闯编辑对本书进行了精心编排，使本书得以顺利出版，在此一并致以衷心的感谢！

杨值珍于江城东湖之滨